品牌帝国：
9个时尚品牌的经营哲学

陶卫平　著

上海交通大学出版社
SHANGHAI JIAO TONG UNIVERSITY PRESS

内容提要

这是一本深度剖析世界级时尚品牌成功经营的著作。本书甄选出 9 个时尚品牌，讲述了 UNIQLO 的爆品战略及零库存经营，ZARA 的极速供应链体系、设计舰队及科技创新，奢侈品 LV 价格高而不贵的品牌策略，SUITSUPPLY 的极致单品战略及另类营销，韩都衣舍的平台思维及小组制产品研发体系，安踏高效执行力背后的团队领导力，李宁从重营销轻经营到回归企业经营的本质以及 ESPRIT 的"轻资产"经营背后的逻辑悖论。

做品牌和经营企业，有着本质区别。做品牌，关注的是产品、是营销、是渠道，而那些超级公司，是在建立体系，如供应链体系、研发体系、组织体系等，是在通过建立体系去发展品牌。这中间，到底蕴藏着哪些玄机、秘密与逻辑，这是本书要带给读者的内容。

图书在版编目（C I P）数据

品牌帝国：9 个时尚品牌的经营哲学 / 陶卫平著.
—上海：上海交通大学出版社，2019（2024 重印）
ISBN 978 - 7 - 313 - 21957 - 2

Ⅰ.①品…　Ⅱ.①陶…　Ⅲ.①品牌-企业管理
Ⅳ.①F273.2

中国版本图书馆 CIP 数据核字（2019）第 205747 号

品牌帝国：9 个时尚品牌的经营哲学

....

著　　者：陶卫平			
出版发行：上海交通大学出版社	地　　址：上海市番禺路 951 号
邮政编码：200030	电　　话：021 - 64071208
印　　刷：上海万卷印刷股份有限公司	经　　销：全国新华书店
开　　本：710mm×1000mm　1/16	印　　张：20.75
字　　数：366 千字	
版　　次：2019 年 11 月第 1 版	印　　次：2024 年 1 月第 3 次印刷
书　　号：ISBN 978 - 7 - 313 - 21957 - 2	
定　　价：78.00 元	

前　言

　　从 1997 年进入服装行业至今，整整过去了 22 年，作为一名零售、时尚行业的老兵，我经历并见证了中国零售品牌从野蛮生长，到百花争鸣、群雄称霸、集体沦陷、痛苦转型等几个阶段。

　　其间我一直在思考，中国有近 14 亿人口，注定是服装消费大国，在这 22 年间，中国诞生了一大批服装零售品牌及上市公司。但是，看似繁华的背后却存在巨大的隐患。因为同样二三十年时间，世界服装行业的格局发生了天翻地覆的变化，涌现出一批年销售规模过千亿元人民币的超级品牌和跨国公司，而中国服装行业迄今为止规模最大的单品牌也不过刚过百亿。

　　问题是，我们那些过百亿规模的品牌似乎"不堪重负"，难以看出可持续发展的能力，反观国外的那些超级巨头，却越做越轻、越做越强、越做越大。在我们的品牌被库存压得喘不过气来时，这些国外巨头在用体系赚钱，用品牌赚钱，用商业规则赚钱，构建了牢不可摧的护城河。

　　从渠道为王到爆品致胜，从品牌多元化到资本运作，从提出聚焦、专注到平台思维、新零售、新制造，中国公司不缺对热点的追逐、不缺对技术的关注、不缺对市场的思考，但是，缺乏对商业规则的系统思考，缺乏对市场的敬畏及对产品制造的匠心。

　　趋势变化的拐点出现在 2008 年，随着 2008 年奥运会的结束和世界金融危机的出现，消费品市场的竞争从浅层意义上的渠道竞争、规模竞争、产能竞争，悄然过渡到商业规则的竞争、科技创新的竞争、战略格局的竞争。从那时起，一大批有思想、懂规则的世界级企业家开始把目光聚焦在科技创新、产业链深化、供应链建设、信息化构建等领域，打造出一批世界级的超级品牌，像 UNIQLO、ZARA、LV、NIKE 等。

　　对比之下，我们的企业家与品牌似乎慢了。

从 2010 年开始，原先在国内市场做得风生水起的本土品牌们，无一例外地陷入了调整周期，直至今日都没有缓过劲来。在这个世界上最大的服装消费市场，中国本土品牌将以什么方式、条件与能力和西方同行抗衡？

笔者认为，如果找不到正确的方法，这场"战争"我们获胜的概率几乎为零。

这并非危言耸听，如果你知道迅销集团（UNIQLO 品牌母公司）在做什么，如果你知道 Inditex 集团（ZARA 品牌母公司）是怎么成功的，如果你知道 LVMH 集团（LV 品牌母公司）的运作模式……相信，你也会一身冷汗。作为一名时尚零售行业的资深人士，从 2001 年起我就在关注包括中国服装品牌在内的世界各大品牌——看它们的财报及官方通告，考察它们位于世界各地的店铺，拜访它们的企业总部以及与这些企业的高管交流，甚至参加它们的秀场，深度与近距离地了解它们。毫不夸张地说，我非常了解这个行业的每一次重大变迁及其背后的内在逻辑。

尤其近十年来，整个行业的竞争格局发生了质变，从过去简单地依赖规模经济（做大），演变成要做快、做准、做对。然而，我们的品牌仍沉浸在渠道为王的竞争思维中，要知道如果没有"快、准、对"，规模经济将会成为规模灾难，在现代商业领域，没有一家公司能逃脱"虚大"后盛极而衰的陷阱。

在所有人都焦虑的今天，我们更需要冷静，需要理智地思考我们的时尚零售行业的未来到底在哪里？我们该如何应对？该做出什么样的决策？笔者认为，当下中国的时尚及消费品零售业已经到了最为关键的转折时期，有必要把我多年研究与了解到的那些超级品牌的成功要素与竞争力写出来，供中国同行学习、借鉴，甚至模仿。

我们不能指望做错了所有，还不会输给时代！

这次，笔者选择了 9 个品牌作为研究案例，围绕公司战略、产业赋能、品牌运作、经营管理、财务统筹等方面，把各种行业现象、成功规律、战略战术方法及公司经营、财务数据等结合起来，深度剖析它们的成功能否复制，它们的失败能否避免，它们的做法能否学习。

入选的 9 个品牌具有典型意义，涵盖不同因素导致的成功、失意、挫折，甚至失败，期望能对中国的同行有所帮助。

笔者希望本书能成为中国时尚零售行业的所有从业者及纺织服装类大专院校广大师生们认识、了解超级品牌的参考书。

最后，非常感谢我的太太和宝贝女儿 FREYA，感谢她们的支持与谅解。毕竟我不是一位传统意义上的专业作家,在创作本书的过程中,查阅这些公司的历年财报数据及官方资讯,消耗了大量时间,也因此失去了陪伴 FREYA 玩乐的时间。现在想起来非常内疚,以致小姑娘说起爸爸最喜欢的事时,她的答案是打字(我总是告诉她爸爸有很多打字的作业要做)。

还要感谢上海交通大学出版社的提文静老师和姬雪萍老师,她们对本书文字质量提升、版面格式的优化及顺利出版做了很多具体工作。

本人的视角和思考必有局限之处,书中恐有不足,请读者朋友多多指正。同时,对企业经营及成功品牌的探究,是一个非常开放的课题,希望本书能起到一个引子的作用,能引起更多智者、企业家群体、经理人群体的思考。

希望本书的内容能对您有所帮助。

目　录
C o n t e n t s

时装界的科技公司

——深解 UNIQLO 母公司
迅销集团的经营哲学

案例导读

"优衣库（即迅销集团）是一家技术公司，它的竞争对手是苹果而不是 Gap。"优衣库的创始人柳井正如是说。

2018 年 7 月，UNIQLO 母公司日本迅销集团发布 2018 财年三季报后，迅销集团（9983.TYO）股票市值上涨至约 5.22 万亿日元，约合 3 132 亿人民币（汇率按 1 日元＝0.06 元人民币计，下同），成为亚洲股票市值最大的时装公司。截至 2018 年 5 月 31 日，2018 财年前三季度（2017 年 9 月 1 日—2018 年 5 月 31 日）迅销集团完成销售额 17 041 亿日元（约 1 022 亿人民币），增长 15.3％；净利润 1 483 亿日元（约 89 亿人民币），增长 23.5％。

> 链接：快时尚三巨头 2018 财年上半年（起止日时间不同）销售额与净利润数据对比（汇率为动态数据，仅供参考，1 欧元＝7.8 元人民币；1 美元＝6.8 元人民币；100 日元＝6 元人民币，为方便计算汇率取小数点后一位，下同）。
>
> （1）ZARA 母公司 Inditex 集团销售额为 120.3 亿欧元（约 938.3 亿人民币，同比增长 3％），净利润为 14.1 亿欧元（约 109.9 亿人民币，同比增长 3％）。
>
> （2）H&M 集团销售额为 127 亿美元（约 863.6 亿人民币，同比无增长），净利润 8 亿美元（约 54.4 亿人民币，同比下降 33％）。
>
> （3）迅销集团销售额为 11 867 亿日元（约 712 亿人民币，同比增长 16.6％），净利润 1 041 亿日元（约 62.4 亿人民币，同比增长 7.1％）。

柳井正于 1963 年接班父亲的小郡男装店，即小郡商事株式会社，1984 年在广岛开设了第一家以 UNIQLO 为名的休闲服装店（此店于 1991 年结业），1991 年把小郡商事株式会社更名为迅销集团有限公司，并于 1992 年把所有服装店统一装修为 UNIQLO 门店。所以，我们将 1991 年定格为迅销集团的元年，柳井正用了 27 年把迅销集团做成了亚洲第一。未来，他的目标是成为世界第一的服装零售制造商，成为一家依靠科技力量驱动的消费零售型企业。

虽然柳井正多次在不同场合说，UNIQLO 是一个时尚品牌，迅销集团是一家时装公司，但在大多数人的印象里，优衣库是一家以销售百搭基本款为主的量贩式服装品牌，和时尚似乎并不搭，为什么能成为（亚洲第一的）快时尚品牌呢？

20 世纪 90 年代至今是世界服装行业发展的黄金期，各国服装消费市场都出现了井喷式的发展，成就了无数风格各异大大小小的品牌，这中间最为典型的就是柳井正于 1991 年创建的 UNIQLO。年轻时的柳井正在美国进修时，第一次接触到 GAP（曾经销售规模世界排名第一的美国大众休闲品牌）。他敏锐地发现，男士西装店再怎么做，开店的数量也是有限的，而像 GAP 这样的休闲服则完全不同。随着人们生活消费水平的提高，对服装的追求肯定会休闲化、时尚化、个性化，这样的话，GAP 的店铺可以"无限"地以连锁经营的方式开下去。

事实证明，当时年轻的柳井正并没有看错，随后的二十几年里，世界服装行业的竞争格局发生了巨大的变化，一大批休闲、时尚定位的以连锁经营为主的品牌成了主角，成就了一批销售过千亿人民币的商业巨头，像 GAP、ZARA、H&M，当然，也包括他的 UNIQLO。

优衣库的成功几乎是一个异类，按常规视角是无法洞悉其商业逻辑与商业秘密的。哪怕作为一位专业人士，也很难精准地说清楚，因为，优衣库"太普通"了，普通到就是依靠款式简单、价格便宜的休闲产品进行量贩式销售的大众品牌。俗话说"大道至简"，越是简单的产品、简单的商业模式，越难以成功，我觉得优衣库的成功，堪称世界服装界的大道至简。

依靠科技创新，以销售基本款产品为主，宣称自己是一家快时尚公司，优衣库（迅销集团）是怎么在短短的二十几年里做到亚洲第一并号称未来要做世界第一的呢？当然，迅销集团的成功因素很多，牵涉到经济、人文、管理、战略等不同层面，不可能三言两语就讲清楚，但是，我认为这其中最关键、最重要也最核心的三项内容，非常值得中国服装同行们学习与研究，具体如下。

零库存经营模式的塑造

按传统思维理解，零库存是不可能实现的。

服装公司无论是做商品计划还是做内部考核，都会引入库存率或产销率指标，无形中允许了库存的存在。在柳井正看来，这是管理者没有经营者思维的表现，服装产品不同于工业产品，销售周期是以季节为单位的，一旦过季将毫无价值，企业还要为之付出额外的储存成本。企业经营，就是要将应季商品在当季时间卖出去，是不能产生库存的。假如按季考核，应季商品当季卖完，一季转动一次，就能实现经营意义上的零库存。ZARA 依靠"极速供应链"实现了全年 4 次的存货周转，迅销为什么做不到？

迅销集团当然可以做到。

不同于 ZARA 的产品定位，优衣库的产品以基本款为主，基本款产品的经营方式不同于时尚款，快的方式未必合适，关键是要早。也就是说，如果能在市场竞争还没有开始时，就早早地把产品上市销售，这样，当竞争对手反应过来，自己已经在准备下季产品了，始终走在市场的前面。由此，UNIQLO 建立了所谓"错时竞争"的经营方式，成功达到 4 次/年左右的存货周转率，实现了经营意义上的零库存。

精益制造模式下的供应链体系

就鞋服行业而言，商品经济竞争的本质，是供应链能力的竞争。这句话并不武断，当然也没有对设计、创意的不敬，因为没有供应链，再好的想法（设计与创意）也是空中楼阁而无法落地。

供应链是一套完整的体系，是商业思想。可惜的是，国内同行理解的供应链是管理，是生产制造＋物流运输。真正的供应链体系是超越本企业的（不含那些拥有完整产业链的超级公司，如 ZARA 母公司），生产制造与物流运输是供应链的重要环节，是完成产品的生产制造（缝制、组装）与货品运输。完整的供应链体系，是要建立完整的类产业链经营思维。这是因为对服装价格的最终影响，并非产品的直接生产制造成本，而要追溯到原材料的源头——即棉花（或石油衍生品，即化纤）。以棉花举例，棉花到成衣中间有棉花种植、纺纱、纱锭染色、织布、坯布染色（含洗水）、生产加工等环节，每个环节都会产生利润截留和物流费用（成本），存在巨大的不确定性，都将影响到最终的成衣成本，从而影响商品价格。

> 链接：一件服装的生产成本，包含三块内容：一是直接成本（面辅料，起码占总成本 50％以上），二是生产成本（工、费、机、电、水、损耗、税等），三是经营利润。这三块中，生产成本非常透明且稳定，也容易计算；经营利润也非常透明，可量化；只有直接成本是工厂和品牌商家控制不了的。例如，棉花由棉农种植，但棉农和服装品牌的距离，比一般人想象的要远得多，从棉花到成衣（起码间隔 5 个独立经营的企业主体），每一级跨越，互相之间的影响都呈倍数增长（这方面的理论在彼得圣·吉先生的经典名著《第五项修炼》中有完整论述，感兴趣的读者可以读读），就像拉锯战一样，会产生"市场旺盛（衰退）——需求增长（减少）——棉农多种（减产）——供给增加（减少）——价格下降（上升）——棉农减产（增产）

价格上升（下降）——棉农多种（减产）——供给增加（减少）"般的循环演绎，起起落落地影响着产品成本。从近二三十年看，棉制品的价格总体是上升的，羽绒类、蚕丝类、化纤类产品的成本价格也呈上升趋势。

优衣库早就建立起完整的类产业链式的供应链管理体系，系统地解决了成本控制与制造品质之间的矛盾。

强势、高效的企业执行文化

当今商业竞争最大的风险其实并非决策风险，而是执行风险。大数据和算法可以帮助企业做出更准确的决策，但无法解决执行的问题，因为执行是人的问题。青年时代的柳井正就比较强势，其强硬的工作作风，曾使得公司的员工纷纷辞职不干。柳井正的做法是自己亲自干，从采购、销售，到人事行政、财务等所有技术、行政岗位，他都非常精通，直至今日，柳井正都身在一线参与公司的各项经营管理（他兼任迅销集团 CEO），这点和 SpsceX 公司的埃隆·马斯克很像，都是精通业务的工作狂人。

迅销集团的高效执行文化非同寻常，柳井正要求每一位管理者都要有经营者思维。在柳井正看来，不会经营的管理者都是纸上谈兵甚至不切实际的。从第一次提出 1 万亿日元的目标起，到当下要实现 5 万亿日元的目标，直至 2030 年实现 20 万亿日元的目标，柳井正要求他的员工必须无条件地去执行，他认为没有迅销集团实现不了的目标。正因为对业务非常熟悉，自己亲自上阵，并把目标定的高高的，以最强者的姿态经营着公司，终于打造出独具特色的柳井式企业文化——高效执行的经营者文化，使得迅销集团经过"短短"的 27 年时间，跻身世界服装之巅。

时尚界大众消费品领域，只有 ZARA 和 UNIQLO 的竞争力惊人，它们都建立起坚不可摧的护城河。这两个品牌都入选了我撰写的这本书，之所以把 UNIQLO 列为 9 个时尚品牌之首，是因为 UNIQLO 有太多值得中国服装同行深度了解、研究与学习的技术与思想，相对 ZARA，UNIQLO 距离我们更近，学习起来也更靠谱。

优衣库并不是依靠中国服装同行推崇的渠道为王（这个在过去二十年里最炙手可热的竞争要素）而取胜的；优衣库也不是靠产品的流行时尚取胜，虽然大多数服装同行一直认为做服装的底线是产品要有设计竞争力；优衣库更不是靠追求热点取胜，虽然它曾经卖过有机蔬菜。

　　链接：在企业的发展方向上，迅销集团也曾走过弯路，在 UNIQLO 发展最快速的阶段（2002 年前后），UNIQLO 店里曾经卖过有机蔬菜（据说当时生意还不错）。不过，柳井正很快就发现不对，及时做出调整，把卖蔬菜的业务停止了。对失败项目或计划要削减的项目，柳井正说过一句很有哲理的话——"关键在于判断事业失败之后，能否立即撤退……"，这句话很值得中国服装企业的决策者们领会与借鉴。今天，迅销集团的发展战略是产业聚集、品牌多元，高度专注服装领域。

　　2017 财年，优衣库在日本本土有 790 家直营门店，销售额为 7 355 亿日元（约 441 亿人民币），平均单店销售约 5 586 万人民币/年；在海外市场有 1 089 家直营门店，销售为 7 081 亿日元（约 429 亿人民币），平均单店销售约 3 900 万人民币/年。

　　优衣库累计 1 879 间门店（不含在日本独立经营的 41 间加盟店），总营业面积高达 162.3 万平方米，约 864 平方米/店，按全球销售额 1.44 万亿日元（约 866 亿人民币）计，平均单店销售高达 7.6 亿日元（约 4 600 万人民币/店）。

　　优衣库 1 879 间门店共有 61 657 名店员，平均单店不到 33 人（即 864 平米/店/33 人）。这样算下来，优衣库的人效为 2 341 万日元/人（约 140 万人民币/人）；坪效 88.9 万日元/平米（约 5.3 万人民币/平米）。

　　对中国服装品牌经营现状有所了解的读者应该知道，这些数据背后所折射的经营管理能力非常惊人，和中国品牌的差距可不是一点点，毫不夸张地说，像人效与坪效数据，起码相差 5 倍以上。这些惊人的数据到底是如何做到的？这背后到底藏着哪些秘密？

　　我曾说，优衣库的成功就是一个异类。

　　通常，服装品牌的成功首先是产品的成功。但优衣库的产品太基本、太普通，以所谓的百搭基本款为主，一度被人误解成是做家居服的。消费者在任何一家优衣库店里，体验到的都是宽敞的通道、明亮的灯光、笑容可掬的售货员及琳琅满目的商品，商品品类齐全、色彩丰富、价格便宜。要知道，这些对同行竞争对手而言，门槛几乎为零。但是，这看似门槛为零的业务，似乎并没有多少直接竞争对手，难道这块业务的蛋糕不够大？当然不是。2017 财年，迅销集团的销售达到 1.86 万亿日元（约 1 117 亿人民币），净利润 1 192 亿日元（约 71.5 亿人民币），净利率 6.4%。截至 2018 年财年前三季度（到 2018 年 5 月 31 日止），迅销集团的销售更是达到1.7 万亿日元（约 1 022 亿人民币），净利润 1 483 亿日元（约 88.9 亿人民币），净利率 8.7%。看来，不仅销售规模巨大，盈利空间也是巨大的。那为什么在如此宽泛的赛道上找不到直接竞争对手呢？

中国服装品牌号称要模仿学习 ZARA 的比较多，把 UNIQLO 作为学习对象的并不多，究其原因还是大家不了解这两个品牌。

迅销集团的老板柳井正给出了答案，他说，优衣库本质上是一家科技公司，竞争对手是苹果公司而非 GAP。这是答案吗？没错，这就是答案。

优衣库的护城河

根据会计学、经济学原理，在毛利率固定的情况下，存货周转速度越快，赚到的利润就会越多。如果存货周转率快，毛利率越高，赚到的利润就会更多。

小米公司创始人雷军在创办小米前，到美国考察了以硅谷为代表的科技类公司的商业模式（以高毛利率为主的模式，依靠科技创新）和以好市多超市为代表的传统零售业商业模式（以低毛利率为主的模式，依靠高存货周转率），并最终选择了以好市多为代表的传统零售业商业模式——即"低毛利率＋高存货周转率"模式来经营自己的小米公司。

雷军的选择是对的，以硅谷为代表的科技类公司的商业模式最大特点是产品要有独特性（要么独有，像中国的茅台酒；要么独特，像苹果手机）。所谓独特主要依靠科技创新，而科技创新不仅需要巨额资金投入，更需要长时间的积累，否则是很难成功的。而以好市多为代表的美国传统零售业商业模式是通过高存货周转率来弥补低毛利率的不足，高存货周转率的背后其实是高效的企业经营管理。

高效的经营管理需要依靠正确的决策和超强的团队执行力，这比纯粹依靠科技创新（当然也需要）所需要的长时间积累要现实得多。

链接：2017 年度小米公司销售 1 146 亿人民币，毛利率仅为 13％（同期为 10.5％），最新存货周转率为 3.2 次（2018 年中报数据）。

2017 财年，迅销集团实现销售 1.86 万亿日元（约 1 117 亿人民币），毛利率为 48.8％，存货周转率达到 3.4 次（销售成本 9 526 亿日元/平均存货 2 798 亿日元），平均 105 天存货周转一次。

某种意义上讲，柳井正要做的，不仅要实现传统零售业的高存货周转率，还要实现科技类公司的高毛利率。高存货周转率需要大数据决策和团队的超强执行力，高毛利率需要科技创新，而这，构成了迅销集团的坚固护城河。

零库存经营

零库存经营是经营目标，更是商业理念。

在思考怎么才能做到零库存经营之前，首先要思考的应是库存到底是怎么产生的。这看似是一个简单的问题——库存是由卖不掉的商品产生的。但是，商品为什么会卖不掉呢？如果知道卖不掉，干脆就不要生产了，或者少生产，那不就没有库存了吗？显然，看似逻辑自洽的答案并没有这么简单，因为商品在没有销售前谁也不知道好不好卖。

服装企业，在下一季新产品投产之前，会做新产品投产计划预测，通常的算法逻辑是：先计算现有店在未来的销售量 A（已考虑增长率）＋计划新增网点的销售量 B；再根据历史销售能力 C（即产销率，产销率＝实际销售件数/生产件数，计算口径统一为当季货品），在要求一定增长的情况下，得出未来的计划销售能力 D（即目标产销率）；最后，以未来的计划销售量（$A＋B$）/目标产销率（D），得出新一季需要生产的量 E。

这时，E 的绝对值是大于（$A＋B$）的，D 的绝对值越小，E 的实际值距离（$A＋B$）越大，反之 D 的绝对值越大，E 的实际值距离（$A＋B$）越小，如果 D 是 100%，则 $E＝（A＋B）$。

链接：

假设 $A＝1\,000$，$B＝200$，$C＝60\%$，$D＝65\%$，则 $E＝1\,200/65\%＝1\,846$，也就是说，当季的预测销量是 1 200 个单位，但实际投产量却是 1 846 个单位，这之间的差 646 个单位就是库存。据我了解，当下中国多数服装企业当季商品的平均产销率不到 50%。读者可以根据本公司的实际数据代入计算，计算时要注意统一口径。

看似严谨的计算逻辑，妥妥地接受了库存的存在。

由此，哪怕企业在实际经营过程中始终把零库存作为经营的最高要求，所采取的办法也只能是从点上思考、点上解决，而无法从根本上实现所谓的零库存。例如采取提前上货时间、波段上新、及时促销、加大推广力度、强化店铺服务、品牌广告投入等手段，都是从点上解决问题的方法。事实上，这些方法并不能从根本上解决问题，甚至还会增加经营成本，不仅造成了全行业的（高）库存危机，严重的还会造成企业的经营危机。

大部分服装品牌，都是在季节到来之际，把应季该卖的产品配送到店铺并陈列出来,供消费者选择购买。这样做的结果,是所有品牌都在同一固定的时间周期里去争抢客户,实力强的大品牌,店铺多、位置好、面积大,抢到优质客户的机会就会多一点;实力一般的品牌,只能通过价格战来参与竞争。这样一来,大品牌的优势也就不明显了,毕竟,大部分消费者还是喜欢购买价格便宜、性价比更高的商品。

优衣库当然是大品牌,店铺多、位置好、面积大,肯定比一般小公司更有优势,但是,如果要和其他品牌一起参与价格竞争,肯定不是柳井正想要的。最好的解决方式,是创立一种其他品牌没有,甚至"做不到"的经营模式。

其他品牌的做法是一年四季产品上新都在固定的时间完成。以上海市场为例,全年四季货品上新的时间规划大致如下:

——春季产品上新时间为每年 2 月 15 日,销售周期约为 2 月 15 日—4 月 15 日;

——夏季产品上新时间为每年 4 月 1 日,销售周期约为 4 月 1 日—9 月 15 日;

——秋季产品上新时间为每年 9 月 1 日,销售周期约为 9 月 1 日—11 月 15 日;

——冬季产品上新时间为每年 11 月 1 日,销售周期约为 11 月 1 日—次年 2 月 28 日。

　　说明:市场区域与上新时间及销售周期,可根据具体品牌、市场的实际情形确定。上新时间一般会选择季节更替前的某周五。举例的上海市场为大致时间,作逻辑分析用,切勿对号入座,仅供参考。

以春季产品的销售为例,每年 2 月 15 日上新,到 4 月 15 日结束,共计 2 个月的销售时间。这 2 个月可以划分三个小周期:2 月 15—2 月 28 日的试销期;3 月 1 日—3 月 31 日的旺销期;4 月 1 日—4 月 15 日的清理期。当然,服装企业还可以根据自己的管理能力,将每个小周期划分得更细。

通常,试销期是季节更替期,新品的销售量不会太大(很大原因是上季商品在大折扣降价销售,悬殊的价差会促使部分消费者选择高折扣的便宜商品)。这个阶段产生的新品销售,一般毛利率最高,毕竟新品刚刚上市,商家不太愿意打折促销。

旺销期是主力销售期,是消费者在应季场景下,做出的刚需购买。商家为了在这个阶段抢到更多的市场份额,会使出各种招术,推广、促销甚至打折销售等手段一哄而上。这个阶段是最重要的销售阶段,销售额占比较高,但毛利率会有所下降。

清理期就是最后清货处理库存的阶段,也是价格战阶段,这个阶段的销售额占比较高，但毛利率很低，甚至会出现亏损销售，毕竟卖不掉就是库存了。

随着市场竞争的加剧，原本风平浪静的试销期，也早已成了价格博弈的主战场。有些品牌在新品刚上市时就进行力度较大的价格促销，甚至不惜通过提高商品定价的方式来保住自己的利润（就是先提高商品的定价，再给予销售折扣，这是国内很多品牌商家逐年提价的主要原因之一）。这种情况下，无论是试销期，还是旺销期、清理期，都在面临残酷的价格战。

优衣库的做法，是通过建立属于自己的竞争赛道，巧妙地绕过了多品牌间的直接价格竞争。优衣库的做法是：基本款的独有赛道（错时竞争＋黑科技＋款少量多超便宜）和时尚款的稀缺赛道（超级时尚＋款多量少＋应季竞争）所构成的商品营销体系。

1. 基本款的独有赛道

1）错时竞争的护城河

我把优衣库基本款的营销方式，归纳为错时竞争体系。

错时竞争，顾名思义就是通过错开时间来参与市场竞争。假定优衣库基本款商品的销售周期也是三个周期，即试销期、旺销期、清理期，优衣库只要把每个周期的起始与结束时间都提前，就能避开与其他品牌之间的价格战。

> 链接：国内服装品牌只关注应季商品的上新时间，对商品的结束时间（也叫退仓时间）并没有清晰的界定，甚至有的品牌"喜欢并纵容"门店尽量在换季时能多卖一件就多卖一件，迟几天退仓根本就无所谓，因为卖不掉而早早退仓肯定就是库存。这种经营认知其实是错的，甚至可以用可怕来形容。换季时上季商品能多卖一件是一件的逻辑看似没错，但这是针对一季商品销售时的局限性思维，而不是多季商品销售的整体性思维。
>
> 正确的经营思路是，在换季节点前后，销售的重点应是下季新品而非上季老品，只有让老品及时"戛然而止"，才能给新品腾出更多、更大的销售空间（店铺的货架资源是稀缺资源）。当然，老品退仓肯定不是好方法，优衣库的做法是在新品上市的时间节点前，尽量把老品（上季商品）全部卖完。

还是以春季为例。

优衣库把销售期的时间调整为 12 月 15 日—3 月 15 日,其中 12 月 15 日—12 月 31 日为试销期;1 月 1 日—2 月 28 日为旺销期;3 月 1 日—3 月 15 日为清理期。

这样做的结果是,当优衣库的春装新品在试销期时,市场上的其他品牌都在忙于上季冬装产品的清货,优衣库的春装新品销售处于零竞争的蓝海市场(优衣库每季新品上市时,其各地全球旗舰店是全场上新)。当优衣库的春季新品处于旺销期时,市场上几乎没有竞争,仅在优衣库春装旺销期的尾声,其他品牌的春装新品才"姗姗来迟"刚刚上市。更重要的是优衣库的旺销期"多"了一个月时间,其间,优衣库有足够的时间采用"限时特优"的方式针对滞销款、滞销色开展促销。清理期就更不用多讲了,优衣库的春装(剩余)商品只需稍加折扣就能轻轻松松地卖得干干净净,因为这时其他品牌的春装商品都处在它们自己设定的旺销期。

针对新品上新时间提前的做法,国内品牌也都在学习,但像优衣库提前 2 个月上新根本做不到,原因有二:一是上面提到的错误经营思维,国内品牌长期不关注商品销售的整体性,导致库存越积越多,在商品换季时只能把关注的重点放在对老品的处理上(已成恶性循环),而关注不到重点应是新品的销售;二是供应链体系没有建立起来,导致要把商品上新的时间提前非常困难。

A. 其他品牌春季产品销时表:

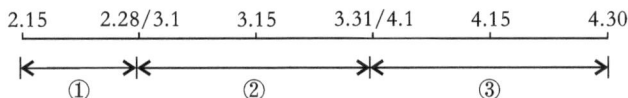

| 2.15 | 2.28/3.1 | 3.15 | 3.31/4.1 | 4.15 | 4.30 |

①试销期:2.15—2.28
②旺销期:3.1—3.31(或 3.1—4.15)
③清理期:4.1—4.30(或 4.16—4.30)

B. 优衣库品牌春季产品销时表:

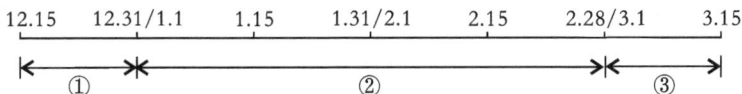

| 12.15 | 12.31/1.1 | 1.15 | 1.31/2.1 | 2.15 | 2.28/3.1 | 3.15 |

①试销期:12.15—12.31
②旺销期:1.1—2.28
③清理期:3.1—3.15

错时竞争图例

优衣库提前上新的做法,彻底改变了品牌商和供应商之间的合作关系。

过去,品牌商是在应季时才上新销售,以此推导生产加工周期,合作工厂按此时间调整产能与储备面料(供应商自己是无法提前的,因为没有品牌商的准确下单数据），以此形成了固化的合作模式。这种掐点式的合作模式，导致品牌商的柔性供应链根本建立不起来，原因很简单，应季销售产生的数据存在明显的滞后效应，哪怕工厂能帮助完成生产补单（暂且不论有无面料储备），最佳的销售时间也在生产制造过程中快速地流失了，稍有不慎（或数据采集或管理衔接），补单过来的前期畅销品就会成为库存。

优衣库提前上新、规划产业链上的供应链体系共同备料，一旦产生数据，就快速启动追单加量生产机制，在竞争对手还没有上新的情况下，大量的畅销款、畅销色全部补充到仓、到店，形成了优衣库的错时竞争力。

链接：据我了解，国内多数品牌（包括上市公司）通过柔性供应链完成的生产量不及总生产量的 5%，和优衣库、ZARA 这些巨头动辄 50% 以上的柔性供应链下的生产量相比，差距太大。

2）基本款商品都是黑科技

"黑科技"是科技俗语，指通常人们认为当前人类无法实现或根本不可能产生的技术或者产品，其标准是不符合普通人对现实世界常理以及现有科技水平的认知。

基本款，顾名思义是基本的商品。在一部分人（同行）眼里，优衣库的基本款是非常普通的商品，是没有什么（设计方面）技术含量的。这种认知只对了一半，对其他品牌确实如此，对优衣库则完全不是这回事。其他品牌所谓的基本款，几乎是鸡肋，不做又不行，有时候做生意还真得靠它；做又有压力，因款式过于简单（毫无设计感），价格根本卖不上去，钱赚不到多少搞不好还会成为库存。

优衣库可不这么认为，今天，被优衣库定位为基本款的商品可不少，像"一战成名"的摇粒绒系列、"十全十美"的保暖内衣系列、"越做越薄"的羽绒服系列、"便宜到不可想象"的牛仔系列，等等，都是。不要小看这些基本款，优衣库的基本款系列每年销量都是单款超亿件，很多明星基本款的年销量甚至超十亿件，都是实实在在的赚钱爆款。

为什么别人眼里的鸡肋款到了优衣库这里却成了年销量过亿甚至过十亿的赚钱爆款呢？原因很简单，就是优衣库的基本款系列，每款的背后都是黑科技。这些黑科技支撑的基本款，在市场上几乎零竞争，年年卖得好也就不奇怪了。

链接：服装行业最大的痛点之一，是商品款式没有专利权保护，款式同质化非常严重，只要某款商品好卖，一夜之间全网千城万店都在卖同样的东西，而且后面出来的同质款会价廉质次，典型的劣币驱逐良币。

举几个例子。

（1）HEATTECH 系列。优衣库于 2003 年冬季推出发热保暖内衣系列商品，发热保暖内衣并不是优衣库的首创，市场上也有类似的产品（价格普遍偏高）。优衣库的发热保暖内衣的产品功能不断加强，从刚开始时的发热保暖，通过科技创新，逐年加入了抗菌、除臭功能、速干功能、增加弹力和记忆功能、除湿功能甚至保湿功能等。随着功能的不断升级，优衣库的保暖内衣还越做越薄、越做越轻，性能越来越好，完全颠覆了市场上的同类产品。这些功能可不是普通的市场营销行为，而是实实在在的高（黑）科技结晶。

日本东丽公司是一家成立于 1926 年的世界五百强公司，是世界上最大的合成纤维研发、生产与销售公司，在聚合、纺丝、织布、印染、缝制等方面的技术均处于世界领先位置。优衣库 HEATTECH 系列商品的面料就是和东丽公司共同合作研发出来的专利产品。

链接：2000 年前后，部分中国商家对保暖内衣的"研发"是在面料中间加一层塑料纸来防止身体热量的流失，从而达到保暖的效果，这种由塑料纸充当隔热层的内衣穿在身上，只要出点汗就会黏糊难受，越穿越不舒服。同时期的迅销集团耗费三年时间与东丽公司研发可发热面料，一经推出即受到市场好评，当年就卖了 165 万件。目前这款面料的系列产品每年销量都在十亿件以上，给优衣库带来了丰厚回报。

（2）摇粒绒系列。摇粒绒产品的面料都是化纤材料，化纤材料在干燥季节容易产生静电，对人体危害很大。优衣库的摇粒绒系列产品自推出的第一代起，就是防静电的。此后的摇粒绒产品具备了抗菌、防水、除臭等功能，甚至，还使用了超轻、超细的航天级材料（宇航员穿的）。经过十多年的产品迭代与科技升级，如今一件优衣库的摇粒绒外套的重量只有当初（第一代产品）的一半不到，越做越轻。

摇粒绒系列是迅销集团打造的优衣库品牌的第一个爆款系列。如今，摇粒绒系列已经成了优衣库的招牌产品，有居家摇粒绒系列，也有适合外出的外套系列，年销量 1 亿件以上。有意思的是，面对如此大量级的市场，国内同类型的品牌商家居然"不太敢"做，原因是无法突破摇粒绒面料易产生静电这一基本难题。

摇粒绒系列产品的面料，也是和东丽公司合作共同研发出来的。

（3）羽绒服系列。羽绒服系列是优衣库基本款系列产品中的又一重大突破。常规羽绒服要想保暖只能越做越厚、越做越硬（厚指充绒量多，硬指面料的涂层处理），这样，羽绒服产品成了一般人印象中既笨重又无时尚感的商品。同时，受原材料（羽绒）价格上涨的影响，近十年来各品牌的羽绒服都是越卖越贵，但优衣库完全不是这样。

优衣库的羽绒服产品，首先是去掉了里面的内胆（内胆是防止羽绒服跑绒），直接填在面料里面，这样，就需要羽绒服面料的出气小孔更细（防止跑绒）。其次是减少充绒量并提升羽绒品质而达到保暖效果。最后，去掉衣服缝纫过程中的车线，做成无缝产品。优衣库的无缝羽绒服具备防风、防水、轻薄的功能，当然源自羽绒服面料所包含的黑科技。同时，优衣库的羽绒服版型非常好，穿着更加贴身、美观、时尚。

优衣库羽绒服的面料超薄、超软，且抗强撕裂，耐穿、保暖且方便携带，时尚又轻便。

今天，优衣库的羽绒服不仅超薄、保暖、时尚，还能去湿，越穿越舒服。优衣库羽绒服产品的防水、防风、超软、超轻、抗撕裂面料也是和东丽公司合作共同研发的。通过把面料做到极致，从而做出品质更高、功能更好的产品，已经成为优衣库品牌的成长基因。在迅销集团的经营思维中，产品的竞争，既不靠表象的设计，也不是最后的生产组装（制造），而是通过对产品材料性能的挖掘，提供给消费者无与伦比的、高性价比的产品。或许，这就是柳井正所说迅销集团是一家科技公司的原因吧。

3）款少量多超便宜

基本款商品，仅早早上市和黑科技（面料与制造工艺），如果价格很贵，产品系列再丰富，估计也很难大卖。价格一贵，就不是必需品了，东西一多，也就不聚焦了。如果不是消耗品，量又做不起来，时间再早、技术再好也是很难成功的。

迅销集团及柳井正当然深谙此道，因而，优衣库的基本款产品都是款少量多超便宜。

款少，是指款式集中。例如发热内衣产品，男装开始就 1 个款（三五个颜色），后期在领口上做了少许变化，到今天也不超过 3 个款，女装也差不多。这些发热内衣产品，都是同一种面料（不同颜色）。这样，可以把一种面料的量做到极大，量大了单位成本就会降低。东西好，价格又便宜，这样的产品消费者肯定会喜欢。其他如摇粒绒系列、羽绒服系列、牛仔裤系列都是如此，款式花样都非常少（色彩丰富），面料统一，这样，就能最大限度地降低生产成本（可以把坯布的量做足）。

更重要的是，优衣库的产品价格非常稳定。在世界经济发展变化最快的近 20

年间,优衣库几乎没有提价(仅 2014 年进行了一次小范围提价),这也算开创了一个商业奇迹(近 20 年间全球资产价格都在上涨)。比如,优衣库摇粒绒系列的基本款,从 1999 年起就是 1 900 日元(约 115 元人民币)和 2 900 日元(约 175 元人民币)两个价位,直到 2014 年也是这个价(增加了几个较高价位的款),到今天(2018年),也不过 199 元人民币、245 元人民币、299 元人民币三个价位(在中国市场的主要价位段),其他如羽绒服系列、发热内衣系列、牛仔裤系列的价格都是如此。

优衣库能做到对商品价格的稳定管理,得益于优衣库对整个商品生产制造产业链的统筹管理。从最源头的原材料开始,参与到棉花种植、纺纱、染色、面料生产等基础原材料的投资、采购活动,这样到最后的生产缝制阶段,价格影响的权重几乎没有了,从而保证了产品价格的最终稳定。

链接:同时期,国内服装品牌都经历了产品提价,在原材料价格上涨的大背景下,商家不进行提价几乎无法生存,这种受制于生产缝制阶段的涨价,成了中国服装行业挥之不去的痛。局限于生产制造的加工贸易,已经成为中国服装品牌迫在眉睫需要突破与改善的重点。国内品牌靠提价来维持企业利润,优衣库则在稳定价格的前提下通过提高商品运行效率来维持利润,竞争力差异不言而喻。

在基础原材料价格上涨的今天,哪怕商家不提价,商品品质也是下降的。同样售价 200 元的商品(比如一条牛仔裤),如果企业要维持 50% 的毛利率,商品成本约为 100 元,但是,今天 100 元采购成本购买的原材料和 20 年前 100 元采购成本购买的原材料早就不是一回事了(今天 100 元采购成本的原材料,可能不及 20 年前 50 元采购成本的原材料;也就是说,20 年前 100 元采购成本的原材料,同样的品质,今天起码要 200 元甚至更高)。如果再进行提价,消费者对国内品牌的使用体验只会越来越差。

链接:黑科技支撑下的基本款,为迅销集团的发展做出了巨大贡献,迅销集团在 2017 年度官方财报中披露"由于今年较往年更为寒冷,HEATTECH、羽绒服、摇粒绒(Fleece)、运动装、暖裤等防寒衣物销情强劲(指日本市场)。大中华地区、南韩的 HEATTECH、羽绒服等冬季商品销售强劲,带动该地区期间营收、毛利双双大幅增长"。

链接:文中所写的优衣库的产品 20 年间不提价,是指同一款商品在二十年间没有提价。

优衣库的基本款款少量多、色彩丰富，这些基本款（大多数）由迅销集团投入巨资和东丽公司联合开发拥有独家专利的功能性面料，生产总量大，单位成本低，售价有足够的竞争力，再加上在产品上市时实行错时竞争，就这样，优衣库牢牢地把基础性市场抓在了自己手里。

2. 时尚款的稀缺赛道

优衣库的厉害之处，是不仅有具备超强竞争力的基本款，也有能贡献高毛利率的时尚款。

优衣库的时尚款不同于其他服装同行所谓的时尚款。人们常规理解的时尚款，偏重对产品本身设计元素的把握，或追求细节完美，或追求标新立异。无论何种形式的呈现，只要畅销，就非常容易被模仿抄袭，同质化现象非常严重。这种做法，最大的弊端是风险太大，因为设计师们很难季季都创新出畅销的款式。

优衣库是把时尚款做成 IP，不再押宝式依靠设计师个人的原创设计能力，而是和超级 IP 合作。同时，制造稀缺，款多量少，一卖就结束（这一点和 ZARA 很像，优衣库很少针对时尚款进行季中补单）。最后，参与应季竞争，通过印花、冠名、合作等方式，把时尚元素赋能在已经得到印证的基本款上。

1）和超级 IP 合作

时尚是一个产业，服装设计只是其中的一部分。高超的时尚营销需要跨界合作，优衣库亦是如此。

看几个优衣库跨界营销的成功案例。

——优衣库和爱马仕原创意总监 Christophe Lemaire 进行长期合作，推出的"UNIQLO UT"系列获得了市场的认可。该系列产品兼具时尚与品质，为优衣库打造出"1＋1＞2"的效果，每逢发售日都会引发消费者的排队抢购。

2018 年，优衣库 UT 系列至少进行了 38 次跨界合作。该系列创意总监 NIGO 早前在接受采访时表示，这个系列卖的不是普通 T 恤，而是一种流行文化。和大师级设计师跨界合作，也是 ZARA、H&M 等品牌的常用手段，但它们的做法不同于 UNIQLO，一般品牌顶多一季一次，而优衣库一季能做到十多次，这不仅需要高超的营销策划能力，更需要商品本身的"配合"。优衣库的大师款或超级 IP 款，款式本身还是那些基本款，只是在这些基本款上加上了大师们的创意，如图案与印花（尤其是夏季 T 恤），这样，一件普通基本款就完成了向一个超级 IP（时尚款）的转变。像优衣库联手 BV 设计师 Tomas Maier 推出的海洋度假系列产品,不仅具备透气、吸水、快干、保湿等基本功能,还能同时满足游泳与参加 party 的不同穿着需求,都是非常富有想象力的创意。

——邀请时尚和文化杂志《POPEYE》前主编木下孝浩加入,负责优衣库品牌的整体创意传播。木下孝浩上任后在东京总部与优衣库的全球营销团队及创意总裁 John Jay 密切合作,负责监督管理优衣库品牌推广和产品设计等事务。

优衣库是以销售基本款而成功的,如何在基本款上添加年轻人(95 后、00 后)喜欢的元素,是优衣库当下正在考虑的。相信在“比年轻人更懂年轻人”的木下孝浩加入后,优衣库的时尚产品体系将迎来新的腾飞。UNIQLO 合作过的大牌与顶级设计师还有“山大王”“Jil Sander”“Undercover”“Lemaire”等,这些都是时尚圈的大牛。

——除了大胆、创新的跨界合作,优衣库还将目光投向了有着巨大潜力的运动市场。不同于国内服装品牌(非运动领域)喜欢邀请娱乐明星做品牌形象代言人的做法,早在 5 年前优衣库就签约澳大利亚籍高尔夫球星亚当·斯科特作产品代言人,亚当·斯科特曾经是世界排名第一的职业高尔夫球员,阳光、帅气、温文尔雅,非常符合优衣库的产品气质。

2018 年 7 月,优衣库签约网球明星费德勒为产品代言人(代言费高达 10 年 3 亿美元),费德勒更是家喻户晓的世界级体育巨星。或许,这和优衣库的国际化发展有关,更和迅销集团欲进入运动市场有关。今天,优衣库的运动类产品早已上市,其速干类产品性价比超高,一经上市便热卖。

> 链接:一直以来,运动类品牌的产品线向传统服装品类延伸早已不是新闻,无论是耐克等国际品牌还是安踏等国内品牌,服装类产品的销售贡献都在五成以上。而传统服装品牌的产品线向运动品类延伸的几乎没有,主要原因是受制于专业面料的开发。优衣库一直在和东丽公司合作开发各种功能性的面料,为其进入运动领域奠定了基础。
>
> 2018 年,迅销集团宣称将和岛精机制所(Shima Seiki Mfg)进一步合作,加速双方在针织产品领域全面开发和科技创新,此举必将为优衣库产品的面料创新带来质的飞跃。岛精机制所是日本最先进的纺织服装机械设备生产制造商。

2)款多量少

如果满大街都是一样的款式,再时尚也时尚不起来,真正的时尚就是要有一定的稀缺性。优衣库利用和超级 IP 进行跨界合作,在基本款上附加了时尚元素,一季能上新 10 次以上,以款多量少的方式进行运作(和 ZARA 时尚款运作原理完全一样)。

以夏季 UT 系列为例,一周上新 1 次,1 次 5～10 个花色(一个款做 5～10 个印花),平均一个花色生产 18 万件(以 1 879 家门店计,平均一个花色分摊 100 件/店),整个夏季从 2 月底开始,到 6 月末,整整 4 个月周期,可以运作 18 次,相当于可以推出 90～180 个花色,累计可以卖掉 1 620 万件～3 240 万件,如果以 100 元/件计算(取整数方便计算),相当于一个 IP 每季就能做到 16 亿～32 亿元的销售。优衣库时尚款是款多单款量少,但总量并不少,时尚款的毛利率要比基本款高出很多,都是赚钱利器,因很好地把握住单款量,最后基本都没有什么库存。

3)应季竞争

优衣库时尚款的上市时间完全不同于基本款,基本款在竞争对手做不到的时间提前上市销售,在季节真正到来之际,优衣库掌握了大量的一手销售数据,什么样的基本款(主要是版型)好卖,什么颜色好卖,并以此为基础,在这些畅销的款色上,加入超级 IP 元素,价格提升 20%～50%,照样热销。

逻辑很简单,首先,在这些畅销的款与色上做文章,几乎没有风险;其次,加入超级时尚元素,是典型的对基本款赋能;更关键的是,这些款单款量并不大,一家上千平米的店,仅能分到 100 件左右,再细分 3～4 个不同尺码,一个尺码仅几十件,分分钟就能卖完。事实上,有很多时尚款在上市当天就能全部卖空(计划一周的量)。这些时尚款都是赚钱利器,优衣库的基本款价格并不高,赋加了时尚元素后,哪怕提价 20%～50%,价格照样有竞争力,例如一件售价 79 元的基本款,由大师级设计师对其赋能后,售价 99 元,给消费者的感觉照样便宜。

对时尚款的运作,目前全球范围内,除 ZARA 外还没有一个品牌比优衣库强,所以,柳井正才会说优衣库其实是时尚品牌。

优衣库对销售数据的抓取能力,绝对超乎你的想象。

优衣库并不关注基本款的售价和尺码这些其他品牌最关心的数据,只关注款式本身和颜色。价格背后的浅层要素是成本,优衣库在这方面有绝对的优势;深层要素是定价策略,定价策略直接决定着销售毛利率。因优衣库是全直营经营,只要优衣库把毛利率控制在 50% 左右,其他服装企业就永远没有条件和它进行竞争(这方面的内容放在后文讲)。

成本有绝对优势,毛利率控制在稳定位置,售价就有绝对优势,自然就无需特别关注。不关注尺码,是因为优衣库早已建立起一套完整的版型数据库,作为亚洲企业,优衣库远比欧美品牌了解亚洲人的体型特征。所以,在人口最大的洲际市场亚洲,依靠成本优势和版型合体优势,优衣库所向披靡。

迅销集团的目标不仅是亚洲市场,而是要成为世界第一的服装公司。通过和超级 IP 合作,对基本款赋能,优衣库的产品不仅在亚洲市场有超强竞争力,在其他国际市场的竞争力也在不断地突破与巩固。

精益生产模式下的供应链体系

构建有竞争力的供应链体系,需要有产业链思维,不能把供应链简单地理解成"生产加工＋物流运输",因为"生产制造＋物流运输"做得好,只能解决运行效率问题,不能解决成本效益问题。在优衣库看来,不仅要解决商品的运行效率,还要解决商品的成本效益。

1. 精益生产模式

迅销集团没有自己的直属工厂,优衣库的所有产品全部外发加工生产。和迅销集团合作的工厂,都要能接受迅销集团精益生产的标准化考核,尤其是 JIT(Just In Time),即准时制生产能力考核。

日本纺织制造业一直很发达(他们叫纤维行业),在 20 世纪 80 年代日本产业升级过程中,随着一批中低端纺织制造业转移(到中国),造成大量的技术骨干剩余甚至失业。虽然这些匠人们失去了在日本本国的工作机会,但并没有被社会抛弃,他们被日本一些大型跨国公司聘用并外派到中国工厂作技术指导。像迅销集团就引进了一大批有深厚技术功底的日本老师傅,对考核达标的中国工厂进行彻底的生产流程再造与技术改造,以符合优衣库对 JIT 的要求。

以丰田汽车生产制造为代表的日本精益生产模式,是现代工业生产制造的精髓,同属日本企业的迅销集团,深谙此道。山东希努尔服饰股份有限公司(深交所上市公司)是一家大型纺织制造企业,就接受过迅销集团的严格考核。希努尔公司的高管曾说,迅销集团的精益生产考核体系远超一般质量体系认证考核,标准更细、更完整、更具操作性。一般考核通过后,迅销集团会派技术专家长期驻场跟踪检查、纠正与指导,确保精益生产体系能长期落地。

希努尔公司高管说,希努尔公司是优衣库的战略合作商,双方合作一直很顺利,没有出现过一次意外(按迅销集团精益生产标准化改造并检验合格后,接受迅销集团的严格监督与管理)。一次,因夏季生产限电,可能会造成一批冬季订单要延误 1 天出货,希努尔公司及时把这一所谓的不可控因素反馈给迅销集团,希望能得到谅解与支持。半小时不到,迅销集团中国区采购中心的部长级干部就把电话打到希努尔公司的董事长那里（时任董事长陈玉剑先生是我的好朋友），明确表示这笔订单1天都不能延误。同时，这位部长还给出了具体的解决方案——立即购买发电机供电（给出了需采购发电机的具体型号、标准与数量），这还不够，还安排迅销集团派驻在希努尔公司的工作人员协助（其实是监督）办理，直至恢复正常生产。最后，这笔订单准时交货。

　　链接：迅销集团创始人柳井正，和日本软银公司的孙正义、丰田汽车公司的丰田章男都是当代成功的企业家，他们惺惺相惜，互相促进，柳井正是软银公司唯一的外部独立董事。迅销集团虽然没有自己的工厂，但迅销集团制定出不同品类的生产制造管理标准，撰写成详细、精确的工序说明书，内容涵盖从面纱到染色、织布、生产缝纫等全部工序，甚至细化到不同阶段（织布及缝纫）缝纫线的根数，以此要求所有合作工厂执行，使不同制造商都能够生产出质量相同的产品。

　　我曾经参观过日本丰田汽车位于名古屋的整车厂，准确地说，这家工厂其实是工业制品的最后组装，所有标准化的零部件按需、按时运到整车车间，进行最后的组装，一辆辆丰田汽车就这样下线了（分布在全球不同的工厂，按照统一标准进行生产，下线的汽车品质都是一样的）。

　　优衣库的产品加工何尝不是如此（类似麦当劳的汉堡制作模式），统一标准下的产品虽然由不同工厂生产，但品质都是一样的。

迅销集团虽然没有自己的直属工厂，但所有和迅销集团合作的工厂都是按照它们的生产制造标准进行生产制造，确保生产出来的每一件产品的品质都是稳定一致的。

2. 延伸到产业链最前端的供应链体系

（以棉制品为例）供应商前端不仅有生产制造商，还包含面料生产商、棉纱生产商甚至棉农。延伸到产业链最前端的供应链体系，就是品牌商和供应商之间的合作关系，要从生产制造商，延伸到面料生产商、棉纱生产商甚至棉农，都建立起共赢的合作关系。

优衣库基本款的单款量太大了，一款一季销售往往在数千万件以上，有的甚至能卖数亿件。基本款款式较少，但色彩丰富，一个基本款做几十个颜色，以满足不同消费人群对色彩的偏好。所以，基本款一次性全部下单生产根本不太现实，越是基本款越是要建立柔性生产机制。与其说把握畅销款，不如说把握畅销色，因为基本款的款式都很简单,决定畅销的是颜色。如果只是简单地自己备料或者让生产制造商备料,所采购的面料颜色都是固定的,无法解决畅销色最大量的补单需求。优衣库和生产端产业链上的所有供应商共同备料,从棉纱环节开始,到面料厂(解决色彩),直到生产制造商(解决加工缝制)。

这样,只要一款商品畅销,优衣库就能从最畅销的颜色上着手解决并快速生产。首先,通知生产制造商把已备好的面料(最畅销色)进行快速生产,以满足市场的即时需求;其次,通知面料厂对已备好的坯布进行染色(最畅销色),并及时运输给生产制造商;最后,通知纺纱生产商把已备好的棉花纺织成需要的面料(纱织),从而形成强大的产业链集群效应。

优衣库对供应链的管理是建立在强大的 IT 系统的统筹下,所有的生产管理信息都通过 ERP 云数据库进行计算与管理。优衣库的备料体系需要整合更为广泛的社会资源,完全不同于 ZARA 的备料模式(见 ZARA 篇)。早期的 ZARA 发展很快,但优衣库的社会化资源整合系统在公司规模达到一定程度后,规模优势就不会弱于 ZARA 模式。目前,这两个品牌是当今世界最成功也是最有影响力的超级时装品牌。

风险与收益成正比,优衣库把基本款销售不确定的风险向产业链上游转移,当然利益也要向产业链上游的供应商体系转移。优衣库与棉农签订长期采购合同,与纺纱厂、面料厂签订长期采购合同,与生产制造厂签订长期采购合同,在定金支付与价格结算上给予充分的倾斜,使得整个产业链都成为迅销集团的利益整体。在迅销集团强大的(IT)大数据算法驱动下,信息共享到纺纱厂(备棉花)、面料厂(备坯布)、缝制厂(备面料),整个产业链上的所有资源发挥出强大的协同效应(以可预期的、风险较小的代价,整合了整个产业链上的资源)。

这样,迅销集团一个款一季能卖出几千万件甚至上亿件的销量,还没有库存也就不奇怪了。像保暖内衣系列、羽绒系列、摇粒绒系列等基本款的经营套路和棉织品系列完全一样。

链接:可能会有读者担心,迅销集团这样做是否把产业链上游的企业给"绑架了",因为大家的利益都被绑在优衣库上。有这种担心很正常,不过,我认为优衣库供应链上的合作企业的利益不仅没被绑架,反而得到了充分的释放。

从经济学原理看,市场最大的风险是不确定性,之所以有"绑架论"一说,可能是因为信息不对称所致。过去,市场到底有没有需求,生产端是完全不知道的,最上游的棉农们就更不知道了。而在迅销集团,这种情况完全不存在，迅销集团产业链上的所有供应商都能清晰地知道迅销集团市场终端的真实销售状况（这也是日本企业的厉害之处），信息化系统能做到双向数据共享，既能让迅销集团及时掌握不同供应商的生产与备料进度，又能让不同供应商知道品牌商的销售数据。在信息高度透明、数据非常确定的前提下，整个产业链形成了一个巨大的利益共同体。

关于定金与货款支付，我有两次切身感受。一次是我的客户希努尔股份公司（迅销集团的长期生产制造供应商）反馈说，迅销集团从来没有出现过一笔定金及货款支付的延期及违约现象；另一次是我曾合作过的苏州万丽织造公司（H&M品牌的长期战略生产制造供应商）创始人孔老板说，近20年的合作中，H&M公司几乎没有出现一次定金或货款支付的延误，所以，他们（指供应商）才会放心、大胆地按品牌商的指令去备料、生产。

小结一下，像摇粒绒外套、发热保暖内衣、羽绒服、牛仔裤、T恤等消费者应季必购的产品，背后有强大的科技创新＋产业链式的供应链体系支撑，价格便宜，上市时间要比一般对手早2个月左右。时尚款款多量少（在畅销的基本款上赋能），应季销售，时尚款都是超级IP，打造市场上独一无二的时尚。

基本款早早地上市销售，极具性价比，对畅销的颜色进行疯狂加单生产并快速地配送至全球门店进行销售，一卖就是天量，赚得盆满钵满后，所剩不多的余量在竞争品牌刚刚上市不久的试销期仅需稍加折扣处理就能卖完。时尚款的单款量都很少，具备超级时尚元素，一款一卖就完。一年四季，如果能做到当季产品当季售罄，在下季来临前，早早地提前上新，这就是经营意义上的零库存。

链接：优衣库的促销方式非常简单，季中基本是以现价/(对比)原价的方式进行"限时特优"促销。季末直接以"现价/原价"的方式清货，干脆利落、清清爽爽。具体促销时间的选择，由算法系统根据各品类的销售目标已实现进度及可销售周期、品类与季节之间的匹配度做出决策，优衣库的经营者们只需确认大数据决策的合理性并高效执行即可。

链接：经营意义上的零库存，是指当季产品基本能在当季售罄，全年的货品周转次数为4次。财务口径上并无所谓的零库存，因为任何品牌都需要店铺的铺场货品，店数越多所需的铺场货品量就越多。

超强执行力与接班人计划

2018年,迅销集团的创始人柳井正以一种特殊形式出版了自己的新书——《经营者养成笔记》。这是一本手札型的书,书中,柳井正系统地提出了对经营者的定义,即一位合格的经营者同时是一位创新者、一位生意人、一位领导者、一位为使命而生的人。柳井正认为,企业经营并不是简单地按部就班地把事情做好就够了,而是要具备经营者的能力。

在迅销集团,对内,从上至下永远都充满着危机感,大家都在努力地使自己成为一名真正的经营者。对外,永远是微笑、礼貌与谦卑,把麻烦与困难留给自己,把优质产品与美好体验留给用户。

1. 超越常规的目标

很难想象,像迅销集团如此规模的超级公司,但凡涉及关键业务层面的工作(尤其是优衣库和GU的大小关键决策),都需要柳井正(亲力亲为)拍板,这和中国企业整天嚷嚷着怎么授权、搞什么责权利对等、开展层级管理等方式截然不同。

我多次在服装行业老板层面的培训交流会上说过,当今商业竞争最大的风险已经不是决策风险,而是执行风险。大数据和算法,可以帮助企业做出更准确的决策,但无法解决执行层面的问题,尤其是超越常规目标的执行,因为执行是人的问题。

青年时代的柳井正就比较强势,其强硬的工作作风,曾导致公司员工纷纷辞职不干,几近光杆司令的柳井正就自己干。从采购、生产跟单、生产技术指导、销售,到人事行政、财务预算等技术、行政岗位,样样亲力亲为,多年一线的工作经历使得他对企业的各项基础管理都非常精通。直至今日,柳井正都身在一线参与公司的各项经营管理(他是迅销集团的CEO),这点和SpsceX公司的埃隆·马斯克很像,都是精通业务的工作狂人。

柳井正说过最狠的一句话是:"不能游泳的话索性就沉下去吧。"从企业管理的层面看,这似乎很"残酷"。在他看来,不会经营的管理者都是纸上谈兵,是不切实际的。他从来不会制定目标的具体实施措施,从第一次提出1万亿日元的目标(当时销售规模仅数千亿日元),到当下要实现5万亿日元的目标(要知道,2017财年也只实现了1.86万亿日元的销售目标。距离2020年还有3年,这个目标可不是一般的高),直至2030年20万亿日元的目标,柳井正都要求他的团队无条件地去执行,所有人都要以经营者的身份去执行。

他认为没有迅销集团实现不了的目标,只是不努力做不到而已。的确,优衣库很多基本款的销量就是能做到一年翻一番甚至翻几番的。如果按常规思维，这些目标不可能实现。这种超越常规的目标制定"策略"，使得团队成员始终处在高压状态下，但也做成了其他人想都不敢想的事——全力完成那些看似不可能完成的任务。

或许，正因为对业务非常（精通）熟悉，自己亲自上阵，并把目标定得很高，以最强者的姿态经营着公司，终于打造出独具特色的柳井式企业文化——高效执行的经营者文化，使得迅销集团在短短 27 年间，跻身世界服装品牌之巅。

2. 接班人计划

查询迅销集团的历史官方公告，自 2011 年起再没有一位业务层面的高管进入公司董事会，柳井正成为大权独揽的公司董事长兼行政总裁。日本社会及媒体一致认为，迅销集团的成功离不开柳井正，但是，这也成了迅销集团最大的"风险"。

> 链接：根据 2017 年财报披露，迅销集团 11 名董事中，外部董事 8 人，内部董事仅 3 人，除柳井正外，另两位都是财务、审计层面的管理者（即 76 岁的田中明和 62 岁的新庄正明）。根据日本媒体报道，整个迅销集团有 40 多位"执行董事"（包括柳井正的 2 位儿子），这里的"执行董事"通常是指经理、总监或分管副总等干部。迅销集团的核心决策权都集中在柳井正一人身上。

1）梦想中的所有权与经营权分离模式

2018 年，1949 年出生的柳井正已经 69 岁了，虽然相对巴菲特、查理·芒格、李嘉诚等老一辈商业巨头还显得"很年轻"，但对企业管理者而言，这个年龄毕竟也不算年轻了（柳井正自己也认为人的判断力在 50 岁左右时会到达巅峰，随即就会下降，这是人的生物特性）。早在 1997 年，柳井正就看清了这个问题，他认为要打造优衣库百年老店，必须引入职业经理人队伍，公司必须始终保持组织活力，尤其是高层组织的竞争力。

当时，柳井正考虑要在迅销集团建立所有权与经营权分开的管理模式，他作为公司创始人、股东，将退出一线的具体经营管理，把具体的经营管理工作交给经营层。他只负责公司的战略及对经营班子的考核，经营团队负责公司的具体经营管理，落实所有者（也可以说是董事会）提出的经营目标，并接受其考核与激励。

按照中国老一辈企业家柳传志的说法，所有者的职责就四句话——搭班子、定战略、定薪酬、带队伍。相对而言,搭班子、定战略、定薪酬三件事更具象些,通俗地说,就是要做好后台老板。带队伍比较抽象,也难得多。带得多,等于所有者(老板)自己在干(总经理的事),违背初衷;带得少,容易出现决策与执行之间的偏差,业绩不好时极易出现矛盾。总之,所有者无论以哪种形式与方法参与,短期内都很难看出成效,考验企业或所有者的是时间成本。到目前为止,世界工商企业管理界也没有一个固定的所有者和经营者之间的标准合作模式或范本供大家学习与借鉴。所有权与经营权分离,就像一个美好的梦想,所有者与经营者都渴望得到,也许,最好的得到方法,就是不断地践行。

柳井正选择的是他(即所有者)负责提出方向与目标,把执行交给经营者(经理人),然后再由他来监督与激励经营者。

2) 接班人计划

事实上,要真正做到所有权和经营权的分离,是一件很难的事。如果说迅销集团是一头大象级商业巨头的话,那这头"大象"的唯一不足或许就是接班人计划了。

根据柳井正要将所有权与经营权分开的设想,他很快找到了一批拥有高学历的职业经理人,其中,玉塚元一最具代表性。玉塚元一有国际化视野(在 IBM 日本公司和全球第二大玻璃制品公司做过高管),理性、务实,具有很强的执行力,属于柳井正喜欢的类型。也正是在玉塚元一的手里(当时作为柳井正的第一副手,全面负责优衣库品牌的经营执行),优衣库的摇粒绒系列产品从 1998 年秋冬销售 200万件,增长到 1999 年的 850 万件,一年增长 4 倍多。随后的 2000 年,更是不可思议地卖到 2 600 万件。紧接着的 2001 年又疯狂地卖了 6 000 万件。同期,整个迅销集团的销售额也是成倍增长。如此良好的业绩,柳井正没有理由不把 CEO 的位置让给玉塚元一。

迅销集团的官方公告披露,玉塚元一于 2002 年成为迅销集团最年轻的社长(即 CEO)。然而好景不长,在依靠龙头产品(摇粒绒系列)带动的销售增长到了一个瓶颈期后,如果没有新的龙头产品出现,能否稳住原有市场规模考验着经营团队的能力与智慧。随后的 2003 年财年,迅销集团的销售并没有稳住,反而出现了下滑。柳井正认为,这并非市场问题,而是公司经营班子过于保守、缺乏挑战精神所致,这不符合他的远大梦想,随即,玉塚元一的社长位置被解除,柳井正又重新兼任起迅销集团的社长。需要说明的是,玉塚元一是一位优秀的职业经理人,他离开迅销集团后,加入日本大型连锁便利店罗森公司,出任社长至今。

柳井正重新执掌迅销公司后,先后推出了一系列依赖高科技投入所带来的爆款,像发热保暖内衣、羽绒服、牛仔裤等。

值得思考的是,对这些高科技技术的投入需要作出的决策是否超越了一般职业经理人的能力边界? 这些(涉及未来的)决策是否需要更广的深度与更宏观的高度,是否需要具备远大理想与愿景的经营者才能做得出来? 相信这是包括迅销集团在内的所有大型公司都要思考的。

柳井正渴望按照西方(美国)大企业的做法,找到能真正独立经营企业的人才。在玉塚元一之后,迅销集团通过国际猎头找到了不少在世界级大公司及日本国内大企业工作过的高管,遗憾的是到目前为止还没有一位能走到那个位置。柳井正认为,那些已经小有成绩的经理人,有着过去的成功经验与固有模式,很难适应和融入迅销文化,接受优衣库基因。想想也是,要找一个比自己还强的人来取代自己,而这个被取代的人是优衣库的魂、是迅销的神,这将有多难。

无论多难,这都是柳井正的工作(之一)。今天,迅销集团的优衣库大学承担起培养经营者的重任,柳井正在按自己的方式培养企业所需要的人。无论这位(批)经营者是职业经理人,还是自己的儿子,都要在这所大学学习,合格后才能毕业。

链接:值得一说的是优衣库的 FRMIC 计划(FR Management & Innovation Center 的简称,即管理与创新中心)和店长成长计划。FRMIC 计划是指要培养一批具备国际化视野与能力的经营者,从战略思维、财务管理、全球供应链、IT 应用、品牌推广、市场营销、销售服务等方面进行系统地培养。

柳井正接受日本媒体采访时曾说:优衣库将要培养起码超过 200 名以上具备国际化经营能力的经营者。

优衣库大学是当今日本最为出色的企业大学(之一),尤其是高级经营者培训班。能进入优衣库大学高级经营者培训班的学员,必须是迅销集团的执行董事(这些执行董事都是通过层层考核晋升上来的)。包括柳井正 2 个儿子在内的四十几名执行董事,每个人负责一个相对独立的领域,根据集团公司的整体要求,做好自己该做的事。柳井正是这个高级经营者培训班的班主任,他亲自撰写"经营者守则",带领大家身赴一线参与经营,教导大家如何才能成为一位真正的经营者。

目前,这个团队中的优秀代表有 GU 品牌 CEO、中国区 CEO、全球采购 CEO 等。另外,优衣库非常重视对店长的培养,优衣库的店长能力都非常强,他(她)们熟悉店铺运作的所有专业事务(接受公司的系统考核且合格)。优衣库有清晰的店长晋升通道,只要具备更强的店铺管理能力,可以从管理一家店的店长,成长为管理多家店的明星店长,直至成为旗舰店店长、大区经理等,职位的上升意味着成长空间的提升,意味着薪资待遇的提升。优衣库明星店长的收入可以达到 1 000 万日元,超级旗舰店店长的收入更是高达 3 000 万日元(这是 2003 年柳井正在他的《一胜九败》中披露的数字,今天只会更高)。优衣库中国公司的 CEO 潘宁就是从店长成长起来的。

优衣库的成功密码

传统商科理论认为,做企业,某种意义上讲就是做营销。营销理论告诉我们,营销由 4 个要素组成,即所谓的 4P(产品、价格、渠道、策略)。关于如何做好营销,字面理解很简单,就是要做好产品、做好价格、做好渠道、做好策略。理论表述言简意赅,但企业运营不是纸上谈兵。大量的企业,或许能做好产品,或者能做好全部(产品、价格、渠道与策略),但这些企业(或品牌)最终也没能做起来,原因是它们做好的某一项要素或者全部要素,互相之间的关系不匹配,做成了 4 张独立的皮,这样,当然做不成企业(或品牌)。这中间,产品、价格、渠道是技术,讲究科学方法,重视逻辑,要务实;策略有很大的艺术性,和决策者的个人素养与追求有很大的关系。无论是做技术,还是做艺术,都要遵循统一格调,这样,才能做成真正的品牌。

当然,品牌的成功取决于天时地利人和等诸多因素,抛开这些所谓的机遇因素,就技术层面,优衣库的成功对中国服装行业有太多的启示意义。

为什么要提前 2 个月时间上新

传统消费行为学告诉我们,消费者不大愿意提前花钱购买当下不太需要的东西,把钱留在自己的口袋里比什么都踏实。但现在,这种观点正在不断地被挑战甚至被颠覆。同时,品牌商家都希望自己生产的商品能全部卖完,再提供新的商品进行销售。在这个商品过剩的时代,加上竞争加剧和商家本身的管理能力等原因,商品的销售周期"被"延长了、"被"滞后了,为此,商家们付出了足够的成本。

在整个社会文明的进化过程中,工业文明和信息文明带来的技术变革极大地改善了我们的生活方式与工作状态,世界主流文化的渗透性越来越强。比如,过去我们一直以农历时间进行年度交替,农历春节过完,才是新一年的开始。但现在,在大城市甚至很多二三线城市的年轻人心目中,元旦才是新年的开始,有的还以圣诞(节)这种纯粹西方国家的节日作为新年的开始。这种生活方式的改变,潜移默化中改变着商家的市场与销售。

　　如果以农历春节作为一年新的开始，意味着春装新品只能在春节后上市（有的商家以立春日作为春装新品的上市节点）。春节后上新春装，显然是未上已晚，起码会失去年轻人的生意。不可否认，春节前后的气温有可能是整个冬季最寒冷的阶段，可是这种纯体感式的感受，在空调、暖气等现代工业（文明）设备的帮助下，越来越感受不到了。加上西方新年文化的渗透，年轻人认为新年早就来临，此时的市场孕育着巨大的潜在商机，如果这个时候能进行新产品上新，还愁没有销售机会？

　　优衣库是对此把握最到位的品牌（之一）。体感与营销本身就是两回事，等到体感感受到季节来临，高手的营销行为早已结束，只会留下一地鸡毛——无休止的价格战。

　　优衣库的春装新品一般都在每年的圣诞节前后上市（很重要的一个原因，是日本的新年是每年的元旦），这时优衣库的店里已经没有多少冬季产品。也就是说，提前上新并不是将整个季节的销售周期拉长，而是上新时间提前、结束时间也提前。在做产品计划与销售计划时就按这个"新周期"规划，这样，一年四季每个季节都提前约2个月时间上市（圣诞节到农历春节一般间隔1.5～2个月时间），提前2个月时间结束，和竞争品牌形成错时竞争格局。

　　新品提前上新使得优衣库拥有了巨大的优势，因为抢到了最有利的销售位置（也就是时间），市场上永远都有既有购买能力又有购买意愿的消费者，他（她）们能给商家带来巨大的利润空间，在几乎没有竞争的市场上，机会自然留给了优衣库。

　　不过，要真正做到提前1.5～2个月上新却并非易事，主要有三个方面的原因：

　　第一，产业链不支持、供应链不支持。这方面的内容前文已有详述，不再重复。

　　第二，经营模式不支持。首先，算法周期有问题导致计划出错。如春季数据从2月份开始，到4月底结束，夏季数据从3月底开始，到9月底结束，以此类推。按这个周期算出来的数据（产品），自然要在新季度的同一周期去完成销售，这肯定会产生提前上新没市场、提前结束是放弃市场的谬论。其次，销售方式不对。这种季节交错交替的方式，在理应抓新品上新的那个阶段又不得不关注老品的销售，这样又怎么能做出好生意呢？最后，没有营销思维。营销是指要创造客户需求，通过营销手段来完成生意成交，可这时新的商品还没有到仓，又该如何创造所谓新的需求呢？

　　第三，没有耐心，不愿意培育市场。过早地上新，肯定会压缩上季商品的陈列面，上新越多，上季商品的陈列面就会压缩得越多。在新的销售机会还没有出现前，原有的销售份额要被丢掉，对既得利益者而言，这是不能接受的。

　　这样，就会陷入一个无法自拔的漩涡，自然就关注不到何谓真正的提前上新了。

批量爆款是如何做到的

人们容易陷入别人成功学的陷阱，总觉得别人能成功，自己也能成功。殊不知别人成功的背后有着资本与时间的巨大投入。前些年，市场上流行有关如何做爆款的书，里面充斥着各种歪理邪说，教大家如何投机取巧地去做爆款产品，着实可笑。

在世界服装行业超级公司中，优衣库和耐克（2017 年耐克品牌的销售额高达322 亿美金）最具备可持续创造批量爆款的条件与能力。当然不是指这两家公司如何擅长营销、擅长忽悠，而是指这两家公司都非常注重对产品创新的科技投入。耐克公司一直把自己定位成一家科技公司（耐克公司的新品发布会就是一场科技产品发布会），无独有偶，柳井正也把迅销集团、把优衣库定位成一家科技公司、一个科技品牌。

优衣库从来不做没有科技感的基本款。早年时的柳井正就看得很清楚，随着人们生活水平的提高及生活方式的改变，休闲服销售一定会成为趋势。但是，如果只是做普通的休闲服，将会陷入无休止的价格战，毕竟门槛太低了，只有做别人做不了的休闲服，才能把市场做大、把品牌做强。

1. 高品质的低价商品

高品质通常和低价是两个极端，高品质意味着高价格，低价则意味着差品质。然而，优衣库改变了这一"规则"，优衣库的高品质商品是通过科技创新而实现低价的。

一件件看似普通的优衣库服装，所用的面料都是高科技产品。无论是摇粒绒，还是发热内衣、羊绒毛衣、埃及棉衬衫、牛仔裤、长绒棉 T 恤、羽绒服等，背后都是高科技所支撑的。高科技需要企业的长期投入，一般商家在拥有了独有技术后，都希望享有技术红利，将商品的售价定得高高的，期望能赚到更多的利润，这种思维并没有错，但是很难快速地把规模给做起来。

优衣库采取反向做法，与其把单价卖高而量做不起来，不如把价格卖低先把量做起来，只要量起来了，市场占有率就会起来，品牌优势就会显现出来。事实证明，柳井正的决策是正确的。优衣库的这些高科技基本款都是高品质的低价商品。难能可贵的是，从 1999 年秋冬推出第一个爆款产品（摇粒绒系列）后，在其后的 15 年间该商品的价格几乎没动（指同款商品），直至前些年才略微提了点价，不过提价的幅度也不是太大，毕竟迅销集团的整体毛利率也只有 48% 左右（因优衣库的销售占比很高，默认是优衣库的毛利率）。

优衣库几乎是全直营经营（仅在日本国内有极少的加盟店），合并报表中的其他公司，要么是全资子公司，要么是绝对控股公司，也就是说迅销集团 48% 的毛利率就是公司产品到消费者的毛利率（国内品牌的毛利率通常是产品到经销商间的结算毛利率，经销商到最终消费者间还将产生毛利率）。48% 的毛利率，约相当于 2 倍不到的加价率，这是国内品牌想也不敢想的事，但是，优衣库做到了。加价率是指商品售价与商品成本之间的倍率，如成本是 100 元，售价是 200 元，即加价率为 2 倍。

举个例子，1999 年前后，摇粒绒产品已经热销，优衣库在日本市场的定价为 1 900 日元/件（最基础款），十年后的 2009 年，这款爆品已经成为优衣库的明星产品，售价为 1 990 日元/件（仅涨了 90 日元/件，可以忽略不计）。2014—2015 年，优衣库针对不同商品进行了 20% 左右的提价，不过，随后的 2016 年，优衣库又取消了提价，把同款商品的价格恢复到提价前的水平。

摇粒绒产品的色彩在日本市场可以做到 100 种以上，在中国上海的旗舰店里，起码有近 50 种颜色可选，这是任何一个其他品牌也做不到的。性能不断增加，但价格几乎没什么变化，这和（电子）科技类产品的做法几乎一样（电子科技类产品的第一代技术是从 0 到 1，是最难的，也是成本最高的。一旦产品出来后，后期迭代的成本随着规模优势的显现将大幅度降低，售价也会越来越低）。其他爆款商品的价格都是如此。

链接：优衣库提价事件的背景是，迅销集团 2013 年之前的生产供应商大部分是在中国境内，2011—2014 年，中国市场各类原材料（从棉花开始）的价格疯狂上涨，导致优衣库的经营成本大幅上升，迅销集团经营利润率从 2013 年度的 11.7%，下降到 2014 年的 9.4%、2015 年的 9.7%。以致 2015 年 4 月，迅销集团宣布将优衣库部分产品提价 20%，提价后的 2016 财年，优衣库销售仅增长 6.2%，柳井正极为不满，随即取消了提价，把价格恢复到原有水平。

值得一说的还有迅销集团旗下的 GU 品牌，这个 2006 年推出的低价品牌（定价比优衣库的同类商品便宜 30% 左右），曾经也陷入了低谷，随着一款 990 日元/件的高品质牛仔裤的推出（这款商品当年就卖了 100 万条。一条牛仔裤不到 60 块人民币，这在中国市场也是不可想象的，哪怕在淘宝上也买不到如此性价比的牛仔裤），GU 随即爆红。GU 品牌刚开始运作时，商品价格虽然比优衣库便宜，但品质却保证不了，被消费者遗弃是自然不过的事。但是，随着高品质低价牛仔裤的成功推出,一大批高品质低价的商品接二连三地被推出,例如 490 日元/件的 T 恤、990 日元/条的夏季短裤、990 日元/件的衬衫等,迅速把 GU 品牌做成了真正低价好品质的品牌。

今天,GU 品牌已经成为迅销集团的第二品牌,规模仅次于优衣库。2016 财年,GU 品牌销售约 114 亿人民币,单店销售 3 275 万元人民币/年。

2. 科技创新背后的批量爆款

优衣库的成功,依赖的是批量爆款。从第一个爆款产品摇粒绒算起,现在起码有发热内衣、羊绒毛衣、埃及棉衬衫、牛仔裤、长绒棉 T 恤、羽绒服等一大批爆款产品。正是依赖这些爆款,优衣库快速成长为销售规模亚洲排名第一的时装品牌,未来还要成为世界第一的时装品牌。

看两组数据:

——摇粒绒系列,推出第一年销量 200 万件;第二年销量 850 万件;第三年销量 2 600 万件;第四年销量 6 000 万件,现在销量 1 亿件/年。

——HEATTECH 系列,推出第一年销量 150 万件;第二年销量 300 万件;第三年销量 450 万件;第四年销量 1 200 万件,现在销量 10 亿件/年。

这些天文数字般的销售量,是建立在产业链式的供应链体系+科技创新之上,如此巨大的销售量,采购成本有着巨大的优势,售价也会更有优势,优衣库品牌的竞争力会越来越强。

链接:优衣库的规模优势体现在对产业链资源的整合上。从棉花开始,每发生一次市场交易,对成衣的最终价格都有影响。这中间最重要的几次交易分别是棉花种植(这个环节的价格影响力最弱)、棉花被纺纱厂采购(产品是纱锭)、纱锭被面料厂采购(这个环节的价格影响力最高,主要是纱锭要提前染色,也有织好面料再进行染色的,都存在经营风险)、面料被成衣生产厂采购,直至品牌商向成衣厂发出 OEM 订单。

在整个产销交易过程中,每一个环节的个体企业都将"受制于"下游企业的订单,自然,越到最后,价格越高。优衣库是款少量多,又都是刚需基本款,对面料的需求非常集中,主要是以棉织品为主。优衣库可以从"控制"成衣厂开始(占到八成以上的产能),到"控制"面料厂、纺纱厂,直至棉农,优衣库按照市场规则把每道环节的利润"算好",提前把大家的预期兑现(签合同并支付定金),这样,整个产业链上的所有企业只要认真负责执行生产就可以了,对他们而言,产品被包销是没有任何经营风险的。

但是，市场经营，怎么可能没有风险呢？只是所有的经营风险都集中到迅销集团罢了。

迅销集团当然不会把整个产业链上所有企业的经营风险都积在自己的手里，单纯的依靠成衣销售来消化，而是"巧妙地"通过和东丽等公司合作，对这些看似普通的棉织品、化纤制品进行科技赋能，开发出一款款拥有多项专利的特色面料产品。这些科技含量极高的面料做成的产品一经面市就热销，就这样，迅销集团成功地把风险转化掉了，获得了巨大的商业成功。

大店为什么能赚大钱

商业竞争，一直都有渠道为王的说法。但依我说，如果经营不善，渠道不仅不能为王，搞不好还会成为灾难。因为渠道意味着成本，如果产品和价格不对路，渠道的作用根本发挥不出来，反而会成为企业沉重的财务负担。

很多商家以为，只要价格便宜，如果有足够的渠道，自己就能做成品牌；或者，只要自己的产品好，如果有足够的渠道，自己也能做成品牌。事实真的如此吗？当然不是。到国内任何一个一二线城市的主要商业街上就能找到答案，很多拥有优质渠道的品牌商家生意并不好，甚至还很差，但因为认为拥有优质渠道就能做成品牌的思维在作祟，导致大量的资源（被）浪费。

优质渠道肯定客观存在，一二线城市一流商业街（一流百货公司、一流购物中心）上的都是好渠道，然而，好产品＋好价格却未必存在（要么产品好、价格不好；要么价格好、产品不行）。只有优质渠道，匹配上好产品、好价格，才能发挥"化学"反应，才能卖出爆款，赚到大钱。

链接：优质渠道是指位置较好的线下店铺，因位置好租金成本自然很高。好产品泛指所有符合消费需求的商品。好价格是指商品的性价比要高，起码是物有所值，最好是物超所值。

1. 超强的线下单店销售

早期优衣库的店铺并没有开在市中心，店铺形式五花八门，什么都有，小型的如便利店大小，开在郊外的广场边、副商业中心旁，如果以这种模式发展下去，就和今天中国主流服装品牌的渠道形态一样了（从一线大城市开到七线小县城，从一流商圈开到城乡结合部)。当时,柳井正思考,这样开 10 家郊区店的生意可能还不及市中心一家大店的生意。可是在市中心开店,竞争更激烈,如果产品没有竞争力,企业根本承受不了。

所以,在柳井正的领导下,迅销集团一方面下狠功夫做产品,一方面把开店方式调整到以开大店、开高品质的店为主,直至把那些小店、位置不好的店、亏损的店全部砍掉。今天的优衣库在日本的银座、新宿、涉谷等世界级的商圈都拥有大型旗舰店,在纽约的第五大道、巴黎的香街、伦敦的摄政街(邦德街)、香港的铜锣湾(尖沙咀)、上海的南京西路(淮海路)、北京的西单等国际级一线城市的最好位置都拥有大型旗舰店。

优衣库基本款产品的背后都是黑科技,价格又便宜,是货真价实的好产品,再匹配相应的优质渠道,自然就做成了强势品牌。

优衣库的单店销售非常惊人,看一组数据。

——优衣库在东京都市圈共有 96 家门店,销售 1 545 亿日元(约 74 亿人民币),相当于平均销售 7 781 万人民币/店。

东京的面积约 2 155 平方公里,不到上海的三分之一,人口约 1 350 万(2015年数字,下同),相当于上海的六成左右。东京都市圈面积约 1.3 万平方公里,还没有北京大,人口 3 700 万。优衣库品牌仅在东京一个城市就做到了 74 亿元人民币销售,比今天美特斯·邦威、森马等品牌在全中国的销售还高。

是不是仅在东京一地如此厉害呢?再看一组数据:

——优衣库在大阪共有 72 家店,销售 650 亿日元(约 39 亿人民币),相当于平均销售 5 416 万人民币/店。

大阪是中国消费者比较熟悉的城市,面积只有 223 平方公里,人口不到 270 万人,按中国标准就是一个介于三线至二线的中等城市,在这样的城市中,优衣库能做到 39 亿人民币的生意。

大城市的销售如此好,是不是所有的市场都是如此呢?最后,再看三组数据:

——优衣库在福岛共有 10 家店,销售 84.6 亿日元(约 5 亿人民币),相当于平均销售 5 000 万人民币/店(2015 年度为 5 245 万人民币/店)。

——广岛,优衣库品牌第一家专卖店开设地,现共有 17 家店,销售 147 亿日元(约 8.8 亿人民币),相当于平均销售 5 188 万人民币/店。

——岛根,一般人不知道的一个"小"地方,优衣库仅开设了 1 家店,销售 5 亿日元,相当于 3 000 万人民币/年。

福岛因 2011 年大地震导致核泄露而举世闻名,经常被中国媒体披露有核泄漏危险,是不适宜旅游的地方(按此逻辑推理,更是不适宜居住的地方)。但是,从优衣库的销售看,日本的消费者似乎并没有受到多大影响,优衣库在福岛的 10 家店,能做到近 5 亿人民币的销售,单店销售高达 5 000 万人民币。

广岛是优衣库品牌的诞生地,优衣库的第一家店就开在广岛市。今天,优衣库在广岛有 17 家店,一年能做到近 9 亿人民币的销售。连人迹稀少的岛根(与韩国有争议的竹岛/独岛就位于岛根地区),一年也能卖到 3 000 万人民币。

在日本以外的市场,优衣库共有 1 089 家门店,共计销售 7 081.7 亿日元(约 424 亿人民币),相当于 3 901 万人民币/店/年。

迅销集团在 2017 年财报中披露,优衣库计划在 2018 财年新开店 207 家,其中日本国内计划新开店 30 家,耗资 45 亿日元,相当于投 900 万人民币/店;海外计划新开店 177 家,耗资 281 亿日元,相当于投 950 万人民币/店。按照历史平均销售 5 596 万人民币/年(日本国内)及 3 901 万人民币/年(海外市场),再按迅销集团平均毛利率 48.4% 计算(没有优衣库的单独数据,取均值计算,不影响最终结论),优衣库开一家大店就能成功一家,是妥妥的开大店赚大钱。超高的单店销售业绩,显现出优衣库优质渠道的力量。

　　链接:国内零售业一直有渠道租金成本占销售比不能超过 20% 的说法(一般在 15% 左右),事实也是如此,因为如果超过这个数,这家店铺就亏损了。根据 2016 财年迅销集团的财报披露,迅销集团的店铺租金占销售比仅 9.5%。

2. 线上销售的快速增长

早在 2000 年 10 月,优衣库品牌就推出了线上业务。截至 2016 财年,优衣库线上销售达到 25.6 亿元人民币,占优衣库全部销售的 2.8%。根据迅销集团的规划,未来优衣库的线上销售要占到总销售的 30%,按其 2020 年 5 万亿日元销售目标、2030 年 20 万亿日元销售目标计,优衣库品牌的线上销售要做到 900 亿人民币(2020 年目标)、3 600 亿人民币(2030 年目标),这都是不可思议的、超乎想象的目标。

为满足消费者的线上购物体验,2017 年优衣库在日本推出手机购物网站(移动端),并和日本的各家便利店打通,消费者可以在线上完成购物后,就近到优衣库门店或便利店提取。线上购物的商品尺码更全,甚至能享受到一些专属款、半定制服务等,满足各类线上的购物需求。优衣库要把线上、线下做成比翼双飞的销售格局。

链接：相对优衣库的宏伟线上销售计划，国内品牌只能望洋兴叹。国内服装品牌多数以加盟经销为主、直营经营为辅（或者直营经营与加盟经营同步），两种不同的结算方式，导致无法做好线上业务（要么清库存、要么开发线上款）。然而，随着互联网及 IT 技术的发展，线上购物将成为不可逆转的趋势，起码会与线下销售同步发展。而现在，多数品牌商家并没有真正行动起来（多数停留在口号上，并没有投入多少实质性资金）。迅销集团在东京的新物流中心（2016 年已投入使用），完全满足消费者线上购物的物流配送服务，未来的物流配送能力不是看一次能批量配送多少产品，而是看一次能同时配送多少不同消费者的产品。

2017 财年，迅销集团在资讯科技（信息化）方面的投入高达 358 亿日元（约 22 亿人民币），迅销集团打造大数据时代的科技公司并非口号与梦想，而是实实在在的行动。

优衣库的竞争战略

根据波特的竞争战略理论，企业的竞争战略分为三类，即成本优先战略、差异化战略、专一聚焦战略。无论企业采取哪项战略作为自己的发展方向，要把所谓的成本优先、差异化、专一聚焦做到位，不在产业链层面（及供应链）、科技创新层面（研发）做到位，几乎不太可能建立起自己的战略优势。在产业链层面（及供应链）、科技创新层面（研发）的投入，除了巨额的资金投入外，没有数十年的时间成本也是不太可能实现的。

柳井正带领他的迅销集团及优衣库早在十多年前就开始布局产业链层面的供应链体系，依靠巨额投入的科技创新（研发），建立起优衣库的竞争战略（水到渠成的成本优先、产品风格的差异化与专注于服装领域），终于把优衣库打造成世界级的大品牌。

国内企业擅长营销炒作等实用性投入，喜好专研微观层面的品牌战略、市场战略、渠道战略等，受惠于国内巨大的消费市场，基本完成了第一个阶段的规模积累。但是，很多品牌并没有形成自己的真正竞争力，不得不说是一件非常令人遗憾的事，希望优衣库的成功能给更多的中国同行带来启示与借鉴。

关于建立供应链体系的思考

随着市场竞争的加剧，品牌商家对从产品创意、产品设计到产品生产制造的速度要求越来越高。过去，品牌商家选择供应商的标准是尽可能地找到大厂，因为大厂规模大、生产能力强、专业化程度高，这些大厂生产出来的产品综合性价比也高，自然成了大品牌的首选合作对象。现在，所有的品牌商家要想在新的竞争态势下取得胜算，不仅要求厂商能生产出高性价比的产品，还要求厂商有生产弹性，以便能满足品牌商家的快速市场反应。目前国内很多规模较大的专业工厂，制造能力很强，（批量化）生产效率非常高，但缺乏弹性。这种专业化带来的（生产）效率与品牌商家要求的弹性生产似乎成了矛盾的两面，可是，市场又要求必须要做到。

克莱顿·克里斯坦森在《创新者的窘境》中对产品性能有着这样的论述："如果某一产品好得过头了，也就意味着这种产品很快就会失败，会被新进入者快速取代。"像当初的诺基亚手机，在满足以通话为主要性能的移动电话产品中，拥有最专业、效率最高的生产流水线。当智能手机时代来临时，诺基亚的手机虽然坚固、耐用、通话质量高，却无法满足消费者需要更新的、能快速上网的、能带来全新体验的手机（功能）时，诺基亚轰然倒塌。

消费者对服装产品的要求，从过去单一的追求功能性与性价比，开始越来越注重时尚与个性化，这就要求品牌商家能设计出更多时尚、潮流的产品，来满足消费者的不同需求。从世界服装行业过去二三十年的发展经验看，我认为在大众消费品领域，未来只会有 ZARA 的弹性＋效率（专业化）和 UNIQLO 的效率（专业化）＋弹性的两种供应链模式。

（1）ZARA 的弹性＋效率模式。ZARA 是在自建供应链体系的背景下，实现销售从 0 到百亿级的跨越。ZARA 有自己的面辅料交易市场；ZARA 有完整的全品类生产配套体系，采用"中央裁剪＋分散缝制＋集中后整理"的方式加工产品；ZARA 的生产工厂以集中在总部物流中心附近的专业化细分小厂为主，从事着"虚拟大流水制"的缝制加工业务（不同于国内的大型制造工厂，能完成一件产品从裁剪到缝制、整烫等一条龙流水线生产）；ZARA 有自己的物流公司，大部分商品都是以航空形式快速地运输至遍布全球的门店；等等。所以，ZARA 的模式是不可复制的，有关 ZARA 的经营哲学，我们会在下一章中细述。

（2）UNIQLO 的效率（专业化）＋弹性模式。如果说，ZARA 模式适合款多量少，适合时尚款，适合个性款的话，UNIQLO 模式则适合基本款了。UNIQLO 没有自己的工厂，没有自己的面辅料市场，也没有自己的物流公司。但是，UNIQLO

建立了产业链式的供应链体系。优衣库的供应链体系,把市场风险极大地分散到整个产业链上,从棉花开始,到纺纱商、织布商、面料商、生产商等不同的合作供应商,被 UNIQLO 强大的生产制造管理体系给串联起来,只要优衣库"少量的"基本款提前 1.5~2 个月投向市场,产生的销售数据会被快速地转化到供应链上进行准确地生产制造,最畅销的颜色与尺码会快速地生产出来,运输至优衣库的全球门店。

　　无论是 ZARA 的自建极速供应链模式,还是 UNIQLO 整合产业链资源的供应链模式,都属于供应链垂直整合模式。表面上看,这并不符合分工协作能提高效率的经济学原理。经济学原理告诉我们,分工协作能提高效率,分工越细,不同工厂就越能集中生产自己最擅长的东西,然后再进行交易,这样大家的整体效率、收益才能提高。虽然 ZARA 或 UNIQLO 这么做"违背"经济学分工协作的原理,但却收获了另外一个更大的好处,就是将成衣生产之前的所有原材料、半成品环节的互相交易时间大幅度地缩短了,而且品质也有效地控制在自己手里。服装销售最大的成本与风险,其实是时间,这在今天几乎成了所有人的共识。而垂直整合模式,减少了大量的不必要的中间环节,大大地节省了时间。所以,ZARA 和 UNIQLO 的垂直供应链整合模式,背后包含了对企业经营终极问题的思考与设计。

　　ZARA 模式也好、UNIQLO 模式也罢,都值得包括中国企业在内的所有世界服装同行借鉴与思考,思考如何探索一条适应商业规律、适应行业规律、适应品牌定位的供应链体系。

　　链接:2019 年 10 月 10 日,迅销集团发布 2019 财年业绩公告(2018 年 9 月 1 日—2019 年 8 月 31 日)。公告显示,2019 财年迅销集团销售额高达 2.3 万亿日元,同比增长 7.5%;净利润 1 625 亿日元,同比增长 5%。

　　(1)日本优衣库销售 8 729 亿日元,同比增长 0.9%。

　　(2)海外优衣库销售 10 260 亿日元,同比增长 14.5%。

　　(3)GU 品牌销售 2 387 亿日元,同比增长 12.7%。

　　(4)其他品牌(迅销集团称之为全球品牌)销售 1 499 亿日元,同比下降 2.9%。

不可复制的神话

——ZARA 的成功密码

案例导读

从 1975 年 5 月 15 日（周四）ZARA 第一家店开业，到今天，ZARA 母公司 Inditex 集团已经成为世界上最大的时装公司。2017 财年（2016 年 2 月 1 日至 2017 年 1 月 31 日），Inditex 集团的销售为 253.3 亿欧元，其中 ZARA 品牌的销售高达 166.2 亿欧元，ZARA 是当今世界销售规模最大的时装品牌。

ZARA 创建于 1975 年，但真正发力却始于 1985 年，该年公司创始人阿曼西奥·奥尔特加·高纳（Amancio Ortega Gaona，以下简称阿曼西奥）成立 Inditex 集团，把其名下包括 ZARA 在内的所有品牌及生产工厂全部装入其中，实施集团化控股经营。1975—1988 年的 13 年间，ZARA 的经营极为"保守"，完全以西班牙国内市场为主，专卖店遍布西班牙的大小城市，成为西班牙最大的时尚休闲品牌（到 1989 年时，ZARA 在西班牙开了 82 家专卖店，遍布人口 10 万人以上的所有城市）。

自 1988 年 12 月起，ZARA 开始走出西班牙，跨国首间店铺开在了邻国葡萄牙，此后就一发而不可收，1989—1990 年 ZARA 把旗舰店直接开到了纽约和巴黎这两个国际大都市，开启了全新、快速的全球化发展阶段。

2006 年 3 月 24 日（周五），ZARA 在中国的首家旗舰店在上海南京西路开业，此时，中国的服装同行才开始关注起这个来自西班牙的商业巨头（不过，当时并没有国内品牌说要学习或效仿 ZARA），当年（2006 年）Inditex 集团的销售额为 81.9 亿欧元，其中 ZARA 品牌的销售已高达 53.5 亿欧元。如果把时间往前推 4 年，即 2002 年，当今中国最大的服装品牌"海澜之家"刚刚成立；再往前推一年，即 2001 年，曾经国内最大的休闲服品牌美特斯·邦威启动品牌推广策略——邀请香港明星郭富城为品牌形象代言人，开启了美特斯·邦威品牌的全国性扩张；同样是在 2001 年，今天立志要成为中国版 ZARA 的太平鸟公司刚刚成立"太平鸟女装"；还有，同样是 2001 年，体育运动领域曾经的领军品牌"李宁"刚刚跨越 10 亿人民币营收的门槛……

而在 2001 年时，Inditex 集团在西班牙马德里证券交易所成功 IPO，当年实现销售 32.5 亿欧元，ZARA 品牌实现销售 24.3 亿欧元。客观地讲，如果那个阶段，中国有服装品牌能沉下心来研究 ZARA，并以此来调整自己的经营策略，或许在今天的中国市场,这个拥有 14 亿人口的消费大国,已经诞生了一家类似 ZARA 的超级品牌。可惜的是,中国服装企业集体错过了那个最佳的历史窗口,或许中国服装企业再无成为 ZARA 那样的品牌的可能。

在 Inditex 集团于 2008 年前后超越 GAP 集团成为世界上最大的时装公司后,中国服装品牌圈一直有一种声音(当然,也有媒体的推波助澜),就是要学习 ZARA,要成为中国版的 ZARA,甚至要超越 Inditex 集团的 ZARA!

只是,不知道有这种想法的企业与个人,他们到底想从哪个层面学习 ZARA,甚至超越 ZARA?从销售规模上讲,超越 ZARA 已经成为一个遥不可及的梦想,截至 2017 财年,ZARA 的全球销售高达 166.2 亿欧元。或者,要成为像 ZARA 那样的品牌。那么,ZARA 到底是什么样的品牌呢?是一家"三流的价格、二流的品质、一流的时尚"的品牌;是快时尚品牌;是所谓垂直生产模式的品牌;是高效供应链品牌;是买手制品牌;是款多量少的品牌;是多批次、少批量的品牌;是全球开设旗舰店的品牌,等等。

其实,就上述关键词而言,当今中国的哪个品牌会说自己已做到或能做到呢?纵然如此,大家依然成为不了 ZARA,今天不会,我觉得未来也不会,因为 ZARA 根本不可复制。

　　链接:因工作关系,我接触过美国、英国、日本及韩国等国家的不同服装企业,这些服装同行在对待类似学习 ZARA 或者超越 ZARA 的问题上,要比我们国家的服装企业理性得多。

ZARA 的成功看似简单,但所谓"大道至简",这样的简单几乎不可复制。

大家在网上收集到的有关 ZARA 及 Inditex 集团的相关资讯,绝大部分的内容对中国服装同行而言几乎毫无意义,甚至有些内容会极大地误导大家,如所谓的"买手制"。"买手"一般是指具备购买样衣能力的设计师,所谓"买手制"其实就是"抄款制",可笑的是这个抄款是指抄市场上已经在销售的商品款式,在此基础上设计出来的所谓新款无疑是二道款式、三道款式,有的甚至是四道款式,这样怎么可能成为 ZARA 呢?

从 2001 年第一次接触 ZARA 至今,我对 ZARA 的关注与研究已整整 19 年。有意思的是,有时 ZARA 的确就是大家所以为的那个 ZARA,但有时,ZARA 根本就不是大家所以为的那个 ZARA。结合我的观察与理解,在摒弃了那些所谓"广为人知"的资讯后,我将从更为理性、客观及公正的视角,告诉大家两个不同的 ZARA,一个是 ZARA 在做、大家也在做的 ZARA;另一个是只有 ZARA 能做的

ZARA。

不可复制的 ZARA 模式

纯粹从技术层面上讲，今天的 ZARA 已经很难被复制，但未来仍有被超越的可能，残酷的是，这种可能是指不可能被今天已有的任何品牌所超越！就像在体育运动领域，当今百米速跑极限是 9.58 秒，由"飞人"博尔特于 2009 年创造。今天，这个记录不可能被博尔特的同龄人所超越（起码在过去十年如此，未来更不可能，因为梦想超越博尔特的人年龄越来越大），但并不代表这个记录未来不被新的跑得更快的年轻人所超越。在服装领域，ZARA 就像世界服装界的"博尔特"，不可能被当下的服装品牌们所超越，未来是否有可能被超越，无法预知。

其实，ZARA 的成功，从某种意义上讲，又极为简单，因为它所做的一切，是所有服装品牌在做、也必须做的。无论是产品研发、生产制造、物流配送、市场销售，还是大数据分析、柔性生产、款多量少，或是品牌营销、形象策划、市场营销等。不同的是，ZARA 能把每一件事都做得很好，事与事之间的衔接非常到位，当所有的关键要务（或重点或细节）都能围绕一个目标去开展时，自然就成了 ZARA。

互联网上一个很有意思的鸡汤式段子似乎能说明这个事，这个段子是说"把事情做到 0.99，和做到 1.01 之间的差异"，大概意思是 0.99 和 1.01 这两个结果看似差距很小（如果取小数点后一位，以"四舍五入"法计，它们之间就是等号关系），但如果长期如此，差距就有天壤之别了。0.99 的 365 次方为 0.025，而 1.01 的 365 次方则是 37.78，相差 99.93％。这可是不同量级间的差距，也就是说，ZARA 之所以能成为 ZARA，是因为 ZARA 每天所做的工作只是比其他品牌好一点点，把事情做到了 1.01，而其他品牌每天做的工作只能做到 0.99，长此以往，形成了不可逾越的巨大鸿沟。让一家只能做到 0.025 的品牌超越已经做到 37.78 的 ZARA，你说这到底有多大的可能?!

的确，ZARA 有很多做法是其他品牌很难借鉴与复制的。

比如，ZARA 创始人的专注，在 Inditex 集团做到百亿欧元规模之前，阿曼西奥几乎把他的全部精力与资源都投在了服装领域，直到现在，阿曼西奥的财务投资也是集中在服装产业链上（如购买世界一线城市的黄金商铺），这在世界服装界都是奇迹（其实，迅销集团的创始人柳井正也是如此）。还有 ZARA 作为全球最大的服装品牌，到目前为止依然没有自己的核心产品设计师（即所谓产品设计总监，把握品牌整体风格），导致在欧洲市场一度被贬为没有设计灵魂的品牌。

曾经，ZARA 的产品质量实在不敢恭维，像中国服装同行非常介意的产品外观品质如线头等几乎比比皆是，包括色牢度、收缩率等内在品质也问题不少，甚至有的版型都存在问题,所幸这些问题都得到了 Inditex 集团高层的重视,并做出了根本性的改善。

再有,作为全球最大的快时尚品牌,如果说 ZARA 并不时尚,估计很多人会不认同。事实上,ZARA 近六成以上的销售是由基本款贡献的,真正潮流时尚款所贡献的销售只占四成左右,只是这四成左右的销售由几万个款式构成,估计这是 ZARA 被誉为快时尚品牌之王的原因。

ZARA 的基本款完全实行"柔性生产"机制,确保全球不同国家的所有店铺里始终有当地/当季畅销款最畅销的颜色和尺码(熟悉产品运作的读者一定会知道,这几乎不可能做得到,因为畅销色与畅销尺码最容易断货,但 ZARA 做到了,具体如何做到我们放在正文里分析)。潮流时尚款则是"款多量少",一卖就完,哪怕再好卖也不会补单,让市场永远处在缺货状态。最后,也是最"独特"、最重要、最基础的要素,就是无论 ZARA 的设计、生产及供应链体系多么灵活、多么先进,如果产品卖不掉,一切都是浮云,所以,ZARA 奉行的关键策略是——采取低价策略进行全球销售,尤其是那些和大牌同款的产品更是如此,在阿曼西奥看来,消费者需要时尚的款式,更需要低价的商品。

所以,ZARA 的成功并非所谓商业模式的成功(ZARA 的商业模式和其他绝大部分服装品牌是一样的),而是独特"技术"的成功,正是这些独特的"技术"造就了 ZARA 的成功不可能被复制。

ZARA 的瓶颈在哪里

早在 2008 年前后(即全面超越 GAP 和 H&M 这两个老牌劲旅成为世界第一的那一年),西方主流媒体报道 ZARA 即将面临更大的瓶颈。然而,时间已经过去了整整十年,ZARA 不仅没有出现所谓的瓶颈,更是迎来了历史上最为辉煌的十年,ZARA 的销售从 2008 年的 68.2 亿欧元(Inditex 集团销售为 104 亿欧元),一路攀升到 2017 年的 166.2 亿欧元(Inditex 集团为 253 亿欧元),十年间销售规模翻了一倍多,牢据世界服装品牌第一的位置。

今天,外界依然对 ZARA 的未来表示担忧,在中国媒体上频频爆出快时尚的末日即将来临的"谬论",在一遍遍"狼来了""狼走了"的呐喊声中,ZARA 真的会有危机吗?要我说,大家都多虑了。纯粹从企业发展的角度,今天完全看不出 ZARA 的危机在哪里,因为 ZARA 早已构建起一套完整的、具备自我进化与先进特征的现代企业运营体系。如果一定要说有危机,唯一的可能就是 ZARA 的利润(率)还是太高了,Inditex 集团的销售毛利率高达 50% 以上,这在西方主流大众零售领域属于暴利经营,要比沃尔玛、好市多及亚马逊(网商部分)高出数倍,如果 ZARA(指

Inditex 集团）愿意降低自己的毛利率，试想一下会出现什么局面？如果 ZARA 愿意把价格控制在与 H&M、UNIQLO 相同的水准，又会出现什么状况？

或许，这是我认为的 ZARA 唯一的"瓶颈"。

> 链接：H&M 产品的销售价格要比 ZARA 低 20%～50%，UNIQLO 产品的销售价格要比 ZARA 低 10%～20%。

根据 Inditex 集团官方披露的资讯，ZARA 已经启动了新一轮技术变革。过去，ZARA 的 IT 系统完整地解决了信息采集、设计匹配、下单生产、物流配送、市场销售等一系列标准化工作，把 ZARA 从一个传统的服装工厂，打造成一家高效协同的大型现代超级公司，成就了 ZARA 登顶世界之巅。今天，ZARA 将围绕互联网、人工智能、AR、物联网、大数据及精确算法，以更为精准的营销服务而展开，将通过解决对消费者的精准识别，从而提升不同终端形式的产品销售速度，ZARA 已在开创新的时代。

所有有关 ZARA 的真实故事，请阅读正文。

2002 年年底，时任美特斯·邦威营销副总裁的我第一次站在位于西班牙萨拉戈萨市郊的那幢建筑面积高达 12 万平方米的 ZARA 巨型物流中心前时，彻底地被震撼到了：偌大的配送仓里几乎看不到人，全履带式的配送传输带上，整齐划一地摆放着不同尺寸的产品包装箱，高速地被传送到看不到尽头的远方；无人驾驶车上的机械手把重型卡车上的货物快速装卸后，按照箱号准确地运输至指定货架前，再由机械手把货箱搬运至货架层板上；一排排密密麻麻的机械手，精准地把一箱箱货品从货架层板上推下来，移落至传输带上，再快速地被送走……

这不是美国科幻片，而是 ZARA 的仓库。

2002 年，ZARA 品牌销售 19.1 亿欧元（当年同比增长 19.6%。ZARA 母公司 Inditex 集团于 2001 年 5 月 23 日在西班牙马德里证券交易所成功 IPO），在全球拥有 531 家专卖店。当时，我闪出一个念头，我们能在中国建成这样一座仓库吗？

ZARA 的成功就是一个奇迹，一个无法复制、借鉴甚至学习的奇迹，因为这个世界只有一个阿曼西奥，正是他亲手缔造了 ZARA 的独有基因，创造了一座不可逾越的品牌丰碑。

在网上，能找到很多有关 ZARA 的研究报道，写得有模有样，在我看来几乎全是"正确的废话"，其中最有意思的是不知道出自何处的三句论，即所谓"三流的价格、二流的品质、一流的时尚"，显然，这根本就不是 ZARA。网上还有很多诸如对 ZARA 极速供应链的报道，大多数都是浅尝辄止，从表象层面上讲 ZARA 是如何建仓库、如何打造供应链、如何实现 12 天从图纸到货架的神话，等等。这些说的都是事实，但都是毫无意义与价值的事实，因为这些被写出来的表象事实，根本没有触及 ZARA 的本质。

起码有一点可以证明，从 2001 年 ZARA 上市至今（应该是 Inditex 集团上市，上市意味着所有的经营数据与关键资讯都要公开披露），在世界范围内没有任何一个品牌可以学习 ZARA 而成功，哪怕是知晓了那些众所周知的资讯、技术与方法。曾经美国的 FOREVER21 是学习与模仿 ZARA 最好的快时尚品牌，遗憾的是，今天的 FOREVER21 碰到了真正的瓶颈与麻烦，它的市场正在全面萎缩，其实在 FOREVER21 发展的最辉煌时期，其销售规模也不及今天 ZARA 的十位数零头（FOREVER21 并不是上市公司，没有准确的官方数据可查，它的销售规模是根据其官网披露的在全球有近 500 家旗舰店大致估算出来的）。

对中国服装企业而言，有关 ZARA 的最大误解，我称之为最大的陷阱，就是对 ZARA 买手制的学习与借鉴。据我了解，不少中国服装品牌，包括一些具备相当规模的已在国内 A 股上市的服装公司，都曾经或正在尝试 ZARA 的所谓"买手制"，结果把自己本已脆弱的产品设计体系搞得一塌糊涂，真是可怜、可悲又可叹。

那，ZARA 的成功到底靠什么？或者说，ZARA 到底是怎样做成世界第一的？中国的服装品牌到底能否做成像 ZARA 那样的品牌呢？

在回答这个问题之前，我们先理顺并思考一个逻辑：全世界的服装品牌之所以对 ZARA 顶礼膜拜，当然是因为 ZARA 的生意做得太好，好到 ZARA 的老板阿曼西奥曾经登顶世界首富的"宝座"（据福布斯财富排名，2016 年阿曼西奥的个人财富就超过了科技大佬、美国微软公司的创始人比尔·盖茨，以 795 亿美金的身价登顶世界首富）。

生意好的背后当然是产品卖得好，要想产品卖得好，必须确保产品能在全系统内快速地流通，否则经常缺货、断货、压货，是不可能把生意做得如此之好的。同样，要想产品能快速地流通，就需要公司全系统都能做出准确、适时、及时的决策，否则，也是不可能把生意做成世界第一的。也就是说，如果做不到准确、适时、及时的系统决策，做不到高效的产品流通，ZARA 的产品设计、生产与物流管理做得再好，也不可能让一个传统服装企业的老板能成为世界首富。纯粹从单一技术的角度去对比，哪怕是那些被外界捧成神话的极速供应链、一年数万款 SKU 的设计能力、集中欧洲生产（百亿欧元规模之前）等所谓的优势，也一定有其他品牌会在某一方面做得比 ZARA 强。

现在，问题来了，根据上述逻辑，ZARA 的成功是因为做好了准确、适时、及时的决策，难道，其他的服装品牌就做不到这一点吗？无论从情感上还是理性思维上，做好准确、适时、及时的经营决策，既是企业生存与发展的基本要求，也是所有企业主的基本诉求，为什么只有 ZARA 能做到，而其他的企业就做不到呢？

这个结论好像有点反直觉，可事实确实如此。ZARA 为了做好准确、适时、及时的决策，做了很多常人根本无法想到的事，比如：ZARA 有自己的面料交易市场及面料工厂；ZARA 有自己的货运公司；ZARA 时尚款的生产采用中央集中裁剪；ZARA 在全球不同国家外协工厂生产的产品要先统一运至西班牙总部后，再进行全球分发；ZARA 采用重资产全直营开店经营（有少量加盟市场，后文有解释）；等等。

ZARA 这样做的目的无非一点，就是希望决策得精确一点、更快一点，就像"飞人"博尔特在挑战人类极限那样，ZARA 也在挑战传统企业的经营极限。

试想一下，国内的服装品牌们，拥有成千上万家分布在全国不同城市的门店，大大小小、天南地北，位置不同、面积不同，这其中任何一家门店都要经历订货、配货、销货、补货、存货这 5 大环节，并以此周而复始，每季、每年循环上演，每一个环节都存在诸多变量，都会对最终销售产生影响。

这时，你可能会说，这不难呀，不是有大数据嘛，况且现在的技术条件与互联网都非常成熟，既可以购买成型的系统（指算法系统，如 POS、ERP、BI 等，不过，说实话，以我的了解，哪怕像 ERP 这类最基础的企业资源管理系统，国内绝大多数服装企业都没有用好，何谈其他更为精密的算法系统），也可以像 ZARA 那样组建团队自己开发，这样，这些产品销售的问题不就都能解决了吗？

话虽然可以这么说，但是，姑且不谈能否运用好那些所谓的算法体系，就算能用好，数据呈现的只是对过去或现在的销售汇总，最终的决策还是需要人。最后谁来决策？店长还是销售经理？或者经销商们还是品牌公司的老板？中国服装企业大都还停留在贸易式批发生意阶段，基本以加盟经销为主，在产品的销售过程中，最大的两个决策个体分别是经销商和品牌公司的老板（很多企业的老板和经销商名义上把产品的订货、配货、销货、补货、存货的决策权限以授权的名义下放给团队成员，但并没有从根本上解决决策拍板的问题）。品牌公司的决策到经销商就结束了，经销商是自主经营、自负盈亏，但经销商懂市场零售的少之又少，品牌公司并不掌握市场销售的第一手信息（指对销售数据产生影响的信息），最终演变成本该需要科学、严谨、高效的经营决策成了"三拍"行为（指事前拍胸脯、事中拍脑袋、事后拍屁股），这样做怎么可能做成 ZARA 呢？

为更好地了解与剖析真实的 ZARA，我将从两个层面进行系统的阐述。

不可复制的 ZARA 模式

接着上面的话题,先对那个问题作一个小结,即中国的服装品牌到底能否做成像 ZARA 那样的品牌呢？我的答案是——很难。因为中国服装品牌喜好所谓"虚拟经营＋整合资源"的运营方式,市场经营以加盟经销为主,产品生产以贴牌代工为主,品牌公司基本不具备做出准确、适时、及时经营决策的底层条件。

> 链接:"虚拟经营＋整合资源"的运营方式并不是指轻资产运营,而是指把市场销售及生产制造两头都外包出去,品牌公司只负责产品设计和品牌营销。

ZARA 的成功之所以不可复制,并不是 ZARA 掌握了多少独门秘方及核心专利,而是 ZARA 所构建的经营特征根本没有可复制的条件。

ZARA 到底便不便宜

ZARA 的成功,固然有很多技术因素,这些技术包括经营技术、管理技术,还有很多赋能技术,如工业 IT 技术（这方面的内容放在后文讲）、集中裁剪技术、集中物流配送技术等,但最关键、最重要的并不是这些所谓的技术,而是 ZARA 产品的价格。看起来是否有点奇怪,ZARA 成功的最核心要素居然是产品价格。过去,行业对 ZARA 的评价中最有代表性的是三句论,即"三流的价格、二流的品质、一流的时尚",开头第一句就是对价格的表述,可见价格的重要性。那 ZARA 产品的价格到底是不是三流的呢？

2017 财年,Inditex 集团披露的数据显示,Inditex 集团的销售毛利率为 56.3%,因 ZARA 品牌的销售占到 Inditex 集团的 65.6%,结合财报披露 ZARA 品牌的净利率为 18.1%,可以大致推算出 ZARA 品牌的销售毛利率不会低于 50%,可见 ZARA 的销售价格并不便宜,和所谓"三流的价格"的描述根本就不是一回事。

50% 的销售毛利率,大致相当于 2 倍左右的成交倍率。Inditex 集团的销售模式是以全直营经营为主（过去,仅有极少量的被评估为规模较小或不稳定的市场,Inditex 集团在早期会采用和当地企业合资的方式共同经营,如波兰市场、俄罗斯市场等,但在 2005 年前后,就已把俄罗斯公司的股权全部收回直营,波兰公司的大部分股权也已收回直营）,50% 的销售毛利率,意味着公司的产品销售给最终消费者就是 2 倍（以上，3 倍不到）的成交加价率。

由此可见，ZARA 的产品价格并不便宜，但是如果和国内的服装品牌动辄 6～8 倍的加价率相比，ZARA 的价格就不是一般的便宜了。当然，这些是显现的可计算、可判断的因素，还有很多影响价格的因素是看不到的。比如，ZARA 的很多产品从面料加工到生产制造都是在欧洲（西班牙为主）进行，相对生产成本要远高于亚洲，但这个因素和 ZARA 的高效运营效率对冲掉了。欧洲制造的面料和生产制造工艺水准，都要比亚洲高（这是公认的事实），最终消费者得到的体验远好过同等价位的其他品牌。也就是说，ZARA 既不是三流的价格，也不是二流的品质。

2017 财年，Inditex 集团的销售毛利率达到 56.3%（ZARA 品牌接近这个数字），这个数据要远高于国内休闲品牌森马和美特斯·邦威，接近太平鸟和报喜鸟，但 ZARA 的价格优势要明显强于这些品牌。在一次服装行业交流会上，我说："如果这也叫便宜的话，估计 ZARA 的老板会笑晕在店门口，沃尔玛的老板会哭晕在厕所（沃尔玛的销售毛利率仅 22% 左右，为美国同类零售业的一半）。"虽然这是笑话，但我要说明的是，ZARA 的价格其实一点都不便宜，但相比对手，又要便宜得多。

要想学习 ZARA，成为 ZARA 那样的品牌，首先要把中间层（指经销商）去掉，去掉中间层，商品的售价起码能下来一半，但中国的服装品牌几乎不可能做得到。去掉中间层，意味着所有店铺的硬性投入和日常经营全部要靠品牌公司自己完成，硬性投入很简单，在中国也容易解决，现在稍具规模的服装品牌都是 A 股上市公司，这些公司在资本市场圈点钱并不是什么难事，难的是这些店铺都由品牌公司去负责日常经营、自负盈亏的话，问题可就大了。

据不完全统计，在 A 股上市的鞋服企业，只要是以扩大生产（含多元化投资）的名义在资本市场拿到钱的，无一例外都陷入了经营的困境，轻者销售萎缩、财务亏损；重者公司卖壳、老板走人。所以，真正的关键，是要能做好店铺的日常经营。以我的观察，到目前为止，中国还没有一家公司有能力同时经营好 1 000 家直营大店（截至 2017 财年末，Inditex 集团在全球 96 个国家拥有 7 400 家以上的直营店，其中 ZARA 拥有超过 2 000 家平均单店经营面积约 1 000 平方米的大店），估计未来 5 到 10 年内也很难出现。出现这种现象的原因很复杂，其中主要的因素之一，是中国的服装企业把市场经营的要求与责任，过于依托给经理人（和经销商）的个人发挥，导致终端店铺的经营管理处在非常初级的水准。

ZARA 依托的是系统赋能，在这一点上，中国服装企业差的不是一点点。也就是说，中国服装企业要学习 ZARA，要想成为像 ZARA 那样的品牌，不仅要去掉所谓的中间层（"去掉"经销商，品牌公司赚钱的难度起码会增加一倍以上），更要建立自己的系统。

> 链接：当然，简单地去掉经销商，商品的价格并不能下来，品牌公司更重要的是提高自己的经营管理水平，提升当季产品的产销率，通过运营效率的提高来降低商品的售价，从而提升品牌的竞争力。

ZARA 到底有多时尚

如果仅仅依靠价格便宜，肯定是成就不了 ZARA 的，比 ZARA 便宜的品牌多得是，ZARA 的成功一定还有其他因素，这其中的首要因素就是所谓的时尚，那 ZARA 到底有多时尚呢？

第一次造访 ZARA 时，我最大的遗憾是没有见到阿曼西奥本人，据负责接待的那位女士说（时间过去太久，已忘了她的名字，深表遗憾），阿曼西奥几乎不接待外部考察团，并不是阿曼西奥高傲，而是阿曼西奥非常低调，而且也很忙，老先生一直沉迷于具体工作，这一点和我们在媒体上看到的信息是一样的。虽然没有见到阿曼西奥，不过通过那位接待的女士，我还是确认了很多有关阿曼西奥的传闻及 ZARA 早期的一些奇闻趣事。关注这些信息并不是我有多八卦，而是想通过这些信息，进一步佐证这个年销售高达数百亿欧元的巨无霸品牌的经营逻辑。

1. ZARA 的基因

ZARA 的成功并非一帆风顺，甚至在 ZARA 已在西班牙市场深耕多年，跨国扩张到法国和美国市场时，仍是问题多多、麻烦缠身。但是，ZARA 的行动力很强，改变与调整的速度非常快，不可思议的是，每次出现危机都能被 ZARA 成功化解，并以此为助力，促使 ZARA 去挑战更高远的目标。这中间最为关键、重要的决定性因素，当然是 ZARA 品牌的创始人阿曼西奥。

按当下时髦的说法，阿曼西奥是一位标准意义上的服装工匠。

早年的阿曼西奥既有在服装店做零售的工作经历，也有在小作坊生产加工的磨砺，阿曼西奥人生的第一桶金来自自己的工厂（加工售卖女士居家服），但很快阿曼西奥就发现帮助别人加工生产赚到的利润远不及开店做零售，要想赚到更多的钱、开创自己的事业，必须要开自己的零售店，做自己的品牌，由此，ZARA 应运而生。在 ZARA 创建的早期，一方面忙于零售店的生意，一方面要组织生产，阿曼西奥的工作非常忙碌，由此，阿曼西奥积累了丰富的市场销售与生产管理方面的经验。因为价格便宜，阿曼西奥生产的衣服总是非常畅销，这得益于阿曼西奥对市场的深刻观察，经过不断的努力，阿曼西奥的生意越做越大。

20世纪70年代末80年代初，西班牙政府为刺激经济发展，推行了一系列促进经济发展的政策（西班牙于1986年加入欧共体，欧共体是欧盟的前身），使得西班牙经济呈现出一片欣欣向荣的态势。经济形势好，老百姓的收入肯定会增加，消费能力与消费意愿也随之增强，一直身处零售（及生产）一线的阿曼西奥非常善于观察人们（尤其是女性消费者）的消费习性，他发现，如果按照当时市场主流的方式做生意（主要是商品定价），生意肯定有得做，但很难出类拔萃，要想把生意做得更好，价格一定要便宜，要通过商品的快速流通赚钱。

据那位接待的女士介绍，阿曼西奥奉行"能给更多的人提供优质、便宜又时尚的服装"的生意逻辑，要以最快的速度、合适的价格（低于市场同类商品）把最好的东西卖给需要的人。所以，在同行把利润（毛利率）订到50%以上甚至60%、70%、80%时，阿曼西奥给自己产品定的价格是40%（毛利率）。这种让同行反感甚至抵制的做法，塑造了ZARA成功的底层基因——价格优势是第一竞争力。

阿曼西奥认为，消费者需要的服装大致可分为两类，一类来自对美的追求，每个人都希望能拥有时尚靓丽的服装；一类来自对基本款式的需求，满足日常着装的需要。相对而言，女性消费者更喜欢那些潮流时尚的款式，而男性消费者对基本款的需求量较高。如果能把潮流时尚的款式做好，以便宜的价格卖给女性消费者（为主）；针对男性消费者提供物美价廉的基本款，生意没有理由好不起来。

那个时代，大部分商家并不注重生意能否快速成交，不仅库存积压是常有的事，工厂交货也很不及时，经常延误商机。阿曼西奥认为，如果商品足够好、价格又便宜，生意肯定会好，这需要工厂不仅具备快速交货的能力（避免缺货），还要确保交出来的款式都是消费者所需要的（避免积压）。由此，这些来源于市场、生产一线的底层认知形成了ZARA的品牌基因——价格要合理（即所谓"三流的价格"）、产品要时尚（即所谓"一流的时尚"）、要符合顾客需求（不是伪时尚）、要能迅速交货（极速供应链），ZARA要时时地掌握市场行情（快速的资讯获取、快速的设计转化、快速的生产制造、快速的物流供应、快速的市场销售）。

　　链接：今天，阿曼西奥已83岁（1936年出生），早年社会底层（在服装店打杂）的生活经历让他对生活、对市场有着非同寻常的洞见，他认为消费者并不知道自己想要什么（这一点和苹果公司的创始人乔布斯很像），就像大家都喜欢潮流的产品，但到底何谓潮流，每个人的理解都不一样，有人认为时尚是潮流，有人认为新奇是潮流，也有人认为流行就是潮流。从企业角度，要想及时获取这些所谓的潮流资讯是很难的（成本很高），把这些潮流资讯及时转化成对的商品则是难上加难（成本也是巨大的）。

　　阿曼西奥的伟大，在于他打造了一个系统，我们姑且称之为 ZARA 系统，这个 ZARA 系统就是建立了一整套行之有效的完整系统（信息化系统），涵盖从潮流信息获取、信息甄别、信息存储到信息利用直至经营管理各个环节，最终成就了 ZARA 神话。据悉，从 20 世纪 80 年代末至今，Inditex 集团在 ZARA 系统（及物流供应链）上的投入累计近百亿欧元（没写错，就是这个数）。

　　链接：20 世纪 80 年代末（90 年代尤其如此），西班牙处于经济的快速发展时期，西班牙的消费者（主要指女性消费者）在进行服装消费时更注重时尚性和品质，而非价格。毕竟当时人们的总体薪资水平还并不是很高，高档服装的消费需求还不是主流，这就给 ZARA 的成长留下了足够的空间。阿曼西奥正是在这种背景下，把高档服装的款式，以平民可接受的价格生产出来，再快速地卖给喜爱时尚的人们。

2. 1700 人组成的设计舰队，一年开发 50 000 款

今天，在 ZARA 总部，产品设计部门已经不是简单的产品设计中心，更像一个数据与资讯的集成与处理中心。巨大的开放式空间内，女装、男装、童装和配饰部门都有面积巨大的独立设计中心，再分割成不同的风格和品类小组。各小组要完整地跟踪本组产品资讯的整合，从数据收集到成衣完成直至配送上架销售及销售后的数据追踪，然后决策季中补货、调货与促销。

2016 财年 Inditex 集团的财报披露，Inditex 集团的产品研发人员共有 1 700 人（服务包括 ZARA 在内的全部 8 个品牌），其中设计师人数超过了 600 人，我称这支队伍为设计舰队。这支设计舰队每年要完成 50 000 余款产品的开发，其中约有一半以上的款式会被投产及上架销售。一年 50 000 余款，平均每季 12 500 余款，按照常规思维，这几乎是不可能完成的任务（稍有不慎极易造成大量的雷同款），但 ZARA 做到了。

ZARA 是如何做到的呢？

1）设计舰队

在阐述 ZARA 设计舰队运作机制及组织分工前，先看 2 个实例：

——美国"9·11 事件"发生后，两周左右时间，ZARA 全美专卖店内售卖的当季"骑士风格"的产品全部被替换成黑色系列(包括便装、衬衫与西装)。替换下的产品全部被分配到欧洲市场进行销售。这里的重点是为什么是两周左右的时间呢？因为"9·11 事件"发生后的第一周，所有人要么忙于救灾要么还沉浸在悲痛中，对伤亡者的纪念活动要在第二周才能开始。

——2006 年初夏，几个顶级大牌的发布会上，都出现了一款类似"白色棉布镂空花小短裙"(假定这个款式，类似的做法数不胜数，为此 ZARA 每年要付出数千万欧元的罚款与赔偿)，ZARA 的买手们及时将这一信息通过数据系统传递至总部，因系统多次出现同一信息，导致该信息的优先级大增。公司总部的设计师们几乎在第一时间获得了这一资讯，大家一致看好这个款式，几乎当天就画好了图纸并打出了样衣，在得到全球主要店铺店长的认可后(通过系统把样衣的照片发给店长们，再进行电话确认)，这件稍加改良的"白色棉布镂空花小短裙"在 ZARA 总部已经形成了详细的生产计划单(颜色、码单及定价)。

一周不到的时间，10 万件成衣被空运至 ZARA 位于全球的不同专卖店。数天后，这款"白色棉布镂空花小短裙"就从 ZARA 的货架上消失了(全部卖完)。

> 链接：这两个例子在网上都能找到，源自原 Inditex 集团资本市场组织的 Hugo Alvarez Gallego 先生一次接受对外采访时所讲述的内容。我认识的 ZARA 中国的部分管理者也多次向我讲述过类似案例。

显然，这两个实例所发生的背景是完全不同的，前一个是指在重大社会事件偶发后对市场的快速判断，后一个是指在稍纵即逝的秀场看到信息的快速甄别，但所体现的核心内容都是一样的，即要把这些所谓的资讯转变成即时的商品，如果没有相当的专业素养和强大的团队协作能力，根本不可能做得到。

> 链接：ZARA 的"仿版"方式很像淘宝卖家的快速抄款行为(如同淘宝卖家抄袭"凯特王妃"款大衣)，不同之处是 ZARA 能获取到更高端的一手资源(如参加奢侈品的秀场、发布会及大片首映式等)，是以体系化的形式在运作。我很早之前就说过，ZARA 其实是世界上最大的网红品牌，它快速上架的都是一手超级流量款。

国内服装品牌的产品运作模式，基本都是部门小组制，设计(师)部门负责产品开发、生产部门负责落实生产、销售部门负责现场零售等等，每个小组(即部门)都有自己明确的工作职责及 KPI。设计部门作为源头部门，它的工作职责就是要能在确定的时间内,完成信息收集、样衣采购(参考借鉴)、产品设计(画图)、打版,直至形成所谓一盘货(完成样衣制作,也叫订货会款),然后再协同其他部门共同完成订货会。最后,最重要也是最耗时间的是要完成产前样(批量大货生产前的准确样衣)的确认。

作为新一季的开始,只有设计部门完成了产前样的最后确认,下一个小组才可以开展接下去的工作,如生产部门完成核价及落实工厂、计划部门完成下单等。这种环环衔接的组织形式,注定是快不起来的,设计部门在完成下季产品设计时,销售部门正在忙当季产品的现场零售,谁都顾不上谁,也不"允许"顾上谁,因为本部门的 KPI 不允许。

虽然这几年中国服装企业的组织管理也在不断进化,比如要求设计师们要时刻掌握当季产品的销售动态,但并无实质性成效。这中间的原因很多,最关键的原因是,设计师的 KPI 仍然以新产品的开发为主,因为如果做不好这项工作(如最后产前样确认),其他部门的工作是推进不下去的,会影响未来整个季度的生产与销售,这可不是什么开玩笑的事。

同时,销售人员也没有参与到下季产品的研发(销售与设计这两个最重要的小组其实是非常独立的),这种责权不对等的要求方式是无法超越常规组织体系的,肯定就起不到实质性作用了。公司管理并不是简单的(老板)愿望如何实现的问题,而是首先要能建立起完整的组织体系与工作流程,确保业务逻辑能顺畅地运行,否则再好的愿望也是实现不了的。

> 链接:国内服装品牌产品经营的组织形式并没有所谓对错之分,世界上绝大多数"中等规模的"品牌(指单品牌销售规模在 20 亿美金,或 100 亿人民币之内)都是采用这种形式的组织运作模式。在西方国家,20 亿美金(有说 40 亿美金,我称之为"中等规模的"品牌,区别于 ZARA 等千亿级规模的品牌)似乎是服装品牌的发展瓶颈,像那些曾经辉煌的老品牌如 C&A、NEXT、BENETTON、ESPRIT 等,都深陷于此。

无论是社会突发事件还是稍纵即逝的 T 台秀场,把流行、时尚资讯快速地转换成有价值的商品,单靠一两个人或一两个部门根本不可能实现,需要的是公司一线部门的整体协同,我把这样的队伍称为设计舰队。ZARA 就有这样一支产品设计舰队。

"设计舰队"的概念非常符合前美军陆军上将斯坦利·麦克里斯特尔将军写的《附能》一书的副标题"打造应对不确定性的敏捷团队"(在他的领导下,美军联合特种作战部队迅速崛起，成为一个可在全球不同国家开展战地外小规模行动的高效军事组织），是一支能应对不同场景，并能把有价值的资讯快速地转化成畅销商品的敏捷团队。

过去，商业竞争的最大红利是规模经济，规模经济不同于垄断经济，尤其在日常消费品领域，如果商品不适销，规模经济很可能会成为规模杀手，全世界所有受困于库存压力的规模型服装品牌无一不是如此。对 ZARA 而言，服装本身除了具备潮流时尚的标签外（此类产品的设计研发是从 0 到 1 的过程，消费者并不知道自己需要什么样的潮流时尚的产品，需要企业能创造性地提供），提供消费者需要的产品也同样重要（不是企业认为消费者需要什么），这是两种截然不同的经营方式，需要两种不同的应对策略。

Inditex 集团有 1 700 余人组成的产品设计舰队（主要服务 ZARA 品牌），每年要开发 50 000 余款产品，其中一半以上的款式将会投产并上架销售。如果按照传统的部门小组制，肯定会乱套，不仅人多到工作无法开展，一季一万多款的产品设计也是不可能完成的任务。不过，如果每年要做几百亿欧元的生意，靠为数不多的 SKU 更是难上加难，到时规模经济不仅毫无作用，大概率会成为规模杀手（也有例外，在大众消费品领域，全球仅 UNIQLO 是例外，当然奢侈品也是例外，具体见 UNIQLO 篇和 LV 篇）。

Inditex 集团 1 700 人的设计舰队由三类具体岗位组成：信息"买手"、设计师和销售专员。在网上能找到很多关于这三类人员的工作内容的信息，大部分写得比较割裂，把它们当成三个独立的部门在写，导致写出来的内容和实际情况相差甚远。比如，信息"买手"，在中国被误解成了产品（有的叫款式）买手。所谓产品买手，其实是指具备购买样衣能力的设计师，试问，哪个品牌的设计师不具备购买样衣的能力？

我曾经说过："买手制，是 ZARA 给中国服装同行挖的最深的坑。"

当然，这个坑不是 ZARA 挖的，是中国服装企业自己挖的，是从事信息传播的人或机构挖的（媒体、培训及咨询机构）。中国服装同行理解的买手，其实就是资深设计师为做好下季产品的设计研发，到市场上购买优秀品牌的当季产品作样衣的职能。这本身无可厚非，产品的提升与技术升级就是建立在对原有基础的迭代、升华与淘汰上。问题是，这种情况下，无论这位资深设计师设计出来的产品有多好，也是二手甚至三手款式，因为其他品牌早在上一季，甚至上两季就已经卖过了。

ZARA 是信息"买手"，买手之所以打双引号，是因为 ZARA 并不是真的花钱购买，而是通过雇用一大批（不会少于 500 人）二十六七岁的年轻设计师，长期驻守在巴黎、米兰、伦敦、纽约、东京、首尔、香港、上海等国际一线大都市的街头、校园、展览会、电影首映式、专业秀场及名店街上的大牌店铺,他们通过自己的观察及当地发生的重大社会事件,及时、敏锐地捕捉、发现时尚因素,只要有灵感,他们会及时地记录(以拍照的形式),并能立即予以消化,形成自己想要的设计作品,最终以设计图稿的形式和拍摄的照片在当天通过内部系统发到公司总部。

这里有两个重要的细节值得关注,一个是 ZARA 的信息"买手"根本不会购买现有品牌已经在销售的成衣,再畅销的款式也不会购买,因为流行已过,而且很多情况下根本没有样衣可买(像 T 台秀场上);另一个是他们能快速地把看到的资讯转化成设计图稿,和灵感的来源即照片一起传递到公司。传递的图稿和照片资讯都是以标签化的形式发布(这方面的具体内容放在后面讲)。

总部收到这些作品(图稿)后,立即由内部的驻场设计师按品类分小组进行讨论,做出修改、润色,最终组合成 ZARA 全新的系列主题,同步和销售专员们沟通是否有必要进行打样。最终确定需要打样的款式,快速地交给板房进行样衣制作。做好的样衣,一方面进行工艺确认,另一方面和全球主要门店的店长们沟通看法,进行核价、定价及生产第一批产品(会根据分配范围,确定可分配门店能分到 2～3 手货,每手货量根据不同店铺的码单比例确定,大致 12～18 件/手),整个过程一般不会超过 7 天。

此时,确定要上架销售的款式会在 7 天内生产完成第一批,随即发往全球门店进行试销。如果畅销(数据会在线实时地反馈至公司总部,三天的销售数据就能形成准确决策),第二批需要生产的量会快速地安排在流水线上缝制(第二批生产的量,是总计划量中的未生产部分,ZARA 不会因为某时尚款畅销而盲目地加大货量,一款产品卖得再好,第二批卖完也就没有了),随即发往店铺。

如果市场反应一般,立即启动 OFF 程序,市场会立即降价处理,总部会停止再生产并启动新的款式运作。可以说,今天的 Inditex 集团是全世界规模最大,也是覆盖范围最广的时尚情报信息收集及信息处理的公司。只是,这种做法在欧洲的上层时尚圈并不是很受欢迎,不过,这并不影响 ZARA 继续完善与深化这套行之有效的系统,为此,Inditex 集团"愿意"每年花费相当的代价进行所谓的侵权赔偿。

在 Inditex 集团的财报中没有查到具体侵权赔偿金额的科目,但据西方财经媒体的报道,每年的赔偿金额高达数千万欧元。

链接:在欧洲,的确存在所谓的款式买手,这些款式买手一般都是设计师,他们成立独立设计工作室,为全世界的服装品牌提供款式。这些设计工作室提供的款式,大都来源于大牌的秀场或发布会。这些买手们相中这些款式后,或买下或抄袭,稍加改动就成了工作室的样衣。到这些设计工作室购买款式做样衣的成本，要比到市场上购买已经上市销售的商品贵很多。

链接：ZARA 的产品信息获取方式主要有三类：第一类来源于参加全球四大时装周，包括大牌的新品发布会。全球四大时装周（指巴黎、米兰、伦敦和纽约四大时装周）和大牌的新品发布会是整个时尚产业界流行趋势和时尚潮流的风向标。四大时装周每年都会在固定时间举办两次发布会，分别是每年 3 月前后发布当年秋冬的时尚及流行趋势资讯，9 月前后发布次年春夏的时尚及流行趋势资讯。我本人多次参加过巴黎、米兰、伦敦时装周和 LV、HUGO BOSS、DIOR 等品牌的新品发布会，与其说这是时装发布会，不如说是时尚、潮流、性感、香艳及想象的盛宴，那些大牌的天才设计师们总能提供意想不到的时尚创意与潮流产品。

第二类来源于遍布全球主要大都市的信息买手们，他们通过自己的观察挖掘当地的流行时尚。

第三类来源于遍布全球数千家零售门店的店长们，他们通过消费者们的即时反馈，凝练市场所需。

链接：到今天为止，Inditex 集团共有 8 个不同定位的品牌（具体名称可到 Inditex 集团官网查询），仅有 ZARA 以快时尚模式运作。每年 ZARA 推出 1.8 万～2 万个新款，平均每周有 2 次全新的时尚潮流款到店销售，每两周时间，店铺的整体陈列会出现彻底调整。

前端收集信息、后端处理信息，系统（指设计系统、生产系统、物流系统、销售系统、IT 系统）协同整合信息，ZARA 的这种产品运作方式，确保 ZARA 当季能售卖无限量的且是当季正在流行的产品。要真正做到这一点并不容易，因为无论系统多么强大，没有人的积极、认真、高强度的投入与配合，不可能做得到。

在 ZARA，设计舰队永远是最勤奋的，大家都把创造时尚、创造美、创造潮流视作己任。在 2015 年财报中，有这样一段内容："从 2011 年开始，集团派遣员工到最好的时尚及管理学校学习，这些学校有些在西班牙，有些则在海外，目前集团拥有 600 位设计师。"由此可见，ZARA 不仅搭建了一个多方高效协同的设计舰队，还在全方位地培养、提升这支设计舰队的专业能力。

链接：ZARA 的商品企划逻辑和绝大多数国内服装品牌的做法完全

不同,国内服装品牌的商品企划和店铺零售是分开的,商品企划的维度从历史数据(商品销售数量/价格/时间)出发,结合产销率,根据增长目标而设定。然后,再根据确定后的计划目标,以时间维度分解(商品件数/价格/产销率)并进行跟踪管理,店铺零售则是另一个完全独立的维度。ZARA 完全是以店铺零售为目标开展的,每家店每年都有明确的销售目标,这些目标会被分解到不同的产品品类上,再由门店店长和销售经理配合 ZARA 的产品设计舰队完成。

2）款多量少＋款少量多

ZARA 每年投向市场的款式,多达两三万款,大致估算,是 H&M 的 2 倍,是 UNIQLO 的 10 倍以上,是声称要成为中国版 ZARA 们的 10～20 倍。每年如此多的款式投向市场,还能保持"零库存"的存货周转率(这方面的内容放在后面讲),不得不说是奇迹。

关于款多款少,中国服装圈一直都有争论,我本人服务及顾问与培训过的服装公司都曾有过"激烈的"争论,遗憾的是,争论的焦点仅仅是从款式供给量的角度,并没有触及更为深层次的企业运营系统及组织的问题,最终都无疾而终。

到底应该是款多还是款少?去掉企业内部的"吃瓜群众们",结果通常是销售部门认为款多优于款少,款式多一点机会总会多一点。设计部门则认为款式量要适可而止,款贵在精而非多,否则都是雷同款也是没有多大意义的。这两种声音最大的问题,是都没有基本的出发点,就是款多该如何运作?款少又该如何运作?也就是说,问题本身并不出在款多款少上,而是在企业的产品运作方式上。

不过,这个过程中,一个很有意思的现象是,销售人员和设计人员对"款多量少"的看法却是完全一致的,大家一致认为无论是款多款少,如果能做到款多(或少)"量"少(这个量少是指分批下单生产,一旦好卖立即补单),则会极大地降低库存积压的风险。而且,大家一提到款多"量"少就会联想到柔性供应链什么的,好像只要能做到"多批次少批量"的柔性供应链,款多"量"少自然能够实现,也就不会产生多余的库存了,款多款少的矛盾自然也就没有了。

根据我的观察,整个中国服装行业真正能把款多款少和款多量少＆款少量多这几个问题搞清楚的,估计不到 50 人。

我的观察逻辑是,到目前为止(截至 2018 年底)在 A 股及 H 股全部上市的国内服装企业合计不过百来家,剔除掉加工制造企业、职业装企业,纯粹做市场零售的品牌企业不到一百家,这不到一百家的零售品牌中,约有一半左右是老板(娘)本人亲自负责商品企划和产品决策,剩下的不到50家企业(数据是动态的,大致这个数据区间)是职业经理人在从事商品企划方面的工作。身在一线的中国服装品牌的老板们在做决策时,通常是不按套路和规则出牌的,他们更喜欢凭直觉决策(而非数据)。

所以,严格意义上讲,他们都不是我所认可的商品企划和产品决策的高手。另外不到50人的职业经理人中,我差不多认识10人左右(都是上市公司的产品总监或类似岗位),客观地讲,大家对商品企划、款多款少及款多量少&款少量多的理解,还停留在非常初级的阶段,我认为他们顶多是在做商品计划而非商品企划,更非 ZARA 式的"款多量少+款少量多"。

我曾经在一次行业交流会上,问过企业老板和产品总监们一个问题:款多量少看似美好,请问,款多到多少,叫款多? 量少到多少,叫量少?

很多人无言以对。

这个问题确实很难回答,如果没有一线的实盘操作与决策的经历,可能连问题的本质都搞不明白。

2006年我在报喜鸟(现在更名为"浙江报喜鸟控股股份有限公司",简称报喜鸟)任董事总经理期间,全面推行过依靠大数据决策来驱动品牌的商品企划(中国服装企业践行大数据管理的时间要比大家想象的早得多,但一路走得非常"艰辛",从最终结果看,在过去的十几年里很少有通过商品企划把产品库存控制得比较合理的服装企业),在报喜鸟拥有完整配套的西装加工厂的前提下,每季实践所谓柔性供应链分批下单的比例都没有超过单款量的10%,何谈那些纯粹依靠外加工生产的品牌们。

柔性供应链搞不好,会把美好的愿望做成实实在在的库存。因为影响柔性供应链的因素与环节太多了,没有强大的系统,没有数据思维与专业能力,没有利益分配机制(与不同供应链环节的合作商之间的合作机制),根本不可能做得到。另外,关于款多款少,还有一个很大的挑战,就是中国服装企业经营者们的爆款思维,只要一个款卖得好,恨不得把这个款卖到爆。从单款的角度,这固然没错,问题是一个品牌不可能只卖一个款,当初做计划时做了完整的一盘货,把一个款卖到爆的结果大概率是整盘货都是牺牲品。

链接:对绝大多数中国服装品牌而言,款多量少是坑的概率远大于机会。ZARA 的款多并不是设计师们在办公室闭门造车"设计出来的",而是一只强大的设计舰队协同作战的结果。Inditex 集团拥有强大的资源整合系统,不仅能给这支设计舰队赋能,还具备强大的从面料供应到生产制造、物流运输的基础条件（能力）。

很多中国服装品牌的款多是狭隘的"不把鸡蛋放在一个篮子里"的思维，并没有从整体上去思考款多场景下的企业经营策略与系统方法。至于柔性供应链就更难做得到，"多批次少批量"看似美好，其实并没有多大的可操作性，实际的综合成本可能反而会更高。

因为，一则可能看不准款式，会备错料，从而造成更大的损失；二则受制于产能储备和面料储备，根本快不起来，最终导致多批次生产的量因交期等诸多因素成为额外的库存；三是备料也只能备到成型的面料（颜色已经染好），而一款商品滞销的主要原因除了款式外，就是面料本身和颜色，导致备料成了形式；最后，备料、备产能的成本非常高，零敲碎打式的快单，品质很难保证，没有大厂愿意合作，另选工厂风险更大。

所以，款多量少＋柔性供应链只适合在会议上或在报告中说说，在实践中并没有多大的可操作性。一个有意思的现象是，那些尝试过快单（柔性供应链）的品牌在尝到苦头后，几乎都退回到原来做大货的模式——即提前集中生产。相对快单的不靠谱，提前集中生产貌似更为稳妥，这当然没错，只是与 ZARA（模式）渐行渐远。

所以，问题的关键并非是款多款少，而是如何解决款多量少或款少量多的问题。ZARA 对这个问题的认识非常到位，款多量少的，一定不能做爆款，卖完就行，竞争的是新款的产出能力；款少量多的，一定要把量做起来，竞争的是对畅销色的精准把握。ZARA 的款多量少的"款"全部都是当季的潮流时尚款；ZARA 的款少量多的"款"都是畅销基本款。依我说，ZARA 其实一点都不时尚，更谈不上"一流的时尚"，因为 ZARA 的销售六成左右是由款少量多的畅销基本款贡献的，而所谓的潮流时尚款虽然款式众多，也只贡献了四成左右的销售。

ZARA 到底有多快

这里其实有两个问题，一个是 ZARA 到底有多快，另一个是 ZARA 如何做到这么快。大家感兴趣的应该是第二个问题，因为第一个问题只是一个事实。

先澄清一个概念，在网上有很多写 ZARA 快的文章，最典型的说法是 ZARA 如何在 12 天（也有说 15 天的，为便于理解，下文统一写成 12 天）内把图纸上的设计稿演变成遍布全球旗舰店货架上的畅销商品。让我没想到的是，这种说法大家居然都信了，我在一次级别很高的行业论坛上听到某大咖这样说，现场我问了他一个问题，搞笑的是这位混迹于中国上层服装圈的知名"培训大师"居然没听懂，记得当时我问他：请问，ZARA 的存货周转率有多少？

其实，这个问题不难回答，因为在 Inditex 集团的财报中就有数据，稍加计算便知。我的理解是，这种说法（指 ZARA 的 12 天极速供应链）是典型的媒体思维，即标题党在作祟，如此严肃地涉及企业经营效率的问题，在中国市场被神话成传说居然还有人信，其中还不乏企业界的大佬们，不得不说这是中国服装企业的悲哀与无知。

ZARA 到底有多快？一看数据便知。2017 财年 Inditex 集团年末存货 26.8 亿欧元（上一年 21.9 亿欧元），存货周转次数 4.3 次（约 83 天）。

从横向对比上讲，ZARA 并不快，因为像 H&M、UNIQLO 等销售规模与 ZARA 相当的品牌，年存货周转次数都在 4 次左右，但相对国内品牌年存货周转次数仅 2 次左右，ZARA 就快得多了。这里有一个"小规律"值得关注，就是年存货周转次数在 4 次左右是品牌做大做强（突破前文所说的单品牌 20 亿美金销售规模的瓶颈）的一个重要指标。

存货周转次数的计算公式非常简单，即：存货周转次数＝销售成本/平均存货，平均存货＝（期初存货＋期末存货）/2，一般存货周转次数指的是年度周转次数。

来理解一下这个公式，假设存货周转次数为 2 次，意味着在任何期末时点，该品牌的系统库存都不会低于同期销售成本的一半，再加上货品在生产周期内的（年存货周转次数在 2 次的品牌，生产周期一般为半年左右）前置成本投入，该品牌的系统总库存成本和销售成本基本接近，在 10%～20% 的净利率区间，这些品牌是根本赚不到现金利润的，赚的都是库存，规模越大库存越大，库存越大危险越大（品牌发展所需的资金来源只能是经销商、供应商的投入资金或股东融资，而非利润积累）。

如果存货周转次数低于 2 次，市场经营的风险就更大了，大到该品牌的系统总库存接近或大于销售成本的程度。滑稽的是，不要觉得这类企业很少，事实恰恰相反，这类企业在中国市场比比皆是，很多还是上市公司，着实匪夷所思。

所以，在世界服装界，才会有一个前文所提到的 20 亿美金（有说 40 亿美金）"定律"，就是说当品牌的销售规模达到这个数时，如果不能在经营效率上进一步提升（把存货周转次数提升到 4 次左右），无论该品牌如何"努力"，最终销售一定是不升反降的，像 ESPRIT、C&A、NEXT、FOREVER21、TOPSHOP 等国外品牌都是如此，李宁、美特斯·邦威也是如此。如果年存货周转次数能达到 4 次，说明该品牌的经营效率非常高，其系统总库存仅为销售成本的 25% 左右，这种库存都是经营性库存（类似经营性负债的概念），是店铺铺场所需的正常库存，也就是经营意义上的零库存（区别于财务意义上的库存）。

链接：上面提到，中国有很多服装企业的年存货周转次数都在 2 次甚至 2 次以下，理应是无法可持续经营的，但这些企业反而都是上市公司，有的甚至还是中国资本市场的宠儿，这说明什么呢？

原因很简单，当前大部分中国服装企业还没有触及世界服装行业的 20 亿美金（有说 40 亿美金）的规模瓶颈，处于瓶颈下的高速发展期，每年大量的新增开店把库存增加的风险暂时"化解掉了"，再加上中国服装品牌的定价倍率远高于欧美品牌，导致中国服装企业的报表非常好看——高增长、高利润、高库存（在中国资本市场，库存是资产），这恰恰是中国企业 IPO 的重要门槛。

基于 ZARA 的规模，ZARA 的货品运作效率的确很快，从总量上讲，能做到存货全年周转 4 次，实现经营意义上的零库存，这本身已是年度产品运作的最高经营水准。同时，针对单品（款），又能实现 12 天的极速供应，ZARA 无疑是真正的快时尚、快经营、快品牌。

前面我们已经分析过，ZARA 的经营如此优异，除了产品定价（价格不贵）、设计能力（设计舰队）、款式丰富（时尚款的款多量少＋基本款的款少量多）这些基本事实外，一定还有其他一些更为独特的经营要素，否则仅凭这三项壁垒，也是不可能成就 ZARA 的。接下来，我们进一步深挖细探。

1. 独一无二的生产模式

ZARA 的产品并非如外界所传，全是当季生产，且能在 12 天内完成从图纸设计到上架销售的。事实上，ZARA 的很多做法，和传统服装企业非常相像，只不过，ZARA 把它们都做到了极致。除此之外，ZARA 还有一些独特做法，正是依靠这些独特做法，最终成就了神奇的 ZARA。今天，这些所谓的独特做法早已成了公开秘密，在生产制造领域，我觉得最具代表性的有三点，分别是独特的"小镇文化"、JUST IN TIME 和坚持欧洲制造，下面我们逐一来了解一下。

1）独特的"小镇文化"

欧盟是世界上第二大纺织与服装出口国（地区），整个欧盟纺织与服装制造的前三强分别是意大利、英国、德国（或法国），西班牙要排到第五位或之后，但就在西班牙诞生了当今世界销售规模最大的服装品牌。

作为当今世界销售规模最大、竞争力最强的服装品牌 ZARA，其总部所在的加利西亚省位于西班牙的西北部，因远离本国经济中心，加利西亚曾经是西班牙经济最为落后的地区（之一），过去当地的经济是以畜牧业、渔业及矿业为主，高失业率使得当地人的生活很艰难。但今天，拉科鲁尼亚地区已经成为西班牙的地区经济中心，拉科鲁尼亚市位于加利西亚，ZARA 母公司 Inditex 集团就位于拉科鲁尼亚市。

在参观 Inditex 集团及查阅其发展历程时，我觉得所谓的 ZARA 模式根本就不存在可复制的客观条件。ZARA 从一开始就不是一家单纯的品牌公司，而是一个在产品设计、产品生产直至市场销售方面都非常"独特"的公司。

关于在产品设计方面的"独特"做法，前文已经详细阐述，不再赘述。

在生产方面，ZARA 从一开始就是由几家到几十上百家直至今天 1 200 余家中小服装加工厂组成的联合舰队式的"集中化虚拟生产集团"。据我了解，这种企业模式在中国也有三家，即大家非常熟悉的华西村、大邱庄和山东南山。以我顾问合作过的山东南山集团为例（我曾担任南山集团旗下纺织服装板块的品牌经营顾问），南山集团根本就不是一家传统意义上的企业，而是一个占地几十个自然村，拥有铝产业链、纺织品产业链及航空、旅游、地产等大大小小数十家公司的联合舰队式的超级企业集团。

坐落于西班牙拉科鲁尼亚阿尔泰霍市的 Inditex 集团也是如此，从阿曼西奥 1963 年创办第一家工厂开始（即 Con-feccionesGoa 制衣厂），到 1975 年 ZARA 成立，ZARA 具备浓厚的生产制造基因，阿曼西奥熟悉服装生产制造的每一个环节。早期 ZARA 产品的加工制造基本以自己的工厂为主，随着市场业务的不断扩大，阿曼西奥开始尝试着把服装加工业务分发给位于公司周边的其他小型生产工厂。到 1985 年 Inditex 集团成立时，阿尔泰霍地区约有数百家大大小小的服装加工厂为阿曼西奥加工服装。随着企业规模的不断扩大，Inditex 集团的经济实力大幅增加，阿曼西奥通过收购控股、参股的形式，把整个阿尔泰霍地区 1 200 余家工厂发展成 Inditex 集团的战略联盟企业（这个数字是 2002 年的）。

更不可思议的是，为加强对这 1 200 余家大大小小的不同工厂和 Inditex 集团的中央裁剪工厂及后整理工厂的衔接，阿曼西奥耗费巨资把这些工厂的地下几乎全部打通，用流水线传输带的形式，把数千家工厂的流水线串联起来，就像《三国演义》中火烧赤壁前曹操用绳索把几百条战船绑在一起成为一个大操场那样，不得不说这是世界加工制造业的一个伟大奇迹。

在巴塞罗那（靠近地中海的港口城市，是西班牙乃至欧洲的区域时尚中心），Inditex 集团有一个纺织品交易市场、一家纺织品原材料公司和几家纺织品生产公司。这些公司负责整个集团所有品牌在欧洲制造业务的原材料供应，从坯布生产到坯布染色及面辅料交易,再往源头追溯,就是控制着遍布全球主要棉花产区的棉花供应、纺纱业务,也就是说 Inditex 集团打造的是一个基于产业链的生产制造体系,从这个意义上讲,中国的服装品牌有几家具备这样的基础条件?老实说,一家都没有。

　　链接:Inditex 集团为满足 ZARA 等 8 个品牌的经营需要,专门建立了坯布生产工厂及面料交易市场,这些工厂及交易市场都有自己的 KPI,经营团队要去研究面料加工工艺、流行色、织法、印花等一系列有利于成衣销售的竞争元素。

　　服装制造业的流水线,通常是在工厂生产设备不可移动的前提下,在这些不可移动的设备上方设置传输架,这样上道环节制作完成的半成品可以通过这些传输架传输至下道工序,从而形成流水般的生产作业。但在 ZARA,因阿曼西奥采用的是中央集中裁剪,统一裁剪好的半成品要通过不同的工厂去完成缝制,为提高生产效率,Inditex 集团的方法是一家工厂缝制一道工序,下一道工序由另一个工厂来完成,这样每一家工厂都能把某一道工序做成精品。如果采用传统的运输方式,打包、装运再运输会浪费大量的时间,无论效率多高这些时间都不会被压缩,规模越大、产量越多,所消耗的总时间就越多。

　　为此,Inditex 集团把这些工厂的地下全部挖空(方圆 200 英里,相当于 320 平方公里的地下),建立统一集中管理的传输带系统,运输原材料及半成品。这样,上一道工序(一家工厂)缝制完成后,直接通过高速传输带传输至下一道工序(下一个工厂),直至一件成衣加工完成。最后,加工好的成衣,再集中被传输至 Inditex 集团的统一后整理工厂进行最后整理、熨烫及打包、装运。

2)JUST IN TIME

JUST IN TIME(简称 JIT,准时生产系统)源自日本丰田汽车的准时生产系统管理,是一种针对多品种大批量产品的最佳生产方式。其精髓是"只在需要的时候,按需要的量,生产所需的产品",从而追求从原材料到成品的零库存管理。在世界服装界,仅有 Inditex 集团在实行 JIT,包括 H&M 及 UNIQLO 在内的同级大佬们,因都没有自己的直属工厂,所以在生产效能的比拼上,Inditex 集团要更胜一筹。中国有很多服装品牌都有自己的工厂,但因缺乏基本的经营理念,据我所知,到目前为止,没有一家建立起真正的 JIT。

链接：ZARA 的 JIT 主要是指通过对生产计划的精准管理，确保产品在全球市场的高效运营，从而做到除基础原材料之外的生产环节"零库存"、物流环节"零库存"、销售环节"零库存"。JIT 在中国纺织服装领域之所以没有得到大规模推广与运用，主要原因是实践的企业不具备产、供、销一体化的基础条件。

像海澜之家、森马、美邦、太平鸟这些销售规模较大的公司，具备一定的销售能力，但在产与供环节上基本没有控制力，所以，很难通过 JIT 来提升公司运营效率。而像申洲国际、青岛酷特（原山东红领，IPO 招股说明书已发）在生产制造上具备很强的技术能力，但对供及销的控制力几乎没有，也不具备建立准时生产系统的条件。

以我观察，国内鞋服企业中相对而言最具备条件的是晋江安踏。安踏具备大规模产与销的能力，如果在供应链环节上（包括 IT 系统）愿意加大投入，是可以通过做好 JIT 来提升公司运营效率的，从而最终提升公司的竞争力。

Inditex 集团能实施 JIT 系统是基于自身的经营理念及拥有的基础条件。

前面说过，包括 ZARA 在内，Inditex 集团旗下所有品牌的产品并非都是当季生产，而是也像其他传统服装品牌那样提前准备，通常是提前一年至 9 个月时间完成商品企划，再根据提前半年时间在四大时装周和大牌发布会上"买到的"信息，完整地规划下一季要开发的产品结构及具体款式（以基本款为主，时尚款分为两部分，一部分同时开发，一部分在销售过程中根据流行资讯开发）。

一旦具体的款式被确认生产，则整个生产系统开始启动。在 ZARA，时尚款全部集中在欧洲生产（以 ZARA 总部周边的 1 200 余家工厂为主），基本款一部分会被分发到亚洲及北非的外协工厂生产。在款式确认后，设计师可在集团内部的面料交易市场完成面料采购，直接由欧洲工厂生产的款式由生产部门完成下单采购，外协工厂既可以按照各品牌的生产工艺要求完成市场采购，也可以到 Inditex 集团的面料交易市场采购。无论以何种形式采购原材料，Inditex 集团要求直属工厂和外协工厂都要根据各品牌的上市要求，在保证产品加工品质的前提下，以不延误货期为基本要求，精准地做好生产计划。

所有生产进度的追踪管理都通过 Inditex 集团强大的 IT 系统和现场 QC（驻场质检）完成。无论是自己的工厂还是外协工厂，第一批生产的量一般不会超过单款计划量的 15%，随即根据不同市场的销售环境（市场营销）进行试销，在季节真正到来前，单款量的 50% 会生产出来。这时，对销售数据的分析与管理非常重要，因 Inditex 集团的备料系统只进行到坯布，一旦款式畅销，市场反应较好（并不是等这些畅销款卖完后再决策，而是根据数据趋势提前做出决策），那些未被染色的坯布会在 3～5 天内完成精准的染色后再被快速地生产成成衣，随即发往计划好的市场。

　　链接：不同于国内服装品牌在产品开发时设计师买版做样衣，ZARA 虽然也是提前 6～9 个月开发产品，但 ZARA 设计师的素材与灵感来源是 4 大时装周和大牌的新品发布会，都是第一手资讯，这些设计资讯的原创拥有者自身的产品还没有上市。而国内服装品牌设计师购买的样衣来自目标商业品牌已经上市销售的产品，这些产品被改良后，作为下季新品推出。所以，ZARA 是抄原创，而国内品牌是抄二手、三手甚至四手的样衣。

在产品生产环节，有三个重要的"细节"，值得中国服装同行关注：

第一个"细节"：Inditex 集团建立的是产业链式的大生产供应体系，通过组建面料交易市场及控制关键面料生产，来加持产品设计的可行性。很多企业在实践过程中，有太多的设计师在产品设计时是没有原材料概念的，甚至有的连成本概念也没有，最后的结果一定是设计师的想法（图纸）和最终出来的成衣相差巨大。Inditex 集团的做法，是通过控制原材料（同时也控制住了成本，这非常重要），从而控制住了产品本身。产品设计不是简单的画画图纸，图纸上的设计稿最终能否被生产出来完全取决于面料等原材料。

第二个"细节"：无论是时尚款还是基本款，第一波的生产量原则上都不会超过单款计划量的 15%，随即进行上市试销。根据试销的结果，在大规模上市前，单款计划量的生产量也不会超过 50%。再通过适时销售数据，精准地判断未生产的量是否要继续生产。时尚款设计之初，在确定单款货量时并不是简单地考虑要生产多少件，而是根据原材料（坯布）的量确定能生产多少。畅销则立即生产，滞销则立即停止，无论多么畅销，卖完即止。基本款的生产比例也是一样，差异在于，基本款备的都是原色坯布，只有在该款畅销时，才会对坯布染色及成衣生产。如果没有自己控制的、处在公司周边的面料交易市场、染色工厂、1 200 余家缝制工厂及超级物流中心，ZARA 也不可能做得到。

第三个"细节"：ZARA 从来不会对超过原计划量的畅销款（时尚款）进行补单，哪怕卖得再好。就像 Inditex 集团原分管生产的副主席 Miguel Diaz Miranda 所说："生产量的大小——传统意义上的'生产规模'，并不是关键。我们通过涨价补偿我们的损失,因为人们会在正确的时间为了正确的衣服付更高的价钱。是产品推动了消费者,而不是价格。对于一个预期的热门需求,我们愿意在原材料准备上承担更大的风险。有时候,我们会做一些经济学无法预测到但是我们能感受到的决定,比如说,我们也许有件商品卖得很好,但是如果我们觉得那个市场即将饱和,我们会停止生产,故意制造需求不够。从严格的经济学角度来说,这很荒谬。但是我们就是要让顾客体会到这种文化:你最好今天就买下这件衣服,因为明天你可能就看不到它了。"

3）坚持欧洲制造

在世界服装行业,欧洲的特长是以设计来驱动生产,尤其在意大利和法国这两个国家,诞生了当今世界九成左右的顶级奢侈品品牌。

一直以来,欧洲的纺织品行业,无论是面料生产还是成品加工,从品质到品位都位居世界前列,这也使得欧洲的服装公司(包括奢侈品)和纺织品公司之间的贸易合作高度紧密。相对而言,这两个行业都是劳动密集型行业,虽然受制于(西欧)人口数量,但东欧和地中海周边国家的劳动力人口大量涌入,使意大利、西班牙等西欧国家的服装、纺织品公司蓬勃发展起来。

早期,西班牙的纺织和服装工业主要由很多非常小的企业组成(很像早期浙江温州遍地都是小规模制鞋厂、服装缝纫厂、打火机厂那样),大家在研发和技术创新的环节上比较薄弱,因为在(西班牙)国内市场上一直不需要靠这个来竞争。然而,从20世纪90年代开始,随着西班牙经济的迅速发展,本国消费者工资水平的提高,低端、劣质的产品开始难以满足消费者的需求,西班牙的消费者开始注重服装的时尚性和品质,而不是价格。当时,整个行业以分散而又群聚的小规模独立合作生产企业而存在(如北非摩洛哥、葡萄牙、西班牙西北部等),大家以接受大品牌的转包加工生意生存,在这个过程中,阿曼西奥看到了机会。

直到2001年上市前,ZARA的产品约有一半以上在西班牙生产,另外一半的80%也在欧洲生产,当时ZARA的销售规模已经到达24.3亿欧元(当年Inditex集团销售32.4亿欧元)。

服装品牌的竞争,最大的风险来自时间,物理距离越远,时间的把控性越弱,风险越大。相对于欧洲制造的直接成本,亚洲及非洲制造的成本要低廉很多,人工费的差距甚至高达10倍以上,但是亚洲及非洲制造的配套性工厂较为分散,很难形成集群效应。在阿曼西奥看来,服装生产考量的不仅是直接成本,还有时间效率,如果时间效率足够高,完全可以抵消掉直接成本带来的经营压力。

在ZARA的诸多成功要素中,集中欧洲生产是必不可缺的。在ZARA总部,上千家缝纫工厂遍布周边,这些工厂通过地下传输带串联成一个整体,形成了一个世界上最大的纺织服装加工集群。同时,在 ZARA 发展的初期,即 20 世纪八九十年代,阿尔泰霍市周边及临近的葡萄牙北部地区的经济非常落后,不仅工资水平不高,而且失业率也非常高,ZARA 通过代工协议给很多女性创造了新的工作机会,ZARA 的实际加工成本要比意大利、法国低很多,给早期 ZARA 的发展奠定了坚实的基础。

在此基础上,ZARA 的生产体系不断地进化,通过巨额的科技投入和技术创新,直至形成庞大的现代化工业集群,"规模+距离"效益为 ZARA 创造了可覆盖直接成本的时间效益。

链接:20 世纪七八十年代,无论是互联网技术还是带宽速度都很不成熟,都不太支持时效性较强的跨国加工贸易业务,虽然亚洲各国的加工成本很低,但是物流成本,尤其是时间成本非常高,对时效性要求较高的时尚产业更是如此。而 ZARA 正是有效地发挥了区域经济的优势,通过一己之力,把整个城市打造成自家公司的"后花园"。在今天,这种模式,不要说中国服装企业,世界上任何一个国家的服装企业都不可能做得到。

关于 ZARA 的坚持欧洲制造,也有三个"细节"值得关注。

第一个"细节":中央裁剪+中央后整理。ZARA 坚持主要产品在欧洲制造,并不是简单的生产加工贸易,而是通过在 Inditex 集团控制下的生产体系内高效进行,以时间换空间的方式获取市场竞争力。ZARA 采用了抓两头、包中间的方法,就是把中央裁剪和集中后整理放在自己的工厂内进行,而把产品的生产缝制分发给公司周围数百家大小不一的加工厂,从而实现集群效应。

这个过程有几个关键节点非常重要。首先,一家工厂只负责一道工序,专注于一道工序相对来说效率一定是最高的,熟悉生产管理的朋友一定明白加工手艺是熟能生巧的。而且这样做,每家工厂都无法掌握一件完整的样衣信息,杜绝了缝制环节的泄密。其次,每家工厂都不需要投入资金购买裁剪设备或后整理设备,工厂的资金负担大幅度降低,工厂主更能专注于把缝制水平提高。最后,集中把控中央后整理,相当于能做到产品配送前的全检,这样在物流环节就不用再耗时进行抽检了(物流环节几乎不可能做到全检,以 ZARA 的体量,哪怕能做到 5% 的抽检就已算很好),极大地提高了时间效率。

第二个"细节":ZARA 投入重金进行基础建设。在中国服装同行崇尚"虚拟经营"和生产外包时,ZARA 几乎把全部的可运营资金(包括早期利润)投在了体系搭建、IT建设、生产设施及物流中心上。在生产环节,ZARA拥有当今世界最先进的CAD/CAM排版及传输系统,结合ZARA"全球服装流行色/资讯、款、面料及信息采集协同系统",ZARA能快速地完成从产品设计到面料匹配的整个过程。

ZARA拥有世界上最先进的中央裁剪工厂、后整理工厂及染色工厂。位于加利西亚科卢纳的一家ZARA中央工厂,是一座4层楼高、近50万平方米的大型建筑,这个庞然大物的地下传输带连接着周边14座缝制工厂,中央工厂内拥有数十个智能机器人,它们控制着压膜制布染料,会根据程序指令随时进行面料染色,染好颜色的布匹会通过旁边车间内的大型裁床进行裁剪,在CAD/CAM系统的精密算法下,裁剪浪费几乎降到了0,裁剪好的布匹会被贴上唯一的身份识别标签,被传输至缝制工厂……

链接:CAD(Computer Aided Design)指利用计算机及图形设备帮助版师进行设计、排版工作,在服装生产制造领域,CAD是排版、制版工具。CAM(Computer Aided Manufacturing)指利用计算机辅助完成从生产准备到产品制造的系统,在服装生产制造领域,CAM系统是链接CAD和大型工业裁床的桥梁。CAD/CAM系统是生产制造前端的核心算法,是制造工厂的管理中枢。

ZARA式的生产资源整合,是把CAD/CAM系统牢牢地控制在自己手里,和ZARA合作的工厂都是ZARA延伸出去的"四肢",它们和ZARA形成了紧密的合作依赖。ZARA拥有全球最完备的服装版型数据库,这也是ZARA的核心竞争力。

链接:ZARA的中枢裁剪工厂和位于葡萄牙北部的外协工厂之间的货物递送每天都有无数次,大型卡车在固定时间像公交车一样往返运输,时间会精确到分钟,且100%准时。每次外协工厂都在交付完成商品的同时,得到新的代工任务。完成整个加工工作的轮次大约需要一至两周时间,含印刷、贴标签和成衣的后检查,直至在它们返回ZARA的中央后整理工厂完成最后的整理,再通过传输带至配送中心被运往全球各地。每一家工厂的产能和产量都被严格地计算着,工厂必须按时完成生产任务,否则就赶不上等待的班车,即影响下家的生产进度,也影响自己接新的任务。试想一下,如果量少,这很好操作,但如果管理的工厂有成百上千家,复杂程度可想而知,ZARA能做到这些,完全是建立在长期持续不间断的巨额投入的基础上。

第三个"细节"：今天，虽然 ZARA 的产品并非全部由欧洲制造，但仍以欧洲制造为主，核心原因是 ZARA 把时间效率放在企业经营的第一位（就是把时间看得比成本更重）。在 2016 年的财报中，Inditex 集团公布了全部合作的 6 000 余家工厂信息，其中最核心的 3 500 余家工厂仍来自欧洲。生产分配的大致原则是，近七成的时尚款仍然在公司总部周边自己控制的工厂生产，或者根据量的大小，会分发一部分到周边的代工厂（欧洲范围内），那些对价格较为敏感的基本款，为更好地参与全球竞争，则分配至亚洲的外协工厂。

这些工厂任何一家的供应量，都不会超过 ZARA 总量的 1%，原因是 ZARA 不会受制于任何一家外协工厂，ZARA 可以随时根据自己及市场的需要，更换掉其中任何一家供应商。这和国内品牌寻求所谓战略合作供应商的做法截然相反。

2. 供应链经营

在 Inditex 集团，有一句非常有意思的名言："物流距离不是用公里来衡量，而是用时间来衡量。"所以，我叫它供应链经营，而非供应链管理。

关于 ZARA 的供应链管理，很多人关注或知晓的是它的物流中心是多么的现代、面积是多么大，还有就是这些现代化的物流中心都是建立在大型港口或区域中心城市的机场旁边，等等。毫无疑问，这是 ZARA 在工业时代最伟大的杰作（之一），到目前为止，还没有任何一个商业品牌在物流供应链层面能和 Inditex 集团竞争，包括美国沃尔玛、亚马逊这两家超级零售公司（截至 2017 年，Inditex 集团物流中心的规模是亚马逊的 9 倍）。

今天，Inditex 集团有 10 个大型现代物流中心（其中 ZARA 独占 3 个），它们全部都建在西班牙，这些大型现代物流中心的位置靠近各个品牌的总部。ZARA 属于全球直营运营的品牌，几千家单店年销售规模高达数千万人民币的旗舰店位于全球近百个国家，不同国家的流行风格和主流版型、码单比例完全不同，如果再细分到不同的城市、不同的专卖店，如何将各店需要的数量准确定义到版型、颜色、尺码，是一个巨大的管理学工程。

也就是说，ZARA 除了拥有庞大的基础硬件，还拥有更为先进的管理体系（即 IT 系统，放在后文讲），才能确保更为高效的供应链经营，从而创造出不可思议的 ZARA 速度。ZARA 是如何做到的呢？

链接：区别于 Inditex 集团每个品牌都有自己的独立大型物流中心，
国内企业喜欢把旗下所有品牌的仓储及配送业务都集中在一座物流中心

内，美其名曰资源共享与管理便利，正是这些无数个短视、局限、狭隘的经营思维，一步步把品牌做大做强的路彻底地堵死了。

1）供应链先行

ZARA 的供应链（此处更为准确的说法，应该叫物流中心）是和 ZARA 品牌同步建立起来的。国内品牌对供应链的重视度和 ZARA 有天壤之别，主要体现在物流中心的建设与运营上。

一座现代化的物流中心主要由四大关键要素构成，第一个关键要素是位置，这个容易理解，因为位置不好会对运输效率产生很大影响；第二个关键要素是面积，这个也容易理解，面积大小直接决定容量，容量当然决定了总的"吞吐量"；第三个关键要素是内部构造，也就是内部的硬件结构，如配送仓的设计、储存仓的设计，包括机器人配置、分拣设备配置等，这些会直接影响到一座物流中心内部运行的便捷性，从而影响产品配送的效率；最后一个关键要素是管理系统，这里所说的管理系统并不是指对人及组织的管理系统，而是智能 IT 系统，这是一座现代物流中心的大脑及神经系统。

根据我的观察，中国服装品牌的思考重点，永远是把市场、渠道、产品等经营要素放在第一位（排序或有所不同，但大体如此），而对物流中心、供应链建设、IT 系统、智能算法甚至 ERP 等基础要素则是放在第二位，要等企业做大了、有实力后再进行这些属于第二位的基础建设。最典型的案例就是几乎所有在 A 股上市的服装公司在 IPO 时，所募集资金的第一使用顺位一定是先做市场（即营销体系建设，用于开店），然后才是建物流中心和投 IT 系统。客观地讲，这种传统思维的做法，已经远远地落后于时代。

老实说，建一座物流中心，实现前两个要素并不难，难的是后两个要素。事实也是如此，国内品牌建成的所谓物流中心，更像一座座大型仓库，而非真正意义上的物流中心，一座现代化的物流中心的内部构造和管理系统，根本不是想买就能买得到的。虽然市场上有很多第三方咨询机构在帮助中国服装企业做这方面的工作，但最终结果是哪怕能建起来，也更像"花瓶"，好看而不中用。

就像一位不惑之年的中年油腻男，偶然机会炒股发了横财，买了一辆世界上性能最好的顶级赛车，他的梦想是能成为世界上排名第一的赛车手，因为他拥有 20 年的驾龄。相信你的看法会和我一样，要成为世界第一的赛车手，不是拥有最好的赛车和 20 年的驾龄就行，而是要在 20 年前就进行系统地训练，并能娴熟地驾驭赛车，熟悉赛车的各项性能，积累无数实战情况下的防御与自我完善能力，最终才有可能成为世界顶级的赛车手。

> 链接：从理论上归纳，市场、渠道、产品属于应用技术，而物流、供应链、IT 等属于基础技术，应用技术短平快，投了就能有效益，效果立竿见影；基础技术投入大、周期长，见效时间更长。对这两类技术的投入及重视程度，彰显出中外服装领域企业决策者们的战略能力。直至今天，仍有很多所谓的"知名企业家"认为未来服装品牌间的竞争是创意、品牌及所谓的线下顾客体验，这种永远停留在表象层面的思维，是不可能打造出世界级服装品牌的。

　　ZARA 对物流中心的重视与建设，从公司成立之初（1975 年）就开始。据 Inditex 集团董事长兼首席执行官 Pablo lsla 接受媒体采访时透露，2017 年 Inditex 集团共投了 18 亿欧元用于系统建设（包括线上、线下系统的融合及 IT 系统升级），近五年 Inditex 集团累计在物流及工业 IT 上的投入，高达 77 亿欧元，这个数字对包括中国服装品牌在内的世界上任何一家服装企业而言都是不可思议的。

　　在 2001 年 Inditex 集团上市之前（当年销售 32.4 亿欧元），ZARA 一直在用公司总部那座 5 层楼高近 5 万平方米的物流中心向全球配货。这座物流中心配置了当时最先进的分拣设备（这些分拣设备都是 ZARA 在实践中自行研发定制生产的），大约有 1 000 多名员工，他们平均每天要发出近 40 多万件衣服。当时，这座物流中心的地下铺设了通往周边 22 家工厂的传输带，生产好的产品再通过 400 多条（具体数据已经记不清了，大致有 400 多条）通向不同配送点的专用斜道，长长的斜道外是 Inditex 集团自建的连接高速公路的辅路，等候的大型卡车在装好箱后，快速地运往欧洲的门店、就近的港口与机场。

　　2001 年上市后，Inditex 集团耗资 1 亿欧元，专门为 ZARA 修建了一座专用的超大型物流中心。这座占地面积 12.3 万平方米的超级物流中心位于萨拉戈萨市，于 2003 年投入运营。这座超现代的物流中心配置了世界上最先进的配送设备、管理系统及镭射条码读取工具，确保每小时能高效地分拣处理 8～10 万件服装（2006 年又新建了一座大型物流中心）。这些超级物流中心直接把 ZARA 品牌的销售从 2003 年的 33 亿欧元不到干到 2015 年时超过了 120 亿欧元。2015 年 Inditex 集团又决策再投入 15 亿欧元为 ZARA 修建第三座专用物流中心并用于 IT 系统升级，今天 ZARA 的年销售已经高达 166 亿欧元，这次，ZARA 新的目标会是多少呢？某种意义上讲，ZARA 品牌的发展史，就是一座座超级现代物流中心的建设史。

2）全球物流大集中

物流，一定是先物再流，有物必有仓储，有流必有配送。ZARA式的仓储配送理念是"高效运转、速度至上"。在ZARA，从物流中心接到订单开始至产品配送到店，欧洲能在24~36小时内完成，美洲和亚洲是48小时内完成，这个速度是全世界任何其他服装品牌都做不到的。

ZARA之所以能做到，是因为Inditex集团拥有自己的国际物流货运公司（物流货运公司和全球主要航运、空运机构都保持了很好的合作关系，会提前购买洲际航线吨位及海运吨位），从下单至货品到店，在欧洲做到24~36小时，这很容易理解，ZARA自己的车队就能解决（平均时速80公里的ZARA货车可在36小时之内从拉科鲁尼亚或萨拉戈萨的物流中心跑到欧洲任何一间ZARA专卖店），欧洲沿海地区则通过船运。美洲和亚洲48小时到货也不难，从西班牙到美洲和亚洲的国际货运一般也就10~15个小时，只要下单时间合理（每间ZARA专卖店都有固定下单时间），美国、日本、韩国、新加坡、中东地区以及中国香港、上海、北京、广州等地的专卖店在第二天下午就能收到新货。

这些年随着ZARA在中国二三线城市的渗透，虽然最后几百公里的运输效率没有前面上万公里高，不过ZARA也能控制在48小时内到货。

ZARA要求所有外协工厂加工好的产品，都要运输到位于西班牙的物流中心集中后再统一配送至全球市场，这种做法很多人不以为然，认为会浪费时间。表面看的确如此，从中国及亚洲工厂加工好的产品，先运到西班牙的ZARA总部，再从西班牙的物流中心配送到中国及亚洲市场，这明摆着绕了一个大圈子，当然是浪费时间。

结果真的是这样吗？当然不是。

持有这种看法的人并不了解ZARA的经营模式，是站在中国服装企业的经营角度看问题。ZARA的市场经营有完整的时序表，所有的时间都经过了精密计算，最终以不同专卖店的上货时间为依据再推导每个环节所需的具体时间。在市场销售环节，ZARA的做法并不同于UNIQLO的提前错时竞争（具体见UNIQLO篇），而是应季竞争，这主要是因为ZARA要获取当季正在流行的时尚资讯。ZARA拥有自己的面料交易市场及高效协同的集群式工厂，ZARA在产品的生产制造环节可以"节省"大量的时间。

所以，从总时间的消耗来讲，ZARA是绰绰有余的，完全可以消化掉从亚洲工厂把加工好的产品运输至西班牙物流中心的时间。当然，在亚洲生产的都是确定的基本款，对时效性的要求并不是很高，所有从亚洲运输出的货物基本以海运为主,这样算来,这种令人难以置信的双向物流的成本并不是很高。虽然洲际物流存在一定的不确定性,但 ZARA 唯一要做或可做的只能是与时间赛跑,只能在系统管理与经营效率下功夫,从而创造出神奇的 ZARA 速度。

在市场零售环节,ZARA 实行差异化定价,除汇率因素外,对市场零售价唯一的影响因素是运输费用。西班牙的总人口不到 4 700 万人,Inditex 集团 2017 年在本国的销售额高达 41 亿欧元,相当于在中国云南一个省做出了近 310 亿人民币的销售(欧元对人民币的汇率按 7.6 计),销售主要由 ZARA 品牌贡献,今天中国最大的服装品牌"海澜之家"在全中国的销售都不到 200 亿人民币,可见 ZARA 在西班牙的销售深度有多强。

到 2017 财年,Inditex 集团的销售有 61.2% 由欧洲市场贡献,美洲区贡献了 15.6%,亚洲及其他区域的销售占比为 23.2%。仔细想想(这个数字)也很简单,因为 ZARA 在西班牙是谁都可以买得起的(推算下来,ZARA 在西班牙市场的定价倍率可能不到 2 倍,典型的阿曼西奥式定价策略),考虑到物流成本,整个欧洲的平均价格要比西班牙贵 10% 左右,稍远的北欧地区大约要贵出 30%～40%,美洲的价格要比西班牙贵 70%,而日本、中国等亚洲市场就要贵出一倍左右。这种定价策略是西方市场经济国家服装品牌的主要方式,理解了这个因素,也就不奇怪苹果手机为什么在中国市场要卖得比美国市场贵了。

剔除掉产品的基准价格本身不高之外(指标准定价),ZARA 产品的潮流时尚＋高效物流,基本把因物流成本导致的价格差异给消化掉了(消费者愿意在恰当的时间付出更多的钱购买她们喜欢的产品)。

随着销售规模的不断扩大,为应对新一轮的市场发展,ZARA 已在南美的巴西、阿根廷及墨西哥建立了应对南半球的小型配送中心,在中国及中东地区也建立了区域配送中心,以便把在亚洲加工生产的商品安排就近集中配送,从而提升运营效率。

3）科技物流

在 ZARA 的物流中心,可以看到当今商业企业对最新科技的应用。

今天,ZARA 的物流中心全部实现了自动化、机械化、信息化运作,人作为劳动力的作用大大降低,而作为管理人存在。ZARA 在物流中心配置了高速自动分拣系统,所有产品从设计、生产到物流流通环节都实行标准条形码管理,采用最先进的 RFID 技术读取,极大地提升了内部配送效率。

在 ZARA,现代科技不仅用在产品设计、生产制造及供应链管理层面,在零售层面也在广泛使用。据媒体披露,2018 年,ZARA 在全球一百多家旗舰店内推出了为期 2 周的线下购物 AR 体验，消费者身着 AR 设备，可体验 ZARA 所有产品在不同场景下的感知体验。据悉，ZARA 与 UNIQLO 这些服装界的科技公司都在投入巨资开发虚拟现实、大数据运算、信息感知等技术，未来只要消费者走进它们的店铺，通过信息读取及精密算法，在店铺的玻璃墙或大屏幕上，会立即出现这位消费者在当前可能需要购买的商品，做到精准的定向推荐，这将极大地缩短购物过程并增强消费者的购物体验。

现今，ZARA 在全力打造线上、线下系统的融合，消费者在线上购物后能快速地到就近的 ZARA 门店内享受由机器人带来的送货服务，科技在不断地改变着 ZARA。

从商品配送讲究速度与准确性，到物流管理追求系统的协同效应，再到通过供应链去整合产业链上的整体价值，ZARA 把供应链上的所有价值点都发挥到了极致，使得整个供应链都在为 ZARA 赋能，所以我说它是供应链经营。

中国服装企业要想成为 Inditex 集团那样的企业，中国服装品牌要想成为像 ZARA 那样的品牌，首先要从做好供应链开始。

正如上海交通大学安泰经济与管理学院院长陈方若教授所说："一直以来，在全球供应链的分工协作中，中国（公司）扮演着世界工厂的角色。在微笑曲线上长期处于中间的位置，利润微薄。随着全球经济格局的变化，中国制造成本上升，导致大量工厂迁往印度、越南、孟加拉，全球供应链结构发生了变化。中国企业的应对之策是往微笑曲线的两端发展，在供应链中寻找更高利润的位置，因而此时也更加需要重视供应链管理中的价值创造问题。供应链是一个联系上下游的紧密纽带，它提供了一个传播的通道。价值企业的观念先从其中某一个企业开始，顺着供应链散播出去，形成一个生态圈，进而惠及更多的企业。这种融入在商业体系里的价值传播方法更为有效，也更能解决实际问题。供应链的核心问题，一是信息，二是速度，当供应链长时，响应速度，即内部的管理效率很重要。如果在不确定的情况下响应速度还很慢，这个企业必定会出麻烦，也必将失去市场竞争力。"

ZARA 的算法到底有多强

写到这里，我更想说的是，ZARA 的成功取决于许多复杂的因素，既有 20 世纪世界经济大环境的历史机遇，更有创始人阿曼西奥一颗立志要改变世界服装产业的雄心，当然还有在企业经营过程中对诸多关键经营要素的不断迭代、优化与升级，从而创造出一个伟大的商业品牌。

从技术层面上讲，ZARA 的每项经营要素都很强、很独特，但要我说，这中间最关键的或者最底层的经营要素是 ZARA 的 IT 技术（包含一切涉及 IT 的硬件、软件及应用技术系统，下同），正是因为有 IT 技术的赋能，才使得 ZARA 从产品研发、生产制造、物流供应链直至市场销售（后文介绍）能高效协同，从而产生了核聚变，发挥出巨大的经济效能。

按当下时髦的说法，算法是一个系统，从数据（信息）收集到数据传输、数据运算直至最终决策。为更好地理解算法在企业中的运用，我把算法上升到整个 IT 层面，一家企业无论硬件多么宏伟、无论员工多么精干、无论领导人多么卓越，如果没有 IT 支撑，这一切都是孤立的，是无法发挥协同价值的。所以，完全可以说，ZARA 的成功，是算法的成功，是 IT 的成功。

说到 ZARA 的 IT 系统，不得不说一位叫科斯特雷诺的数学家。早在 20 世纪 80 年代中期，当时正值 ZARA 的高速发展期，面对企业的快速发展，公司创始人阿曼西奥在积极思考技术赋能，对信息技术非常感兴趣的阿曼西奥认识了拥有经济学博士学位的数学家科斯特雷诺。科斯特雷诺对信息技术有着非常丰富的专业经验，在阿曼西奥的邀请下，卡斯特里尼于 1985 年前后加入了 ZARA，任公司的总经理（大致这个职位）。随即，在科斯特雷诺的主理下，ZARA 开启了前所未有的信息化建设。

20 世纪 80 年代末 90 年代初，ZARA 已经开启了国际化发展，当时的互联网受制于技术原因，还处在发展初期，但此时的 Inditex 集团已经建立起企业的内部局域网，能做到公司内部管理资讯的协同共享。直至 1995 年前后（此时，大洋彼岸的中国服装品牌正处在萌芽期），ZARA 店铺的销售数据和订单还是通过传真传至公司，再由公司安排专人把这些数据录入 ERP 系统，这和早期中国服装品牌的做法完全一样。

记得 1997 年前后的美特斯·邦威也是这样操作的，当时作为销售部部长的我（那时叫商务部）一项主要的工作职责就是督促全国加盟店铺能每天按时把销售日报传真至公司，然后我再安排文员把这些销售日报录入电脑。这种做法不仅效率低下，还很容易出错，但在当时已算最好的方法了。此刻的 ZARA 已经具备了国际化视野，在 iPad 还没有成为商品之前，苹果公司已经开发了个人数字移动终端。很快，ZARA 找到苹果公司专门定制了这种设备，为其位于全球数百家专卖店的店长配置了这种设备，并让它与销售 POS 系统联网，同时与公司的 ERP 直接打通。这样，随着新技术的不断引入，ZARA 店铺的销售数据开始实时被记录在门店店长和公司总部的数据库里。

2018 年初，阿里巴巴集团技术委员会主席、阿里云创始人王坚博士写了一本畅销书《在线》，书中谈到，"互联网＋数据＋计算＆在线"就能产生商业意义上的"核"聚变，从 ZARA 及 Inditex 集团的成功经验来看，这位王博士说得非常正确，只是，ZARA 早在三十年前就已经做到了。

1. 在线

前面说过，一个商业品牌的成功，取决于四大经营要素，即产品研发、生产制造、物流配送及市场销售。大部分企业只能把四大经营要素做成独立的四个部门，大家相互独立、各自发展，很难做到信息互通及数据共享。按照王坚博士的说法，数据共享是未来商业竞争的底层能力，数据共享的最低标准是在线。也就是说，作为一家企业，如何把关键经营要素之间的数据做到共享并产生价值，首先要让数据在线。很难想象像 ZARA 这种千亿级的商品品牌，每年能把数万款的商品，在 12～15 天内做到从图纸样稿到成衣上架，如果没有强大的数据收集、数据传输及数据决策的系统与能力，不要说能不能做到，不乱成一锅粥才怪。

在 ZARA，关键经营要素间的数据都是高度共享的，并实时在线。从市场信息的采集，到产品创意、商品企划，再到生产规划、生产计划、生产统筹，直至面向全球数千家门店的物流配送及市场销售，所有环节之间的衔接都能做到完美无瑕，这中间最为重要与关键的是 IT 系统。ZARA 的 IT 系统，以时间为纲，把所有经营要素间的信息彻底打通，并让上下游之间的数据交互始终在线，形成了一条看不见但畅通无阻的高速信息网络。依我说，在 ZARA，你既能看到一条面向全球市场的高速供应链物流网络，也能感知到另一条看不见的高速（数据）信息网络。

当然，上面这段内容如果翻译成王博士的语言，用一个关键词来归纳，就是云。王博士把他的理论做成了价值过千亿的阿里云，ZARA 通过构建企业云，把自己做成了当今世界最大的商业品牌，价值何止千亿！

2. 数据标准化

到今天我还记得当初在 ZARA 总部考察时提的那个问题：你们遍布全球的信息买手收集到的信息，到底是怎样传递到总部的？这些信息又是如何转化成产品设计灵感的？

老实说，这个问题被当时我们一行同事评价为质量最高的一个提问，因为这个问题涉及 ZARA 产品运作的核心机制。熟悉服装品牌产品设计流程的读者应该了解，产品设计的资讯收集非常个人化，有点像过去医生开处方时写的"天书"，大家都是只相信自己写的、看的或收集的信息。这不仅因为服装资讯的收集很艺术化，服装资讯的收集与整理也很难标准化，导致很难共享。

举个例子，设计师小迪在巴黎的街头巷尾和秀场拍了很多照片，写了一大堆心得体会，他把这些所谓的时尚资讯通过互联网快速地发给了远在中国（公司）的同事大圣,希望大圣能根据他提供的信息,进行下一季产品的开发,大圣能做到吗?实事求是地说,几乎不可能。

服装产品,无论是原创设计还是借鉴开发,和设计师个人的艺术修养及灵感启发有很大关系,通常需要设计师本人亲自感受与体验,同时还要求设计师具有一定的商业思维,能够把这些庞杂的时尚信息整合成有价值的素材,直至形成具体的产品研发。简单、粗暴地把拍好的照片和文字发给他人,可以说毫无作用,否则我们每个人到新华书店里抱一大堆书回来都成了设计师、艺术家与科学家了。

最终结果是这些所谓信息的量越大,结果越糟糕,一两个人拍还好,如果数百上千人每天来拍、来写,恐怕不是什么有价值的信息,而是一堆毫无意义的信息垃圾。我从组织管理及信息使用的角度,非常好奇 ZARA 的几百名信息买手是如何收集、整理、传递信息的,以及总部又是如何甄别、使用这些信息的?

ZARA 的答案是做好信息的标准化管理。

关于标准化问题,有两个非典型事例或许能说明清楚。

第一个非典型事例是民用机场的规划与管理。这几年国内有很多民用机场的客运吞吐量已经跻身世界十大、二十大机场行列了,像国内北上广深的任何一家机场,经营面积与硬件设施都堪称世界之最,可是作为一名乘客,要完成从抵达机场开始,到到达办票柜台、办理登机牌、托运行李、安检,再到登机口整个过程,对任何人而言都是一项耗时耗力的体力活。反观国外同级别的机场,完成这个过程是非常便捷的,路径几乎都是捷径,你根本不需要提前两三个小时到达机场,就能便捷、快速地办好所有手续(北上广深的高铁站和日本同级别的高铁站之间的对比也是如此)。

第二个非典型事例是为什么这几年像天猫、京东等电商平台的增长(率)势头远超任何一家线下商场(包括百货、购物中心及大型超市)。剔除掉所谓的价格因素,一个非常重要的原因是消费者到国内大多数线下商场去买个东西,非常麻烦。麻烦从到达商场寻找停车位开始(国内大型商场停车场的设计与规划实在不敢恭维),到寻找目标品牌或品类,都是极其消耗时间与体力的。如果再加上和品牌商家的讨价还价与糟心服务,无疑又平添了脑力劳动和不好的体验,这样的生意怎么能做得好?在线上,无穷尽的商品在等着你,只要你输入关键词,几秒钟就能找到你想要的商品及相应的促销活动,选择空间大、信息透明、检索方便。

这两个事例,都说明了一个问题,经营效率源自对工作标准化的管理与运用。关于机场间的对比,简单说是路径、动线、功能的设计与规划问题,其实本质是对机场内部各经营要素标准化的理解与管理问题,如果没有完整的逻辑,只能通过扩大面积来"消耗"日益增长的客流,浪费的是所有人的时间与选择。

当下国内商场的规划理念与经营理念，还停留在 20 世纪，即以延长客人在店的逗留时间为出发点。问题是，随着社会文明的进化，尤其是 95 后、00 后、05 后消费者的崛起，未来的主流消费人群越来越不愿意消耗无谓的时间去闲逛商场，商场要做的应是增强消费者在具体品牌购物时的购买体验（而非时长），这就要做好对经营要素的标准化管理。相对而言，这个问题在线上购物场景中完全不存在，大家可以在吃饭、等人、旅游度假甚至工作之余完成购买，消费者通过对个人时间的深度管理从而提升了自己（及商家）的整体效率（一段时间内能同时干好多件事）。

这两个商业事例，都说明了在规模化的商业经营过程中，对经营要素及资讯的标准化管理是多么重要，只有解决好所有经营要素的标准化管理，整体经营的效率才能提高，经营效益才能显现出来。

ZARA 的信息"买手"们在收集市场信息后，先对信息进行有效处理，而非简单地把照片与文字发到公司。所有的时尚信息都被清晰界定、分门别类，用关键词的形式存储在总部数据库的各个模块中（可以想象成天猫的分类科目）。这个数据库和原材料仓储数据库相连接，这样才能被利用在产品开发过程中。ZARA 的内部设计团队能以最快的速度，将时尚信息数据库中标准化的、归档保存的各种时尚信息调出来，进行修改和组合，直至形成新的设计方案。这些设计方案确定要生产的款式，会被设置成清晰的裁剪生产指令发送至中央裁剪中心。在产品设计时，总部的设计师们会参考产品信息和原材料库存信息，尽量使用现有的原材料设计需要的款式，从而提升运营效益。

由于采用标准化的信息储存方式（就是以云的形式），所有的时尚资讯（生产资讯、原材料资讯等）都被数据化，然后数据被标准化，让 ZARA 的设计师们可以相对轻松地在数以千计的布料、各种规格的辅料和库存商品信息中，完成新款的设计。由此可见，标准化的信息管理系统，是 ZARA 设计团队每年能推出大量时尚款的坚强保障。

正是对 IT 系统的巨大、不间断的投入，使 ZARA 构建了由 IT 系统支撑的底层架构，从而打造出 ZARA 效率。

3. 算法

零售算法的底层逻辑非常简单，就是对商品的"进销存＋价格"这四个数据在时间维度下的周期管理。

每次面对新的管理团队（指顾问培训时），我都会问大家一个问题：对销售（或生意）的最大影响因素是什么？这个问题也可以这样问：对产销率的最大影响因素是什么？多数情况下，答案会集中在"价格"上，很多人认为价格是销售的最大影响因素。显然,这种回答或思考问题的方式是有问题的。根据我们前面提到的影响算法的底层逻辑是商品的"进销存＋价格",说明对销售影响的首要因素应是商品的"进销存"。

在商品"进"的环节,涉及商品的总量与结构;在商品"销"的环节,涉及时间、推广、促销与服务;只有在商品"存"的环节,才涉及价格。也就是说,对销售的影响,从大到小按优先级应该是商品的总量、结构、时间、推广、促销、服务及价格这7个因素,请注意,价格只是最后一个因素。

所谓算法逻辑,就是根据这7个因素在实际零售过程中的重要性程度(即权重)而做出的汇总、分析与推导。按常规,最后的决策拍板需要人来完成,但在ZARA,可以由算法来完成,人只需做好执行。

ZARA的零售终端拥有强大的商品交付能力,每家店铺都有明确的销售目标。根据算法逻辑,以周为单位,由店长们根据总部的产品开发清单,结合自己的销售目标,经系统决策提出明确的"进"货需求,需求会明确到总量与结构;在"销"售过程中,会根据时间维度,整合店铺内货架资源进行商品推广,对销售不力的商品进行及时促销,直至季末5折清仓(5折是ZARA主要的清货折扣,此时商品的售价已接近成本);因季末不允许有存货,价格就是最后的手段。

ZARA没有店铺导购,ZARA充分尊重消费者的选择,提供的是找货或理货服务。上述过程在实际操作时是逆向规划的,ZARA对店铺的销售业绩有严格的考核目标,每家店都设有明确的销售数据和利润数据(季末零库存),店长和销售经理们会根据这两个数据,结合历史销售规律推导出所需货品的总量与结构,并在ZARA的管理系统内把这些标准化的数据体系与总部的产品研发团队共享,公司总部可根据每家店的"实际需求"有针对性地开发商品,在季节来临之前大家按计划执行就可以了。

ZARA的这种运作方式非常厉害,每家店的销售空间都被无限放大,只要总部能提供足量的新款,价格有竞争力,赶在流行到达之前到店,店铺就有足够的销售能力。

ZARA的快与算法,是建立在强大的IT系统之上,从而在商业上获得了巨大成功。

据我了解,在世界范围内有很多服装品牌希望自己也能成为(本国的)ZARA,在这个过程中,要能清晰地认识到基础经营要素建设的重要性。ZARA信息系统的基础架构并不是短期内做成的,而是经过多年的不断摸索,不断地迭代、升级与优化后积累而成的,是IT与业务有效结合的结果。

也就是说,ZARA及Inditex集团IT系统的核心,是建立在对产品研发、生产制造、物流配送、市场销售等业务流程深度优化的基础上。再好的技术，也是为业务赋能，不能犯教条主义错误，让业务迁就 IT（这就是我说的中国服装企业虽然都把 SAP 的 ERP 当成了标配，但实际并没有用好的原因），而是要让 IT 开发人员熟悉与了解业务，和业务部门主管共同探讨业务流程和 IT 的匹配（从挖掘需求、发现需求、提出需求到实现需求），从而开发出实用的、符合公司业务逻辑的 IT 系统。

ZARA 的 IT 硬件是根据自己需求，由 IBM 等专业厂商定制完成的，软件系统是由内部工程师们独立开发出来的，今天这套系统（含硬软件）当仁不让地成了 ZARA 的独有竞争力。

我把整个过程概括为：阿曼西奥把宝全部押在最先进的技术上，并将其应用于管理、设计、生产、物流与销售的每个领域，最终使 ZARA 创造了 12 天就能把图纸变成产品并上架的神话。

ZARA 到底如何做品牌

现在的普遍看法是 2012 年前后是中国服装行业的洗牌阶段，这之前主导中国服装品牌"高歌猛进"式发展的主要驱动力是所谓的"渠道为王"。

一直以来，对所谓渠道为王的认知与膜拜，我都不认同，具体原因与背景在本书收录的"思捷环球"篇、"李宁"篇及"海澜之家"篇都有详细表述，这里不再赘述。在 ZARA 这些超级品牌们的眼里，包括 UNIQLO、LV，及本书未收录的 NIKE、PRADA 等品牌，渠道只是实现产品交付的载体，是最后临门一脚的舞台。

> 链接：受篇幅限制，NIKE 及 PRADA 两个品牌的内容没有放在本书中一起发表，甚为遗憾。尤其是奢侈品品牌 PRADA 的"逆袭"故事，对中国服装同行的启示意义巨大。PRADA 作为老派欧洲贵族专享品牌，曾经一度面临破产，在数十年的低迷之后，品牌创始人 PRADA 先生的孙女继承了公司，通过她一系列高超的运作，PRADA 不仅快速地走出了谷底，更实现了历史性的飞跃，成功地跻身一线奢侈品品牌的行列。

1. 业绩为王

Inditex 集团成为世界服装行业的龙头老大是在 2008 年，2001 年 Inditex 集团上市时，全年销售不过 32.4 亿欧元，那时世界上最大的服装品牌是美国的 GAP（还有瑞典的 H&M）。短短 7 年间，到 2008 年美国金融危机爆发时，Inditex 集团的销售一举突破了 100 亿欧元，达到 104 亿欧元，ZARA 正是在这一年超越了 GAP，成为世界服装品牌的领先者。此后，Inditex 集团携 ZARA 绝尘而去。

2009 年 Inditex 集团销售 110.4 亿欧元；2010 年销售 125.2 亿欧元；2011 年销售 137.9 亿欧元；2012 年销售 159.4 亿欧元；2013 年销售 167.2 亿欧元；2014 年销售 181.1 亿欧元；2015 年销售 209 亿欧元；2016 年销售 233 亿欧元；2017 年销售 253 亿欧元。作为 Inditex 集团的旗舰品牌 ZARA，2001 年的销售为 24.3 亿欧元，2008 年的销售为 68.4 亿欧元，2017 年单品牌销售高达 166.2 亿欧元（仅次于 NIKE，不同之处是 NIKE 的主力品类是鞋，而 ZARA 是服装）。

今天，ZARA 及 Inditex 集团已经在全球近百个国家开设了七千多家专卖店，ZARA 依靠独具匠心的工业技术力量，把流行时尚以大家都能接受的方式，传递到世界的每个角落。

2. 市场策略

今天，如果让美特斯·邦威或者太平鸟把自己的专卖店开在奢侈品品牌 LV 的隔壁，估计是很滑稽的。ESPIRT 曾经把店开在远离 LV 但属同一个商圈的街区，不过到现在已经关得差不多了。真正把店开在 LV 隔壁的大众化品牌，全球非 ZARA 莫属。ZARA 在创建之初，阿曼西奥确定的理念就是要营造高档的氛围，要增强消费者的购物体验，ZARA 做的只是以平价的方式把奢侈品生产的高端款式卖给普通消费者。所以，ZARA 的门店就成了最好的广告、最好的流量入口、最好的传播工具。

多年前我就说过，ZARA 是一个很有节制的品牌，直到今天它的市场规模仍不是很大，其全球专卖店的数量还没有超过 3 000 家（截至 2017 财年 Inditex 集团在全球也不过拥有 7 475 家专卖店。店铺数量是一个动态数据，每周都在变化，年报披露的只是截止到每年 1 月 31 日的数据。非该日数据都为大致估算数，与实际差距并不大，不影响本文的逻辑与结论），用当下中国资本市场的流行语就是——它还有足够的想象空间。

有意思的是，它每家店的营业面积基本都在 1 000 平方米左右，非常标准化，不过这很符合 ZARA 的味道。这个数字和中国服装品牌动辄数千上万平米的超级大店相比，实在不算太大。或许这一两年"迫于形势"，ZARA 终于开发了超级大店，2015 年 9 月，ZARA 在自己的家乡拉科鲁尼亚开了一间大型旗舰店，有 5 层楼高，经营面积达 5 000 多平方米，这之前，ZARA 在这座小城有 4 间独立小店，在这家旗舰店开业后就关闭了。2017 年 4 月，ZARA 全球最大的一家旗舰店在马德里（西班牙首都）开业，经营面积高达 6 000 平米。

仔细思考，会发现阿曼西奥的经营策略非常高明。

去掉汇率因素,LV 这些奢侈品的价格对欧美国家的普通消费者来说也是很高的,花数百欧元买一件衣服或一个包包也是一件很奢侈的事。每个年轻的消费者都希望自己能买到像奢侈品品牌一样时尚潮流的商品,前提是价格要便宜,显然,ZARA 做到了这一点。

ZARA 的店铺就在奢侈品品牌的隔壁,无论在巴黎的香榭丽舍大道、伦敦的摄政街、纽约的第五大道、东京的银座,还是上海的南京西路,都能见到美轮美奂的 ZARA 店铺。ZARA 店铺的设计、展示和橱窗都在强调一种高级时尚的信息,店内装修的风格几乎和奢侈品品牌无异。松散的商品摆放,宽敞的购物空间,搭配合适的色彩,在 ZARA 的消费体验让你觉得就像在顶级奢侈品品牌的商店。消费者在逛完奢侈品商店后,再到内部装修风格非常接近奢侈品的 ZARA 店内购物,无异于在捡漏,因为款式差不多的商品,价格只有奢侈品品牌的十分之一。

我始终认为,ZARA 是在高调、奢华地"抢钱"。

目前,ZARA 的平均单店销售约 4 000 万人民币/年(店均营业面积约 1 000 平方米,通常是 2 层楼),ZARA 的店长们要具备独立经营及商品采购的能力。不同于传统服装品牌的做法,ZARA 是先定增长规模,再分解量化订货。假设一家店上年销售 5 000 万元人民币,新的一年要定 6 000 万人民币的计划,需要店长们对上年 5 000 万元的销售做出详细的总结与分解,寻求可增长的空间,最后,把确认后的 6 000 万指标分享到系统中,具体数据要量化到全年每周 2 次的具体订货上。

每家 ZARA 店铺一周内会收到不少于 2 次的新款,"这些新品对于商店的时尚性非常重要,它给了我们部分顾客一个令人兴奋的预期——每周都有时尚的新款会到。甚至,有的忠实消费者会掌握店铺送货的卡车何时到达,而早早地在店铺内等候,以求最先看到新品"——ZARA 巴塞罗那的一位店长说,"我们的顾客光临本店的平均频率为 18 次/年,是竞争对手的 3~4 倍"。这是多么神奇的商业实战,数十年年年如此,周周有新款、每每有惊奇。

在 ZARA,卖不出去的产品视情况会被再分配给别的店铺或处理品店铺进行打折销售。在欧洲,ZARA 的打折时间表被严格控制,只有之前的滞销存货可以打折,一般来说,ZARA 致力于将季末减价的力度与频次减至最小。ZARA 每季约有 15%~20%降价销售的数量(据悉,ZARA 正在开发更精密的算法,力求降低需要打折销售的产品数量),相较于行业中大多数品牌的 30%～40%,已经少多了。

ZARA 不会在传统广告上耗费精力与资金,更多的是依靠口碑力量,在互联网崛起的今天,ZARA 非常注重在社交媒体上的宣传。在这个资讯爆炸的时代,时尚达人们在最新的社交媒体、时尚周刊、大牌发布会及流行电影或广告中看到的时尚潮流款会迅速地出现在 ZARA 的专卖店内，她们是时尚的尝鲜者，更是意见领袖，她们通过各式社交媒体、自媒体为 ZARA 宣传、代言、传播。

甚至，有西方专家认为，ZARA 每年接受一定的侵权罚款是一种变相的营销行为。总之，在 ZARA 店内，我的建议是，只要有看中的商品，最好立即下单入手，否则明天可能就看不到了。

在网上经常能看到一些文章说 ZARA 不做广告也能做成超级品牌，其实这是天大的误解。在市场层面看到的 ZARA，是在核心商圈开设标准化的旗舰店，选择与奢侈品大牌做邻居，在店铺内营造奢侈品品牌的氛围，重视橱窗的设计与陈列。事实上，还有一个看不到的 ZARA，就是前面所说的系统，ZARA 是依靠强大的系统做成了超级品牌，这个强大的系统是：高效的管理＋设计舰队＋供应链经营＋集中生产＋科技物流＋智能 IT，最后，再加上标准化的旗舰店，凭借准确、适时、及时的经营决策，最终做成了世界上最大的时装类超级品牌。

ZARA 的瓶颈在哪里

客观地讲，起码到目前为止还看不到 ZARA 明显的瓶颈在哪里。

2017 年底在杭州参加财经大腕吴晓波组织的一场新零售论坛，吴晓波老师说，他到欧洲考察 H&M（和 ZARA 规模相当的一家瑞典品牌）总部时最大的感触，是 H&M 公司创始人的二代们居然每天的工作时间都超过了 10 个小时，这样的企业怎么能没有竞争力？对此，我深有感触，ZARA 又何尝不是如此。

外界认为 Inditex 集团及 ZARA 的成功主要得益于扁平的管理结构和对大数据的快速反应，这多少有点道理。当然，真实的 ZARA 是通过建立起独具特色的产品研发、生产制造、物流配送及市场销售这四大核心经营体系，再在 IT 系统的赋能下，构建起一个不可复制、不可逾越的超级商业品牌。

ZARA 轶事

从今天看历史，Inditex 集团及 ZARA 所走的每一步似乎都很成功，不过，很多事放在数十年前却很有争议，这背后是逻辑的必然还是决策者的眼光，多数情况下是仁者见仁智者见智。根据 Inditex 集团官方披露的资讯，我特意选择了几则看似无关紧要的"小故事"，看看能否对中国的服装同行有所启发。这几则"小故事"之间并无多大的关联，我就把它们集中起来统一称为轶事。

轶事一：匪夷所思的选择哲学。

在网上，有一则很有意思的段子——据传，前西班牙国防大臣 Jose Bono 向阿曼西奥讲述了一个故事：西班牙前国王查尔斯五世临终前给他的儿子，王位继承人菲利普二世的最后一个忠告是"若要固守疆土，留守托莱多（距离马德里 70 公里，为古西班牙的首都）；若要开疆扩土，迁都里斯本（邻国葡萄牙的首都）；若要亡国，移都马德里"，熟悉西班牙历史与地理的读者应该会认同故事里这位西班牙老国王的危机意识。

阿曼西奥也是一位有着很强危机意识的领导者。长期以来，Inditex 集团总部一直位于西班牙西北部的小城阿尔泰霍市，这里远离马德里（距离马德里 600 公里）。早期，这里经济落后、交通不便，使人有种天然的危机感。但是，经过近三十年的发展，阿曼西奥先生依靠超前的经营理念及现代化的管理工具——互联网及 IT 技术，在这里管理着遍布全球的近万家连锁店，创造了世界上最大的时装集团，的确是个奇迹。

这一点完全不同于国内服装品牌，国内很多服装品牌只要稍具规模就要把品牌总部迁往北上广深等大城市，大城市固然拥有诸多优势，不过，大城市也有很多"意想不到的劣势"，如大城市会让人浮躁，大城市里的机会与诱惑太多，大城市的关系处理复杂等，不过，我认为是否"迁都"大城市主要考验的还是企业老板的"定力"，毕竟小地方没有那么多的"花天酒地"与生活享受，在小城市，唯一能做的就是把企业经营好。

轶事二：每个品牌都独立经营。

Inditex 集团拥有包括 ZARA 在内的 8 个品牌，每个品牌都有独立的运营总部和物流中心，在实际经营过程中，大家保持 100% 独立，独立团队、自主经营、自负盈亏。这一做法和国内服装企业"资源共享、成本节约"的理念完全不同。当下，国内绝大多数的服装企业都是多品牌经营，这背后往往是一套（决策）班子、一块（办公）场地下的所谓资源共享（像财务、人力资源、物流配送、采购、IT 等），这到底会有利于品牌发展还是会制约品牌，只能留给时间去检验了。

轶事三：温情的老板。

2015 年，Inditex 集团推出针对在公司服务满 2 年员工的奖励计划（含生产工人、仓库配送人员、公司各类基层人员等），拿出年度净利润的 10%（约 2.88 亿欧元）对大家进行额外奖励。按照当时 Inditex 集团 13.7 万人计，人均大约能分到 1.5 万元人民币的奖励。这项奖励覆盖的人群更多的是低端职位，阿曼西奥希望这项举措能常态化，要让更多的基层员工受惠于公司发展。

轶事四：恩惠残疾人。

在 Inditex 集团，有一个特别的 75 人团队，他们独立负责一批店铺的经营管理,这些店铺 2015 年完成销售 532 万欧元,实现净利 47 万欧元。不同之处是这 75 人全部是残疾人。

轶事五:社会责任。

今天的 Inditex 集团,深刻意识到服装产业对环境的破坏与影响,在年报中有大量的篇幅涉及环保等方面的社会责任与企业投入,显示出公司的价值观和世界观(年报披露,Inditex 集团的所有产品都注重环境、健康和安全。集团采用最严格的国际标准,并向客户承诺:其产品符合最佳的健康、安全与道德标准)。

ZARA 的瓶颈在哪里

到 2019 年,阿曼西奥已经 83 岁高龄,虽然他早已退出了 Inditex 集团的日常经营,但他还是公司的灵魂,由他一手打造的 ZARA 及 Inditex 集团正在面对全新的竞争与挑战。

在 2018 年 Inditex 集团的股东大会上,集团首席执行官 Pablo lsla 非常坦诚地说,他们已感受到公司的增长正在面临新的竞争与挑战,新的竞争与挑战主要来源于销售增长的"乏力"。

刚刚过去的 2017 财年,Inditex 集团的销售增长仅 9%,相对过去多年两位数的增长,似乎慢了下来。新的竞争与挑战会是什么呢? 因线下销售的衰退、线上销售的崛起吗? 截至 2017 财年末,Inditex 集团在全球 96 个国家拥有 7 448 家门店。从这个总量上看,的确数字不小,甚至也有财经媒体发文质疑 Inditex 集团的近万家线下店铺正在失去优势,将会成为包袱云云。

我的看法是,这种担忧完全多虑了,因为总量 7 448 家门店中,ZARA 品牌的占比不到一半,而 ZARA 是 Inditex 集团的旗舰品牌,所贡献的销售超过了六成。以今天 ZARA 所构建的服装"工业＋信息"系统,如果 ZARA 的专卖店能开到七八千家,Inditex 集团的增长空间会有多少? 当然,ZARA 要想开到七八千家门店,需要突破的挑战也不少,不过,我认为不会有什么问题,想想中国市场、印度市场、巴西市场、印尼市场这些人口巨大的新兴市场吧。关于线上市场的发展,ZARA 本身就非常重视,据 Pablo lsla 讲,2017 财年 Inditex 集团的线上业务同比增长高达 41%,销售总量已经接近集团的 10%,包括 ZARA 在内的所有品牌的官方商店正在向更多的国家开放,同时,Inditex 集团也在投入巨资开发线上、线下系统的融合与技术创新。

我认为,ZARA 的首要竞争,会来源于 UNIQLO,而非 H&M 或 GAP。虽然相比 H&M 和 GAP,ZARA 的价格并无多少优势,但 Inditex 集团的销售毛利率高达 58%,未来 ZARA 有足够的价格调整空间。但 UNIQLO 就不一样了,UNIQLO

近二十年来在产品（面料）上投入巨资建立了一整套科研体系，开发出一批批拥有专利技术的产品，成功地打造出诸多年销售过 10 亿件的爆款，更重要的是，这些商品的性价比非常高。当然，Pablo lsla 表示 ZARA 已在关注这个问题，为此，Inditex 集团成立了产品创新部门，专门研究开发可用于产品（面料）上的新技术，以 Inditex 集团财力和技术功底，我觉得很快会有成果。

　　链接：同级别的两大巨头 H&M 和 GAP 无疑也是 ZARA 的主要竞争对手，H&M 的产品售价要比 ZARA 低很多，显得性价比更高，但所面对的消费人群和 ZARA 略有差异。H&M 母公司的毛利率和 Inditex 集团差不多，都在 58% 左右。一直以来，H&M 非常注重款式的时尚性和快速供应链，每年推出的新款也有数万个。H&M 集团 2018 财年销售 2 104 亿瑞典克朗。

　　GAP 就像一头沉睡的雄狮，正在醒来。GAP 集团曾经是世界上销售规模最大的服装公司，依靠销售休闲款，20 世纪 80 年代就在北美市场做到百亿美金的规模。进入 90 年代后，随着世界经济的快速增长，欧洲、亚洲很快成为与美国市场并驾齐驱的主力市场，因不愿意动摇其休闲款的产品风格，使得 GAP 迷失在近二十年的全球化增长浪潮中。GAP 是四大超级品牌（另三个是 ZARA、UNIQLO、H&M）中进入中国市场最晚的一个。不过，再怎么说，GAP 的综合实力还是很强的，2006 年前后，GAP 集团耗资 10 亿美金和 IBM 达成一项长达 10 年的系统升级工程，为 GAP 的下一轮发展奠定基础。截至 2017 财年 GAP 集团销售 149.3 亿美金（其中，GAP 销售 53 亿美金、Old Navy 销售 72.3 亿美金、Banana Republic 销售 23.8 亿美金）。

　　ZARA、UNIQLO、H&M 及 GAP 这 4 个销售规模千亿级（人民币）的超级品牌中（指它们的母公司），ZARA 早已拥抱数字化，UNIQLO 则是服装界的科技公司，相对而言，H&M 和 GAP 要传统得多，相信未来所面临的挑战也会更大，不过毕竟如此体量规模，我相信他们都能拥有更好的未来。

除了来自 UNIQLO 的"威胁"，ZARA 真正要做的还是要更快，实现产品的更快速交付，而唯有实现当地生产、当地配送，把西班牙模式复制到亚洲、南美等新兴市场，才有可能会实现更快速的增长。

当然，来源于大牌的控诉及 90 后、00 后新消费人群的崛起也会是一大挑战。

ZARA 毫不忌讳它的产品灵感来源于那些大牌的秀场,依靠自己的工业＋力量, ZARA 每年能做到几万款新品上市,虽然为此每年要付出数千万欧元的赔偿,但相对其数百亿欧元的销售,这点赔偿实在不算什么。相信只要这些大牌的创意在,大牌们有市场,ZARA 肯定不会轻易放弃这条路。

的确,90 后、00 后消费者完全不同于 60 后、70 后,他们更知性、视野更开阔,号称是互联网的原住民,几乎没有 60 后、70 后曾经经历过的匮乏物质生活,他们当中的很多人不再满足于低价购买批量生产的同质化商品,他们希望能够获得独特的体验和创新的产品。我认为这是趋势,但对 ZARA 的影响不会太大,毕竟 ZARA 多批次少批量的工业能力早已构建起来,只要 ZARA 把款式设计的精准度提高,增加消费者需要的款式供给,这个问题就能解决。

通过公开资料可以查到,今天的 ZARA 正在积极和科技界的巨人们合作,像和 Fetch Robotics(加州机器人公司)合作开发专业机器人,用于在物流配送过程中取代人工;和 IBM 合作,联合开发速度更快的 IT 硬件系统;和英特尔合作,联合开发芯片,可快速检测包装箱内的产品数量;和 Carto 公司合作,联合开发智能运营设备,等等。只要科技能解决的问题,ZARA 一定会去做,也一定能做得起来的,相信 ZARA 会有一个更美好的未来。

最后,再回到本文的标题"不可复制的神话——ZARA 的成功密码",实事求是地讲,单纯从技术层面,ZARA 的确不可复制,不过,我还是愿意并且相信中国本土能出现一个全新模式下的超级品牌。

价格哲学的秘密

——奢侈品品牌 Louis Vuitton 的经营哲学

案例导读

对奢侈品的定义，在网上能找到很多，其中必有价格高（价格贵）一说。打开奢侈品品牌 Louis Vuitton（即 LV，以下简称 LV）中国的官网，随便查询一款包包的价格，少则数千元，多则数万元，大部分产品的价格在 1~3 万元之间，不可谓不高。

如此价格，对大多数普通消费者来说，的确令人咂舌，不就一个包嘛，凭什么卖得那么高（或贵）。那是否意味着价格如此奇高（或贵）的奢侈品品牌 LV 销售并不好呢？来看一组数据，2017 财年，奢侈品品牌 LV 母公司 LVMH 集团（酩悦·轩尼诗—路易·威登集团）实现销售 426 亿欧元（同比增长 13%），净利润 51.2 亿欧元（同比增长 29%），公司市值在 2018 年年中一度超过 1 500 亿欧元。

也就是说，价格奇高（或贵）的奢侈品品牌 LV（及其母公司 LVMH 集团）不仅没有不好卖，反而是全球生意最好的生活消费品品牌公司，更是全球市值最高的生活消费品品牌公司，多少有点令人大跌眼镜。LV 是 LVMH 集团旗下的旗舰品牌，是众所周知的奢侈品品牌之王。

链接：根据 LVMH 集团发布的 2018 财年业绩快报，该集团实现销售 468 亿欧元，同比增长 10%，净利润 64 亿欧元，同比大涨 18%。其中，旗舰品牌 LV 的销售额超过了 100 亿欧元，是当下销售规模最大的奢侈品品牌。

一方面，价格高（或贵）是事实；另一方面，生意好也是事实，这似乎有点矛盾，而且这个矛盾还是所有品牌商家的终极追求目标——产品价格卖得高（或贵），但生意又很好。显然，这不可能（轻易）做得到，消费者又不是傻子，产品价格卖得很高（或贵），还想生意很好，这明摆着是反人性的，如果有商家一定要盲目这样做，估计会死得很快。

但是，上面的数据告诉我们，LV（及 LVMH 集团）就做到了。LV 不仅做到了价格高（或贵），还把公司销售规模做成了同一领域世界第一，把公司市值也做成了同一领域世界第一，LV 是怎么做到的呢？LV 的做法能复制推广吗？难道 LV 有什么独门绝技？要想把这个问题搞清楚，必须要穿透现象看到本质，否则，不仅做不到反而会闹出商业笑话。

　　LV 生意好，是不争的事实，毕竟数据摆在那儿，没有什么好说的。问题可能并非出在价格上，也就是说，生意的最终成功可能并不是价格高不高（或贵不贵）的问题，而是另有其他。那，作为奢侈品品牌之王 LV 的产品价格到底是高还是不高（或贵还是不贵）呢？如果有其他因素，这个其他因素会是什么呢？这既是复杂的商业逻辑问题，也是"简单"的经营哲学问题，为把这个问题搞清楚，我们从两个角度来看看奢侈品品牌之王 LV 的经营哲学。

奢侈品品牌的定价哲学——价格高与价格贵的秘密

　　商品售价绝对值的高低，由商品的直接成本和定价倍率决定。商品的直接成本是高还是低，取决于品牌（的产品）定位。

　　比如同样一款包包，奢侈品品牌 LV 的直接成本肯定要比一般商业品牌要高，原因是 LV 作为奢侈品品牌所采用的原材料要比一般普通商业品牌要好很多。定价倍率，指商家根据自己品牌产品的竞争力，在考虑自身经营成本和利润的前提下，以几倍于产品直接成本的价格进行销售。

　　成本相同的商品，倍率越高则售价越高。不同成本的商品售价对比就要复杂得多，一般倍率越高（售价未必很高，因为商品的直接成本可能很低）商家赚得越多，此类商品称之为价格贵要比价格高可能更准确。

　　事实上，LV 产品的定价倍率未必有国内同类型品牌的产品高，因 LV 的品牌定位，它所采用原材料的直接成本要比一般商业品牌高出很多，导致倍率不高但售价很高。对比其他同类商业品牌，其产品因原材料的直接成本要低很多，哪怕倍率要高出很多，但最终售价也未必有 LV 高。这种情况下，就不能简单粗暴地根据商品的最终售价数字的高低来判断商品售价的高低，用商品售价的贵与不贵可能更合适。也就是说，售价高仅指商品的售价绝对数字高，但定价倍率却未必高；而售价贵则是指商品的定价倍率高，最终商品售价的绝对数字未必很高，但商家获取的利润（率）肯定高。

　　链接：在网上看到，线上衬衫品牌凡客创始人陈年曾经说凡客衬衫的品质和顶级男装品牌杰尼亚衬衫的品质一样。陈年的意思是凡客衬衫用的材料和杰尼亚用的材料是一样的，之所以杰尼亚卖得那么贵，是因为杰尼亚的定价倍率高，言下之意还不如买他低倍率的凡客衬衫。

　　套用上面的逻辑，很容易判断陈年讲的是对还是错。假设它们所用的原材料是一样的，因杰尼亚衬衫的实际售价要比凡客衬衫高很多（高

15～20倍），意味着杰尼亚的定价倍率要比凡客高很多才对。

事实上，无论是杰尼亚的净利率（10％～12％，数据来源于杰尼亚公司财报，下同）还是毛利率（60％～70％），都不比凡客高多少（凡客不是上市公司，没有官方数据可查，根据网上流传的一则前几年陈年在接受媒体采访时所说的内容，大致能推算出凡客的毛利率，当时陈年说：凡客在参与市场竞争时，在拿出一半利润让利给消费者后，凡客仍有40％的毛利率），和国内主流的男装类上市公司很接近。由此推导，杰尼亚衬衫和凡客衬衫的实际倍率相差可能并不大，导致价格出现巨大差异的主要因素是它们之间所用的原材料，也就是说杰尼亚衬衫所用原材料的直接成本要比凡客衬衫的高出很多。

由此推导，LVMH作为全球最大的奢侈品品牌集团的加权产品定价倍率并不太高。事实确实如此，LVMH集团2017财年的净利润率仅12％，这个数字远低于中国本土的很多鞋服类品牌。LVMH集团旗下各品牌产品的最终售价高是因为产品的直接成本高。

普通消费者在品牌或商品的选择上，对价格的敏感度较高，以为价格低就是便宜，事实真的如此么？当然不是。这种直觉思维让绝大多数的消费者付出了"惨痛"的代价。部分商家深谙此道，它们以极低的成本采购原材料，再以很高的定价倍率进行定价，因成本低廉最终卖给消费者的售价也不会太高，依靠所谓积少成多赚取了不少的利润。

比如一包纸巾，成本可能才0.2元，但售价为2元，你总不能说这包2元的纸巾价格很高吧，但这包纸巾的定价倍率高达10倍，每销售一包纸巾给商家带来的毛利率高达90％。

再比如一条裤子，成本可能只有15元，售价为75元，相对其他动辄数百甚至上千元的裤子，这条定价倍率高达5倍的裤子的售价可以说很便宜了，但每卖出一条这样的裤子，能给商家带来80％的毛利率。

无论是2元的纸巾还是75元的裤子，这些看似售价很低但其实很贵的商品，能给商家带来可观的利益。那么，这种看似商家赚（大）钱、消费者得实惠（以很低的价格就可以买到）的"双赢"交易能持续吗？当然不会。这种价格低但价值更低的买卖不仅不能给交易双方带来实质性收益，反而会带来更多的负面效果。对商家而言，因成本低倍率高，属于典型的暴利生意，新入者会越来越多，竞争将更激烈，商家要付出不少额外成本与负担，更重要的是，这种买卖因门槛太低，注定做不大。对消费者来讲，虽然能以较低的价格购买到此类商品，但因成本低廉，品质太差,最终的使用体验肯定不好(极端的会在相同的使用周期内购买多个类似的低价商品才能满足实际使用,造成总的实际支出接近甚至高于购买一个高成本低倍率的所谓高价商品)。

奢侈品品牌 LV(们)的做法截然相反,LV(们)的产品售价看起来很高,其背后却是高成本的材质,消费者购买后的使用体验肯定会很好(请注意,不是购买体验,而是使用体验),由此购买 LV 的消费者都能很快转化成为 LV(们)的忠粉,成为 LV 产品的持续购买者,成就 LV 成为世界上规模最大、盈利最强的奢侈品品牌。

链接:相对而言,中国品牌商家更在意消费者的购物体验(也叫消费体验)而非使用体验,以商品成交为最高追求,对消费者对产品的使用体验关注远远不够,这是当下中国企业做不成奢侈品品牌的根本原因。当然,并不是说用更好的材质就能做成奢侈品,而是说更好的材质是做出好产品的基础,好产品才能带来更好的用户使用体验。

对产品使用体验的极致追求

奢侈品品牌的成功,除了在产品价格上的公道、合理,更重要的是把产品的使用体验做到了极致,像 LV 的包包,就是一款可以用到老的包包。因商品的售价高,LV 的消费人群自然是以高收入、高消费人群为主,这类消费人群的消费观理性、务实、接地气,他们花高价买一个包包,并不是简单地追求时尚潮流,而是要经久耐用。

时尚潮流和经久耐用本身就是矛盾的对立,要做到两者兼顾几乎不太可能,甚至在过去,奢侈品一度是沉稳、老气的代名词。然而,LV 却做得很好,LV 的产品不仅品质好、经久耐用,还很时尚经典,这就需要奢侈品品牌公司加大在产品研发、设计方法上的投入,去做引领潮流、引领趋势、引领未来的事。

在消费品领域,普通商家以成交为目的,每完成一次购买即意味着一笔生意的结束。而奢侈品品牌以产品使用为目的,每完成一次购买才是刚刚开始。低价且贵的快消品,依靠的是普通消费者对经济学、会计学的认知缺陷,商家能赚到钱,但付出去的代价也不低,商家要把更多的精力放在消费者的购物体验上(如渠道为王、品牌战略、价格竞争等,这些手段都会给商家带来沉重的负担),自然也就做不好产品(像 ZARA、UNIQLO 等超级品牌也并不是依靠关注消费者的所谓购物体验,而同样是依靠注重消费者的使用体验而成功的)。

做奢侈品就完全不一样,像 LV 的产品几乎款款经典时尚(近些年为迎合年轻消费者,LV 开发了部分时尚度更高但价格在 1 000 美元左右的产品),极度注重消费者购买后的使用体验，套用一句俗语"经典的才是永恒的"，因为做到了经典，自然做成了历久常新，一款包包可用数十年而不过时，这才是 LV 的真正竞争力。而要把产品做到经典，其实并不容易，要把产品做到高品质，经典又时尚，当然是难上加难。那，LV 是怎么做到的呢？

关于 LV 的品牌故事，网上有很多资讯，这里不再赘述，感兴趣的读者自己可以去查查。在业内，LV 一直被视为奢侈品之王，如果单纯从价位上比较，LV 的售价并不是最高的，其产品售价不及 HERMES（爱马仕）高，但 HERMES 的品牌影响力远不及 LV。有两个细节足以说明，第一个是截至 2018 年，LV 没有开设一家奥特莱斯折扣店；第二个是在世界范围内的任何一家精品商场，如果没有引进 LV，哪怕引进了包括 HERMES 在内的所有奢侈品品牌，这家商场都不敢声称自己是顶级商场，可见 LV 的影响力。

拥有 LV 品牌的 LVMH 集团是当今世界销售规模最大、利润最高、市值最高的奢侈品品牌集团，LVMH 集团拥有包括 LV 在内的 50 多个顶级奢侈品品牌和一线高端品牌，毫无疑问，LV 作为旗舰品牌，位于 LVMH 集团品牌矩阵的中枢位置。

通常，奢侈品给人的感觉是高高在上的，国外 LV 品牌专卖店的门口，至少站着两名高大、魁梧的黑人（多数是黑人）保安，使每一位路过者产生十足的敬畏感，装修得富丽堂皇的店铺内，精致、高雅、不食人间烟火般地陈列着各类高价产品，这些透露着高贵气息的商品牵动着无数崇尚品质生活的消费者的心，给人一种高处不胜寒的感觉。令人大跌眼镜的是，近十年来在世界消费品领域一片叫苦声中，LVMH 集团的销售从 2007 年的 164 亿欧元，增长到 2017 财年的 426 亿欧元，十年翻了两番多，包含 LV 品牌在内的时装和皮具板块的销售在 2017 财年的同比增长更是高达 21%，达到 154.7 亿欧元。

价格那么高，为什么生意还那么好？到底是谁在消费 LV 呢？LV 是如何生生地把一个看似不存在的需求做成了最成功的商业品牌呢？

其实，这个问题不难回答，LV 的成功有其必然的内在逻辑，抛开品牌无形价值的霓裳，从有形商品的角度，LV 的产品的确就是好产品，这是成就 LV 成为奢侈品品牌之王的底层逻辑。从品牌定位的角度，LV 产品的目标消费人群都是成功人士，他们是各个行业与领域的精英，相对而言，他们比一般消费者更懂得消费的真谛。如果 LV 只会讲故事做广告，只会营造设计概念、炒作商业新闻，不要说生意能否做成，估计连奢侈品这个行业都不会存在。根据我的观察与研究，LV 的成功是把有形商品的销售做到了极致——实现了卖家与买家的真正双赢。

卖家的角度不用多说，数据摆在那儿，LVMH 集团是当今市值最高、也是第一个市值跨越千亿欧元俱乐部的消费品集团公司（公司市值 2018 年一度超越 1 500 亿欧元），给它的股东与投资者们带来了丰厚的回报。

从买家的角度，消费者并不是花了很高的价钱，买了一个花瓶般的商品，而是得到了一件货真价实、物超所值的高品质产品。

首先，LV 的产品并不贵（此结论后面有数据佐证），从单件产品的维度，LVMH 集团并没有从消费者身上赚到多少钱，懂行的消费者会有切身感受（精英类消费者都是懂行的，并不存在所谓的暴发户都是土老帽什么都不懂的状况，否则他们也不可能成为所谓的暴发户、有钱人。起码，我认识的有钱人都比我更懂得消费）。

其次，LV 的确是凭借过硬的产品品质在说话。坊间传闻，你只要消费了 LV 的产品，是很容易成为 LV 忠粉的，被它的好产品所吸引。就像 LVMH 集团董事局主席伯纳德·阿诺特（Bernard Arnauit）所说的那样："奢侈品品牌的树立要比其他生意困难得多，它需要创造一种根本不存在的消费需求，塑造时尚奢侈品品牌必须遵循一个公式：通过挖掘品牌历史并用适当的设计师来诠释它，从而定义出品牌身份。同时，要严格控制品牌质量和销售。"下面，我们将从两个角度来剖析奢侈品品牌之王 LV 是如何历练成功的。

奢侈品品牌的定价哲学——价格高与价格贵的秘密

市场根本阻止不了 LVMH 集团的扩张步伐，截至 2018 财年上半年，LVMH 集团销售同比增长 10%，至 217.5 亿欧元，净利润更是大幅度增长 41%，至 30 亿欧元。

奢侈品品牌的成功，首先是定价策略的成功。虽然我没有准确的 LV 品牌的客户清单，但我相信 LV 的客户一定都是有钱人（起码大部分人是），否则不可能买得起动辄上万元甚至数万元的包包（LV 现在的产品线很丰富，但主力产品仍然是箱包类）。大部分有钱人都是事业有成的人，他（她）们的最大交集，是他们都是聪明人。

如果 LV 的产品价格很贵，贵到离谱，贵到没有原则，我想这群聪明的有钱人是不会买的，虽然他（她）们有钱，也能买得起。但是，我们普通人对 LV 的印象，多数停留在 LV 价格高冷，且 LV 不是生活必需品。对比一下，那些聪明的有钱人和我们普通消费者的认知到底孰是孰非、谁对谁错呢？从价格角度而言，商品价格的高低很容易判断，只看绝对数字便知，1万元/个的包包当然要比1 000元/个的包包价格要高。

而商品价格贵不贵，就不那么容易辨别了，很多人容易把价格高与价格贵理解成一回事，导致在消费上吃亏，往往会花较少的钱购买看似价格不高但很贵的商品。品牌商家也很容易犯错，以为只要商品的价格高就能做成奢侈品品牌，结果生产了一大堆"劣质高价"的伪奢侈品，这些看似价格较高的商品，其实是价格更贵，这显然违背了商业的本质（商业的本质是买卖双方的共赢）。

多年前一部喜剧电影《大腕》把这个问题诠释得很到位：在疯人院里，男主角对着镜头说，"这年头，有钱人只买贵的、不买对的。"故事中说，按正常的定价逻辑，影片中的别墅定价应该是2 000美金/平方米，但定4 000美金/平方米反而更好卖。

这则看似荒诞且存在于电影中的搞笑桥段，在实际生活中却比比皆是，这类荒诞故事，大家反而觉得很正常，而真正遵循商业本质的品牌商家，反而被误以为是生产了人们根本不需要的奢侈品（当然，那些聪明的有钱人并不这么认为，他们的看法和我们普通人截然相反），这到底是怎么回事呢？

要把这个问题弄明白，我们先要搞清一些基本的常识或概念。按照会计学和经济学的原理，我们先对产品售价的高与贵做一个定义。

假设，一双筷子，成本0.1元，售价2元，这双筷子的定价倍率为20倍（2/0.1），毛利率高达95%［（20-1）/20×100%］，毫无疑问，这双售价2元的筷子能给商家带来暴利，对消费者而言，花看似不高的2元购买实际成本仅0.1元人民币的产品，当然是实实在在的贵（不能说高，毕竟只有2元）。

多数情况下，消费者对这类价格很低但很贵的产品并不敏感，原因当然是单价太低。

再比如，一碗面（读者朋友可以想象成某连锁面食类餐饮店售卖的碗面）在市区某门店里卖15元/碗，同样这碗面，如果在机场的候机楼里，就要卖60元/碗了。卖15元/碗时，大家可能觉得价格很公道，卖60元/碗时，所有人都会觉得价格太贵了，为什么会这样？因为我们对面条这类食物的成本多少有点概念，常识告诉我们，一碗面就算帮你煮熟，再提供一个方便的场地给你食用，成本也不过几块钱。假设按5元/碗计，卖15元/碗很正常，相当于3倍的定价倍率，商家赚取的毛利率为66.7%。如果卖到60元/碗，定价倍率则高达12倍，商家赚取的毛利率高达91.6%，这就相当离谱了。

这两个例子都是说产品售价不高，但商家赚取的利润却很高，类似的例子在我们的生活中比比皆是。

再说一个"复杂"点的,比如两款看似差不多的毛衣,一件售价 500 元,一件售价 2 000 元。单一从价格维度对比,2 000 元的售价肯定要比 500 元的售价高,由此,很多人会误以为 2 000 元的毛衣要比 500 元的毛衣贵。事实上,这种对比既无道理也无意义。因为缺乏对成本信息的了解,从消费者的角度,根本不知道到底买哪件毛衣更合算,被商家"愚弄"就再正常不过了。

可能售价 500 元的那款毛衣是化纤面料,成本不到 50 元(按 50 元计),而售价 2 000 元的那款毛衣是很好的羊绒面料,成本高达 800 元,这时,你认为哪款毛衣的价格更贵呢? 成本 50 元的毛衣售价 500 元,定价倍率为 10 倍,毛利率高达 90%,而成本 800 元的毛衣售价 2 000 元,定价倍率为 2.5 倍,毛利率为 60%。看似价格很高的 2 000 元的那款毛衣,商家赚得其实要比价格较低的那款毛衣少很多。

对消费者而言,支付 90% 的销售毛利率肯定要比支付 60% 的贵出很多。也就是说,这两款毛衣,售价较低的 500 元的毛衣要比售价较高的 2 000 元的毛衣贵出 50%(90%/60%),孰贵孰高一比就知。其实,这并非假设,而是中国本土品牌和奢侈品品牌的现状,你只需要把它们之间的面料替换成普通羊毛和顶级羊绒,然后再把售价各乘以 2 就行了。

链接:购买商品,消费者的支出(指购买商品的价格),首先被拆解成"价格=商品的直接成本+毛利润",商品的直接成本指商家采购这款商品的成本,这里的毛利润即前面所说的定价倍数(率)。然后,在支付掉商家经营所需的费用和税赋后,剩下的就是净利润。前面的毛利润,显示的是商家的溢价能力,也就是我们通常所说的定价权,品牌(的产品)越过硬,商家的定价倍率会越高,这时商品的售价则越高。

但是,像前面筷子和碗面的案例中,并不存在产品是否过硬的现象,为什么定价倍率仍然高得离谱呢? 这时因为此类商品的单价较低或消费者别无选择造成的假象,这种现象虽然也有生意,但做这类生意的商家是做不成真正的品牌的(能赚钱,但毫无品牌忠诚度)。

后面的净利润,显示的是商家的运行效率,即商家的组织管理运营能力(管理能力)。管理能力越强,所消耗的单位费用支出就越少(相对总量也会越少),留存的净利润则越多,反之越少。

把这两个因素(毛利润和净利润)结合起来,如果要想后面的净利润更高,除了提高品牌商家的管理能力外(通过提高运营效率降低单位费用),提高毛利润是最好的办法。而提高毛利润的唯一办法,就是扩大"商品的直接成本+毛利润"中的毛利润(降低成本会影响产品品质),也就是提高倍率。

　　当然，简单粗暴地提高倍率，消费者肯定是不买账的，这时品牌商家喜欢通过信息不对称来搞营销讲故事"愚弄"消费者。同时，大部分品牌商家因自身综合运营能力不够，存在大量的隐性成本支出，像经销模式（要考虑到经销商的利润）、存货积压、投资失误等，这些都会吞噬品牌商家的净利润，一般品牌商家会通过提高倍率来提升自己的毛利润，从而覆盖掉这些所谓的隐性成本。这样，就会造成商品的价格不高（指那些绝对值不高，毕竟成本很低）但售价很贵的现象。

　　关于奢侈品品牌的定价倍率（是否合理），小米科技的创始人雷军说过一段我认为非常公道的话，他说："奢侈品的毛利率是很高，因为奢侈品要支付高昂的渠道成本。"或许，这是雷军成功经营小米公司的底层逻辑。令人嘲讽的是，雷军认为的奢侈品品牌的高毛利率，竟远不及中国市场上的那些本土品牌们。

　　链接：上面所举的毛衣例子中，很多人以为每卖出一件500元的那款毛衣，商家的毛利润是450元（500－50），而每卖出一件2 000元的那款毛衣，商家的毛利润是1 200元（2 000－800），1 200元显然要比450元多，所以，还是售价2 000元的那款毛衣贵。

　　有这种单向思维认知的人，只考虑了每卖出一件毛衣商家能获取的利润，没考虑到商家每库存一件（或生产一件）所支付的成本，500元的毛衣每库存一件，商家的商品成本不过50元，而2 000元的毛衣每库存一件，商家的商品成本高达800元。所以，价格高低贵贱的对比，不能简单地在数学加减法后看绝对值，而是要看加价的倍率，只有这样计算，毛利率才更为严谨。

　　现在，我们可以对商品价格的高与贵做一个相对明确的定义：

　　价格高——指商品的售价绝对值高，是数字的高低。像 LV 包包、瑞士名表，包括那些大家能想到的价格很高的顶级奢侈品，如奢华游艇、私人飞机等都是属于价格很高的商品。

　　价格贵——指商品的定价倍率很高（售价未必高），是毛利率的高低。像上面提到的筷子、机场售卖的面条、看似便宜的毛衣都是。衡量价格贵不贵的指标，是毛利率（即毛利率数字）。也就是说，毛利率越高，则商品的售价越贵，反之不贵。

　　那到底毛利率多高才算合理，或者毛利率高到多少才算价格贵呢？

这个问题,早在一百多年前,马克思就给出了答案。他在《资本论》中写到:"如果有 10% 的利润,资本就保证到处被使用;有 20% 的利润,资本就活跃起来;有 50% 的利润,资本就铤而走险;为了 100% 的利润,资本就敢践踏一切人间法律;有 300% 的利润,资本就敢犯任何罪行,甚至冒绞首的危险。"然而,在我看来,这段论述并不符合当今商业的现状。为什么这样说呢?首先,马克思并没有告诉我们他所说的利润到底是指毛利润(率)还是净利润(率)。其实,无论是毛利率还是净利率,都不可能超过 100%[利润率＝(售价－成本)/售价×100%],这由计算公式决定。其次,按字面意思理解,300% 的利润即 3 倍的利润,就是说如果成本是 1,加上 3 倍的利润,售价是 4,这样就有 75% 的毛利率,这种利润真的属于暴利吗?

按理,这当然属于"暴利性"生意了,毕竟加了 3 倍的"利润",但在现实中,这种所谓"暴利性"的生意估计没有多少品牌商家愿意做,因为即使利润如此之高,品牌商家还是赚不到多少钱。

要知道,目前市场上和我们日常生活息息相关的消费品的售价,绝大多数都在成本的 3 倍以上(即马克思所说的 300% 的利润),6 倍于成本的比比皆是,超过 9 倍的也不少,然而,资本并没有"践踏一切人间法律"和"冒绞首的危险",所以说,这段论述并不符合当今商业的现状。

关于奢侈品品牌的产品价格到底贵不贵,既要看奢侈品品牌本身,也要和其他品牌进行对比,一切靠数据来说话。

LVMH 集团的数据

2015 年度,LVMH 集团的营收为 356.6 亿欧元;2016 年度为 376 亿欧元;2017 年度为 426 亿欧元。

其中,2015 年度销售成本 125.5 亿欧元,毛利 231.1 亿欧元,集团毛利率 64.8%。LVMH 集团 2015 年度销售净利率为 18.8%(2017 年度为 12%)。同为奢侈品品牌的 PRADA 的销售毛利率多年基本稳定在 71% 左右。

LVMH 集团旗下产品品类分为 5 大类(品类明细为 15 年数据,特别标注的除外),其中,包包类(含时装)销售 123.6 亿欧元(2016 年度 127.7 亿欧元;2017 年度达到 154.7 亿欧元。旗舰品牌 LV 就属于该类);化妆品类 45.1 亿欧元;手表及珠宝类 33 亿欧元;精品零售类 112.3 亿欧元;酒类 46 亿欧元。

链接:其他参考性数据,2015 年度 LVMH 集团总库存为 100 亿欧元,其中包包类(含时装)库存 15.6 亿欧元,包包类(含时装)存货周转率为 2.77 次,可见作为奢侈品品牌 LV 的运营效率也是很高的。

国内品牌的数据

（1）贵州茅台：2017年度销售毛利率89.7%%，净利率49.8%；2016年销售毛利率91.2%，净利率46%；2015年销售毛利率92.2%，净利率50%。

（2）江南布衣：2018年度（跨年会计周期，下同）销售毛利率是63.7%，净利率14.3%；2017年度销售毛利率63.2%；净利率14.2%。

（3）安正时尚：2017年度销售毛利率66.7%，净利率19.2%；2016年度销售毛利率70.6%，净利率19.5%。

（4）报喜鸟：因报喜鸟公司这几年都处于亏损状态，取其亏损前的两年数据，即2012年度销售毛利率62.1%，净利率21.2%；2011年度销售毛利率58.9%，净利率18.2%。

（5）森马：2017年度销售毛利率35.4%，净利率9.4%；2016年度销售毛利率38.3%，净利率13.1%。

所有数据来源于上市公司财报。除贵州茅台外，其他几家服装品牌的数据，多少能反映当下中国服装品牌的产品定价水准。

上面提到的几个国内品牌的数据，除贵州茅台外，其他几个都是很有代表性的服装品牌，纯粹像LV那样以做箱包（以包包为主）为主的品牌还没有。

在分析这四家服装品牌前，先简单地说说贵州茅台。

对照LVMH旗下的酒类业务，2015年度销售13.6亿欧元，经营毛利率19.6%（数据来源LVMH集团2015年财报），这个数据和贵州茅台根本就不在一个量级。贵州茅台是中国老百姓很熟悉的酱香型传统特产酒，因众所周知的原因，贵州茅台酒在中国市场经常出现极为正常的脱销，脱销的原因并不是贵州茅台酒的价格很便宜，便宜到大家都能买，而是价格很高，高到离谱但经常脱销。

假设，随便选取一个时点，暂以2018年年末计，市场上能买到的贵州茅台酒（一般指酒精度53%的500mL/瓶的飞天茅台）的售价都超过了2 000元/瓶，属于标准意义上的高价酒。消费者以2 000元/瓶的价格购买的贵州茅台酒，并不是茅台酒厂的定价，而是经销商卖出的价格。贵州茅台作为一家上市公司，在年报中有对业务模式的披露，贵州茅台的销售主要是通过经销商进行销售（经销商销售占比高达90%），直销为辅。

2018年1月9日，贵州茅台（公司）发布了一则调价公告，称从2018年起将53度500mL/瓶的飞天茅台的直销销售价格调整为1 499元/瓶，对经销商是建议统一执行此价格。也就是说，贵州茅台高达90%的销售毛利率，是公司出售给经销商(占九成销售)形成的销售毛利,这已经接近 11 倍的定价倍率。如果考虑到经销商的利润(贵州茅台公司的年报中没有披露给经销商的具体销售折扣),再加上市场实际销售高达 2 000 元/瓶的售价,最终消费者所支付的销售毛利率将远超 90%。

打个不恰当的比喻,这相当于贵州茅台公司以不到 100 元/瓶的成本投入生产的茅台酒,最后以 1 500 元/瓶以上的价格卖给了消费者(实际是 2 000 元或以上)。毫无疑问,贵州茅台酒的价格不仅高,而且贵,从这个意义上说,贵州茅台酒才是货"真"价实、名副其实的奢侈品。

现在,回到服装品牌,江南布衣(以女装为主)、安正时尚(以女装为主)、报喜鸟(以男装为主)这三个国内服装品牌的销售毛利率都超过了 60%,按公司的收入计算定价倍率接近或刚刚超过 3 倍(3 倍的定价倍率,理论毛利率为(3−1)/3×100%＝66.7%,看起来定价倍率并不是很高,但实际并非如此。

首先,这三个品牌的销售模式都是以经销为主,公司的毛利率是指公司销售给经销商的毛利率,并不是最终销售给消费者的毛利率。这三家公司给经销商的销售折扣一般在吊牌价的五折左右(即出厂价,为大致数据。这个大致数据是行业的公开秘密,找这三个品牌的任何一位加盟经销商都能了解到),吊牌价是消费者最终购买产品时所要支付的价格。五折的出厂折扣是行规,也是公开的秘密,部分国内中高端女装品牌的出厂折扣还要更低,有的甚至低至二折左右。假设按五折出厂折扣计,这三家公司最终定出的以吊牌价计的定价倍率将达到 6 倍左右,相当于消费者要支付约 80% 以上的购买(产品)毛利率。

其次,国内品牌的商品运行效率并不是很高,多数品牌的年存货周转次数都在 2 次以下,在服装行业有一个指标叫产销率,即销售/生产的比例,一般情况下国内品牌新品在当季的实际产销率介于 40%～70% 之间(相当于每生产 100 个单位的产品,在当季只能销售掉 40～70 个单位的产品)。终端售价坚挺的品牌产销率要低一些,促销力度大的品牌产销率会高一些,当季卖不掉的库存商品在财务报表上会被记录成流动资产(数据记录在资产负债表中)。

通常,基于审慎的财务原则,一般在库存基数达到一定程度后,品牌公司会对这些存货类流动资产进行适度的资产减值(包括会考虑到存储这些库存商品的直接费用和资金成本),这些减值损失是全部都要转嫁到售价中去的。这样,品牌商家的实际定价倍率又会再增加几倍(最终定价倍率肯定会超过 6 倍)。江南布衣、安正时尚、报喜鸟这三个品牌总体的经营能力还算较好的,但它们的实际定价倍率也将会超过 6 倍。这就解释了江南布衣、安正时尚、报喜鸟这三家中国本土的二线品牌的销售毛利率为什么会接近国际顶级奢侈品品牌 LV(即 LVMH),净利率甚至超过 LV（即 LVMH）的荒唐事实了。

最后，看一下森马品牌。森马是国内最大的大众化休闲服品牌，2017 年度销售毛利率为 35%，换算成定价倍率不及 2 倍，从公司毛利率的角度看，森马产品的出厂价格足够便宜（指给到经销商的价格）。但是，森马品牌的销售模式基本是以经销商销售为主，考虑到经销商的利润（还是假设按五折出厂），森马产品到消费者的毛利率就要接近 4 倍的定价倍率，如果再把森马公司的库存成本及减值风险加上，大众品牌森马的真实毛利率也会接近世界顶级奢侈品之王的 LV。

由此，基本可以得出到底是 LV 的产品贵，还是江南布衣们的产品贵。

　　　链接：具体产品出售给消费者的价格，一般以产品的吊牌价计，在实际经营过程中，不同品牌会有不同的营销政策，最终消费者支付的成本等于或低于产品的吊牌价，但并不影响上述内容的逻辑结论。

再回到 LVMH 集团，作为全球最大的奢侈品品牌集团（齐名的奢侈品品牌集团还有两家，分别是历峰集团、开云集团），旗下拥有六大领域超过 50 个奢侈品品牌及一线品牌，涉及时装及皮革制品领域、葡萄酒及烈酒领域、香水及化妆品领域、钟表及珠宝领域、精品零售领域及其他文化艺术类别（最后一个是刚刚兴起在做的，所以称之为六大领域，和前面所写的五大领域并不矛盾）。LVMH 是三个奢侈品品牌商标的缩写，LV 即 Louis Vuitton（路易威登）、M 即 Moet&Chandon（酩悦）、H 即 Hennessy（轩尼诗）。LVMH 集团的销售模式以全直营销售为主，也就是说，LVMH 集团的销售毛利率 64.8% 是公司到最终消费者的毛利率，换算成定价倍率不到 3 倍，刚刚好在马克思所说的最高 300% 的利润之下。

无论是发达国家还是发展中国家，消费层级起码可以划分为两层，一层是大家非常熟悉的所谓大众化消费层级；还有一层是大家并不（太）熟悉的非大众化消费层级，也叫高端消费层级（或者叫奢侈品消费人群的层级）。根据国际知名波士顿咨询集团的"True-Luxury Global Consumer Insight"报告（即全球奢侈品消费者洞察报告）提供的数据："2017 年，全球奢侈品消费者共计 4.24 亿人，总消费额达到 9150 亿欧元。"

对普通消费者而言，受大众媒体报道的误导（报道各类所谓的炫富型消费行为）及个人消费能力的限制，大家对奢侈品消费存在极大的误解，认为奢侈品品牌的产品根本不是生活必需品，奢侈品品牌的产品不值得消费。不可否认，从总人口基数的角度，大众消费人群的基数远高于奢侈品消费人群，这也是我们能看到大小不一为数众多的大众化品牌都能生存的原因，大到像 Inditex 集团（ZARA 母公司）、迅销集团（UNIQLO 母公司）能做到数千亿级人民币的销售规模,小到几亿、几千万的品牌更是多如牛毛。但是,真正能给消费者带来实惠,注重产品使用体验的并不是价格很（较）低的大众化商品,反而是价格较（很）高的奢侈品。原因很简单,就是奢侈品品牌的产品只是价格高而非价格贵,高价格的背后就是高成本,高成本的结果就是（产品）高品质。

高消费人群不仅有购买能力,更为重要的是他们更理性、更懂得对商品价值的判断（相对普通消费人群,高消费人群的消费能力更强,这个能力不是指购买力,而是指对商品的鉴别能力）,这就是 LVMH 集团能做成世界上规模最大、赚钱最多的消费品商业集团的根本原因。

　　链接:前几年,英国记者 Lucy Siegle（露西·希格尔）写了一本书叫《为什么你该花更多的钱,买更少的衣服》,书中详细介绍了全球各国大众化品牌生产制造低价（廉价）纺织品、皮革制品给地球生态造成的触目惊心的环境污染,鼓励大家花更多的钱去买更好的衣服（即更优质的产品）。她说,起码这些更好的衣服不会被随便扔掉（优质产品在生产制造过程中也更环保）。

　　我想,她所说的会被轻易扔掉,主要原因是这些低价（廉价）的产品并无多少实际使用价值。无论我们是否认同这位作者的观点,起码像 LV 这样的奢侈品大家是不会轻易丢弃的（在香港有一家上市公司叫"米兰站",就专门做售卖二手奢侈品的生意）,而所有大众普通消费品最后都会成为被丢弃的垃圾。

LV 使用最好的原材料,重视消费者对产品的使用体验（大众化产品更注重购物体验或营销体验）,以做出最好的产品为己任,再以相对"便宜"的价格出售给它的目标消费人群,成就自己,愉悦他人,这难道不是商业世界的最高造诣? 现代商业是一门涉及广泛的行业,真正的底层逻辑还是在做好产品的基础上,注重对目标消费人群的研究与重视,以尊重客户、敬畏市场的姿态做好该做的一切。

LV 在商业上的成功,告诉我们产品的价格绝非越低越好,产品价格的背后就是产品本身。尤其作为奢侈品品牌,成功的关键要素是要能做出好产品,好产品不仅仅是品质很好的产品（这是根基）,还要附加更多的艺术价值,这样,才能做出无与伦比的真正的好产品。那到底什么才是真正的好产品呢?

对产品使用体验的极致追求

过去，奢侈品品牌的产品给人的印象是老派沉稳，LV 也是如此。曾几何时，LV 一度成了"老气街包"的代名词。直至这个创建于一百多年前的老派法国品牌传到第三代传承人手里后，连他们自己（指第三代继承人卡斯顿·威登先生）都觉得仅仅走高端路线是无法把事业做得更大的。在和酩悦·轩尼诗合并后，LVMH 集团在新老板 Bernard Arnault（伯纳德·阿诺特）的领导下，LV 开始焕发全新的生机，直至登上奢侈品品牌之巅。

不同于大众化品牌注重购物体验，LV（及所有的奢侈品品牌）更重视产品的使用体验，这之间存在着本质的差异。注重购物体验，是以商品的成交为最终目的，每一次商品成交即意味着一笔生意的结束，商家会费尽一切力量去做有利于商品成交的事，无论是快速供应链还是大数据精准营销，包括渠道多元化（时髦的说法叫线上、线下打通）、CRM 管理等都是为了促进商品销售的快速成交。重视使用体验则完全不同，重视使用体验意味着销售成交仅是刚刚开始。在网上，能完整地查到 LV 的品牌故事及产品特征的介绍，这里就不再赘述了，感兴趣的读者朋友一查便知。这里，我们从产品使用体验的角度，讲述 LV 产品的几个典型特征。

精湛工艺下的优质产品

LV 的产品质量到底好到什么程度呢？据说，在当年沉没于北大西洋海底的泰坦尼克号上曾经打捞出一只 LV 箱包，经过几十年的海水浸泡后，虽然这只 LV 箱包的外形已经走样，但里面的物品基本完好，可见这款产品的质量有多好。

当然，并不是说奢侈品品牌的产品都是"铁打的"那样，是"剪不掉""烧不坏""砸不烂"的，这些都是网传谣言。甚至很多奢侈品品牌的产品还很"娇气"，如果打理得不好，是很容易损坏的，这取决于具体产品的材质。比如采用野生鳄鱼皮制作的爱马仕铂金包，一只售价高达数万美金，虽然野生鳄鱼皮材质本身坚固硬挺，但如果一定要用小刀去划，分分钟会把它割破的，但如果能按照爱马仕提供的保养手册进行使用与保养，毫不夸张地说，这款需要排队数年且还要"验明正身"（爱马仕的高级会员才有资格购买）的铂金包用个几十年估计不成问题。

LV 的产品大多数都是手工制作（制作工坊以法国为主，欧洲为辅），所使用的材质都是我们大家较为熟知的皮革及帆布制品，当然，这些材质并非普通材质，而是在经过精挑细选后，再加上特殊的工艺与内涵精心打磨制作而成。

很多人以为，皮革制品能有多贵，一头牛才值多少钱？而一个皮革制品的 LV

包包,少则一两千美金,高的上万美金,凭什么？更不可思议的是,LV帆布材质包包的价格也很高。当然,这是因为普通消费者对奢侈品品牌的产品品质的了解不够。如果仅仅是一块牛皮,虽然牛皮本身就有很大的差异,但哪怕是最好的牛皮,价格也的确高不到哪里去。问题的重点是如何把这块原(牛)皮做成优质的好产品。LV是如何把一块看似普通的牛皮做成顶级奢侈品的呢？

首先,当然是对材质的选择。牛皮材质分很多种,取决于牛的品种、生长环境等诸多因素(可以理解为有机作物和普通作物的差异),这些因素会导致牛皮在基础材质性能上的差异,例如最基本的耐酸碱度,一般皮料做成的产品,很容易受到雨水或手汗的侵蚀而变形,而上好的牛皮本身就具备较强的抗酸碱性。

其次,牛皮的取材周期也很关键。牛的饲养周期和经济价值有很大的关系,奢侈品品牌通常会选择牛的最佳生长年龄段取材,确保一块皮质的最佳性能(牛龄太短则皮质太嫩、牛龄太长则皮质太老)。

当然,这些都是最基本的,是商业经营的基本要素,有条件的品牌都可以这样去做。接下来要做的才是重点。事实上,多数情况下,一头牛只能做一个奢侈品包包,因为并不是牛的所有部位的皮质都适合做奢侈品,只有最适合的部位才能做出优质的奢侈品,选好了材质,还要有能力把它处理好,比如取第几层皮是最优的(并不是只要是块皮就能做奢侈品,奢侈品品牌在这方面已经形成了系统的技术参数体系)。要做到这些,需要品牌付出足够的经济代价(到这里,大家会发现同一块牛皮,奢侈品的单位成本要比一般大众化品牌高出很多),但仍是远远不够的。

再好的牛皮,也是原材料,要进行后整理加工,这个过程是从材料到产品的升华。牛皮只有经过抛光、打磨等一些列工序后,才具备做箱包产品的条件,而奢侈品的用料更要经过数百道工艺才能成形。这个过程中,有一个重要的环节是压合处理,一般情况下经过压合后的原皮就可以缝制成品了。但是压合的过程非常重要,压合的时间和力度直接决定了这款包包做成后是否容易变形,就像"可口可乐"那样,糖放多了太甜、放少了没味,压的时间不够、力度太轻都没有效果,压的时间太久、力度太重又会破坏品质,在这方面,LV这类奢侈品品牌已经形成了详细的数据体系,细化到一个单位面积上要压多重、这个重量需要维持多长时间,等等(经过千锤百炼般实验得出的结论)。

由此,才能造就一款奢侈品包包。最后,每一款产品在出厂前,都要经过内置数公斤重的物件后再进行机械式抛丢测试(一般为3～5天反复不停地进行),确保每一款产品不会变形、开线。坊间传闻,LV产品的生产标准堪比军工产品,不能有丝毫差距,我相信这是真的,否则LV不可能成为奢侈品之王。

LV的包包,无论是最基本的皮革制品,还是拥有专利技术的涂层帆布材质

（类似油画使用的材质，具备防水功能），或是近些年很多女性消费者喜欢的 Epi 材质（牛皮材质，也叫水波纹皮革），都有超强的耐用度，消费者在正常使用过程中，放置不当、沾油滴水等都毫无影响。在每一个生产 LV 箱包的工厂内，都有处理"劣质"产品的粉碎机，绝大多数所谓的"劣质"产品都是类似于多或少了一个针脚数等问题，不留情地被丢到粉碎机内立即销毁，以此确保每一款产品品质的完美无瑕。

经典的才是永恒的

在时尚行业，很多人喜欢使用经典一词，但落到具体的产品层面，经典很容易成为"老"的代名词。从字面上理解，经典是一个复合词，经是指四书五经中的经，典则是指春秋战国前的公文体制，都是过去的、有价值的、值得传承的意思，这和绝大部分人理解的"经典"是完全不一样的。试想一下，很多品牌不过一二十年的时间，在其定位的细分市场还没有站得住脚，何来经典一说？没有历史的品牌，又哪来的经典呢？过去，欧洲有很多有历史的品牌，但在历史进化的过程中，大部分都被时间这条长河给吞灭了，真正依靠经典产品致胜的，或许仅有 LV（及少数几家）。

对今天的 LV 忠粉们而言，LV 可谓"经典恒久远，一包永流传"。像 LV 的 Speedy 手袋，掐指一算，已经火了 80 多年，起码是祖母级的产品了。早在 20 世纪 30 年代，LV 设计师专门为奥黛丽·赫本订制了 Speedy 25 手袋，从此，这个系列被封为经典，流传至今都不过时，在各类时尚媒体上，能看到各类大腕名媛（既有娱乐超级明星，也有体育巨星，还有文化名人、企业家及皇室成员）使用 Speedy 系列的场景。从 Squire Bag 旅行袋演变而来的 Alma 手袋（又叫贝壳包），也有 70 多年的历史。

你会发现，每年时尚圈 it bag 层出不穷，但 LV 的包包从未在最热手袋的舞台上缺席。因为 LV 的包背出去，别人不会说这是老款，而是说它是经典。花大价钱买大牌手袋，最担心的就是背一两年就过时了，而买 LV 就完全不用担心过时，无论 LV 出多少新包，它的粗帆布和 Monogran 图案，永远都是最经典的花纹。

经典，已成市场对 LV 最高的褒奖。

链接：LV"封神"离不开前任创意总监马克·雅克布，正是这位"小马哥"把 LV 的古老高贵融入现代生活中，他在 1997 年上任后带领 LV 一路绝尘而去。2013 年"小马哥"卸任后，Nicolas Ghesquiere 成了 LV 新的创意总监，LV 在这位新创意总监的带领下越走越远，这几年 LV 的业绩增长爆棚就是最好的验证。

Nicolas Ghesquiere 认为 LV 既要经典又要创新，他说："LV 图标样式的经典被我们所期待，但有时候我们却又会忘记这种经典通过改造可以成为新的东西，让经典既代表永恒又代表新生。"在他的手里，LV 推出了一系列经典而又颇具新意的产品，Nicolas Ghesquiere 不断地在向外界证明，LV 虽然是一个古老的顶级奢侈品，但它更懂得年轻人想要什么。

永不打折

起码到目前为止，LV 没有在全球任何一家奥特莱斯开设折扣店，更没有在旗下任何一间专卖店对产品进行过打折销售。LV 这样做并不是所谓的维护品牌形象，而是根本没必要，LV 拥有强大的品牌运营能力，从数据就能看得出来（全年高达 2.7 次的存货周转率）。

事实上，LV 的产品不仅没有打折销售，商品的销售价格几乎每隔几年就会有一定程度的提价，生生地把一款消费品做成了有增值空间的"收藏品"。只要购买了 LV 的产品，根本不用担心贬值，这难道不是另一种更好的使用体验？

> 链接：最后，要特别说明一下的是，当今全球三大奢侈品集团（即 LVMH 集团、历峰集团、开云集团）都是在近三十四年形成的，这首先得益于这个伟大的时代。
>
> 大家耳熟能详的奢侈品几乎都在这三大集团旗下，其中大部分奢侈品都拥有百年以上的历史，这其中最出色、最成功的旗舰品牌非 LV 莫属。LV 的成功，离不开号称"世界奢侈品之父"的 Bernard Arnault（伯纳德·阿诺特），在 20 世纪 80 年代末期阿诺特执掌 LVMH 集团后，LV 开始焕发新的生机，直至登顶成为世界奢侈品品牌之王。

从企业经营的角度，奢侈品品牌之王 LV 的成功，首先是产品的成功（价格与价值的成功），同时，LV 在渠道、品牌、策略及艺术方面都做得非常成功。也就是说，要学习与借鉴 LV，不仅要从产品思维上学习 LV 如何做产品，也要从渠道、品牌、策略及艺术塑造上，系统地学习 LV，才能真正了解奢侈品品牌之王 LV 到底是如何做成的。

"情色" SUITSUPPLY，
每年 50 万精英男士的挚爱

——SUITSUPPLY 的极致产品营销

案例导读

SUITSUPPLY 是入选本书的唯一非上市公司。

SUITSUPPLY 是什么？不仅很多普通消费者不知道，很多服装领域行业人士也不甚了解。SUITSUPPLY 是一个男士正装品牌，以销售男士西装为主，是一家创立于 2000 年的荷兰年轻品牌。

在 2011 年，《华尔街日报》邀请 Fashion Institute of Technology（纽约时装技术学院）的男装设计师、教授 Salvatore Giardina 和 Parsons The New School for Design（帕森设计学院）的设计师、教授 Salvatore Cesarani 对六个不同价位、不同品牌的男士西装进行盲测，结果 SUITSUPPLY 和全球知名品牌 Giorgio Armani（乔治·阿玛尼）在两位专家的评测中并列第一。《华尔街日报》称，售价 3 625 美元的乔治·阿玛尼西装和售价 614 美元的 SUITSUPPLY 西装品质相当。时尚教父 Tim Gunn（蒂姆·古恩）在 ELLE Décor 杂志中提到，SUITSUPPLY 是他生活中不能没有的 12 件东西之一，可见 SUITSUPPLY 在时尚圈及行业中的影响力。

链接：纽约时装技术学院和帕森设计学院都是当今世界顶级的服装艺术设计学院。Tim Gunn（蒂姆·古恩）曾是帕森设计学院的服装设计系主任，是美国时尚界的重要人物，被誉为时尚教父。

SUITSUPPLY 是近些年全球服装行业最成功的年轻品牌（之一）。2013 年，SUITSUPPLY 品牌在中国市场的第一家店开在了上海，这家号称"私人公寓"店的位置在上海市陕西北路 819 号。陕西北路这一段是单行线，819 号是一个石库门老房子，前后没有停车位，也不通地铁，还没有临街正门。按传统商业标准，这个位置做仓库都不太合适，可是 SUITSUPPLY 居然把它在中国的第一家店开在了这里，多少有点令人匪夷所思。不可思议的是，这家店开业后居然大卖，大获成功。

产品线垂直细分，只做极致单品；运用粉丝经济，实现口碑宣传；注重工匠精神，呈现完美工艺；去中间化，实现高性价比，用户完美体验；宣传时暧昧，传播时情色，这些当下中国社会最火热、最时髦的流行语，集中呈现在这个把男士西装做到"完美无缺、活色生香"的男装品牌上，对，这个品牌就是 SUITSUPPLY。

SUITSUPPLY 是一个提供一流品质、一流工艺、一流服务和三流价格的男士西装（为主）品牌。所有这一切看似矛盾和不可能完成的任务，在 Fokke De Jong 眼里再正常不过了，因为这就是他想要做的，显然，他做成功了。Fokke De Jong 是 SUITSUPPLY 品牌的创始人，是一位荷兰帅哥。

截至 2016 年，网传 SUITSUPPLY 一年可以卖掉 60 万套男士西装，这个数字是 SUITSUPPLY 在全球仅 80 间门店实现的，平均一家店一年销售西装近 7 500 套，相当于每天要卖 20 套西装，以我对国内男装市场行情的了解，这个数字就是一个神话。就西装品类销量对比，SUITSUPPLY 不仅超过了老牌顶级男装奢侈品 Ermenegildo Zegna，也超过了国内排名靠前的男装品牌雅戈尔和报喜鸟，可以说是全球西装零售量排名第一的服装品牌。

链接：据我非正式调研，SUITSUPPLY 西装仅在浙江的一家工厂的加工量就超过了 30 万套/年（2015 年数据）。而雅戈尔、报喜鸟这两个国内排名非常靠前的男装品牌的西装零售量都没有超过 30 万套/年（根据雅戈尔、报喜鸟两家上市公司财报披露的数据推算）。

SUITSUPPLY 是怎么做到的？

链接：因 SUITSUPPLY 是非上市公司，没有准确的官方数据可以查询与研究，为完成本篇内容的撰写，我专门对 SUITSUPPLY 在中国的加工渠道进行了调研，获取了 SUITSUPPLY 品牌在中国的部分供应链信息。应厂商要求，我隐去了他们的名字，并对部分数据做了适度调整，但对文章的逻辑与结论不构成任何影响。

SUITSUPPLY 凭什么敢在偏僻的老弄堂石库门里开店？刚开始时，连我也觉得好奇，这到底是作秀还是另有它意？按理，以欧洲人的生意思维，这不太可能是普通的渠道拓展和商业选址，一定更有深意。

SUITSUPPLY 是一家私人公司，没有更多的公开数据。为写好本案例，我做了两次实地调研，一次是邀请我的一些朋友（非行业人士及行业人士都有），到上海陕西北路 819 号 SUITSUPPLY 专卖店去实地感受，体验体验这个品牌到底有什么神奇，敢把专卖店开在这么一个偏僻的地方；一次是我自己到浙江实地考察给 SUITSUPPLY 加工西装的合作工厂，验证一下网传的销量是否属实。考虑到当事人及工厂的隐私，我在本案例的撰写过程中隐去了他们的真实姓名，但仍对他们的付出与配合表示感谢。

先看调研结果。个人描述部分是我对他们的画像，便于读者感知；后面是他们实地考察后给我反馈的主要信息：

——资深 IT 精英，男，70 后，久居上海多年，高知，企业主："第一次听说这个牌子，店铺位置太偏了，这根本不是一家店，是开在一幢老别墅里的。西服很合身，说老实话价格不贵，听店员讲都是什么欧洲面料，下次如果需要买西服可以考虑选择它家，几张海报拍得很吸引眼球。"

——资深媒体总监，女，80 后，高知，新上海人，见多识广的类型："品牌宣传挺特别的，海报画面好夸张，妖艳、个性、一点点色的那种。店员是个法国华侨小鲜肉，热情又专业，小鲜肉介绍西装的面料全部是意大利货，说他们的客人都是慕名而来且会持续购买的，那应该是不错了。价格只有三四千，实在想象不出三四千块就是进口料子做出来的西装，这个价格也许连杉杉、雅戈尔也买不到吧。你们男人应该都会选择买他们家吧，不知道以后有没有女装？就是这个位置怎么能开服装店，太偏了吧。还有装修也太一般啦，以前的印象是这种品牌都是大几千上万一平方米的装修标配，不过，羊毛出在羊身上，装修的费用最终还不是要消费者来买单，我挺喜欢他们的这种做法。"

——屌丝级设计大咖，男，85 后，行业人士，某男装品牌正装系列设计总监，常去欧洲的"空中飞人"和"工作狂人"："我早就和我老板讲过，价格不要定那么高，很难卖的，看看人家这货，如果开到正大、万达、南京东路去，得挤爆掉。东西真的不错，产品做得好又有调调，偷偷告诉你，我经常买，呃～，做版用。不过，都是在欧洲买的，便宜又好。下次我也想尝试一下像他们这种平面拍摄手法，不过摄影师是重点，我才不要 P 图的。"

——上市公司董事长，男，60 后，大牛，服装行业人士，男装、正装专家：（这位大牛在外地出差，我和他进行了电话交流，下述内容大致是原话）"上个月刚从美国回来，SUITSUPPLY 真正在迎合潮流，无论是 PITTIUOMO（顶级成衣展）还是 PV（顶级面料展），这几年我都有去，几乎看不到套西了，全是便西。SUITSUPPLY 用迎合潮流的方式在做便西，用颠覆传统的方式在做套西，对传统正装品牌直至男正装行业的冲击很大。不过老外做事的方式的确和中国人不同，一些细节如果再有调整，不可估量呀。也许，这就是他的调性。我上个月在纽约时，买了一套才 500 美金不到（499 美金），维达来的面料，现在美国零售业，只有他家的收银台在排队，其他也就苹果店是要排队的。"

——服装行业供应链专家，男，70 后，懂面料、懂生产、懂版型，某大型男装类上市公司采购总监（这位是我好朋友，就是他联系并陪同我考察 SUITSUPPLY 合作工厂的）："这个牌子非常厉害，主要加工在浙江，一家工厂年出货就有 30 万套左右（这家工厂的老板是我朋友，他是某国际顶级品牌在中国代工厂的原生产总监，他的工厂制造能力代表着中国西装加工水平的最高水准），占它们总量的 50% 左右，它们每年全球套西销量约 60 万套（2015 年数据），主力市场在美国。帮他们加工的工厂都是工艺把控力很强的工厂，而且给它们的加工费非常便宜，主要是量太大了。"

　　客观地讲，调研结果在我的预料之中。作为一个创建于 2000 年的年轻男装品牌，以这种方式进入中国市场，如果不是真正的行家，是不可能对它有多少了解的。今天，SUITPPLY 已经成长为一个全品类的男装品牌，不过，它的拳头产品仍然是西装，所以，我就以它的西装产品为例，来说说它的极致产品营销。

　　不同于女装，男装品类中，仅有西装能穿出男人的品位与优雅。

　　一套用料奢华、裁剪合体、做工考究的顶级西装，集面料、版型和缝制工艺于一体。其中，最为关键的底层要素是西装面料。顶级、奢华的西装面料涉及羊绒采购、洗染、纺纱、织布、染色等多道加工程序。目前，世界上最顶级的西装面料生产工厂几乎全部集中在意大利比耶拉地区（Biella）。生产一块顶级面料，由三个重要的环节组成，分别是顶级羊绒的采购、高端织布技术与"特殊"染色工艺。在世界经济一体化的今天，顶级羊绒的采购和高端织布技术，都可以通过资本的手段来解决，唯有"特殊"染色工艺做不到。就像必须是赤水河的水才能酿出贵州茅台那样，比耶拉地区位于阿尔卑斯山脚，拥有异常纯净的高山雪水，而水是顶级面料染色的主要材料，正是依靠这些独有的、异常纯净的阿尔卑斯山的高山雪水，在意大利比耶拉地区才能染出一块块色泽干净纯粹的顶级成衣面料。像 Ermenegildo Zegna 和 Loro Piana 这些顶级面料厂都位于比耶拉地区，前者本身就是顶级男装奢侈品品牌 Ermenegildo Zegna（杰尼亚）的专用面料品牌（隶属于同一家公司）、后者是奢侈品之王 LV 的面料合作商。另外，VBC（Vitale Barberis Canonico）和 REDA 这些高端面料厂商也都集中在这里。可以说，正是阿尔卑斯高山上的雪水，构成了顶级面料的"特殊"染色工艺。对版型与缝制工艺的最高赞誉，或许就是我们平时所说的"裁剪合体、做工考究"了。"裁剪合体、做工考究"是指一套西装从量体到裁剪及缝制的生产制造技术。如果说量体＋裁剪是一套西装的灵魂，那缝制工艺就是赋予灵魂的生命。同样，当今世界，男士西装最顶级的量体、裁剪及缝制技术也在欧洲，更确切地说是在英国，因为西装就起源于英国。英国伦敦的萨维尔街（savile row）就是一条最具代表性的男士西装定制一条街。有意思的是，伦敦旅游局对萨维尔街的最新中文翻译居然是"高富帅街"，我们平时经常说的"定制"一词就起源于萨维尔街。当然，这不是一条普通的西装定制街，这里有号称世界上最顶级的前十家裁缝店，其中大部分店的历史都超过了两百年，世界各国的高官显贵、富商巨贾、演艺明星都以有一套萨维尔顶级裁缝店手工制作的西装为身份象征，可以说萨维尔街出品的西装，是男人气质、风度与品位的代名词。

一直以来，男士西装市场呈现出两个极端，高端的"非富即贵"，低端的则非常平民化。高端男士西装品牌，规模化发展的以 Ermenegildo Zegna 为标杆，一套依靠工业流水线生产出来的西装，售价也要几万元人民币。崇尚个人定制的顶级西装，以伦敦萨维尔街上的定制店为代表，它们更注重面料、裁剪与缝制，当然价格都高得离谱，一套纯手工定制的西装，最贵的可卖到近百万人民币。无论是 Ermenegildo Zegna 依靠规模化集中生产出来的商业化西装，还是在伦敦萨维尔街定制的顶级西装，消费的客人都是商界名流、政治精英及欧洲王室成员，普通消费者自然是消费不起的，其中最主要的原因当然是价格了。另一个极端是平民化的西装，廉价、普通，几乎绝缘于高端西装的那种所谓讲究，穿起来自然毫无感觉。造成这种巨大差异的原因就是一套西装的面料选择、裁剪技术和生产工艺水准。

SUITSUPPLY 品牌的创始人 Fokke De Jong 思考的是，在高端市场和平民化市场的中间地带肯定拥有巨大的市场空间，如果能设计出时髦、潮流性强的产品，推出风格较保守复古的服饰类型（英式西装版型），肯定备受年轻人及成熟男士的青睐，再选用欧洲产的高端西装面料，采用精致裁剪和精湛加工工艺生产，以较亲民的合理价格出售，SUITSUPPLY 就一定能成功。

做好极致单品

如何定义一套好西装？按前文所述，就是用料奢华、裁剪合体、做工考究，这其中的首要条件就是面料。

今天，SUITSUPPLY 已经是一个拥有全品类产品线的男装品牌，但它的核心产品仍然还是西装品类。SUITSUPPLY 深谙一套好西装的标准，其西装类产品所用的面料水准，体现着对欧洲顶级西装面料加工制造水平的高超把控，通过和最优质的面料供应商合作，SUITSUPPLY 做出了一件件真正的好西装。

全系列意大利面料

在羊毛/羊绒产品领域，SUITSUPPLY 几乎选用了意大利最优质的厂商资源。在起始价格段，Angelico、Zignone、Reda、Marzotto 四个面料品牌几乎涵盖了

2 980 元/套和 3 580 元/套两个基础价格段的西装产品。像 Angelico 在 BIELLA 地区的知名度，一点都不比 Zegna 差，而且，Angelico 也是一个涵盖面料生产到服装零售的完整产业链的大型公司。Zignone 作为一家知名的中高端羊毛面料生产商，一直都是 Armani、Hugo boss 及 Paul Smith 等国际知名品牌的合作供应商。Reda、Marzotto 这两个品牌在国内市场拥有很多高端客户，都是意大利非常知名的面料品牌。

接下来，在 4 000 元以上两个价格段上（即 4 280 元/套和 4 980 元/套），采用中国消费者熟知的 VBC（Vitale Barberis Canonico）、Dargo 和 DELFINO 等面料。客观地讲，这三个都是意大利非常高端的面料品牌，过去，在普通的定制店里用它们做出来的西装，售价起码是万元级的。

最后，过渡到 5 980 元/套及以上的更高价格段，这些西装所采用的面料毫无疑问都是意大利比耶拉地区最顶级的、当属第一集团的 E. Tomas 和 Loro Piana 等。

显然，SUITSUPPLY 逐步攀升的价格层次，是基于对意大利整个毛纺产业的深度了解和把控，按照面料本身的价值，再进行科学、合理有结构的定价，这完全不同于国内部分商业品牌凭借设计师的个人臆想而做出的主观、感性的定价。

除了对面料档次的把握之外，SUITSUPPLY 在面料风格领域的运用，更可谓登峰造极。如果你是一个 SUITSUPPLY 的忠实拥趸，你一定熟悉 2016 年秋冬季那组外观效果极具"油画"风格的 FERLA 休闲单西，那可是 FERLA COLLECTION 中最具代表性的体现。时间再向前翻，使用 ORMEZZANO 毛麻打造的春夏风，也曾在 SUITSUPPLY 大片中留下了浓墨重彩的一笔。而 2017 年推出的纯亚麻单西，则来自意大利麻纺领域的佼佼者 Solbiati。能在众多意大利面料品牌中找到最合适的载体来呈现具体产品，不得不佩服 SUITSUPPLY 产品部门的专业水准与艺术修养。

好面料当然也得用好辅料，SUITSUPPLY 西装的辅料，全部是用麻衬（半或全麻衬）、铜氨丝里布和牛角扣组成。

链接：虽然我曾经是中国最知名中高端男装品牌的总经理，但我身边的绝大部分男士对西装尤其是对西装面辅料知识的了解与认知，是相当匮乏的。其实，多数情况下，买西装这类商品就是买面料（而非品牌、体验这类"虚无缥缈"的东西）。如果完全不懂面辅料的基本常识，花大价钱买一大堆劣质低廉的工业化产品，就太可惜了。真正的好西装一定是由"好面料＋好辅料"生产出来的，这样的西装，穿起来能达到"挺、柔、顺"的合体效果。以辅料为例，国内市场上，很多品牌并不使用"麻衬＋铜氨丝"（除成本因素外，这种辅料加工起来非常麻烦，不仅需要专门的生产设备，而且在生产过程中还耗时耗力），而是用一种叫黏合衬的材料。在生产过程中，将这种黏合衬放在西装的面料和里布之间，经高温熨烫后，黏合衬会将面料和里布牢牢地黏在一起。使用黏合衬做成的西装，初次穿着时效果很好，感觉非常挺拔，毕竟三层东西黏在一起了，但毫无高档西装的柔与顺，时间一久还会起泡。但消费者并不懂得这些，这种几十元成本做出来的产品，不良商家往往是以大价钱卖给消费者的。

不过，在具体的商业运作上，因 SUITSUPPLY 有足够的量，所以拥有很强的采购议价权。SUITSUPPLY 一方面大力买断这些意大利高档面料厂商的存货，一方面定制一些下季流行的花色和工艺，从而生产出大量的性价比很高且符合流行趋势的产品。无论流行时尚如何改变，男士西装产品的主流花色并无太大的变化，像深藏青、黑色、暗格花呢等面料的产品，市场上每年都有大量的需求，对这类基础性的产品，SUITSUPPLY 通常是以一次性买断的方式，从厂商处大量地拿货，成本优势非常明显。根据我的经验，以 SUITSUPPLY 一款 2 980 元/套采用 Reda 面料的深藏青套西为例，参考它们在浙江工厂的加工费，可推导出它的采购成本价低得"可怜"（这方面的具体内容放在下文讲），这样，SUITSUPPLY 的产品不仅有很强的市场竞争力，也能给公司带来丰厚的经济利润。

精致裁剪

精致裁剪，通常是说服装的版型好。就像软件的源代码，标准西装产品的"源代码"，也就是原版，出自欧洲（英国），所以，我们习惯把西装版型统称为欧版。所谓欧版，就是依据欧洲人的身体特征开发出来的版型，一套完整的西装版型，大约由几十个大数据及上百个小数据构成。商家根据不同消费者的数据参数，找到最大公约数，并以此为母数据，就能形成一套完整的版型，再根据市场营销的需要，推导出偏瘦或偏胖体系的扩充版，形成整套的版型体系，使得自己品牌的产品能覆盖更多的消费人群。

中国市场（包括亚洲市场）很大，也很重要，这几乎是当今全球各大品牌的共识，然而，仅有为数不多的西方品牌愿意为中国消费者开发原版。这些在中国市场赚到大钱的欧美品牌，绝大部分都是使用并不适合中国消费者的所谓欧美版型，导致这些服装穿起来的效果很差，松松垮垮毫无美感。哪怕你花大价钱购买了一套杰尼亚的高档西装，大概率也是要送到定制店去修改的，因为杰尼亚采用的是欧版，绝大部分中国消费者穿起来显得偏大，根本穿不出得体、大气的效果。

SUITSUPPLY 为适应不同市场的消费需求，将主要品类分为欧美版和亚洲版。这个区别在产品编码中就可以识别，以字母 A 结尾的为适合亚洲人穿着的版型。相比欧美版型，在衣长和袖长方面，有 2～2.5 厘米的变化。如果你在店里选中了适合的尺码，衣长和袖长较短的话，同样的 48 码，SUITSUPPLY 的销售顾问一定会给你推荐 94 号型，因为 94 号型比标准 48 码的衣长长 3 厘米，袖长长 2.5 厘米（反之一样）。这些细节的背后，是 SUITSUPPLY 在市场销售过程中实际经验的总结、提炼与迭代，而正是这些，使得 SUITSUPPLY 在成功的道路上不断前行。

标准西装版型是一套完整的数字体系，这套数字体系就是要能解决消费者的体型差异，体现适穿性。在一个普通消费者眼里，西装的外观都差不多，大同小异，事实当然不是这样。按大类，西装版型可分为十几种，按小类的话会有几十种，但最容易被接受、使用最多的也就是那么几种被称之为经典的版型。就是说，这些经典版型的西装，绝大部分消费者只要一试穿，就会产生购买意愿，因为合体、大方、舒适。SUITSUPPLY 的重点是做好经典版，其版型的典型特征，通过驳头（款式和宽度）、垫肩（标准、轻薄和无垫肩）、单双排扣、票袋等细节予以体现，其中最为常用的三个版型分别是 NAPOLI、LAZIO 和 HAVANA。NAPOLI、LAZIO 和 HAVANA 都是平驳头的经典款式，其中 NAPOLI 是基本款，而 LAZIO 的收身效果更为明显，即我们常说的 SLIM 款。而 HAVANA，仅仅从名字上来判断，就知道具有典型的休闲气息。从款式上看，最主要的特征就是无垫肩。也正是因为这个原因，HAVANA 在 SUITSUPPLY 单西产品中占有很高的比重。除此之外，还有双排扣、戗驳头的 Madison，单排扣、戗驳头带票袋的 Washington，甚至细分到是否具有插花孔的 Soho 和 Siena 等系列。这些看似非销售语言的款式详情，却可以让销售顾问在销售过程中更为清晰地根据顾客的具体特征予以精准地推荐，这是 SUITSUPPLY 的商品部门对产品与数据的统筹规划能力的具体体现。

　　链接：西装原版的研发非常难，国内仅有极少部分的品牌因坚持长期投入，通过加强与欧洲高水平工艺师的合作，经过多年不断的数据积累及对产品的研发、迭代与凝练，才逐渐研制出一些适合中国男士体型特征的原版西装。

不同于其他男装品牌把产品设计与打版交给合作工厂（这是一项技术性很强的工作），SUITSUPPLY 有自己的产品设计和生产管理部门，这些专业部门每年都会推出 2 季（春夏、秋冬）西装产品的设计主题，把时装艺术发挥到了极致。同时，在基于欧版（母版）的基础上，结合大量销售数据不断打磨适合欧美消费者和亚洲消费者的版型。所以，只要你到 SUITSUPPLY 品牌专卖店试穿，几乎件件满意，除非你是特别体型（过度肥胖或超级瘦，只能量身定制）。

最后，也是最重要的，SUITSUPPLY 为了把成本降到最低，在中国选择了"唯一的"一家工厂来生产加工产品，从而确保产品品质的稳定，这家工厂就是原来帮助欧洲某顶级男装品牌生产缝制西装的一家浙江工厂。这两年随着 SUITSUPPLY 的规模增长及中国更多优质工厂的出现，SUITSUPPLY 已经在选择更多的生产合作伙伴。

去中间化的定价逻辑

如果采用欧洲的顶级面料（高级羊毛/羊绒）＋精致裁剪（合体版型）做出的高档西装，以传统方式进行定价销售（何谓传统方式，下文会有论述），也将毫无优势，毕竟这是一个商品过剩的时代。SUITSUPPLY 以自己独有的去中间化逻辑进行定价，把利益让给消费者，不可思议的一年卖出近百万套西装（2018 年预计数）。

基础成本

一套西装的成本结构非常简单，就是面料成本＋加工费。一般一套西装所需面料在 3 米左右，不同品牌的面料单价是不一样的，从几十元到几百上千元，甚至数千元。对价格高低影响较大的因素有两个，第一个是面料的材料本身，比如相对而言羊绒材料的价格比羊毛的高出很多（同时与生产制造环节和加工工艺水准也有一定的关系）。第二个是销售量，如果大批量生产，单位成本就要低很多，如果品牌商家愿意一次性买断，价格就会更低一些。辅料差异也很大，像前面所说的化纤涤纶的里布和黏合衬，一套成本不过几十块钱，便宜的十几块的也有。如果用铜氨丝里布＋麻衬，成本就要上百了，辅料成本一般计算在加工费里。加工费是指生产一套西装的单位制造费用，含料、工、费、耗、税等刚性费用，再加上工厂的利润，摊到一套西装上通常为数百元（具体数据取决于面料档次，一般情况下面料越好，单位加工费就越高，因为面料越好制作越精细，产量就越低）。加工费和面料成本的比例通常在 1：1 左右。

目前很多国内男装品牌也都在使用 REDA、Larusmiani、Vitale Barberis Canonico、Cerruti1881 等意大利的高端面料，根据我过去的经验判断，它们的零剪价约在 350～600 元/米（如果不是规模型品牌商，像一般的小型定制店零剪的话，价格就比较高了,同样的面料高出一两倍是很正常的事)。有实力买一匹的话,价格只有 200～300 元/米。如果再有实力,到意大利厂商处或从进口贸易商处直接进大量货源,价格可能只有 150～180 元/米,这些价格信息非常透明,在上海世贸商城或淘宝上都能找到,货真价实。SUITSUPPLY 作为欧洲品牌,直接找意大利厂商进货,价格比一般的国内品牌便宜很多(据我估算,上述几款意大利的面料,SUITSUPPLY 的进货价不会超过 120 元/米,这个价格比国内精仿毛纺厂的出厂价还低。数据未经考证,仅供参考),如果以 120 元/米的单价计,一套西装的直接成本会在 400 元以内。

国内中高定位的男装品牌,如雅戈尔、报喜鸟,加工费一般为 500～1 000 元/套,如果加工量大(起码千套起),加工费就可以降下来,约为 500～600 元/套;量小(几十套)的,价格就比较高,约 800～1 000 元/套。行业传闻,国内西装缝制工艺做得最好的是原给欧洲某顶级男装品牌加工西装的一家浙江工厂(其生产技术总监自己创办的工厂就在和 SUITSUPPLY 合作,我考察的就是这家工厂),其加工费高达 1 000～1 500 元/套。据我那位采购总监朋友说,SUITSUPPLY 在中国浙江工厂的加工费不会超过 400 元/套(未经官方考证,但应该非常接近真实的数据)。

以此估算,SUITSUPPLY 品牌入门级产品的整个加工成本约 800 元/套,这样,哪怕卖到 2 980 元/套,SUITSUPPLY 也能赚到丰厚的利润。

去中间化

当下主流品牌的市场竞争方式,依旧是注重线下渠道的开拓(线上渠道是重要的补充)。无论是苹果手机还是 LV 包包,无一例外都是选择一线城市一流商圈的一流店铺。因此,这也成了几乎所有线下品牌趋之若鹜的学习目标。从品牌营销的角度,SUITSUPPLY 极大地忽略了渠道资源的重要性,和国内外主流同行的做法完全相反。

国内男装品牌的线下渠道结构主要有两种,一种是临街的独立专卖店,一种是大卖场内的店中店。现在但凡位置较好的线下渠道,租金成本都高得惊人,是品牌商家们的沉重负担。而线上渠道的流量成本、推广成本也很高,最终实际成本和线下渠道相差并不大。渠道的租金成本平摊到每一套西装上,就是一笔不小的数字,按一套西装 3 000 元算,其中就包含 3 000 *(15～20)%的租金成本,相当于 450～600 元/套的租金成本要由品牌商家支付给房东,一套售价 6 000 元的西装,分摊到的租金成本高达 900～1 200 元。最终,这些租金成本都是由消费者来买单。

SUITSUPPLY 品牌的店铺选址非常独特,像位于上海陕西北路 819 号的那家石库门店,并不是传统意义上的零售商铺的可选地。这些"偏僻的店址"都独具特色,有着浓厚的复古文化气息。一栋老洋房、一座老教堂、一层阁楼办公室、一栋SOHO大楼,都是SUITSUPPLY的选择目标。SUITSUPPLY破除成规,坚持独到的选址方式,将这些特别的店址打造成令人惊喜的时尚目的地,营造出舒适放松的购物环境。SUITSUPPLY目前已在欧洲、美国、亚洲开设了超过100间精品门店(官网数据),遍布阿姆斯特丹、米兰、伦敦、纽约、多伦多、上海、北京、香港和杭州等一线城市,它们唯一的共性是低成本。以SUITSUPPLY上海陕西北路819号私人公寓店为例,这栋老式石库门房子,租金不会超过10万元/月(链家网上可查到类似房源的价格信息),一年最多不会超过200万元,类似面积的店铺如果租在上海的南京东路或类似路段,租金起码过千万。网传这家店的年销售可达数千万元,租金占比不到10%。可以想象,SUITSUPPLY位于全球的100家店一年可"省"下来的租金成本绝对不是一笔小数字。

> 链接:除对线下渠道的选址创新,SUITSUPPLY还有强大的线上销售与定制网站。SUITSUPPLY的网站提供以西装为主的全线产品,包括西装、休闲上衣、衬衫、针织衫、口袋巾、皮包、鞋袜、小皮件和时尚配件如领带夹、袖扣等,一应俱全,并为男性消费者提供整体的搭配解决方案。SUITSUPPLY能提供全球5日送达,30日免费上门退换等服务。

前文提到,SUITSUPPLY拥有自己的独立设计团队和生产管理团队,可进行产品的自主研发和西装原版的开发,相比委托合作工厂来完成,成本又要"节省"很多。

这些"省"下来的开支,要么成了企业利润,要么让利给消费者,SUITSUPPLY选择了后者,直接把利益让给消费者——它的忠诚用户。这种去中间化的运营方式,去掉了大量的无谓成本,使得产品更具性价比,竞争力更强。

定价逻辑

服装产品的定价模式大同小异,都是成本定价法,即根据产品的采购成本乘以固定倍率得出零售价。这时的零售价,商家一般叫吊牌价,就是贴在产品吊牌上的价格。国内品牌以加盟经销为主,给经销商的结算价就是在这个吊牌价上乘以一个双方约定的折扣(通常五折左右,最低的只有三折上下)。经销商按产品的吊牌价零售给最终消费者。如果是直营经营,商家就以吊牌价将商品出售给最终消费者。这两种不同的经销方式,对商家的毛利率贡献是完全不一样的。生意不好时,经销商和商家都会促销打折，对它们各自的毛利率都会产生影响。

按五折"卖给"经销商几乎是行规，各大小品牌都是在此基础上适度微调，定出自己的出厂折扣。我们暂以五折为出厂折扣，大致计算一下商家的定价倍率。在 A 股上市的各类服装品牌中，正常经营的公司一般毛利率在 50% 左右（部分女装品牌在 75% 左右、休闲装在 45% 上下）。假设成本是 1，给经销商的出厂价是五折，公司要达到 50% 毛利率，则倍率就要达到 4 倍，计算公式为（1×4×0.5−1）/2×100%＝50%。但是，这并不是商家的最终零售价格，而是"卖给"经销商的价格（经销商叫进货价），是经销商的产品采购成本。经销商再以吊牌价出售给消费者，获取的毛利率也是 50%＝（1−1×0.5）/1×100%。如果是直营经营，按 4 倍的定价倍率，商家的销售毛利率高达 75%＝（4−1）/4＊100%。

也就是说，在 4 倍倍率下，以五折出厂结算，商家和经销商都能赚到 50% 的销售毛利率。

对消费者而言，这件成本为 1 的服装，他（她）实际要付出去 4 倍于成本的价格，相当于这位消费者贡献了（4−1）/4＝75% 的毛利空间给商家和经销商。但是，算出来的都是理想值，商业经营可不是纸上谈兵。现实中，商家（及经销商）根本做不到把生产出来的产品全部按原价卖完从而实现各自 50% 的毛利率。在 A 股上市的鞋服类公司，都是国内服装行业的佼佼者，它们的年平均存货周转次数多数是低于 2 次（有的甚至在 1 次左右），大致可推算出这些"优秀品牌"的加权产销率不到 50%。卖掉 50% 的产品可实现 50% 的销售毛利率，剩下的另外 50% 的产品就成了库存。这些剩下的在当年都卖不掉的库存商品，想必来年也不会太好卖，最终只能打折销售。无论是当季销售或者是隔季特卖，只要一打折，商家（及经销商）的毛利率就保不住了。50% 的新品当季产销率只能说明品牌商家（及经销商）的管理效率低下，这势必又会带来经营费用的增加。这就导致品牌商家（或经销商）要想赚钱，唯一可动且能动的空间，只有增加倍率（有的经销商是提价）来抵充一切影响毛利率的因素。既然有一半的商品卖不掉会成为库存，索性倍率增加一倍（从 4 倍增加到 8 倍），这样，哪怕卖掉一半就能实现前期预设的毛利率（50%），剩下的一半库存就是一件卖不掉也没有多大的关系。这就是当下所有品牌商家的定价逻辑，甚至有的公司很有"创举"，这些公司的老板会让财务人员把所有商品的成本记在售出的商品上，公司的定价与考核就是针对这些已售的商品而展开，这样剩下的库存就是"零成本"了，当然，这种做法肯定是错的。

根据前文对 SUITSUPPLY 产品成本的分析，入门级西装产品的基础成本约为 800 元/套，按 2 980 元/套的售价计，SUITSUPPLY 产品的倍率约在 3.725 倍。这个倍率相对于国内同类品牌动辄 8 倍的倍率（国内品牌的产品倍率可以根据商家的成本、毛利率、存货周转率及加盟经销占比与出厂价推算出，大致休闲装品牌3～5倍，男装品牌6～8倍，女装品牌8～10倍)，就不能用便不便宜来对比了。

SUITSUPPLY产品的定价倍率在4倍左右，因采用全直营经营，在销售过程中从不打折(这些信息可以从店铺销售顾问的口中得到)，几乎没有库存，使得SUITSUPPLY公司赚到了高昂的现金利润(销售毛利率高达70%以上)，这种低倍率高毛利的经营成果，才是商业的本质——即消费者得到的是实惠＋好产品，商家能赚到高额的利润。

网传2013年SUITSUPPLY品牌仅拥有44家门店时(销售约1亿欧元)，欧洲某大型奢侈品集团欲出价3亿美金收购它，但Fokke De Jong说，后面加一个零也不会考虑。到2015年时，SUITSUPPLY的全球销售额达到了1.7亿欧元(数据来源于荷兰媒体)。

　　链接：近些年，我一直在思考商品价格与价值之间的关系。在消费大扩容时代，我们国家的消费市场出现了井喷，涌现出一大批规模型品牌，随着市场开放的推进，很多优质的外资品牌进入了中国市场，竞争更为激烈。当下，国家提出的消费升级与供给侧改革，根本思路还是希望商家提升驾驭市场的能力，提升企业的经营管理能力，提供物美价廉的优质产品。否则，是很难和SUITSUPPLY这类既懂市场又懂产品且管理能力很强的外资品牌们进行竞争的。

品牌营销

荷兰这个国家，对男性来说有两个关键词——"性"和"足球"，这两个让男性荷尔蒙爆棚的元素，都是那种穿衣指数很少的"运动"，几乎和时尚绝缘。但就是这样一个充满着诱惑、性感、历史与现代的荷兰，诞生了一个可以说让圈内人及目标用户"顶礼膜拜"的男装品牌——SUITSUPPLY，而它的历史不过18年，这其中，离不开它独特的品牌营销。

另类营销

从2004年起，著名摄影师Carli Hermes便开始为SUITSUPPLY做季度性广告拍摄，其中一些摄影作品引起了轰动，如《Shameless》，该系列以男人的野心和裸体的女性为主题，画面极其暧昧。SUITSUPPLY的时尚大片相当引人注目，

SUITSUPPLY 大胆地使用暴露、夸张、个性的表现手法，把男性世界的权欲发挥得淋漓之致。同时，SUITSUPPLY 非常擅长与娱乐明星合作，像约翰·特拉沃尔塔、莱安纳多·迪卡普里奥、布鲁诺·马尔斯、伊德瑞斯·埃尔斯、德怀恩·韦德及中国的吴晓波、彭于晏、黄晓明等，既是 SUITSUPPLY 的时尚代言人，也是 SUITSUPPLY 的忠实拥趸，SUITSUPPLY 可以说是星光灿烂、光彩夺目。

SUITSUPPLY 另类广告拍摄手法（传统男装品牌的广告形式都非常保守），在当今主流时尚界并不多，在有的思想较为保守的市场（国家），很多充满情欲色彩的图片并不能进行公开展示（限制级），但这或许就是 SUITSUPPLY 的另类营销手段。这也就不难理解 SUITSUPPLY 被纽约杂志评选为最适合购买西装的地方，被 GQ 男装评选为最酷的时尚店铺了。不过，随着 SUITSUPPLY 市场规模的不断扩大，其依托情色广告的营销手法近些年略有改变，但相对其他同类男装品牌，还是要超前很多。

专家式售卖

老实说，我对当下中国服装品牌的店内顾客服务是很担忧的，在打着增强消费体验的幌子下，一切服务都是以成交为目的而展开，至于商品本身到底和消费者之间有何关系，根本就不在考虑范围之内，从店铺 KPI 考核客单价、客单件、连单率等指标就能看得出来。

同时，当代中国男性同胞的穿衣水准实在太糟糕了。无论在传统媒体、社交媒体，还是自媒体上，看到的无论是超级大腕、商界名流，还是你我身边的普通人，真正会穿衣服的男人实在太少了。我所说的会穿衣服，是指能根据个人的特征，有针对性地选择符合自身条件的服装，从最基本的要穿出个性、善于配搭、选择品牌，到穿出自己的品位与气质，这些本属于生活基本常识的技能，大家竟是如此缺乏。诸如如何选择一套西装，选择什么版型、面料、花色、配搭等，对大多数男性消费者而言是一件相当困难的事，甚至可以说是一窍不通。数年前，我就在上海的一家定制店内，亲眼看到黑心店主把业内称之为 TR 的面料当成进口高端货推荐给一位中年大叔。当时那套以 1 万多元卖出的西装，成本仅有几百块，TR 这种化纤面料成本不过几十块一米，这种鬼东西现在做得非常柔顺，一般消费者的确很难判断出来，在不良商家的忽悠下，掏钱买单必然是冤大头无疑，谁还管你今后的使用体验？我觉得，一方面中国消费者需要提升对产品、对品牌的认知，另一方面品牌商家需要提供更多的真诚的专家式售卖，要把产品的 FAB（好处、特性、优点）用最通俗易懂的语言告诉消费者，并能正确地指导他选择一款适合他的优质产品（比如引入行业资格培训制度）。

SUITSUPPLY门店的员工均通过专业培训，除了为客户提供搭配知识外，每家门店还配备了一名专门的驻店裁缝，方便客户改制衣服。这些受过专业培训的员工还将给客户提供选择建议。其实，这种做法并不是SUITSUPPLY的传统，在欧洲，SUITSUPPLY则很少为客户提供选择建议，因为欧洲的消费者有多年穿西装的传统，根本没必要去教一个意大利男人怎么选购西装。但在中国这样的市场就是一个例外，为更好地服务与帮助中国消费者，SUITSUPPLY还推出了"私人造型师"服务，系统地帮助客人解决一年四季、不同场景下的正装着装需求。某种意义上讲，SUITSUPPLY高回购率的背后，真诚而专业的服务帮了不少忙。

链接：SUITSUPPLY力求帮助客人找到适合他们的、个性化的着装，SUITSUPPLY的销售顾问都在欧洲和美国经过长期培训，并且有严格的淘汰制度，使得每一位顾问都能用真诚的态度、专业的知识为客人提供最好的服务。

不仅重视顾客服务，为更好地适应客户需求与市场竞争，SUITSUPPLY还建立起有别于传统商业模式的快速供应链体系，在降低综合成本的基础上，能很快地对市需求做出反应。在生产制造领域，由大数据控制面料采购、生产制造、物流配送直至最终的店铺陈列，整个流程全由SUITSUPPLY自行掌控，目前已经可以做到每周上新，上新的数量会根据季节和销售情况而定。

高档的欧洲面料、一流的加工工艺、物超所值的产品价格，加上独特的品牌营销，SUITSUPPLY横扫世界男士西装市场，以一种不可思议的速度在增长，无论从行业发展的角度还是消费者购买的角度，我们都应希望SUITSUPPLY们越来越多。

200 个小老板组成的公司 是什么样

——深解国内最大的线上电商品牌
韩都衣舍的产品小组制经营模式

案例导读

在韩都衣舍的财报中，有这样一段描述：公司创造了"以小组制为核心的单品全程运营体系"，这里的小组制即产品小组制。韩都衣舍公司的产品小组负责产品的设计研发和市场营销等非标准化业务，公司提供诸如IT、企划、仓储供应链、客服、摄影等标准化技术支持，这种小组制形式的经营模式成功地"破译"了困扰传统服装公司的高库存难题。

更有意思的是，这种典型的"小前端、大后端"的组织形式具备强大的开放基因，小组本身可以快速地复制，后端平台甚至可以对外输出服务，从而支撑公司业务的可持续增长。

无疑，韩都衣舍是成功的，作为国内最大的独立线上电商品牌，2016年度在销售高达14.3亿元、毛利率45.3％的前提下，存货周转次数达到3.52次（上期4.41次），这简直就是一个奇迹。年存货周转次数达到4次，就能实现经营意义上的零库存。对比多数线下服装品牌年存货周转次数在2次以下，韩都衣舍的货品运营效率高得离奇。

2017年上半年韩都衣舍的销售高达8.5亿元，同比增长21.4％；净利润7 263万元，同比增长24.9％。以此推算，其2017年度的销售不会低于17亿元（估算在20亿元左右），净利润将轻松地超过亿元。韩都衣舍于2018年初已在新三板退市，其财报发布到2017年6月30日。

客观地讲，当下淘系服饰类电商的生意并不好做，自己做企业独立销售平台的更难（指服饰类），表象原因，是众所周知的如竞争激烈、流量成本高、营销压力大等外部因素。然而，从韩都衣舍的成功经验看，事实并非如此。今天的韩都衣舍，或许更迎合赵老板们的初心（赵老板指赵迎光，即韩都衣舍公司的创始团队成员，赵迎光是韩都衣舍的核心创始人，也是最大的个人股东）——做一家大型线上韩风集成店。

事实上，他们做到了。从2008年创立，到2018年，整整十年，在"PPG""凡客""七格格""玛莎玛索""邦购"等先驱、同行，或壮烈牺牲或艰难转型或苟且生存下，韩都衣舍却越做越好、越做越强，他们是怎么做到的呢？

　　链接：说起来，韩都衣舍的成功简直就是个奇迹。在赵迎光们开始创业的前后时间，PPG 早已做得风生水起，凡客更是得到雷军等大佬们的支持，玛莎玛索的创始人是资深服装经理人，邦购就更不用说了，是那个阶段中国服装行业头部公司美特斯·邦威的全资直营公司。

　　也就是说，无论从历史、资本、行业经验上，还是在产业资源等方面，赵迎光们都毫无优势，但最后恰恰是赵迎光们胜出了。2016 年韩都衣舍服装销售 14.1 亿元，其中在天猫平台完成销售 9.3 亿元、唯品会平台完成销售 3.6 亿元、京东平台完成销售 0.8 亿元，公司官方商城完成销售 500 万元。也就是说，韩都衣舍的销售是完全依靠第三方平台实现的（从淘宝到天猫，再到唯品会），这些数据多多少少能反映出那些先驱、同行为什么都没成功。像 PPG、凡客、邦购都是独立企业平台，玛莎玛索是在做独立企业平台受阻后才转战第三方平台的，仅七格格是依托第三方平台发展，但在规模还未过亿时就被一家线下女装类上市公司收购了。

从战略差异化到差异化战术

　　传统服装销售最大的特征，是消费者购物过程中的"试镜子＋提袋子"。"试镜子"是指在线下实体店铺里试穿体验，试穿过程中除了自己可以直观地照镜子看效果，还能得到营业员的赞美，无论这个赞美是否违心，起码那个瞬间，消费者的身心能得到极大的满足，尤其是女性消费者。"提袋子"是指购买行为完成后，提着装有自己心仪商品的购物袋转身离去的那份愉悦与满足。

　　商家要想多"提袋子"，必须要做好让消费者多"试镜子"，而要想做好"试镜子"，就必须要设计、生产出更多的产品，以满足消费者"试镜子"时的需求。无疑，这是所有传统服装品牌商家的最大难点（之一）——多系列、全品类地开发、生产产品。当赵迎光和他的小伙伴们决定转型做服装生意时，他们毫无服装设计、生产与销售方面的经验。但是，赵迎光们看到了另一种趋势——互联网经济与 IT 技术的兴起，以及 80 后（90 后）消费人群的崛起。选择依托互联网经济与 IT 技术支撑的年轻人市场，服装生意或许是个不错的选择。

　　线下经营，面对的是成百上千甚至数千平米的实体店铺，品牌商家要提供更多的产品，才能填满店铺，满足消费者的"需求"。而线上经营则未必如此，面对一块屏幕，如果多系列、全品类地开发产品，任何技术手段与管理方式都无法实现正常的商品展示，何谈做好生意呢？无法考证赵迎光和他的小伙伴们是歪打正着还是精准洞察，总之，他们幸运地选择了一条看似正确的路。

品牌调性背后的秘密

赵迎光们唯一的优势，或许是他们曾经在韩国的工作经历。

在东亚，日本和韩国两个国家的服装产业非常强，对比它们，我们中国的服装产业要弱很多，无论是生产制造业还是品牌零售业。毫无疑问，日本和韩国的服装文化对中国的消费者影响巨大，被中国消费者总结出日韩风、哈日哈韩族等各类形态。在韩国的工作经历及敏锐的商业视角，让赵迎光们看到了机会。从取名就能看得出来，赵迎光和他的小伙伴们想把韩风原汁原味地带给中国消费者，他们并非是做某一类调性的产品，而是要做衣舍，一间能装满韩国风格衣服的大屋子，所以就"韩都"＋"衣舍"了。

轻风格背后的品牌调性

很多人说早期的韩都衣舍根本没有风格，这话还真说对了。韩国风就是没有风格，因为韩风是潮流，流行什么就卖什么，能卖什么就做什么。为什么要固定一个一成不变的所谓风格呢？不同于线下品牌的狭义风格与品牌调性，在没有找到专属自己的强势品类前，确定做年轻人的生意，把潮流的韩国风带给他们是最适合不过的了。在明确产品风格边界的前提下，把最潮流的韩国流行产品及时引进中国，何愁没有市场？每年、每季、每月、每周，甚至每天，韩国都有大量的流行服装上市，具体选择什么样的产品依然困惑着赵迎光们。毕竟，他们没有任何服装设计、采购与销售方面的经验。

超越原创设计的小组买手制

传统的线下品牌经营，因需固守自己所谓的产品风格与品牌调性，需要设计师"独创"隶属于自己的品牌元素，这就需要设计师们具备开发、设计所谓原创产品的能力与实力，以提升品牌的竞争力。

韩都衣舍既然走纯线上经营这条路，就不能照搬硬套线下品牌的那套方法与模式。况且，原创性开发产品，对设计师的要求太高了，这已成为当今服装行业的最大痛点——产品高度同质化。服装产品不仅具备一般商品的基本功能性，还要具备时尚性特征。

时尚的时，就是指时间，当下的意思；尚，则是崇尚。合在一起可以理解成当下大家都崇尚的东西，这个东西一旦流行起来，就成了潮流。谁最了解80后（90后甚至00后）消费者？谁最能代表他们？毫无疑问，应该是80后们的同龄人。韩国的时尚产业非常成熟，一部电影、一部电视剧、一个明星、一个动漫、一场T台秀，甚至一个发布会，都可能会被运作成一场流行风暴。韩都衣舍要做的，就是从这些流行元素中去寻找最合适的,并把它们引入到中国。前面说过,让同龄人去选择流行风暴中她喜欢的东西,比要她们去原创、去凭空想象要容易得多。

　　每年包括北服(北京服装学院)在内的纺织服装类专业院校都有大量的应届毕业生,这些人仅有极少部分能成为真正的服装设计师。这些毕业生都接受过系统的专业教育与熏陶,她们肯定比一般消费者更懂得时尚、潮流与服装,让她们帮助更多的 80 后去选择潮流风暴中的精品,肯定是一件靠谱的事。到这类专业服装院校去招募懂服装的应届毕业生去把韩国潮流风中的优质产品带到中国市场,比让她们去原创、去独立设计产品也更符合商业本质。当然,这必须要有一套完整的、宜操作且切实可行的运行机制才行。

平台型公司

　　今天,韩都衣舍已不是一家传统的服装公司,而更像一家平台公司。当然,在这个平台上运行的不是传统意义上的独立商家,而是众多依附于韩都衣舍、又相对独立的创客们。

　　韩都衣舍确定好产品的边界风格(韩风),组织有专业背景的设计师、销售、营销策划,组成一个个小组,到韩国去寻找最流行、最适合中国消费者的产品。小组完成选款组货、定价、销售计划制定、产品营销等非标性工作,把打版、生产下单、物流、售后、结算、财务、IT 等标准化工作交给公司(平台)。在销售过程中,小组只需管理好自己的数据,一切以数据为导向,通过对数据的管理,来驱动产品营销。

　　这彻底打破了过去传统服装生意的做法,即由一个或一组设计师(设计部门)完成产品设计后,再一层层往下推进工作,这种狭义的产品运作方式是把产品当成1,而把其他职能都当成是后面的 0,极易造成一荣俱荣一损俱损的窘境。

　　创业之初,赵迎光和他的小伙伴们就在试错这一方法。当时,传统服装生意的做法,即由公司里的产品设计部门提前半年确定产品主题、风格,再进行市场考察、买版打样组货、开内部订货会、确定款式,然后,再做投产计划、组织生产、物流,然后上新……不仅管理周期长,数据滞后,更要命的是稍有不慎,极易造成库存的增长速度远大于销售的增长速度(线下品牌可以通过开新店来覆盖这个问题)。更有意思的是,这些公司投下去的产品(包括库存商品)居然都"长"成一个样,原因很简单,因为是一个"设计老大"决策设计出来的(这个"老大"可能是设计总监,更可能是老板本人),这样做显然不适合韩都衣舍。

　　服装销售,关键节点由两部分构成,一部分是前端非标性工作,包括选出正确的款式、确定销售价格及如何呈现给消费者;一部分是后端标准化工作,包括下单生产、物流配送、IT 支持等。前端非标性工作讲究的是要精准,后端标准化工作讲究的是要效率与速度。非标性工作一般对专业性要求较高，作业单位越小越有活力，崇尚个性会更有竞争力；标准化工作则讲究规模效应。显然，非标性工作如果是小组制会更好，而标准化工作公司化（大规模集成）则最佳。

赵迎光们找到了突破口，尝试新方法之前，原有工作团队到点就下班，而尝试新模式后的小组制成员们，干到晚上9、10点钟都还不愿意走，他们觉得找到了正确的路。

到今天，在韩都衣舍公司，已有几百个充满活力的独立产品小组，它们依托在公司这个平台上，就像一个个小老板，独立经营、自负盈亏、自谋发展。公司为它们提供资源，并定期考核，能干的小组会得到更多资源（如资金），就会越做越强；能力较弱的小组，要么主动、快速地提升，要么很快就被淘汰。有点像阿米巴小虫那样，每天、每周、每季、每年都有新的、更强的小组在崛起，不足的小组被淘汰。

在确定了公司的战略差异化和差异化战术后，赵迎光们深谙互联网时代背景下的品牌运作思维，韩都衣舍的整体品牌策划与运作也非常成功，像什么明星代言、主题推广、粉丝会员、直播、寻找意见领袖及社会公益等方面都做得很成功，相信，无论作为一名消费者还是一位行业人士，你在韩都衣舍的线上旗舰店里都能感受到。

一家由200个"小老板"组成的线上电商公司，2015年完成了12.5亿元的销售额，赚了3 300多万元；2016年营业额为14.3亿元，净利润8 800万元。以此推算，2017年会轻松突破17亿元（估算在20亿元左右），净利润也将过亿。没错，这家公司叫韩都衣舍。

韩都衣舍是目前国内最大的淘品牌公司，十年不到的时间，在一大波淘品牌连生存都很艰难的时代，韩都衣舍居然做到了十几亿的销售规模（不出意外的话，韩都衣舍2018年度的销售将会轻松超过20亿元），净利润更是超越了一大波传统线下服装品牌，堪称奇迹。它是怎么做到的？它的成功有什么秘诀？有哪些做法值得同行借鉴？下面，我将从四个方面来进行拆解与剖析。

韩都模式

早在公司创建之初，韩都衣舍就引入了类阿米巴经营模式，把公司"拆成"若干个（产品）经营小组，让每个小组独立经营，小组成员自己当老板，成功地破解了传统服装行业的诸多难题（又叫痛点），使得韩都衣舍一路逆袭，做成了一家数十亿级销售规模的大公司。

链接：韩都衣舍 2016 年的财报披露，截至 2016 年末，韩都衣舍公司产品小组共有 623 人，按 3 人一组计算，正好 200 组，这就是本篇文章名的由来。

阿米巴经营模式

日本经营大师稻盛和夫创建的阿米巴经营模式，前些年风靡中国企业界。阿米巴经营模式的核心内容到底是什么？如何才能把阿米巴经营模式真正落地到自己企业的经营管理中？估计是每一位老板都想要了解的。

阿米巴经营模式的核心就是把过去传统的部门、体系、条块，划分为能独立核算甚至能自负盈亏的上下游组织，每个组织都要自行制定各自的经营计划，发挥组织成员的智慧和力量来完成整体的经营目标，从而实现以组织为单位的独立核算与自负盈亏。这种做法，组织内的每一位员工都能成为主角，主动参与经营，进而实现"全员参与公司经营"的目标。传统的公司经营，只有销售部门是利润中心，其他的非销售部门都是成本中心（也叫费用中心），阿米巴经营模式的关键，就是要把公司里所有的部门、所有的人都转变成利润中心，让每个人都能成为"赚钱的老板"。

链接：阿米巴经营模式的创立者稻盛和夫，被称为日本的"经营之圣"。阿米巴经营模式的精髓是基于精细的部门独立核算管理，将企业划分为若干小集体组织，像自由自在的可重复进行细胞分裂的"阿米巴虫"。以各个阿米巴小组为核心，自行制订各自（小组）计划，独立核算，主张自主成长，让每一位员工成为主角，使得全员参与经营，打造具备活力与成长性的组织，依靠全体智慧和努力完成公司的整体经营目标，从而实现企业的可持续发展。

我认为，阿米巴经营模式的本质是"量化分权＋独立核算＋自负盈亏"。所谓量化分权，是指将公司的总经营目标，分解给所有的部门和人，使每个部门和个人都有自己的明确目标；所谓独立核算，是指每个部门和个人都有自己的 KPI，并以此进行独立考核；所谓自负盈亏，是指每个部门和个人对自己的指标负责，实行个人收入对工作的成果负责，从而实现"责、权、利"的高度分离与相对统一，解决企业的可持续发展问题。

韩都衣舍就是一家将阿米巴经营模式完美落地的公司，目前，在韩都衣舍独立运作的经营小组达到 200 多个，犹如 200 多个小老板们在高效地运转着公司经营。

传统服装生意的最大痛点

传统服装公司最大的难题与痛点是库存增长的速度远大于销售增长的速度，最终导致公司的库存高企，使得企业不堪重负。这背后的原因固然很多，但根本原因还是公司的经营模式与决策方式所致。

过去，公司是一盘棋，所有部门、所有人都围绕一个目标（公司目标）奋斗，虽然可以进行各种形式的绩效考核与薪资激励，但却没有对产品经营这一最核心职能负责任的直接部门或个人，导致在出现经营问题时，很难快速地找到具体部门或人，甚至在很多公司会产生生意做得不好就是产品不行的狭隘认识，使得公司很难快速地做出决策与行动。其实，生意好不好是个系统问题，涉及产品设计、计划、生产、物流配送、销售等多个"独立"环节。用当下时髦的话来讲，这涉及目标客群是谁，如何快速地进行产品研发与迭代，涉及大数据管理、精准营销、互联网推广等方方面面的问题，一着不慎则满盘皆输。所以，过去押宝式的产品开发模式（依托一个设计师或一个设计部门）根本解决不了企业对规模增长的要求，出现生意下滑时既找不到责任主体也查不出根本原因。本质上讲，这不是简单的人的问题，而是公司的经营模式出了问题。

塑造韩都模式

这一切，在韩都衣舍赵迎光和他的小伙伴们眼里却是另一番情形。在他们看来，中国服装市场空间巨大，但如果还用过去的方式来做服装生意已经没有多少机会了，必须要建立适应互联网经济下的新商业模式。服装生意的好坏，关键由精准的款式开发＋精确的计划计算＋优于他人的速度而决定。这样，必须要建立"多款、少量、快速"的商品运作方式（非常像 ZARA 的产品模式）。"多款、少量、快速"的商品运作方式，依靠传统的产品研发模式无法解决。

传统的产品研发模式，要花大量时间（一般提前 1 年启动趋势判断研究、提前 9 个月进行产品设计、提前 6 个月下单生产。在如今这个崇尚快的时代，提前 1 年预测 1 年后的流行趋势是不是太搞笑了，但这却是线下服装公司的常态）做趋势判断、设计研究与资源整合，最终形成多系列、全品类的一盘货。而这，根本无法做到精准的款式开发、精确的计划计算和优于他人的速度。

据我了解,近些年很多国内传统线下服装品牌都在积极地探索供应链变革和针对商品管理效率的提升,比如"少量多批"的柔性供应链管理机制和"波段上新、渠道分类"等的商品管理方法,但总体上都是收效甚微,根本原因是这些公司没有从整体的经营模式上去思考与理解问题。

韩都衣舍选择的是"多款、少量、快速"这种传统服装公司做不到的商品运作方式。产品没有正式销售前,谁也无法预测到底好不好卖,只有快速地上市试销,产生了数据,才能预测未来的趋势,判断哪个款可能好销,然后,再快速地追单、复制类似款,通过系列营销手段,打造出系列爆款。

这时,一个重要的问题需要解决,就是这个创造多款的系统决策由"谁"来拍板?传统方式下,产品款式的开发,由设计师(设计总监负责制)负责,在所谓品牌调性、产品风格的框框下,设计师们要有神机妙算的能力提前半年将款式设计出来,虽然会有类似订货会等手段来辅助决策,但这并没有从根本上解决多款的风险规避问题。

在互联网时代,服装款式的流行却是即时的,往往一部电影(电视剧)、一个明星、一个网红,甚至一个突发事件都可以产生流行、制造爆款。

对传统经营模式下的服装企业而言,"多款、少量、快速"未必是福音,搞不好反而会成为灾难,这里既有款式雷同的互相制约问题,也有像供应链支持等具体的技术问题,具体因素非常复杂。

韩都衣舍实施的产品小组制模式巧妙地化解了这个长期困扰传统服装公司的难题。

这种互联网经济模式下的快速迭代思维,早在 2008 年就被赵迎光和他的小伙伴们用在韩都衣舍上,很快,韩都衣舍就在一众淘品牌中脱颖而出。韩都衣舍的创始团队成员,对传统线下服装品牌的运作方式和实际痛点深入、精准地研究与剖析后,选择了一条属于自己的路———做一家快时尚公司,用产品小组制这一独特的经营模式,实现"款多、量少、快速"这一目标。

　　链接:要做到真正的快时尚并不容易,国际上最成功的三巨头都有自己的特色,并无所谓的统一标准范本。像 ZARA 的极速供应链体系＋设计舰队模式;H&M 的创客式研发体系＋超级性价比模式;UNIQLO 的科技创新体系＋零库存经营,都是各有特色、成果显著。如果说有共同性,那就是它们的产品价格都属于同类商品中性价比最高的,这和国内同行的做法截然不同。

　　这些年号称学习快时尚甚至超越快时尚的国内品牌并不少,大家羡慕的是这些国际快时尚巨头的规模，但并没有真正了解到这些快时尚巨头在"快"字背后的巨大投入，最后都是"学虎成狐"了。相对而言，韩都衣舍的核心决策团队要清晰得多，在已有成功范例的前提下，思考着如果要做快，首先要解决什么问题，要做哪些基础建设，要投入多少资源，等等；而不是把东西（产品）做好了，再想怎么才能快起来，这肯定是快不起来的。

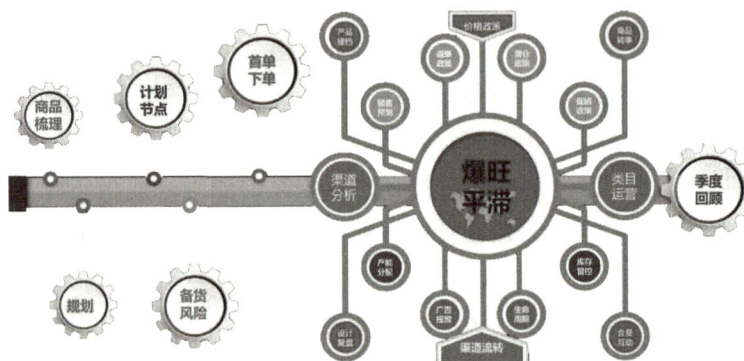

韩都衣舍模式的底层架构体系（摘自韩都年报）

韩都秘籍

如何才能把快时尚做好呢？韩都衣舍选择的方式是创建产品小组制，通过产品小组（制）解决产品从设计到生产、营销策划及最终销售的全周期"一条龙"管理，从而打造出快速的产品运营体系。要真正发挥小组制的优势，关键是要突出每个产品小组拥有对各自生意判断与决策的能力与权限，这就不能用过去传统的管理方式来制约它们。那，韩都衣舍是如何做到的呢？

三大核心运营模块

韩都衣舍彻底打破了原有的管理层级，按快时尚经营的需要，把公司内部职能体系分解成三个独立的运营模块，即从情报收集到商品企划模块、从产品研发到销售管理模块、从配套服务到平台支持模块。不过需要注意的是，这里所谓的三大模块，并不是指韩都衣舍的实际组织架构，而是指韩都衣舍的业务流程与业务体系。根据公司的整体经营目标，三大模块相互独立、互相配合，既要完成自己的小目标，又要协同完成公司的大目标。

1. 从情报收集到商品企划模块

在服装行业,单一爆款是很难支撑公司规模的,必须得有开发整批爆款的实力与条件。而这,不仅要做到对具体单款的精准把握,还要有整盘货的思维,要有完整的产品体系,让消费者一季能买到更多的优质产品,在全年不同季节都能买到自己喜欢的产品。做好这些工作的前提,是要有完整的商品企划体系,为此,韩都衣舍在韩国成立了资讯获取分公司,直接捕捉韩国一手的流行元素。同时,成立商品企划部,对韩国的流行资讯和时尚要素进行系统的规划与整理,从而形成完整的商品企划案供各产品小组使用。

在韩国成立分公司,对多数服装企业而言并非易事,但对赵迎光和他的创始团队来说却非常容易,因为他们几位联合创始人都在韩国工作过多年,他们对韩国(首尔)的熟悉程度超过了对北上广的熟悉。像前几年韩国市场就非常流行毛料女式休闲大衣,被韩都衣舍韩国分公司及时捕捉到,最终使得韩都衣舍的产品小组在系列女式风衣上开发出来一系列的爆款,赚得盆满钵满。而国内其他服装品牌的女式长风衣品类要晚一两个季节才推出,错过了最佳的黄金销售时期。

2008 年前后,据我所知,仅有为数不多的传统线下服装公司成立商品企划部进行系统的商品管理。大部分服装公司是在做产品设计、生产加工与销售卖货三块独立的业务性工作,大家都没有商品企划的概念与认识。为数众多的线上淘品牌,连产品计划的概念都没有,何谈商品企划?不过,商品企划这一概念,就是从韩国(服装公司)传入中国的,核心是解决以大数据资讯来驱动商品的全周期管理。

在企业经营的实践中,我把商品企划分为计划的商品企划和统筹的商品企划两个部分。计划的商品企划,是以数据驱动为主,根据可量化的历史销售数据、不同影响因素的权重及增长目标,预测未来的数据趋势,从而形成新的产品计划(即所谓算法),然后,产品开发、生产加工、销售卖货三块各自独立开展工作。统筹的商品企划,是指在公司的整体经营目标下,把商品销售管理以时间为单位分解到不同的职能模块,要求大家按照统一的目标分工协作共同完成。

也就是说,计划的商品企划是基础性底层工作,其最大的被动因素是极易造成产品设计、生产加工、销售卖货成为"各自为政的三张皮",无法发挥出组织的协同效应。统筹的商品企划是指通过对市场需求的研究,以时间轴为主线,把企业的整体经营目标量化到不同的职能部门,再进行统筹管理。

韩都衣舍的商品企划逻辑:

(1)系统数据及算法(周、双周、三周、月、季);

(2)线上各平台数据(周、双周、三周、月、季);

（3）韩国最新流行时尚与元素；

（4）整合成自己的商品企划案。

首先，从商品的计划层面形成要开发的产品结构与大纲；其次，根据市场的适时动态，判断同一时间周期消费者的款式喜好和价格喜好；最后，根据韩国的流行时尚与元素，整合形成自己的商品企划案。因韩都衣舍每季推出的款式众多，商品企划案本身不会细化到具体的款式明细，而是根据销售周期设定不同时间段需要推出的产品系列，再由各产品小组在实际销售过程中把握具体的款式与结构。

举个例子：每周，根据淘宝（或天猫）各品牌最畅销的 TOP20 款，分别销售了多少件？是什么价格成交的？在推广什么活动？对应的营销成本是多少？隶属于哪些品牌？用了哪些韩国服装市场的流行元素？利用这些数据信息，结合本小组的销售数据、已获悉的韩国流行元素，精准地"算"出下一个周期（可能是周、双周、三周等）该生产什么款，单款量多少，吊牌价定多少，码单如何分配，采取何种营销方式，具体上新时间，等等；然后，进行相对精准的决策拍板。

韩都衣舍 2016 财报数据披露，其 2015 年度存货周转率高达 4.41 次，这个数据远超国内所有的纺织服饰、鞋帽品牌，超过了 ZARA、UNIQLO 这些世界级的快时尚巨头，可见韩都衣舍公司小组制的威力。

链接：2016 年韩都衣舍合并报表中销售成本为 7.8 亿，平均存货余额为 2 亿，存货周转率 3.8 次＝销售成本 7.8 亿/平均存货余额 2 亿，可见其惊人的产品运作能力。根据报表数据计算出的存货周转次数 3.8 次高于年报中披露的数据（3.52 次），差异是库存减值后的账面值与原值之间的差所致。

2. 从产品研发到销售管理模块

传统的服装品牌经营，服装设计师距离市场一线"太远"，提前一年完成的产品研发与款式设计，只能在祈祷中渴望能完成既定的销售目标。到了产品售卖季节，设计师们又要忙于未来新的产品研发与设计，根本无暇顾及当季产品的销售。

从当下全球服装品牌（公司）的竞争格局看，服装公司的所谓核心竞争力，根本不是狭义的产品研发与设计，而是基于产品研发与设计的系统商品管理和其他关键竞争要素的构建（如供应链体系）。韩都衣舍的产品小组就是基于此而创建并运行的。

产品小组通常 3～5 人为一组（根据小组的销售能力进行配置，销售规模越大的小组,配置的人数也将稍多),首先,产品小组根据商品企划部的企划方案,确定自己小组想要的产品风格;其次,完成买版、款式设计与结构设计、面辅料确定、核定成本价与商品定价、投产量等前期一系列商务性工作;再次,下单给公司的平台部门,完成营销推广方案的策划与确定;最后,坐等上新及上新后的数据管理。所有的产品小组都是独立的经营主体,就像一个个"小老板",都在忙自己的生意。

"小老板们"的核心工作是:

(1)快速设计(例:以周为单位,完成不少于5～10款的设计);

(2)快速生产(例:单款按过去的码单比例投5～10手的量,不同品类之间会有差异);

(3)快速拍片(例:由公司平台内的专业部门完成。会有内部报价等系列行为);

(4)快速试销(例:可以做到以周上新);

(5)快速分析(例:依据每天、2天、3天……的数据)。

依据大数据分析及算法,得出"爆、旺、平、滞"4类款,然后再有针对性地进行快速决策。

　　链接:商品"爆、旺、平、滞"算法决策系统,是韩都衣舍的一项重大经营创新,使韩都衣舍脱胎于依赖单品爆款野蛮生长的淘宝电商群,跨越到依靠大数据对产品进行多系列、全品类的开展系统商品管理的智能型平台公司。

　　一直以来,困扰传统服装公司做大的重要瓶颈,是对商品管理的决策判断——即如何及时、正确、有效地评价一盘货、一个品类甚至一个款,从而做出正确的决策。过去,一般由老板们进行感性的决策(或老板们委派一位资深商品管理总监,或类似职位),无论这位决策者能力有多强、经验有多丰富、精力有多旺盛,也是无法面面俱到的。更要命的是,以个人或者部门的有限力量,根本无法适应当下充满不确定而又复杂的市场环境,何谈做出及时又准确的决策?以致商品管理(已经演变成库存管理)成了大家挥之不去的痛。

　　韩都衣舍的"爆、旺、平、滞"算法决策系统,是一套基于大数据分析的超级商业智能算法与决策系统,是根据商品的销售数据及未来的可能变化趋势,设置不同的标准化参数,在经营过程中,每一个产品小组可以把自己小组的实际经营数据与标准数据参数进行对比,从而及时做出相应的决策,这样,公司整体的运行效率自然就大大地提高了。

为便于理解，我模拟了"爆、旺、平、滞"款的标准化参数，具体如下：

——上市当天，原价销售，产销率到达 33%；第二天，原价销售，产销率达到 51%；第三天，原价销售，产销率达到 78%。即可确定为爆款，触发爆款的下步操作程序，产品小组可根据此信息，做出类似补单的决策。

——上市当天，原价销售，产销率达到 17%；第二天，原价销售，产销率达到 26%；第三天，原价销售，产销率达到 40%。即可确定为旺销款，触发旺销款的下步操作程序，产品小组可根据此信息，做出类似补单与促销的决策。

——上市当天，原价销售，产销率达到 9%；第二天，原价销售，产销率达到 14%；第三天，原价销售，产销率达到 21%。即可确定为平销款，触发平销款的下步操作程序，产品小组可根据此信息，做出类似促销的决策。

——上市当天，原价销售，产销率低于 5%；第二天，原价销售，产销率低于 7%；第三天，原价销售，产销率低于 11%。即为滞销款，触发滞销款的下步操作程序，产品小组可根据此信息，做出类似促销的决策。

(1)产销率的计算公式为净销售件数/总投产件数×100%。

(2)产销率的标准值，可以参考阿里巴巴全网同品类每天的销售件数，结合企业自身的历史数据设定，产品小组可根据每季不同进行调整。

(3)线上产品销售周期的确定，是以天为单位(不同于线下品牌以周为单位)。有时候，一天就能见证一个爆款的产生。这样，各小组成员都能及时、准确地做出判断与执行。

上述数据，我做了优化处理，只需根据各自企业的实际情况，酌情放大或缩小即可(下同)。

爆款：就是爆品，一上新就卖得很火，甚至一上架就卖空。这时，就要快速加单生产。

链接：对爆款的加单要"狠"，如果数据显示同类款其他商家还没有，而这个款的数据趋势非常好，加单时可以订到 100 手、500 手，直至 2 000 手以上。能赚就狠狠地赚，这才符合生意逻辑。

能否快速加单生产并将产品投向市场的关键是备料和产能储备。多年的市场积累，韩都衣舍早已建立起完整的供应链管理体系，不仅对可预计的爆款商品进行备料，更有战略合作供应商作保障，只要产品小组能做出及时决策,合作工厂能立即开足马力满负荷生产,能做到以天为单位把加单生产的商品及时投向市场。

旺销款:就是旺品,卖得较火,一上架就好卖。这类商品,可能出现三个趋势:
第一类趋势,有可能成为爆品,那就要按照爆款的规则进行操作。
第二类趋势,正常热卖,卖完就结束。
第三类趋势,其他品牌出现类似款,快速卖完结束。

　　链接:针对爆款、旺销款,可以基于竞争需要,采取针对性价格推广,使竞争对手还没有反应过来,自己已经大卖。价格调整策略,在算法系统里有整套的标准。比如,价格每下降 10%,销售必须要上升多少,才能做到销量、销额与利润之间是正向关系。甚至能做到,如果价格下降 10%(或 15% 不等),怎样拍片,何时上线,放在旗舰店哪个页面,文案怎么写,等等,才能确保价格下降后的销售增长。
　　2016 年度,韩都衣舍毛利率为 45.3%(同比上升 14.9%),这个数据是建立在全年商品周转次数近 4 次的背景下,也就是说,从经营层面上讲,韩都衣舍是在零库存的背景下,实现 45% 毛利率的,可见韩都衣舍这套算法的厉害之处。

平销款:这类款要快速决策进行营销推广,卖完为止。营销推广分为两类,一类是常规的全年性主题活动,比如什么周年庆、年终大促、双十一等;还有一类是各品牌根据自身商品管理的需要进行的宣传推广活动及专题、主题活动。

　　链接:平销款很难成为旺销款,当然也不可能有机会成为爆款。因单款的首单量并不是很多,只要数据一产生,就要快速决策推广。

滞销款:毫无疑问,这类款要立即进行降价处理,降价幅度可根据降价后每天的销售数据调整。
在这套管理系统中,真正做决策的是数据、是算法,人的作用是根据数据快速反应、快速调整、快速执行。几季、几年操作下来,在这套智能算法系统的帮助下,韩都衣舍各产品小组会清楚地知道滞销款及平销款的规律(比如是款式问题、面料问题、定价问题、上新时间问题、尺码问题等等),以后的商品企划、产品开发与市场营销会越来越完善,滞销款与平销款则会越来越少。

3. 从配套服务到平台支持模块

前文讲过，服装生意的好坏，源头上由商品企划的质量决定，从产品创意到最终产品销售的完整过程，牵涉大量的中间环节，每个环节都可能出现问题，都会对最终的销售结果产生影响。在韩都衣舍，产品实现（从产品创意到产品销售）这个最关键的环节由各产品小组完成，其他中间环节，像企划、摄影、生产、营销、客服、IT、物流等，由公司平台上的各专业职能完成，产品小组和其他中间环节之间是商务合作关系。这些公共职能会根据各小组的要求，越做越专，既能满足各产品小组的标准化要求，也能满足部分产品小组的个性化定制要求。

韩都衣舍搭建的是一个平台，平台上的一端是做从产品创意到市场销售的产品小组，一端是做标准化专业服务的职能模块，相互配合、相得益彰。

企划职能：各产品小组根据自己的实际需求，既可"购买"标准企划案，也可"定制"专属企划案。

> 链接：这里所指的企划案有点像金融企业的调研报告，各调研机构既可以撰写基于宏观经济的标准研报，也可以撰写针对某一行业甚至某一企业的专题研报，有质量的调研报告都是有偿收费报告。服装行业也有这样的企划资讯，像每年巴黎的 PV 展（Premiere Vision Paris）和国际流行色发布（International Commission for Color in Fashion and Textiles），都会有偿发布未来季节的流行资讯。

摄影职能：线上产品销售的单品摄影（效果）非常重要，摄影职能和产品小组之间本身就是"买卖"关系。

> 链接：韩都衣舍的商品企划案与摄影服务，既可以满足企业内部各产品小组的需求，也可以满足外部商家的需求。就是说，韩都衣舍的摄影公司可以有偿完成其他淘品牌商家的拍片需求。

生产及物流职能：韩都衣舍选择和优质的生产制造商合作，形成紧密的战略合作联盟。自建的物流系统，在 IT 技术的支撑下，能满足公司的配送需求。同时，这套系统也可以对外提供有偿服务。

三大核心指标

韩都衣舍的三大运营模块中,最关键、最核心、也最重要的当然是中间"从产品研发到数据挖掘"模块,就是要让这些小经营主体(产品小组)像小老板们(忙自己的生意)一样保持活力并高效地运转。

今天,这种产品小组已经有 200 多组,每组 3~5 人,等于组建了 200 多个独立的专注于商品管理的特别小组,他们能完成其他公司不可能完成的从产品创意、款式设计直至市场销售的完整管理任务。1 个小组一季可以设计 25 个款(平均每个月要有 5~10 个新款上新),200 多个小组一年就能设计 20 000 多个款。今天,韩都衣舍每年上新的款式早已超过 20 000 个款。据我所知,韩都衣舍的产品上新速度、频次与数量,在国内服装公司中排名第一,上述数据略有增减。

保持竞争力的一个重要手段,是每天公布各产品小组的主要经营数据体系,具体如下:

(1)"爆、旺、平、滞"款的销售数据排名(包括产销率、绝对量等);

(2)小组毛利率排名;

(3)小组新品开发进度排名;

(4)销售、成本、费用及净利润排名;

(5)有价值资讯贡献排名。

这样做,会产生什么结果?其他的先不说,起码面对每天的各项数据排名,各产品小组成员的压力是巨大的,甚至大到连觉都睡不好。毫无疑问,200 多组人都睡不好觉的公司肯定比老板 1 个人睡不好觉的公司更有竞争力。公司采用良性手段鼓励大家积极参与竞争,极大地激发了各小组之间的绩效 PK,从要管理他们,变成他们自己管理自己,公司经营管理水平自然上了一个大台阶。

对数量庞大的产品小组进行"责任承包＋包销产品＋自负盈亏"式工作授权,考核工作一定要化繁就简,否则庞杂的行政系统会扼杀掉组织效率的。很多中小型公司之所以会犯所谓的"大企业病",出现人浮于事的现象,根本原因还是经营模式与考核机制不匹配所致,导致考核不到重点,人与组织的积极性就不可能发挥到极致。

链接:"责任承包"是指公司给予充分的信任与空间,由产品小组自行完成产品设计与采购生产;"包销产品"是指各产品小组必须要完成基本的销售任务(比如应季产品的产销率,必须要在标准毛利率下,达到考核标准),如果不能完成,只能自行买单(否则,谁敢给它如此大的权力)。

韩都衣舍考虑的重点就是要把产品经营小组作为"独立"小老板的责任体现出来，因此，对产品小组考核的重点就是销售额、毛利率、存货周转率这三项指标。

为什么重点考核销售额、毛利率、存货周转率这三项指标呢？第一，仅考核销售额毫无意义，弄不好钱赚不到，还会剩下一大堆库存，因为销售额的高低并不能完整地反映经营质量。第二，毛利率是反映可售产品溢价能力的指标，只有在销售规模稳定或增长的前提下，高毛利率才有意义。第三，高销售额、高毛利率，还是不够全面，因为如果投入的量远远大于销售的量，高销售与高毛利率也是没有意义的，只有在高存货周转率的前提下，高销售额与高毛利率才有价值。

所以，建立一个由销售目标、毛利率目标及存货周转率目标为核心的考核体系，是确保小组制有效运行的前提，是发挥 200 多个小老板主观能动性的底层保障。

针对销售额、毛利率、存货周转率的考核，可以细化到单品。每个产品小组都能清晰地知道自己所开发的每一款商品能为自己、为公司创造多少利润。公司制定各产品小组的销售额、毛利率、存货周转率指标，再由产品小组按时间维度与品类维度（商品维度，可到单品）进行细化跟踪管理。

可以想象得出，韩都衣舍各产品小组的日常工作，就是围绕着大堆数据而进行，如果发现某一个细化小数字有问题，根据系统提示，就要及时作出相应对策。在实际结果产生前，先由系统进行模拟"演习"，假定在各项已知条件都落实的情况下，会产生什么样的结果，这时产品小组要做的就是根据对结果优先级的选择，做好相对应的事。所有的数据分析、决策都将围绕实现销售额、毛利率、存货周转率这三大指标的最大化而展开。

链接：存货周转率是显示商品运行能力（效率）的指标，对单品进行考核，可采用产销率指标；对总量进行考核，可采用存货周转次数指标。数据的采集与计算，要做好口径统一。

根据公司设定的考核目标，各产品小组如果达到相应标准，则予以不同的正负激励，赚钱则利润共享；亏损则风险共当直至淘汰（具体见下文的韩都实例部分）。实际情况是，2016 年韩都衣舍公司的存货周转率高达 3.52 次（上期 4.41 次），销售额 14.3 亿人民币，毛利率 45.3%，这就是高周转率下的高销售额＋高毛利率，毫不夸张地说，这种管理模式堪比一架赚钱机器。

　　链接：几年前,小米公司创始人雷军在考察美国好市多超市后说,低毛利率的企业只能通过提升运行效率来赚钱。不过,相信如果雷军先生知道韩都衣舍在 45% 的毛利率下,还能做到 3.52 次的存货周转,会更有感触——原来真正厉害的公司就在身边。

　　到今天,韩都衣舍在赵老板们的带领下,已经发展成一家三级结构的平台型公司。一级平台,即投资平台,以投资的方式进行项目管理,孵化、培育优质品牌;二级平台,即产品小组制平台,现在已经孵化出了 200 多个具备独立经营能力的产品小组;三级平台,即专业服务平台,韩都衣舍的标准化专业服务不仅能满足内部各产品小组的需要,还能对外开展合作业务。相信,未来的韩都衣舍会更好。

　　最后,通过一组模拟实例,看看韩都衣舍的产品小组到底是如何运作的。需要特别说明的是,这组模拟实例是我根据个人经验及韩都电商财报披露的信息杜撰而成的,如有雷同,纯属巧合,仅供参考。

韩都"实例"——M 产品小组的模拟运作案例

　　12 月 1 日,M 组拿到企划案。M 组第一次独立完成任务,成员有 3 人,分别是:甲酷——设计师;神童——商品主管;大拿——商务专管。

　　第一次任务计划:公司给 M 组的预算拨款为 20 万人民币(即决策权限),第一季考核要求:销售 X 万;0 库存及 Y 万毛利。

　　运作流程:

　　(1)当天甲酷开始设计款式,目标外套 10 款(以一个品类举例),她给自己的要求是 1 周内完成。

　　(2)在神童的配合下,交给平台完成打样到产前样确认,也是一周搞定(指交设计稿后一周,与款式开发同步进行)。

　　(3)大拿负责拍片协调、商品定价、营销企划案,并和神童、甲酷商量全部全码一手单量下单(8 件/手,码单比例为 XS : S : M : L=2 : 3 : 2 : 1)。

　　(4)3 人共同协调公司平台内的各项资源,一周后出货(至此,从产品设计到成品到仓,约 2～3 周左右时间,完全快时尚的标准),立即组织上架试销。

　　到这时,过去三周时间,即 12 月 22 日,产品上新。

　　(1)当天即有数据产生,3 人开始研究浏览量、浏览时长、收藏数、购买数、转换率等数据,和数据运维人员商议各类算法,研究可能出现的销售趋势。

（2）3 天后圣诞节，产生系列销售数据，立即对这 10 款进行准确的"爆、旺、平、滞"定位。

韩都衣舍公司有强大的 IT 系统及各类算法模型、商业智能分析管理软件，供产品小组进行快速、准确地运算。200 多个产品小组每天都要进行庞大的数据运算。在这方面的投入（见前附图），韩都衣舍已经远远地走在其他服装同行前。

（3）根据具体的销售数据与算法，结合企划部最新的大数据资讯和流行趋势报告（每周一份），甲酷、神童与大拿得到的结论是：

——2 个款有爆的趋势，全部加到 50 手，即 400 件/款×2＝800 件，投入资金成本 800 件×80 元/件采购成本＝6.4 万元，零售价统一定在 138 元/件。

——5 个款"肯定"会旺，对其中 4 个款加到 10 手，即 4×10×8＝320 件，投入资金成本 320 件×80 元/件采购成本＝2.56 万元，统一零售价也定在 138 元/件。对另 1 个款加单到 5 手，即 1×5×8＝40 件，投入资金成本 40 件×80 元/件采购成本＝3 200 元，统一零售价也定在 138 元/件。

——还剩 3 个款反应一般，不予加单。第四天就开展相当于 7 折的促销活动。

链接：具体定价方式，大拿也是不按常理出牌，他是参考线上同类品牌商品的价格，判断消费者的可接受价格，再预设毛利率进行推导计算。由此可见，M 小组拥有款式开发权、选款权、定量权、定价权、推广权、拍摄权、促销权，干的全是小老板的活。

接下来，神童的任务是确保加单的 7 个款，1 160 件衣服能在一周后交货（能接受陆续交货，但是一定要按照全码单交）。销售出现的断档，全部以预售的方式，把商品先卖出去，然后再陆续发货。

甲酷要和大拿研究这些爆品、旺品新的拍摄手法。拍摄费用公司平台会统一收取（拍摄价格还在商议中，但拍摄部门真的很用心，能把甲酷和大拿的需求一次吃透，拍出来的作品基本一次成型。拍摄组的同事都非常努力，他们产品的交付力很强，否则出来的效果不好，他们真的要累死也不行，因为还有 199 个小组要同时拍片）。

接下来，将是见证奇迹的时刻。

在神童的跟踪下，1 160 件产品一周后（距离初始产品设计，过去了 4 周时间）按期到仓，这波产品的片子拍得很好且产品卖点撰写得也非常到位，结果自然很好。3 个活动款因促销及时，居然全部售罄。4 周不到的时间，这笔货（含补单的）居然全部都卖完了。在他们 3 人的精诚合作之下，4 周时间基本做到随销随清，具体款式必须要保持高售罄率(注意,这里是售罄率不是产销率)才能实现低库存甚至零库存。

计算一下劳动成果。

第一:7 个爆、旺款共计 1 160 件,售价 138 元/件,成本 80/件,毛利 58 元/件×1 160 件=6.728 万;

第二:3 个平销款共 24 件,售价 138 元/件×0.7 折=96.6 元/件,成本 80/件,毛利 16.6 元/件×24 件=398.4 元。

合计毛利额 67 678.4 元。

四到五周左右的时间,完成:

采购资金投入:6.4 万+2.56 万+1 920 元=91 520 元;

销售额:16 万+2 318 元=162 318 元;

库存:0(这个数据再做一次,基本就是一季能转动一次,一年可以转动 4 次);

毛利额:67 678.4 元;

毛利率:41.6%。

在不考虑人工成本及运营费用的前提下,M 小组的初始资金为 20 万元,增值到 108 480 元(剩余款项)+162 318 元=270 798 元,而这,仅是一次产品销售所贡献的。

不出意外,每个小组此类操作全年可达 24 次以上(每个月同步滚动运行两次以上)。扣除人工及运营费用后,再减去结合毛利额的提成(利润共享),抽取公司本金留存(一定比例)后,剩余资金继续用于产品的滚动开发,诸如此类,依次循环。当然,M 组只是 200 多个小组中的一组,上面的模拟成果并不是不可能完成的,在韩都衣舍公司,M 组的模拟绩效仅仅是平均值。

当然,会有一些产品小组的绩效达不到公司要求,只能接受下一季资金预算的削减,就是说,公司"投资"的 20 万元本金被小组给亏掉了(部分)。一旦出现这种情况,小组成员的负罪感非常强,大家会更奋发图强,要把亏损的本金给赚回来。这期间,小组的绩效奖金都是没有的,甚至还会出现倒欠公司的状况。不过只要出现问题的小组能正确地意识到问题,能快速地做出改善与调整,再实现盈利并不是一件多么困难的事。

蹊跷的是,在如此高压环境下,韩都衣舍公司的员工流失率远低于同类淘品牌,这也说明高压环境不是问题,机制本身才是重点。事实上,韩都衣舍公司员工的基础薪金并不高,像 M 组的甲酷、神童、大拿 3 人的基本工资都是 4 000 元/月,他们三人全年的工资性费用为 15.84 万元(含社保),公司摊派的平台费用是 50 万元,这样,他们最少要赚到 65.84 万元才能保本,才能赚到利润共享计划的奖金分成。

那，真实状况下，各产品小组到底能否完成他们的指标并参与到公司的利润共享计划呢？

我们可以根据实际数据来倒推验证一下。

2016 年韩都衣舍销售 14.3 亿元，按 200 个小组计，平均 715 万元/组/年，相当于 180 万元/组/季。净利润 8 800 万元，平均 44 万元/组/年，约相当于 10 万元/组/季。

也就是说，平均每个小组一季要完成 180 万元的销售目标和 10 万元的利润目标，这个目标能否实现呢？如果说把 14.3 亿元的销售目标（8 800 万元的利润目标）压在 3～5 个人身上是件不太靠谱的事（传统服装品牌的做法不就是如此吗？不就是把公司产品开发的事"押"在一两个关键设计师身上吗？），对比让 3～5 个人去完成 180 万元/季、715 万元/年的销售目标（44 万元/季、10 万元/季的利润目标），应该靠谱得多，也容易得多。

除 8 800 万元净利润外，还有 5.29 亿元经营费用，相当于 264 万元/组/年，约 66 万元/组/季，这也是每个小组一季要产生的"利润"。一个小组一季要完成 180 万元的销售目标，实现 66 万元以上的利润（完成分摊费用），才有资格享有公司的利润分享计划，这也不是一件太难的事。

结合韩都衣舍 2016 年度的存货周转次数为 3.8 次，这已经是公司层面以季度为单位的零库存经营，也就意味着所有的产品小组都能实现上述经营目标。

M 组的模拟值是一个批次能做到约 16 万元（仅 10 款）的销售，相当于一季要周转 10 次以上才能达标，如果销售额能超过 16 万元，周转次数将会大幅减少，理论上也就更具备可操作性。

韩都衣舍的考核机制非常灵活，以年度目标为框架，分解到各小组；小组再细化到季度、月、周甚至天。产品小组在完成存货周转指标的前提下，销售额和毛利率达标，净利润的 50% 公司拿走；40% 作为资本金滚入下一季资金池（所有权归公司）；10% 部分作为利润分享奖励，奖励计划由小组组长支配（方案报公司备案）。

上述数字略有增减，不影响结果逻辑。如果想学习这种模式，开始时对利润分享标准的设定一定要比韩都衣舍的 10% 高才行，否则数字太低会失去激励的作用，从而对模式本身产生怀疑。韩都衣舍的这个 10% 是经过近 10 年时间不断修正而确定的。

M 小组仅一次产品周转，就能完成 6.7 万元的毛利，按此节奏需转动 10 次就能完成公司的全年考核目标。能力强的小组一年能转动 24 次以上，如果销售业绩高、毛利率控制得更好，净利润只会更高，小组成员获得的利润分享自然也就高，大家的积极性自然也就出来了。

韩都启示

依托互联网技术,依靠模式创新,依赖产品小组制,在整个服装行业处在调整周期的近十年间,韩都衣舍的成功有太多的启示意义。当然,韩都衣舍的成功,必然是诸多因素相结合的结果,但最值得关注的主要有三点。

遵循商业本质的模式创新

所谓遵循商业本质的模式创新,我觉得最底层的因素是对人的价值的挖掘。

无论是稻盛和夫开创的阿米巴经营模式,还是我们自己的承包责任制,都是在强调人的作用与如何发挥人的价值。企业经营,最难的是如何发挥全体员工的主观能动性,但在实践中,要真正做到实在是太难了。多数企业把实现全员参与经营的愿望,做成了老板个人的一厢情愿。

我认为,韩都衣舍并没有独创什么所谓的经营模式,而是在已有模式的前提下,把具体执行做到位了,这何尝不是另一种创新?韩都衣舍采用的小组制就是解决全员参与公司经营的有效模式。过去,公司定好目标后,涉及如何完成目标的关键决策,都需要老板亲自拍板或默许,像做什么产品,做多少量,以什么价格销售,如何进行市场推广,甚至包括如何拍片这些纯技术性工作等,真正发挥作用的是老板,而非团队。在韩都衣舍,老板们只负责公司总体经营目标及利益分配目标的制定,其他的具体工作全部由产品小组去决策与落实,在巨大的工作成就感驱动下,团队成员的积极性被充分调动起来了。

重点致胜

大到公司战略,小到个人目标,任何一项具体工作的成功,都取决于对重点的把握,而非细节。就像大家都明白绩效考核非常重要,但很多公司对此并不重视,自然也就做不好所谓团队的有效激励了。也就是说,做不好绩效考核与激励,关注再多的细节,也很难把公司做好。

韩都衣舍的绩效考核,牢牢地抓住了企业经营的三大重点经营性指标,即销售指标、毛利率指标及存货周转率指标,因为只要做好这三项重点指标,所有好看的数据都会出来,真金白银地出来,这比搞出一大堆不切实际的细节性指标要靠谱得多。同时,企业内部的竞争氛围也非常重要,某种意义上讲,要保证组织的绝对公平很难，但要做到组织内部竞争的公开、透明，所谓公平竞争的意义就有了。

事实上，很多企业喜欢制造神秘，故意营造内部信息不透明的模糊状态，不仅大家的收入信息不共享，互相之间的经营信息也很难共享，财务层面的经营数据更不会共享，何谈积极有效的团队协作呢？这种状况下，抓再多的所谓细节也是毫无意义的。在韩都衣舍，不仅大家相互之间的经营数据公开，所有小组成员的收入信息也是公开的，这种高度透明的经营氛围，促使韩都衣舍各小组之间相互竞争、相互促进、相互改善，公司的竞争力也就越来越强。

经营者孵化器

当下的中国企业，处在一个前所未有的历史时期，到处都充满着巨大的商机，每个企业都有机会与可能成为行业的领先者。我觉得，企业的可持续发展需要更多的经营者，问题是，很多企业在发展、进化的过程中，对经营者的培养与孵化做得远远不够，导致企业在需要人的时候，面临无人可用的窘境。在 2019 年浙商上海分会的新年大会上，阿里巴巴董事局主席马云对在场的所有浙商们说：在思考你的企业如何抵抗风险、如何能做得更大时，你要思考三个问题，就是你的人在哪里？你的组织在哪里？你的 KPI 在哪里？我想，马云所说的人当然不是普通的员工，而是指企业的经营者，是指能带领企业发展的经营者。

今天的韩都衣舍有 200 多个产品小组，意味着同时也在孵化 200 多个经营者，这 200 多个经营者，未来会成长成可担当更大责任的经营者，甚至是公司的领导人。当一个个韩都衣舍的经营者们成长起来时，相信韩都衣舍的竞争力会越来越强。

无疑，从今天看韩都衣舍的产品小组制经营模式是非常成功的。我选择一家"非主流"的电商公司作为本书 9 个品牌的分享案例之一，是想说线下经营与线上生意本身并无优劣好坏之分。近十年，是中国电商行业发展的黄金十年，不仅诞生了像阿里、京东这样的超级平台型公司，也诞生了像韩都衣舍这样的优秀品牌。同样，这十年，更是线下品牌发展的钻石十年，诞生了像 ZARA、UNIQLO、LVMH 等一大批年销售高达数百亿美金的超级品牌。无论你的企业是在做电商（或处在电商行业），还是在做线下实体品牌（或处在实体行业），韩都衣舍的产品小组制经营模式都值得学习与借鉴。

从优秀到卓越的跨越

——新晋鞋王安踏的超强执行力

案例导读

安踏的成功，在同行眼里就是一个异类。

2007 年上市时，安踏的年销售还不到 30 亿元，两年前的 2005 年仅有 6.7 亿元的销售规模，十年后的 2017 年，安踏的销售已经达到 166 亿元，高居中国本土鞋服类所有公司之首。2018 年仅上半年安踏的销售就达到了 105 亿元，以上半年历史平均销售占全年比 45％计，2018 年安踏公司的销售有望大幅度突破 200 亿元，遥遥领先中国所有的鞋服类公司。

链接：2019 年 2 月末，安踏体育发布了 2018 年业绩快报。数据显示，2018 财年安踏公司实现销售 241 亿元，同比增长 44％；净利润 41 亿元，同比增长 33％。其中主力品牌安踏实现销售 145 亿元，同比增长 20％；菲乐品牌实现销售 84 亿元，同比增长 90％。

在 2017 年财报中，安踏公司提出计划到 2025 年时，整个公司的零售总额要突破 1 000 亿元，如果能实现，这将是一个非常了不起的成就。根据我的观察与调研，起码到目前为止，除安踏外还没有一家（中国鞋服类）公司把实现千亿销售目标的计划写进公司的年报里，可见安踏的勇气、魄力与底气。2018 年安踏公司的销售将突破两百亿元，距离千亿目标还有很大的距离，安踏能实现吗？

随着全民运动风潮的兴起及社会居民消费能力的逐年提升，2010 年之后的中国体育用品市场呈现出较好的发展态势。根据中国产业信息网的数据，2012—2017 年，我国运动鞋服行业市场规模逐步提升，年复合增长率达到 8.7％，到 2017 年时我国运动鞋服市场规模为 2 121.4 亿元，同比增长 12.3％。

然而，这次的增长红利绝大部分中国鞋服企业并没有享受到多少，几乎被阿迪达斯、耐克这两家国际巨头收入囊中，国内品牌仅有安踏一家保持着稳定的规模增长。像阿迪达斯在中国市场的占有率从 2012 年的 13.7％增长到 2017 年的 19.8％（约 420 亿的销售规模），耐克在中国市场的占有率从 2012 年的 13.3％增长到 2017 年的 16.8％（约 356 亿元的销售规模）。

国内公司中，表现最好的是安踏，其市场占有率从 2013 年的 7.6％增长到 2017

年的 8％(2012 年时,安踏的市场占有率为 8.8％,2013 年短暂下滑后这些年小步回升),李宁公司的市场占有率不及 5％,其他的就更少了。如此看来,追赶国际品牌的重任就落在了安踏的身上,不过,以今天安踏近 200 多亿的销售规模看,这个光荣又伟大的任务似乎只有安踏能够完成。

　　链接:中国产业信息网的数据,主要采集市场零售端的数据,不同企业的数据口径未必完全一致,仅供参考。

　　从 1991 年品牌创建开始,安踏都是以深耕国内二三线市场为主,业务形态采用批发经销模式。直到 2004 年,安踏的年销售不过区区 3.1 亿元,远不及当时年销售规模过十亿的李宁,和身边一群晋江系的批发品牌不相上下。安踏的第一次转型发生在 2004 年,当年安踏公司的毛利率仅 14％,从纯批发经销模式转型为零售经销模式后,安踏开始发力,2005 年的销售就翻了一倍多,毛利率也上升至 18.8％,2006 年销售又翻了一倍,毛利率大幅攀升至 25.1％,到 2007 年在香港主板市场上市时,安踏的销售规模已近 30 亿元,毛利率也达到了 33.5％,安踏三年翻三番的增长速度创造了那个时代的神话。

　　上市后的安踏,增长速度略有放缓,但仍以年均增长不低于 20％ 的速度从 2007 年的 29.8 亿元增长至 2011 年的 89 亿元,并于这一年成功地超越了李宁,成为中国本土最大的体育用品公司。随即受整个市场大环境的影响,安踏陷入了连续两年的调整,销售额从 2011 年的 89 亿元下降到 2013 年的 72.8 亿元,净利润从 2011 年的 17.3 亿元,下降至 2013 年的 13.1 亿元。

　　从 2014 年开始,重新找到自己位置的安踏,一路绝尘而去。到 2018 年上半年时,安踏半年的销售已经突破了百亿大关,达到 105 亿元,净利润更是历史性地达到了 20 亿元,净利率高达 18.9％。无论是曾经的直接竞争对手李宁,或是身边的那群晋江系兄弟们(泛指特步们),安踏凭借自身卓越的表现,把它们远远地甩到后面去了,安踏是怎么做到的呢?

　　所有成功而又伟大的公司,剔除掉那些独有的竞争要素外,都有一些显著的特征,比如一定都是执行力超强的公司,都有一支稳定的经营管理团队,这些公司的定位都非常清晰而又务实,等等。显然,安踏也是这样。

超强的执行力

　　说起执行力,首先想到的是做事的速度与效率。
　　所谓执行力,是指贯彻公司战略意图,完成预定目标的操作能力,是把企业长期目标、中期规划、当期计划转化成效益、成果的能力。执行力是一个系统，包含完成任务的意愿，完成任务的能力与完成任务的程度，三者缺一不可，否则就不能构成完整的执行力。衡量执行力的标准，对个人而言是按时按量完成自己的工作任务；对团队而言就是在预定的时间内完成本部门、体系的既定目标；对公司而言就是能完成当期计划、中期规划与长期目标。最终，强有力的执行力必然能给公司带来超预期的经济效益。

在公司经营层面，有三项指标能衡量一家公司的执行力强不强，这三项指标分别是平均存货周转天数指标、平均应收账款周转天数指标和平均应付账款周转天数指标。

平均存货周转天数指标，是货品运行效率指标，数字越低反映一家公司的货品运行效率越高，则执行力越强。存货周转效率高，当然是指产品卖得好，这离不开精准的产品研发、高效的供应链运营、高质量的渠道管理及高水准的市场营销。安踏2010年平均存货周转天数仅36天（2017年也只有75天），意味着安踏公司一年能完成10次左右的存货周转次数，这个数字堪比雷军（小米公司创始人）所说的美国好市多超市（以低毛利率＋高周转率著称），不仅超过了所有的中国同行，更是超越了快时尚巨头ZARA。

安踏公司的平均应收账款周转天数及平均应付账款周转天数都比较低，说明安踏公司的销售质量较高，且系统资金使用效率也高。没有多少应收账款，说明销售都是高质量的真金白银。系统资金效率，并不是狭隘地指资金要留存在公司自己的账上，把应收账款控制得很低、把应付账款搞得很高。资金的真正价值在于快速流通，流通的越快效率越高越能为企业带来效益，安踏公司就是如此。

更不可思议的是，安踏公司的净利率一直都很高，从2007年上市直至现在每年都在18％以上（仅2012年降至17.8％），高存货周转率＋高应收账款周转率＋高应付账款周转率，再加上高净利率（雷军说的可是低毛利率），没有强大的执行力体系根本做不到，但是，安踏做到了。

稳定的经营管理团队

严格意义上讲，安踏是一家家族企业。

当今社会，对家族企业的看法通常都是负面的意见，主要原因是担心或指责家族成员如果能力不够而身居高位，外部有能力的经理人是很难进入这些企业的，不仅造成在用人上的不公平现象，还会制约企业的发展。同时，家族企业发展壮大后，如果没有建立起现代企业治理结构，也很容易导致家族成员之间因"争抢地盘"而出现内讧，最后导致企业的分裂，这样的例子在今天的中国并不少。但是，如果家族企业能建立好合作机制,家族成员的能力又很强,家族企业的发展优势将更为明显,这时家族企业的凝聚力、协同力更强,显然,安踏属于后者。

晋江系鞋服类公司大多数是家族企业,因工作原因,我接触过很多晋江系鞋服类公司的实际控制人和他们的家族成员团队,但没有正面接触过安踏公司的核心经营层(接触过安踏经销商)。客观地讲,如果把他们放在一个更大的历史舞台上去看,我接触到的这些企业(团队),虽不乏同为上市公司,但他们整体的格局、思维与行动力远不及安踏(团队),这些企业绝大部分都止步于5~8年前(销售规模在10~50亿元间),距离安踏的差距越来越大。甚至不客气地说,未来5~10年,中国将有一大批缺乏大格局与战略思维的企业在新一轮的市场竞争中会被淘汰。

公司经营的成功,首先离不开人。这里的人不是指普通的干部员工,而是指公司的高层核心团队。那些成功的大公司除拥有独有的技术或资本优势外,高层核心团队都非常稳定,安踏亦是如此。

安踏拥有一支稳定的由家族成员构成的高层核心团队,在安踏第一次成功转型后(2004年前后),创始人丁世忠的家族成员陆续加入安踏公司,这支队伍年轻(公司上市时,创始人丁世忠仅37岁)、能干,充满活力,他们有着伟大的梦想,做起事来务实、低调。他们理性,对趋势、行业有着清晰的判断,对自己所处的环境、位置与条件更有着比一般经营者更为深刻的认知,他们敢拼,懂得放弃。这群家族成员用自己的智慧、才干与情操稳定地团结在核心成员丁世忠的周围,短短26年(1991—2017)把安踏做成中国第一家市值过千亿(港币)的上市公司(安踏公司的市值第一次于2017年11月22日触及千亿港币市值),他们每个人都是成功者。

务实的公司定位

安踏的财报"很容易"撰写,内容一如它的经营风格,务实中彰显着自信与实力。

2008年即上市后第一年,安踏在财报中对公司的使命与愿景的描述分别是(摘自财报):"将超越自我的体育精神融入每个人的生活""成为中国市场品牌美誉度和市场份额双第一的中国体育品牌,并成为全球销售额排名前十的体育用品公司"。十年后的今天,安踏公司第一个阶段的愿景实现了。

在2017年的财报中,安踏对公司使命与愿景的描述是(摘自财报):"将超越自我的体育精神融入每个人的生活""成为受人尊敬的世界级多品牌体育用品集团"。

使命一如既往,从未改变。同时,从第一个阶段可量化的数字化愿景到更为宏观的企业愿景,安踏越来越成熟。

很多中国企业在完成第一轮原始资本积累后,创始人很容易出现个人膨胀,多数会做出一系列不切实际的决策，尤其在如何做品牌的理解与认知上，以为做品牌就是要做高价位、高附加值的产品（才是品牌），由此犯下了很多不可逆转的重大失误，把企业带入了深渊。

对比安踏，从品牌创建到公司上市，直至做到中国市场第一的位置，及今天要做受人尊敬的世界级多品牌体育用品集团，丁世忠及他的团队一直都是理性的，像核心品牌安踏，始终定位于要做物超所值的、适合中国二三线市场的产品，要给目标客户最好的用户体验。这些看似通稿式的语言谁都可以使用，但真正要做到谈何容易。安踏公司的产品价格和国内主要竞争对手非常接近，且各家之间的毛利率也是相差无几。

但是，安踏通过运行效率的提升，生生把公司的综合运营成本给降了下来，虽然看起来毛利率相差无几，但在高运行效率的背后，安踏的实际运营成本要远低于它们（高净利率就是结果），这是安踏务实的公司定位和经营风格的最好呈现。

超强的执行力、稳定的经营管理团队及务实的公司定位，凭借这三点看似寻常的做法，安踏实现了从优秀向卓越的跨越。

安踏的成功，是中国鞋服类民营企业的励志范本。

早在18年前（2000年），李宁公司的销售规模就已经达到了十亿元级，公司创始人李宁是中国著名的体操运动员，拿过无数次世界冠军，对体育及体育精神的理解超越常人。此时，做了近十年批发生意的丁世忠开始要做品牌，从贴牌生产＋批发转做零售品牌，毫无运动基因的丁世忠要做一家和李宁定位相当的体育运动品牌，哪怕在今天看来都无异于痴人说梦，但是，安踏不仅成功了，还远远地把李宁甩到了身后。

20世纪80年代，广东、福建等南部沿海省份因靠近香港，这些地方的企业在资讯、资金、技术、商业理念及公司管理上有着内地企业不可比拟的优势，市场经济很快就被它们激活，包括安踏在内的无数个个体经济犹如星星之火般蓬勃发展起来，这些在市场经济中第一批吃螃蟹的鞋服类个体工商户们，几乎清一色的以贴牌生产＋批发倒卖为主，大家依靠自己的勤劳都赚得盆满钵满。客观地讲，真正从（贴牌生产＋）批发业务转型成品牌零售的，到目前为止也只有安踏做到了，其他同类型的公司或品牌虽然都说自己已经转型成功，但本质上仍是停留在批发业务的形态上，并没有从根本上做出改变，这些依靠规模扩张但本质是批发业务的品牌商家迟早都会退出历史舞台。

企业做大后，国际化是必然之路，中国企业尤其喜欢用"土豪"的方式收购国外品牌,遗憾的是,迄今为止真正做好的且未来能做大的那些被收购的国外品牌屈指可数,安踏是为数不多的能把手上的收购品牌(FILA)做好、做大,并有可能做强的。2018 年 10 月 11 日,安踏发布了一则公告,称将领衔出资收购芬兰运动用品集团 Amer sports 公司,Amer sports 公司是一家拥有多个高端专业运动品牌的大型集团,旗下最著名的品牌就是号称户外领域殿堂级的奢侈品牌——始祖鸟(号称户外领域的劳斯莱斯)。如果收购成功,安踏将一步登顶,直接踏入世界一线体育运动集团公司之列。

安踏是一个大众化定位的品牌,选择最基础、最大众化的产品参与市场竞争。大众化市场虽然是基数最大的市场,竞争必然也是最激烈的,真正要做到争强称霸肯定不是什么容易的事。不同于国际巨头阿迪达斯和耐克,安踏有着自己的优势,安踏拥有多年的生产加工能力,意味着安踏有条件在成本控制及柔性供应链上能比别人做得更好。同时,安踏创业之初批发跑市场的经历,让安踏更贴近市场,也比竞争对手更了解市场。还有,安踏的决策团队非常年轻,还处在第一代创始人"执政"的黄金时期,更重要的是,这支队伍的经营能力与学习能力都非常强,等等,诸多因素叠加到一家企业上时,这家企业不成功也就不太可能了。

我查阅了安踏从上市以来发布的所有财报、部分官方通告、媒体对丁世忠的专访报道及个别"道听途说"式的访谈(与安踏经销商),我认为安踏的成功主要有三项"独有的"竞争要素做得非常好,分别是超强的执行力、稳定的经营团队和务实的企业定位。有意思的是,根据我的观察,安踏的这三项成功经营要素,对绝大多数同行企业而言,似乎连一项都很难做到,安踏居然全做到了。下面,我将逐一拆解、剖析,看看安踏到底是如何做到的。

超强的执行力

说起执行力,多数人总以为执行力是一种感觉判断,执行力强不强很难用指标进行衡量,其实并非如此。执行力是最容易进行数据量化的,在公司层面,任何事情(指工作)做得正不正确最终都将体现在三项指标上,即存货周转指标、应收账款周转指标、应付账款周转指标。这三项指标包含了资金和产品之间的所有转换关系,换句话说,就是企业经营的最终好坏全部反映在这三项指标上。

除公司整体执行力之外,个人(及团队)执行力也很重要,这当中最为重要的当然是领头人老板的执行力了。我的看法是,老板的执行力包含两个层面,一层体现在对事物未来发展方向的看法上,一层体现在对待具体(大)事情的态度上。前者需要眼光,后者需要魄力。

　　很多情况下,老板有眼光、有战略思维、懂得取舍,但是缺乏魄力,以致做出的所谓正确决策会错失时机,成为正确的错误,使企业错失发展良机,我们身边这样的例子举不胜举。还有的老板胆子很大,敢于试错,每次都能抓住时代热点做出看似正确的决策,但因缺乏系统的战略思维,对企业所处的环境、位置与条件缺乏正确的认识,导致这些所谓的重要决策都成了鸡肋,放眼 A 股及港股上市的内地鞋服类公司比比皆是。从这个意义上讲,安踏是成功的,从第一次企业转型到现在,安踏几乎没有做错过一件大事,这远不是运气好不好那么简单,所有正确决策的背后所依靠的都是超强的执行力。

　　阿里巴巴前首席人才官、前蚂蚁金服董事长彭蕾说过一段"著名的"话,她说:"无论马云的决定是什么,我的任务都只有一个——帮助这个决定成为最正确的决定。"这是对团队执行力最好的诠释,在安踏,同样有一群人在把丁世忠的决定做到位,使这些决定成为最正确的决定。

神奇的三项效率指标

　　无论执行力有多强,如果不能给企业经营带来收益,再强的执行力都是伪命题。

　　关于企业效益,通常看净利润指标,因为净利润反映的是企业经营的最终成果。但是,决定与影响企业净利润指标的因素有很多,这些因素最终都将体现在企业资本(金)的运行效率上。企业资本(金)的运行效率由三项效率指标构成,即平均存货周转天数、平均应收账款周转天数及平均应付账款周转天数。

1. 指标的公式与含义

　　首先,要搞清楚这三项效率指标的计算方式及正确含义。

　　平均存货周转天数的计算公式是:存货周转天数＝360 天/平均周转次数,其中,平均周转次数＝主营业务成本/平均存货余额,平均存货余额＝(期初库存＋期末库存)/2。根据计算公式理解,存货周转天数越少,说明存货变现的速度越快,货品的运行效率就越高。

　　平均应收账款周转天数的计算公式是:应收账款周转天数＝平均应收账款余额除以销售收入×360 天,也可以换算为平均应收账款余额除以平均日销售额。平均应收账款天数越短,说明企业的流动资金使用效率越高。商业合作崇尚现金为王,但也无法回避信用销售(授信欠款)情况的存在,从而形成一定数量的应收账款。这时,如何能更快地将这些应收账款收回变为现金对公司日常经营至关重要,如果周转天数延长,现金回款速度变慢,就会影响到公司日常经营,公司将不得不通过借债及其他方式进行融资来补充自己的运营资金,这样就会造成整体成本的上升。一般情况下,在同行业内规模相当但应收账款周转天数越短的公司通常竞争力越强。

平均应付账款周转天数的计算公式是:应付账款周转天数＝平均应付账款余额除以销售成本×360天。应付账款周转天数也叫平均付现期,是指一家公司需要多长时间能付清供应商的欠款,周转天数越短说明这家公司的支付能力越强,自然经营能力就越强。

这三个指标中,存货周转是指公司用资金采购商品,再通过自身的经营能力把商品增值变成现金的能力,时间当然是越快(短)越好。应收账款是指公司出于经营需要,给经销商一定额度的授信欠款,应收账款的回款当然是越快越好,如果回款变慢或者应收账款不能收回(成为坏账),对公司的经营都会有影响。应付账款是指公司拖欠供应商的货款,过去,总以为应付账款额度越大越好,周转天数越长越好(公司可以更多地占用供应商资金来补充自身的运营资金而无需支付额外的资金成本),但实际情况并非如此。

那些具有规模优势、产品竞争力较强的公司有较强的市场地位,的确在供应商的货款占用上拥有一定的主动权,但幅度的把控非常重要。企业竞争力的构建,首先来自良好的(与上游)商业合作,商业合作的最佳组合是强强联合,做到"门当户对"。如果一味地拉长应付账款周转天数,意味着占用供应商的货款数额越多、时间越久,而这是任何一家优质供应商所不能接受的。长此以往,只能导致公司去选择溢价能力更弱的中小供应商,这会产生"深浅"两种影响,浅层会影响到公司产品的品质稳定,深层则会影响到公司供应链竞争力的建设。

一直以来,"快收慢付"这种错误、狭隘的"小农"管理思维,已经严重影响到中国企业的供应链战略(的构建),只有建立起"快收快付"的现代财务管理理念,才能真正提升企业的经营效率,构建有竞争力的从产品供应到商品销售的完整运营体系。

这三项运营效率指标互相之间的关系是层层递进的,在规模稳定时,存货周转率(周转天数的意思,下同)越高,企业的销货能力越强,但并不意味着企业的经营能力强。只有在应收账款周转率也高时,才说明该企业的经营能力强,因为它收到的都是现金。而要想产品能持续畅销,就需要稳定的产品品质与较强的供应链管理,高应付账款周转率说明公司拥有高质量的供应链体系。所以说,三项运营效率指标反映了一家公司的整体运营能力。

2. 安踏的指标

其次，看看安踏这三项效率指标的数据都是多少。

过去，媒体喜欢把签约孔令辉说成是安踏做品牌的开始。不可否认，1999 年丁世忠签约体育巨星孔令辉是安踏公司从纯批发业务转为批发式经销的元年。签约前，纯批发业务虽然有稳定的批发商，但都是以贴牌生产为主，哪怕贴上自家的牌子，安踏公司也是不管批发商是如何销售这些商品的。签约后，安踏公司开始对批发商的销售渠道有了要求，要求大家从过去纯粹依赖当地批发市场（的档口）转变为要到当地的商业街上去开店，要说有改变的话，仅仅是从"批发即结束"转变为"批发经销"而已。

真正的转变来自 2004 年（当年李宁公司在港交所主板市场上市）。

安踏公司的财报披露，2004 年安踏的销售额虽然已经做到 3.1 亿元，但当年毛利率仅 14.1%，净利率为负（亏）2.7%，净亏损 840 万元。如果以这样的数据去运作上市，不仅不能成为今天的新晋鞋王，连能否持续经营下去都会成为问题。安踏是从 2005 年开始准备（上市）的，这就需要在未来三年（2005、2006、2007 三年）里的数据都要达标（指数字本身和数据逻辑要符合港交所的要求），所以，我对安踏数据的研究，就从这三年开始。

2004 年安踏平均存货周转天数（下简称存货周转天数）仅 26 天，说明当时安踏的出货能力超强（毕竟是贴牌生产），平均一个月时间不到，所有 26 天前生产的产品就能全部"卖完"（批发出去）。根据前文内容理解，这并不意味着安踏能及时地把钱（货款）收回来，这时就需要看第二项指标了。2004 年安踏公司平均应收账款周转天数（下简称应收款周转天数）为 43 天，这说明安踏在那个阶段的回款能力一般，存在一定的经营风险（指货款被批发商占用了。不过，这个数据在今天也比很多上市公司要强），这个风险会随着企业经营规模的扩大及应收账款绝对额的增多而变大。

感兴趣的读者，可以对照自己公司的数据看看是否如此，在 A 股、港股上市的鞋服类公司中，如果应收款周转天数高于这个数（43 天），一般都存在较大幅度的应收账款减值的可能（有货款收不回来的风险）。再看应付账款周转天数（以下简称应付款周转天数），2004 年安踏公司应付款周转天数为 25 天，这说明安踏对供应商很"好"，原材料款都能及时地支付（账期较短的意思），因此有实力的供应商都会愿意加大、加强和安踏的合作，事实也是如此。

根据 2004 年度的三项运营效率数据，可以初步判断安踏的决策团队很有远见。虽然当时安踏的销售规模并不是很大，但几乎没有库存，应收账款略有点高，这其实是一种变相培育市场的行为。而应付账款偏低则是一种战略布局的能力，安踏这种"慢收快付"的资金管理理念，折射的是魄力、远见与格局。

我的判断是，如此之下的安踏，其未来发展之路将不可估量。

果不其然，从2004年到2007年的三年间，安踏的销售规模翻了三番，从2004年仅3.1亿元增长到2007年的29.8亿元，净利润更是从2004年亏损840万元增长到2007年的5.3亿元。

这里，我们暂不关注安踏傲人的业绩，我们继续看它的经营效率指标。到2007年上市时，安踏的三项效率指标又是多少呢？2007年，安踏的存货周转天数、应收款周转天数、应付款周转天数分别是44天、11天、51天。客观地讲，除应付账款周转天数稍稍有点高外，其他两项指标都非常优异。随后，应付账款在2008年下降至39天，其他两项指标分别是43天、15天。2008年安踏的销售规模已经达到46亿元，净利润8.9亿元（净利率19.3%），安踏如此优异的盈利能力，和它高效的运营效率能有什么关系呢？

单看安踏的效率指标并没有什么太大的感觉，我们做一个简单对比，也许更有说服力。对比对象选择两家，一家为同时期起步于晋江的同类型家族企业特步，一家是当时风头正旺的行业龙头李宁。

2008年在港交所上市的特步，其2008年存货周转天数、应收款周转天数、应付款周转天数分别是49天、48天、44天。这是特步上市当年的数据，理应是最好的，但2008年特步的销售规模仅有安踏的一半左右（销售28.6亿元、净利润5亿元），可比性并不是很强，毕竟规模越大管理的难度越大。如果取特步和2008年时安踏销售规模最接近的年份，就要看2011年的数据了。

2011年特步的销售规模为55亿，净利润为9.6亿，该年特步的三项运营效率指标数据分别是63天、64天、63天，可见差距之大（虽然特步2011年净利润也有9.6亿元，看似比安踏2008年的8.9亿元高，但通过三项运营效率指标可以看出，特步净利润的含金量远不如安踏。从另一个角度讲，特步有没有可能在同样的时间赶上安踏呢？从数据推导，这几乎没有可能，因为特步如果想要做到和安踏同等的销售，要投入的资源要比安踏多得多，这就远远地超过了特步的承受力，这是特步所没法接受的，原因很简单，就是因为特步的运营效率没有安踏高）。

2008年时的李宁无疑是风头正旺的，当年李宁公司销售规模为66.9亿元，净利润为7.2亿元，李宁当年这三项效率指标分别是61天、48天、69天，要比安踏逊色很多。说实话，没有对比就没有伤害，拥有高效运营能力的安踏公司无论在赚钱能力上还是在盈利质量上都要比特步、李宁强很多。2008年是中国奥运年，也是中国体育用品行业发展的巅峰之年，这一年，安踏已经悄然超越了李宁，超越了特步等一众晋江系的兄弟们。

安踏真正成为行业老大，是在 2011 年。

当年安踏公司实现销售 89 亿元，净利润 17.3 亿元，三项运营效率指标分别是 38 天、26 天、37 天，远高于同时期的李宁，毫不夸张地说，这时李宁公司（的经营能力）与安踏公司已经不在一个层次上了。到 2017 财年时，安踏公司实现销售 166.9 亿元（是李宁的 2 倍左右），净利润 30.8 亿元（是李宁的 6 倍），三项运营效率指标分别是 75 天、41 天、51 天（顺序依次为存货周转天数、应收款周转天数、应付款周转天数，下同）。

2018 年上半年，安踏公司半年实现销售 105.5 亿元，净利润 19.4 亿元，三项运营效率指标分别是 83 天（同期 68 天）、35 天（同期 39 天）、49 天（同期 49 天），除存货周转天数出现较大幅度的增长（增长了 15 天，增长率为 22%），另两项指标还出现一定程度的下降，说明安踏公司的运营能力并没有下降，主要原因是 2018 年上半年安踏公司的销售业绩出现了高达 44.1% 的增长所致（高增长需要高投入）。

3. 行业中的地位

最后，看看安踏现在行业中处于什么位置？

同样，还是找上面提到的两家公司来做对比。2017 年，李宁公司销售 88.7 亿元、毛利率 47.1%、净利润 5.1 亿元，三项运营效率指标分别是 80 天、52 天、83 天。特步公司销售 51.1 亿元、毛利率 43.9%、净利润 4 亿元，三项运营效率指标分别是 75 天、130 天、122 天。安踏公司销售 166.9 亿元、毛利率 49.4%、净利润 30.8 亿元，三项运营效率指标分别是 75 天、41 天、51 天。

对比之前，有一个误区需要特别说明一下，很多人喜欢把两家（或几家）同类型公司的数据放在一起进行"数学"对比，就是用较大的数据和较少的数据进行简单的数学除数后对比，从而得出自己想要的结果。显然，这样做是不对的，既不客观也无意义。

像 2017 年安踏公司的销售规模是李宁的 2 倍、是特步的 3.2 倍，是否意味着安踏公司就是要比李宁公司"强"2 倍、比特步公司"强"3.2 倍呢？当然不是。如果用净利润数字进行简单数学除数对比的话，这之间的差异会更大，安踏公司的净利润是李宁公司的 6 倍、是特步公司的 7.7 倍，这又该如何理解呢？这中间，仅有毛利率的差距不是很大，安踏公司最高是 49.4%，李宁公司是 47.1%，特步公司最低也有 43.9%。为什么它们之间销售规模的差距没有净利润的差距大，而它们之间的毛利率数字还非常接近？这时，如果不能正确地掌握这些数字之间的内在逻辑，就无法得出真正有价值的对比结果。

依我说,理清公司之间的"实力"对比是门手艺,如果不能掌握正确的方法,对比的结果毫无意义,因为全是错的。就像这三家看似差不多公司间的对比,销售规模的差距虽然不小,但毛利率非常接近,为什么净利润之间的差距会那么大呢?有读者会说,这肯定是因为它们之间的费用率差距较大所致。这种说法有一定的道理,但并不对,我们还是来看具体数据。

安踏、李宁、特步三家公司2017年度的费用率分别是28.2%、42.5%、32.%,差距虽有,但还是没有到整倍数。费用率是指费用总额占销售的比例,有时,只看费用总额也难窥全貌,如果逐一细看,数据量太大不说,还很容易因不同公司的记账口径不一,导致失去了对比的意义。

这时,就要关注既是重点科目、口径又相对统一的子费用明细,比如这三家公司的广告费、产品研发费和员工成本。按顺序,它们三家公司的广告费、产品研发费和员工成本占销售的比率分别是10.6%、2.8%、12%;11.1%、1.9%、10.2%;12.9%、2.8%、12.1%。像广告费的支出比例,安踏是最低的(这当然有规模效益的因素),销售规模最小的特步居然是支出比例最高的(成效一般),而产品研发费支出占比安踏最高(绝对值更高)。

在对这三项细分数据进行对比后,多少能看得出为什么安踏的市场竞争力在三家中是最强的,拿广告费支出一项来讲,由于安踏拥有绝对的市场份额,在同等比例的广告支出下,实际支出的绝对值要远高于李宁和特步,这时,安踏收获的不仅是市场知名度的提升,还会间接地把竞争对手给拖死。这中间,大家员工成本项的占比差距并不是很大,结合其他两项略有差距的费用,好像还看不出绝对的差异,这时,只能进一步往下挖了。

链接:像产品研发费,安踏的投入占比只比李宁、特步高出一点点,但仍会享有巨大的优势。理由很简单,这三个品牌每年投向市场的产品SKU基本差不多,但因安踏的销售基数大,由此投入的产品研发费总额就要比李宁、特步高出很多,单款的研发投入要远高于李宁和特步,安踏产品的竞争力自然会越来越强。

4. 成功的逻辑

看来,真实的差异还"藏"在它处,为把问题讲清楚,先讲一个故事:

假设,A、B两家上市公司,销售规模相当、毛利率一致、费用基本也差不多,以此推算,它们两家公司的净利润也应差距不大,但是,它们在A股的市值却差别很大，A 公司要高出 B 公司很多（以倍数计），这是为什么呢？

　　或者换一种方式来说，还是上述两家规模相当的公司 A 和 B，假设它们同样投入一笔资金（假如都是 1 个亿），去做同样的事（产品研发、广告投入或者市场营销等），最后取得的收益是 A 公司要远远好于 B 公司，这又是为什么？

　　前一种假设场景中，虽然两家公司取得的收益看似一样，但是它们为取得此收益投入的资源可能截然不同。像销售、毛利率、费用、净利润都是损益表中的数据，非常直观，很容易看清，但并不能反映两家公司的经营本质。有可能 A、B 两家公司的销售规模看起来一样、盈利能力也一样（其实含金量不一样），但是 A 公司为此投入的资源要远远低于 B 公司，最终 A 公司的市值高于 B 公司也就不奇怪了。

　　也就是说，B 公司的销售虽然和 A 公司一致，但却有大量的应收账款，虽然它们之间的毛利率一致，但 B 公司的期末库存余额却比 A 公司高出很多，B 公司为了能做更多的销售，投入了更多的产品资源，因销售现金回款不足（成了应付账款），拖欠供应商的货款也就越来越多（应付账款越来越多）了。所以，公司间对比的维度不能仅限于销售与净利润，还要看库存（即投入资源量）、应收账款（即销售能力）及应付账款（即供应能力），这三个数字转化一下就是存货周转天数、应收款周转天数、应付款周转天数三项被称之为运营效率的指标。

　　后一种说法也很有意思，两家公司（也可以想象成两个小组）投入相同的资源，为什么最终产生的效益会有很大的差异呢？比较通俗的解释是赚得多的公司的运行效率要比赚得少的公司高，同样是 1 个亿的资金，A 公司二个月不到就能完成"钱变成产品再变成钱"的循环，而 B 公司却要 6 个月甚至更长时间才能完成这个过程。因为毛利率一致，A 公司每完成一次这个过程，就能实现 49.4%（安踏公司的毛利率）的毛利率，一年间能实现 6 次以上（就是能赚取 6 次毛利率后的毛利润）的周转循环，而 B 公司只能实现 2 次左右（只能赚取 2 次毛利率后的毛利润）。

　　这样，一年下来，A 公司赚的肯定要比 B 公司多得多了。所以，看似差不多的结果，蕴藏的商业本质却截然不同。可能故事里的 A 公司就是安踏公司，B 公司则泛指包括李宁、特步在内的其他同类型的公司。

　　无论是在销售与净利润一致的前提下，追求更低的期末库存、应收账款及应付账款，还是同样一笔投入，最终能创造出更多的效益，背后所需要的都是高效的企业运营。

　　可是，话又说回来，哪家企业（的老板）不想让自己企业的运行效率高呢？想归想，但能否做到却是另外一回事了。从 2004 年开始，安踏的运行效率（数字）就很高，一直持续到现在，这不能不说是一个神话。

　　某种意义上讲，企业的运行效率就是企业的商品运营效率（存货周转的效率）。

我们经常听到有人说,企业的商品运营效率就是指企业的销货能力,这话说的没错,关键是企业的销货能力并不是狭隘地指零售终端的销货能力。零售终端的销货能力就像足球比赛时最后的"临门一脚",大家看到的成绩似乎就是球队前锋的神奇一脚,但事实远非如此。前锋能成功地把球踢入,除前锋本身的能力强外,更重要的是整个球队所有成员的共同协作、全力配合所致,如果其他球员不能把球传到前锋的脚下,前锋的能力再强也是白搭,因为他根本无球可踢。

在商品销售层面,店铺本身的作用当然重要,但更重要的是公司的整体运营能力(要强),从商品企划开始,到产品研发、产品设计、计划预算、生产管理、物流配送、商品数字化管理、销售运营、店铺管理及 IT 系统、互联网思维等每一个环节都要强,否则都会影响到最终的商品运行效率。遗憾的是,太多企业看到的仅是店铺本身,以为做好店铺就"必然"会带来好生意,一时大家都疯狂地跑去开店,都要渠道为王,然后,再拼命地去投广告(过去,坊间传闻是谁家舍得投广告谁家就能做成品牌),甚至有的把精力放在店铺的硬件改造上,耗费巨资去做店铺装修及货架改良(当然都是打着增强用户体验的口号),等等。这种本末倒置、是非不分的做法,必然会使企业付出沉重的代价。

我曾长期在市场一线工作,我非常清楚地知道,店铺生意好不好,既不是简单的渠道数量的问题,也不是店铺装修、广告投放的问题。当生意出现问题,一定是"产品"出了问题,这个"产品"可能是产品企划出了问题,也可能是产品品质、定价、市场分配、物流时效、店铺陈列、产品推广、市场营销和数据管理出了问题。在"产品"出现问题时,最忌讳的就是等待,恰恰中国企业的经营者们是最喜欢等待的,像对待自己的"亲生儿子"那样,梦想着总会慢慢好起来的。就这样,在毫无意义的等待中,商机悄然流逝。其实,流逝的不仅是生意,还会产生库存的积压及公司运营效率体系的缺失。如果生意不好(未达预期),最正确的做法是立即采用"双管齐下"的方法(我命名的),即价格杠杆处理+同步找寻问题的根源。

立即采用价格杠杆处理,主要目的是把滞销商品快速地处理掉,滞销商品一旦积压将毫无价值。从世界范围看,但凡成功做大的品牌,无论是奢侈品,还是一线高端品牌,包括大众化定位的品牌,对待滞销商品的"态度"几乎都是一致的,即快速处理掉。没有任何一家"惜滞销货如金"的品牌能做大做成功的。反观国内企业的做法却完全相反,绝大部分中国企业都是惜货如金,企业老板喜欢把库存当成资产,前些年甚至有的(上市)公司三年(含)以上的库存占比竟高达 50% 以上,最终导致企业越做越重、越做越累。

同步找寻问题的根源,是提升与建立企业运营效率的捷径,一季产品卖不好,其实很正常,我们经常能看到财经媒体报道某某国际知名品牌出现股价下跌,原因是出现了季节性的业绩下滑，但是很快，这些企业在下一季又出现了业绩反弹，原来下跌的股价又涨上去了。原因是这些企业在出现季节性业绩下滑时，都能"快速、准确"地找到具体原因，然后快速地解决，力求在未来不要再犯同样的错误。

生意不好的具体原因有很多，可能是产品企划的问题，也可能是产品品质、定价、市场分配、物流时效、店铺陈列、产品推广、市场营销等某一类（或几类）问题，如果找不到具体问题去解决，把精力放在规模扩张（如开店、收购兼并）、品牌推广（如广告宣传）上，不仅问题得不到根本性解决，还会导致和这一问题相关的工作能力得不到及时提升。长期下去，这些不足的工作能力会进一步退化，竞争力就会越来越弱。

更可怕的是，规模扩张、品牌推广所带来的短期业绩提升无异于饮鸩止渴（会掩饰真正问题），最终都会让企业付出更大、更沉重的代价。2010年前后，一家南部某省知名上市公司邀请我给他们的中高管做一次有关"商品企划＋绩效预算"方面的培训（出于众所周知的原因，这里隐去该企业的名称），培训期间，我得知这家年销售规模高达数十亿元的港交所上市公司，居然连一套正规厂商的ERP系统（企业资源管理系统）都没有！我很震惊他们的业务是怎么能做得如此之大的，又是如何管理商品的进销存的。该公司的管理层告诉我，老板只要求他们控制好成本，把产品做好即可，其他的都不重要。

讲课结束后，我礼节性地告诉这家公司的老板，无论如何都要上一套SAP的ERP（SAP是德国的一家软件公司，现已被微软收购，是全球做ERP最好的公司）。未来公司间的竞争，不仅是产品间的竞争，还是数据资源的竞争，是数据管理及数据使用能力方面的竞争，上一套能把公司系统数据管理起来的IT系统非常有必要。

最后，我并不知道这位老板是否听明白了我的建议与忠告，我也不知道他们企业最终有没有上SAP的ERP，不过，从今天他们公司的市场地位来看，估计他们是没上或上了但并没有发挥出应有的作用。

5. 安踏方法论

公司经营产生的所有结果（或问题），都体现在三项运营效率数据上。

安踏公司从2004年起，存货周转天数仅26天，虽然那时销售规模并不是很大，但这已算"宇宙速度"了，安踏凭什么能做得如此神速呢？

这其实和安踏公司的创始人丁世忠的背景有关。安踏公司的高效运营能力，是建立在丁世忠了解市场、熟悉市场、尊重市场的基础上的。不同于晋江过去历代鞋王都擅长生产加工制造，以能做出一双好鞋为荣，丁世忠的创业故事更为简单，他是地道搞销售出身的。在安踏公司的官宣中就有这样的记载,早在二十几年前,年轻的丁世忠凭借几千元钱开始闯荡江湖,并最终建立起庞大的安踏"商业帝国"。一直身处市场一线的丁世忠,敏锐地发现真正的生意逻辑并不是要把鞋生产得有多好,而是要能生产出消费者喜欢的鞋,然后快速地卖给他们。这就促使安踏哪怕还是在做贴牌加工生产及纯批发业务时,安踏的鞋也一定是最好卖的。

从 2000 年开始做品牌时,丁世忠对自己及团队的"底线"要求是,无论生产什么鞋(产品),最终都要能快速地卖掉,如果不好卖,原因一定是鞋没有"做"好,问题一定来自内部,一定要把问题找到并解决掉。如此市场化的要求使安踏快速地建立起符合市场需求的经营基因。产品卖不好,如果正视问题,是很容易找到原因的,就像踢球,如果球传到了前锋脚下,但前锋始终踢不进去,这一定是前锋有问题;如果球传不到前锋脚下,则一定是球队内部的团队协作出了问题;如果被对方球员破门而入,肯定是内部的防守有问题了。只要层层细挖,肯定能找到最终的具体原因,知道了具体问题,教练就能有针对性地去解决点上的问题,从而建立起一支能赢得比赛的球队。

生意好不好,等产品到了零售终端,等于到了最后的临门一脚环节,高质量的店铺及高效的运营管理远比庞杂的、无序的、毫无经营能力的"渠道为王"强。早在对手们疯狂开店抢占市场时,安踏及丁世忠创造性地提出对"店铺素质"的认知,认为店铺本身的经营能力要强,这远比店铺数量重要。

当时,其他品牌都在学习模仿美国耐克公司的期货制,大部分品牌采用"从上至下"的计划经济订货模式,由总部先确定总体增长目标,然后按照数学平均(占比)的方法,把任务分解给各位经销商。如果经销商的现有销售渠道无法消化公司总部分配的货品订单,唯一的办法就是再开新店,这些新开店铺的铺场需求能消化掉多余的库存,至于能不能卖得掉就不重要了(起码是不在公司总部管理层的考虑范围内)。

就像我前面说的那个实例,那可是一家年销售规模数十亿级的上市公司,它居然连一套基本的 ERP 系统都没有,又怎么可能及时、适时地掌握零售终端的具体销售情况呢?! 安踏也是实现期货制,只是订货方式是倒过来的,安踏采用的是"从下至上"的订货方式。具体订货时,不是以经销商为单位,而是以具体每一家零售店铺为单位进行订货(这可是十五年之前的事)。公司要想实现总体增长,必须确保每一家零售门店都要有增长,这样汇总起来公司就有增长了。

如何做到让每家零售门店有增长呢?

这里涉及一整套具体的管理技术与标准,并不是说安踏公司的经销商比别家的经销商更聪明、更专业,而是安踏公司的经营团队对自身的要求更高。想帮助经销商做好生意，自己首先要懂得如何做生意。丁世忠先生要求每一位安踏的销售主管、部门经理、区域经理及分管领导都要非常熟悉市场，不说要比经销商及他的店长强，起码要和他们处在同样的水平上，然后这些市场管理者会以经营者的思维去思考市场的经营问题，能从公司全局及区域市场的角度去制定靠谱的、可执行的订货计划。

在安踏公司，市场代表着一切，公司内部所有的工作都要围绕着市场转，高水平的一线市场经营队伍（由经销商和公司市场销售部门组成），倒逼公司内部各个部门都能基于公司的整体计划、市场实际需求及本部门的专业职责，去完善工作流程，确保本部门的专业能力和工作效率不会拖公司的后腿。所以，在安踏公司，一季产品卖得不好，很快就能找到具体原因，找到具体原因后，就能快速地予以解决。

安踏公司的做法，符合美国管理学家劳伦斯·彼得（Laurence J.Peter）提出的"木桶原理"：一个木桶能装多少水，取决于最短的那块木板，如果想装满水，必须每块木板都一样平齐且无破损。

安踏公司的竞争力来自公司内外的每一位经营者，来自各专业体系，更来自于组织整体的高效协同，这是安踏实现从优秀到卓越跨越的根本原因。

一个有趣的现象是，"木桶原理"被很多专家甚至企业主解读成什么"长板理论"，说什么企业要学会扬长避短，做大后再扬长补短云云。做企业不是搞哲学，更不是耍嘴皮子，靠的是真才实学，如果把时间拉长、空间拓宽，在世界范围内几乎没有一家企业依靠所谓的"长板理论"能做成世界 500 强的，企业最终能做多大，完全取决于自身全部木板能有多长。

直到今天，安踏公司仍保持着旺盛的活力，安踏已经建立起一支充分市场化的经营者队伍、建立起一套高效的现代企业管理体系、建立起符合公司长期发展的战略思维能力，值得中国所有的（尤其鞋服）企业借鉴与学习。

链接：我本人并不是安踏品牌的目标用户，对安踏品牌的产品没有实际的用户体验，为获得更接近事实的评论，我专访过不少于 10 位安踏品牌的用户。他们的职业有零售营业员、饭店服务业、房产中介及保险经纪人等，其中一位是我的侄子，他们对安踏品牌的评价是产品质量明显好过其他同类品牌（指运动鞋）。这个结论其实不难理解，表面上看，安踏品牌的产品售价与毛利率和国内主要竞争对手相当，大家的成本理应是一致的。在成本一致的情况下，产品的原材料采购价应该差不多，所以大家的产品品质也差不多。但事实并非如此，安踏比竞争对手有两个巨大的优势，一个是效率优势，一个是规模优势。效率优势是指安踏品牌的产品周转速度比竞争对手更快,规模优势不言而喻,这些都会转化为成本优势。

　　这样,真实的结果是,同样售价＋毛利率下的"相同成本价",安踏能采购到比竞争对手更好的原材料(竞争对手如果也采购安踏产品所用的原材料,实际付出的成本要高于安踏。也就是说,同样的成本支出,安踏采购的原材料的品质要比竞争对手好,所以,在产品售价相同的情况下,安踏产品的材质是好过竞争品牌的),其产品品质比竞争对手好也就不奇怪了。

无与伦比的老板能力

　　北京大学网红教授陈春花在 2018 中国企业竞争力年会上说,检验企业的可持续发展,主要看三个层面:效率与价值层面、推动进步与承担责任。陈春花教授还提出了一家优秀企业的 8 个特质,分别是成长性、创新性、领导层、全球化能力、治理结构、产品及技术、价值链、环境匹配力都要强。

　　陈教授从理论层面系统地指出如何构建企业的核心竞争力,结合我的思考与安踏公司的实例,我觉得企业核心竞争力的本质就是经营团队整体正确做事的能力,这中间最重要或者说第一重要的,一定是领头人即老板的做事能力了。老板的做事能力,不仅指老板亲自落实一件事的能力,还包含老板拍板决策的能力。

　　安踏老板丁世忠的身上有太多的传奇"故事",尤其在企业发展处在重要的战略拐点时期,丁世忠总能做出精准的判断与高效的决策,这些决策就像在一列高速行驶的动车上又加持了一台大功率发动机,促使安踏以更快的速度奔跑。很多媒体喜欢把一家企业的成功归属于企业创始人做对了几件大事(比如大手笔的营销行为),那样很有传奇色彩,但这些报道或真或假,并不深入,对真正想研究与学习的同行其实并无价值。下面,我通过对几件具体事件及事件的背后逻辑进行剖析,来深度认识这位拥有无与伦比能力的老板,看看他的方式能对大家有什么启发。

1. 战略并购的能力

　　第一件事,说说丁世忠先生在战略并购方面的决策能力。

　　2018 年 10 月 11 日,安踏公司在港交所正式发布公告,称将领衔一批金主共同出资收购 Amer Sports(简称亚玛芬体育)。

　　亚玛芬体育是一家成立于 1950 年,总部位于北欧芬兰的大型高端专业体育及户外用品集团,旗下拥有包括顶级户外品牌"始祖鸟"在内的十几个专业体育用品、户外用品品牌，2017财年亚玛芬体育实现销售26.8亿欧元。

　　根据安踏公司后续披露的几则细则公告，此次收购涉及的资金总量将高达46亿欧元，约360亿人民币（按公布时汇率计算），这笔巨额交易对年营收仅166.9亿元（2017年）的安踏而言，需要的不仅是勇气、魄力，还有胆略。不同于以往的品牌收购都是由安踏独自出资完成（如从百丽公司买下FILA等），这次安踏很慎重，安踏联合了方源资本、Anamered Investments及腾讯共同组成投资财团（将通过新成立的Mascot Bidco Oy公司）完成收购，预计安踏将持有57.85%的股权（此数据为资深消息人士及财经媒体透露的，未经考证），成为新公司的第一大股东，收购成功后，安踏也将成为亚玛芬体育的第一大股东。

　　客观地讲，安踏的这次收购，外界并非都是叫好声，甚至在12月7日收购要约明细公布后，某投资银行还专门调低了安踏公司的未来股价预期，主要原因是担心安踏能否顺利地"消化"亚玛芬体育这头巨象。

　　如果纯粹从现金流的角度看，这次收购的确是大手笔，截至2018年6月底，安踏公司自由现金流净额为90.2亿元，而完成这次收购安踏需要承担近210亿元（根据财经媒体披露的股权占比推算出），远远地超出了安踏的支付能力。当然，安踏是上市公司，可以用股权进行各种形式的有息融资，包括发行更多的股票。我觉得，钱（资金）的问题肯定不是丁世忠首要考量的问题，我的思考是，他凭什么有把握能做成这件事？

　　遗憾的是，除安踏公司的官方公告外，目前丁世忠还没有接受任何专访就此事进行进一步说明。

　　虽然A股不乏各类投资收购、资产重组的现象，以我的看法，真正有眼光、有魄力且有可能有能力做成的（以收购成功为前提），非这件莫属。

　　在剖析安踏的这次重大收购事件为什么能成功前，我先简单说一段真实故事，故事主角是韩国的三星公司。今天，韩国三星集团是世界级著名的大型跨国公司，其业务范围涉及电子、金融、机械、化学等众多领域，在韩国国民经济中占据着重要的地位，对韩国三星集团相关资讯感兴趣的读者朋友可以上网查询了解。

　　我要讲的故事发生在十多年前，在一次某地方政府与企业共同举办的针对地方优秀企业高级经理人的研修班上，受邀讲课的郎咸平教授讲了一堂"企业的自主创新战略"课（因时间较久，记得大概是这个名字），当时郎咸平是香港中文大学教授，是那个时代最大的头部网红级知名教授兼经济学家。课程的具体内容我已经记不起来，不过他说的一个例子我到现在还记忆犹新（这是一个真实例子，后来我到韩国出差时，还专门询问过三星公司的高管，证实确有其事）。

　　当时郎教授说，经过他的研究，发现真正引导世界潮流的新兴企业中，最成功的 IT 公司是韩国的三星电子(三星集团的子公司。把三星电子公司定义为 IT 公司未必精确,仅供参考,且那时的苹果公司还没有现在这么牛,中国的华为公司也没有现在这么厉害)。三星电子最成功的早期战略是——用买技术取代阶段零研发,走仿制之路。这个战略的制定者和践行者是当时三星电子的董事长李健熙。

在 20 世纪 80 年代末期,日本和韩国都在进行科技行业的产业升级,一般的公司都热衷于从阶段零开始做研发,但三星不做阶段零的研发(所谓阶段零是指企业自身没有任何技术与专业基础,从零开始做)。日本企业全部搞阶段零的研发,所以在研发上的经费投入就非常多,像索尼公司在阶段零的研发投入竟占整个研发投入的 62%。李健熙先生说:"花 7 亿韩元能买到的技术,要是在阶段零研发就得花 20 亿韩元,还要耗费两三年的时间,太麻烦了,还担风险,不如把对方的技术买过来……"。

郎教授的这番话哪怕搁到今天,也不能说有什么问题,最多只能说是各有优劣,要视具体企业、不同阶段及社会环境而定。

回到鞋服及零售行业,中国企业太喜欢所谓原创了,喜欢按照自己过去的成功经历去原创一个自以为会成功甚至能做大的品牌。事实当然远非想象的那么美好,绝大部分已经成功的企业再原创一个新品牌基本是以失败而告终,极少数还存在的也几乎没有什么影响力,更谈不上有什么多大的前途。

以安踏今天的条件,再原创一个或多个品牌,要比绝大多数中国企业容易得多(无论是资本优势还是管理优势),但是,安踏并没有这样做(不包括童装等)。安踏不去随意原创一个新品牌,非常像李健熙先生所说的"不要去做阶段零的研发",做品牌不是简单地去开几家店,更不是去随意注册一个商标,再做一盘货就行的。做品牌需要可持续发展体系,这套体系需要经过长期积累才有可能形成。

今天,安踏的企业战略非常清晰,即"单聚焦、多品牌、全渠道"战略,安踏旗下已拥有主攻滑雪、综训和跑步的高端体育用品品牌迪桑特(DESCENTE)、运动时尚品牌斐乐(FILA)、儿童运动时尚品牌斐乐儿童(FILA KIDS)、儿童时尚用品小笑牛(Kingkow)、户外体育用品品牌可隆(Kolon Sport)、健步鞋斯潘(Sprandi)、安踏、安踏儿童及休闲篮球体育用品品牌 NBA 等一众定位不同的一揽子品牌。除安踏品牌及安踏儿童品牌外,几乎都是收购而来,且都发展得不错。

除主品牌安踏外,这里面最主要也最关键的品牌是 FILA。

FILA 是 1911 年创建于意大利的时尚运动服饰类品牌,2005 年被百丽集团收购后进入中国市场,到 2008 年时 FILA 在国内有 50 家左右的专卖店,年亏损高达3 900 万元。

2009 年 FILA 被安踏(从百丽集团)收购后,正好经历了中国体育运动行业的调整期,面临的发展局面并不是很好,面对外界及公司内部的不同声音,丁世忠看得非常清楚,安踏要真正做成一家有国际影响力的大公司,品牌收购这条路是一定要走且一定要走成功的。由此,他亲自定调 FILA 品牌的发展规划——FILA 要遵循自身原有的时尚基因,把品牌定位做到位,注重产品品质与品牌形象,在控制好发展节奏的基础上稳扎稳打,集团公司要加大资金预算与投入,除学习安踏本部的运营效率外其他一切保持独立发展。这样,在行业调整期一结束,从 2014 年开始,不仅 FILA 品牌有了良好的发展,还成了安踏公司的业绩驱动器。

虽然安踏公司没有具体披露 FILA 的销售数据,但 2017 年 FILA 在中国市场拥有 1 086 家专卖店,已经发展成为安踏公司的第二大品牌。安踏公司计划在 2018 年把 FILA 的渠道发展目标设定为 1 300～1 400 家,FILA 已成中国本土最成功、最大且定位(最)高端的大众时尚运动品牌,根据 FILA 的产品价格定位及其渠道质量,今天 FILA 的市场规模保守估计不会少于 50 亿元。

链接:据我了解,就现阶段来讲,无论是原创的第二品牌还是被收购的境外品牌,做得最成功的仅有三家企业,分别是安踏(的 FILA)、中国动向(的 KAPPA)及森马(的巴拉巴拉),这三家公司之所以能把第二品牌或被收购的品牌做好,是因为有几个共同特征,比如企业的决策者要有耐心、遵循事物本身的客观规律、保持相对的独立性等。

以安踏举例,在 FILA 被收购后,丁世忠作为老板很清楚要想快速地使 FILA 做大并能盈利是不太现实的,毕竟 FILA 在百丽手里做了三年都没有做好。FILA 作为一个拥有意大利时尚基因的品牌,在中国市场能否做好的前提并不是快速地发展渠道,而是要理解中国消费者,只要能设计、生产出受中国消费者欢迎的产品,保持高效的运营服务能力,做大规模是水到渠成的事。

FILA 被安踏收购后的前三年发展并不是很理想,丁世忠考虑得很清楚,哪怕是在过去,花三年时间去原创一个新品牌也是不可能成功的,更何况在当今竞争更为激励的市场环境下。他认为只要遵循品牌、企业的客观规律,做不成是不应该的,肯定是哪些方面没有想到或者没有做好。老板有此务实的心态,哪有做不成的道理。

再回到这次收购亚玛芬体育这个项目上。

在安踏发布 2018 年三季报后,丁世忠以安踏体育主席兼 CEO 的身份表示:安踏正在着力"走向世界",向世界输出安踏的品牌文化,是安踏体育积极实践战略布局全球化的重要一步。

安踏的国际布局，我认为一定是通过收购兼并全球性的公司来完成品牌国际化（起码第一个阶段是这样）。同时继续聚焦运动装备产业，以多品牌战略满足不断细分的消费者需求和使用场景。

这次安踏领衔收购的亚玛芬体育，成功地经营着众多国际知名的体育用品和设备品牌，并在品牌管理、分销渠道多样化、产品研发、产品质量及财务表现方面都有着自己的优势，在这些方面如果去做所谓的"阶段零研发"几乎没有任何成功的可能，包括把安踏品牌直接（以开店的方式）输出去都未必是最优的方案，起码所需的时间成本就是巨大的。亚玛芬体育的多元化品牌组合与安踏集团的多品牌战略不谋而合，相信这才是丁世忠所看到的并愿意去做的。

对被收购品牌文化与理念的整合一定是艰难的，但在安踏及丁世忠务实、求真的经营理念下，相信再难也是一定要走下去的，况且对安踏而言，可能未必真的会很难。在本书完稿时，这项收购才刚刚开始，安踏的国际化之路也刚刚开始，值得高兴的是，中国鞋服企业的真正国际化之路终于开启了，我们先祝愿安踏成功。

2. 正确决策的能力

第二件事，说说丁世忠的"独特"做事方法。

今天，安踏已是中国最大的体育运动品牌集团，丁世忠做的每一件事都是大事，都是大手笔，做好这些（大）事更需要企业实力，所以说，今天的安踏或丁世忠在做什么，对同行的参考价值不是很大。

过去，丁世忠做出过无数个令人赞叹的要事与大事，但最值得一说的还是他第一次做出的那个重大商业决策所需要的远见、胆略与魄力，因为在那个时代、那个时点、那个阶段，如果那次决策没有成功，今天就没有安踏了。

1999年，已经做了8年贴牌加工兼批发生意的丁世忠刚满29岁，一直身处市场一线的丁世忠敏锐地发现当时中国大消费市场扩容的时代正在快速开启（国家为刺激宏观经济，推出了像住房按揭、西部大开发、鼓励出口外贸等多项有着长远意义的重大决策），他觉得不能安于现状只做生产加工生意，要做更有意义的大事（那个时代的丁世忠还没有要做世界品牌的梦想）。

从1991年父子三人（丁和木、丁世家、丁世忠）共同创建安踏开始，加工生意一直做得不错，钱也有得赚，从过过小日子的角度，已经很好了。当时，丁氏父子的生意在晋江做得小有名气，尤其是丁世忠虽然年纪最轻却很有思想，坊间传闻，年轻的丁世忠多次和朋友们聊天说起要做自己品牌的梦想，估计他的那些小伙伴们当时觉得这位"孩子王"有点作，好好的没有风险的贴牌生产生意不做，要做什么品牌,到时赚到的是钱还是库存就说不清了。

丁世忠可不是随便说说的,丁世忠说服了父亲和兄长,他要请一位体育明星来做品牌代言人。据说当时家庭会议的预算是尽量不要超过100万元(接近当年净利润的一半),如果这笔钱花出去没有效果,就当交个学费,然后继续老老实实地"回家"做贴牌加工生意。

丁世忠很有眼光,他寻找的第一位品牌形象代言人是孔令辉,孔令辉是那个年代乒乓球界的世界级巨星。这里有一个重要细节,在传统体育领域,我国的乒乓球项目有非常强的竞技能力,在普通老百姓的生活中也有很大的影响力,那时打乒乓球的人远比现在跑步和打篮球的人多,这或许是丁世忠当时选择孔令辉作为品牌形象代言人的主要原因。

有意思的是,当丁世忠以80万元/三年的代言费签下孔令辉时(当时行情是国内影视明星、体育明星的代言费低于港台娱乐明星,这个价格在当时并不是很高),整个家族成员都松了一口气,因为费用控制在总预算之内。很快,丁世忠更忙了,在丁世忠看来,签约孔令辉仅是开始,要想把孔令辉的明星效应发挥到位,广告与推广一定少不了,否则签约将毫无意义,80万元的代言费也就白花了。

20世纪末至21世纪初,央视是中国最优质的广告资源平台,如果能在央视做广告,品牌就能做得起来,当然代价肯定不菲。丁世忠的预算是300多万元,这对当时的安踏而言,无疑是一笔巨大开销(并不是网上传闻的天文数字,那时安踏一年能做几千万的生意,300万元对丁氏父子而言并不是什么大钱,只是花这笔巨款去做效果难测的广告,而不是去建厂房买设备,当时其他的家族成员是很难接受的)。丁世忠的说法很简单,80万元已经花了,如果没有这300多万元(的广告费),真的就打水漂了。

从结果看,丁世忠是幸运的,在安踏邀请孔令辉代言的第二年,即2000年悉尼奥运会上,孔令辉一举夺得乒乓球男单冠军,当孔令辉身着安踏运动服亲吻国旗的画面定格在千家万户的电视上时,安踏一举成名。

有意思的是,孔令辉在2000年夺得悉尼奥运会男单冠军后状态开始下滑(于2006年退役),安踏却迈入了品牌的快速发展通道。

就像当今社会大家都在谈互联网+一样,那个年代做品牌签约明星就是"明星+",制造业、零售业、服务业,甚至金融业这些传统行业,与互联网的关系本质上都是"本业+互联网",互联网只是技术赋能,那个年代品牌签约明星的本质就是"品牌+明星"。也就是说,签约明星是品牌获得了一项"技术"赋能,这项"技术"赋能能否发挥出更大的效益,关键还是要看企业本身。

试想一下,如果当初丁世忠没有花300万元去做广告,孔令辉夺冠对安踏品牌的传播(效果)将微乎其微。今天,签约明星代言人后再投入一定预算的广告推广似乎成了标配型的品牌运作策略,但在 2000 年前后绝对是大胆创新,当时包括晋江本地品牌在内的很多国内鞋服类品牌,都热衷于签约明星作代言人,但在品牌推广和广告投放上却极为保守(甚至吝啬),最终没有效果也就不奇怪了。

在安踏,除了签约孔令辉及大量的广告投放外,事情还远没有结束,因为资源再好如果不懂得运营,尤其是高效的运营,乘数效应也是发挥不出来的。

在丁世忠眼里,他要把所有的附加价值都发挥到极致。那个年代的丁世忠号称拼命三郎,签约孔令辉后,从确定品牌定位(宣传角度),到广告创意、广告拍摄、媒介投放,再到营销层面的招商政策、产品计划、店铺形象、管理服务等,丁世忠都是亲自参与并督促完成,而这些又恰恰是很多企业老板不愿意做或不屑于做的,丁世忠在打造品牌的同时,也打造了一只有超强战斗力的品牌运营队伍,安踏高效的运营基因从此打下夯实的基础。

其实,类似的事还有很多。在不同的阶段需要不同的资源来助推企业发展,帮助企业跨入更高的发展领域。丁世忠很清楚连锁经营也好,零售管理也罢,终究脱离不了规模经济与效率经济,否则企业的竞争力会非常脆弱,竞争的门槛也会很低。所以,企业的可持续发展一定是建立在规模经济与效率经济之上,才能建立起自己的核心竞争力体系。

2008 年奥运会之前,安踏的发展很快,绝对是中国体育用品行业增长质量最高的公司,但整体规模还不是很大。这时,要想做得更大就需要借助新的“外力”来助推企业,使企业获得新的加速推进剂,得到更快的发展。自然,丁世忠把目标转到更高资源层次的获取上。

2008 年奥运会结束后,阿迪达斯与中国奥委会的独家赞助商合约将在 2009 年结束,中国奥委会将会选择新的独家赞助商,随着中国体育市场的井喷式发展,除原阿迪达斯外,李宁、耐克及包括安踏在内的晋江系运动类品牌都希望能获得这次机会。丁世忠决定要拿下这一千载难逢的机会,据传,在家族成员的内部董事会上,面对家族成员的质疑,丁世忠说了一句话:“还有没有比这个更好的资源?如果没有,就一定要做。”

丁世忠说的这个“要做”大家都懂得,他是要做成的意思,是“不惜代价”要做成的意思。

事实也是如此,2009 年年中,安踏如愿签约中国奥委会,坊间传闻安踏的赞助费数倍于对手(安踏没有披露具体金额,市场预测约在 5.5～6 亿元间,当年联想集团是 2008 奥运会 TOP 级赞助商,联想的赞助费是 6 500 万美元。2008 年度安踏的销售额是 46.2 亿元、净利润是 4.4 亿元)。安踏敢用超过当年净利润的资金去赞助中国奥委会，拿下中国奥委会的独家赞助商资格，不得不说是背水一战（从企业出价的底气看，安踏秒杀所有的对手）。但丁世忠是有底的，安踏自 2004 年计划上市以来，从 2005 年开始实现了连续三年业绩翻番的发展。至 2007 年上市时，销售规模已达 29.8 亿元，2008 年的奥运年进一步增长 55%，至 46.2 亿元，到 2009 年时增长率略有下滑（增长 29.2%）。虽然增长率有所放缓，但安踏打造的高效经营体系完全有能力做更大的事业（据说，丁世忠是一个学习意识超强的人，他曾亲自登门向当时国内最大的鞋业零售公司百丽的老板请教过如何做零售，也曾约过李宁欲讨教何谓体育精神。丁世忠学习与请教过的人还包括达芙妮的老板、原阿迪达斯大中华区总裁等），安踏需要新的助推剂才能实现这一切。

2009 年拿下中国奥委会独家赞助商（当年还从百丽集团手里把 FILA 品牌买了下来）后，安踏开启了新的增长，2010 年增长 26%，2011 年增长 20%。

从 2012 年开始，因整个行业都受到宏观经济欠佳的冲击，加上企业自身的问题，安踏也陷入了长达两年的调整期。在中国体育用品市场，2012—2013 年间的调整非常残酷，除耐克、阿迪达斯及安踏三家企业外，其他包括李宁、百丽等一众大大小小的鞋类企业都陷入了严重的麻烦，要么萎缩停滞不前，要么到现在为止都没有缓过劲来，最夸张的是作为中国曾经最大的零售企业的百丽集团居然从港股退市后被股东们出售了（卖给了私募基金财团。百丽曾被誉为"一代鞋王"，百丽集团曾是中国最大的品牌零售公司）。作为唯一一家能脱颖而出的中国本土企业，安踏的成功一点都不意外。

在别人眼里"危险"的行业调整在丁世忠的眼里却充满着"机会"。丁世忠很清楚，自己的企业还有很大的空间，最好的外部资源（指赞助中国奥委会）已经找到，现在机会来了，正好借这次行业调整的机会，可以再进一步历练好自己的内功，这样，在行业调整结束后，企业必将会上升到一个新的台阶。这就延伸到我们要说的丁世忠所做的第三件事。

3. 战术落地的能力

第三件事，说说丁世忠先生"转危为机"的能力。

一直以来，安踏的产品品质与研发能力都强过对手，这取决于安踏的市场化基因与效率优势（指 2012 年前）。直到 2012 年行业危机来临，安踏的经营模式本质上还是品牌批发（也是行业现状，用丁世忠的话就是"货出仓库就完成了销售，其实货只是从公司总仓移库到经销商的仓库里"），而非真正意义上的品牌零售。也就是说，安踏生意的"好与坏"并非牢不可控，受公司管理驱动的因素太少，对新时代消费者更注重性价比＋体验式的购买需求的了解是远远不够的。

从 2012 年开始,丁世忠开始把主要精力放在了市场上,他觉得公司无论做什么都不能脱离市场,这也是他和其他竞争品牌老板之间的最大差异。

在行业调整的 2 年时间里,大部分竞争品牌的老板要么收缩战线控制发展,要么裁撤编制缩小规模,而丁世忠选择了一种主动出击的方式——重启变革。他要借这次难得一遇的机会把安踏彻底打造成一家零售管理型公司。

据安踏的经销商回忆,丁世忠非常敬业,他分批带领公司中高层干部几乎把全国主要地县级市场跑了个遍,以深度市场调研的方式(2 年间大约走了近几百个大小城市),在每个省召开区域市场座谈会,谈他的梦想及变革计划。

变革方案在考察还没结束时就制定好了:

首先,调整订货方式,改由经销商订总量再分配为直接单店订货,尊重市场一线的真实需求(公司也不再强制压货);其次,对渠道结构进行改革,设立各类折扣店(奥莱店、工厂店)处理历年滞销库存;再次,为鼓励经销商做大,公司降低经销商的进货折扣并对历年库存进行财务补贴,提升经销商的盈利空间;最后,对安踏全系统所有门店推行 ERP 联网,公司总部成立商品管理中心,用 IT 技术及算法优化与管理全系统的商品销售状况,包括启动新的品牌推广战略,等等。

同时,丁世忠在公司内部大力推行效率变革,像会议必须要有决议、具体问题必须限时解决、内部汇报不得超过 5 页 PPT、出差选择"最早或最晚时刻"、汇报工作要数据优先、一切工作产品优先、执行工作要做加法等,包括建立学习型组织、销售 PK 小组、数据诊断决策小组、消费者商情研究中心、安踏商学院等。他还要求公司管理团队与时俱进,积极拥抱互联网、大数据、新零售等技术与思想,要建立国际化思维,把安踏做成一家靠技术、创新与效率驱动的新型品牌零售公司。

从这个层面上讲,我很看好安踏,包括这次安踏领衔出资收购亚玛芬体育。也许,在成长的路上,安踏还会经历不同的挑战,相信务实且卓有远见的安踏在丁世忠的带领下,一定能走向新的未来。

如果要对安踏提一点建议,我的建议是:建议安踏在产品研发体系与供应链运营体系的建设上再往深一步思考,再多投一点精力与预算,那样,安踏的未来将更有竞争力。

稳定的经营管理团队

企业在发展过程中,最重要也最关键的因素是人,是人的稳定,这里的人主要是指公司的中高层经营管理团队,他们的稳定基本决定了企业的发展与稳定。

从 20 世纪八九十年代开始,随着中国市场经济的发展与崛起,涌现出一大批早期创业者，安踏的初始条件并不是特别突出，但相对于其他企业不同的是（很多企业开始时的条件很好，甚至比安踏更好，但终究"死"在人的上面），安踏在人的问题上有很多看似普通却极有价值的做法，值得研究与借鉴，我们选择几个重点解析一下。

合作关系比合作结构更重要

按照现在的时髦说法，如果要创业，创业团队成员间的结构很重要，不过，以我的观察看，创始团队成员之间的关系更重要。

关于创始成员之间的关系，在说安踏之前，先说一段我自己的亲身经历。

我曾经工作过的浙江报喜鸟服饰股份有限公司（现已更名为浙江报喜鸟控股股份有限公司，以下简称报喜鸟公司。我于 2006—2010 年任报喜鸟公司董事总经理）有 5 位联合创始人。在大家决定联合共同创业时，这五位创始人都是非常成功的"小"老板，大家都有自己的事业。所以，在他们做出要合伙创业的决定后，他们的朋友圈并不是很看好，毕竟都是做老板的，大家的强项（能力）虽有差异但总体都差不多，更重要的是他们 5 人之间并没有多强的互补关系（那时大家对合伙人之间的能力互补关系远没有现在这么看重）。

既然要合作，必然涉及彼此的分工与定位。无论是过去还是现在，一般通行的合作关系都是以出资的多少决定，即谁出的钱多谁就当老大，这可以理解，毕竟出资最多的承担的风险也是最大的。

当时，根据大家的实际情况，欲合作的 5 人很快达成了共识，一致决定由出资最多的吴文忠出任新公司（即报喜鸟公司）的董事长，领导公司并负责管理与协调 5 人之间的关系。

随着新公司业务的推进，很快，大家（包括吴文忠）发现性格温和、不善言辞的吴文忠并不适合做董事长，真正适合担任董事长的是吴志泽。这时，如果要想公司更好地发展下去，就涉及对董事长的改选。难能可贵的是，5 位合伙人很快达成了共识，一致决定选吴志泽担任新的董事长，并同意每个人都以当初合伙入股的价格把自己的股权转让一部分给吴志泽，让他成为股权占比最高的名副其实的董事长。最终，吴志泽占 32% 的股权，另外 3 人各占 20%，最后一位占 8%。

据传吴志泽当时说了这么一段话："感谢兄弟们的信任，我将责无旁贷地带领大家一起干事业、发大财，我们之间要顾全大局、坦诚相待，一切以公司利益为重。大事上，我们和而不同；小事上，我们求同存异。"

因为我近距离和他们 5 位合作了 5 年左右时间，可以说比较了解他们，客观地讲，这 5 位老板的个人工作能力都非常强，都是能干大事的人。但是，无论是他们之间的股权结构(比较平均),还是他们之间的能力结构(也比较接近,都擅长做市场)都不符合当下网络上热传的观点,即合伙创始人之间的能力要有差异化(或许互联网行业更需要)。我觉得他们之间能长期合作的重点是他们之间的关系,即他们互相之间的格局、远见与胸怀。最终,他们5人花了11年时间把合伙创业的公司做成了服装重镇温州的第一家服装类上市公司,实现了从小企业主向大老板的跨越。

我想说的是,找对人比什么都重要,报喜鸟的成功足以说明这一点(当时,温州合伙创业的企业并不少,绝大部分没有成功的原因主要出在创始人间的互相关系上)。事实上,如果仔细分析当下那些成功的大企业(尤其是合伙创业的大企业),无一例外都是在人的关系上处理比较到位的企业,但凡中高层管理人员经常动荡的公司几乎没有一家能做成行业的头部公司。

安踏的"家族"创始团队

安踏工厂成立于1991年,由丁世忠的父亲和哥哥共同创立,是一家以贴牌加工生产为主的小工厂,当时,丁世忠还在北京跑业务做(批发)销售。

三年后(即1994年,安踏公司对外宣称这一年为公司的成立年),赚到小钱(据说是赚了20万元,这在当时可是一笔大钱,早年被丁世忠调侃说成小钱,现在这段历史趣事已经没有人说了)的丁世忠回乡加入父亲和哥哥创建的这个工厂。

加入安踏工厂后的丁世忠负责销售(任销售副总经理),丁世忠很能干,能接到很多加工订单,工厂的业务蒸蒸日上。两年后,丁世忠得到父亲和大哥的支持,担任安踏公司(当时还是工厂)的总经理,全面负责工厂的生产经营与发展规划。丁世忠做事特别认真,始终有一种不服输的精神,而且他一直以为凡事只要认真去做,就没有做不成的事。或许就是这股精神打动了他的父亲和大哥,幸运的丁世忠"遇见了"未来由他一手打造的安踏商业帝国的第一批对的家族合伙人——顾全大局、及早放权给他的好父亲,性格温和、明白事理的好大哥,懂财会、识大体的好妹妹。他们之间的合作关系非常融洽,不仅性格互补,在业务上也非常互补(丁世忠比较外向,主要负责销售,大哥负责生产,妹妹管钱),没有争权、没有内斗,良好的合作基因由此打下。

23年后,这几位(除父亲和妹妹外)第一(二)批进入安踏管理中枢的家族成员,以一种非常有意思的形式"正式"出现在大众视野中。安踏在2017年财报中将这几位一直都是公司核心管理层的家族成员的个人照片刊登出来(他们都是董事会成员),一大波帅哥靓仔悉数登场,顿时"艳"压群"芳",为安踏2017年财报加分不少。这几位安踏董事会(家族)成员的信息如下:

丁世忠,47 岁,安踏公司首席执行官、执行董事兼董事会主席,负责安踏集团的整体企业策略、品牌管理、规划及业务发展,于 1994 年 7 月加入安踏集团。

丁世家,53 岁,安踏公司执行董事兼董事会副主席,主要负责安踏集团的鞋类营运,于 1994 年 7 月加入安踏集团。丁世家是丁世忠的哥哥。

赖世贤,43 岁,安踏公司执行董事兼首席运营官,主要负责安踏集团的供应链管理及行政管理工作,于 2003 年 3 月加入安踏集团。赖世贤是丁世忠的妹夫。

王文默,61 岁,公安踏司执行董事,主要负责安踏集团的服装营运,于 2000 年 6 月加入安踏集团。王文默是丁世忠的表兄。

除这 4 位家族成员外,还有 2 位非家族成员执行董事,一位是吴永华(47 岁),任安踏公司执行董事兼集团销售总裁,于 2003 年 10 月加入安踏集团;另一位是郑捷(50 岁),任安踏公司执行董事兼安踏品牌总裁,于 2008 年 10 月加入安踏集团。

由此可见,6 位执行董事中,最晚的一位是 2008 年 10 月加入安踏 的,其他 5 位最短的服务时间已经超过了 15 年,其中丁世忠的哥哥丁世家是安踏公司的联合创始股东,丁世忠的表哥王文默已在公司服务了 18 年以上。

从家族化管理到家族控制的蜕变

福建晋江地区(泛指泉州、厦门地区)的鞋服类上市公司,家族企业居多,像七匹狼、九牧王、利郎、特步、361、贵人鸟等都是家族企业,这中间最具代表性、也最有特点的当然是安踏。

作为同一时期成立的企业,今天,安踏一年的净利润远超其他几家的利润总和,如果从企业竞争力的角度对比,安踏远远地把这几位"同乡"甩到了身后(当然,同为家族企业的七匹狼、九牧王、利郎和特步也都不错,毕竟都做成了上市公司)。

一直以来,在中国企业的职业化发展上,人们对家族企业都存在一定的偏见,这里面很重要的一个原因是把家族化和家族控制这两个概念搞混淆了。家族化最典型的特征是老婆管钱、弟弟管销售、妹妹管生产、小舅子管采购,一家企业完全由家族成员进行管理,外部职业经理人很难进入企业的核心层。而家族控制是指公司由家族成员共同(持股)控制,由家族成员和职业经理人共同负责经营管理,像李嘉诚、郭台铭等华人大企业都是这样的,美国很多世界 500 强的大公司也都是由家族成员共同持股控制,然后由家族成员和职业经理人共同负责经营管理(美国很多大公司实行所有权和经营权完全分离的企业治理模式,和中国企业有很大的差别)。

有时候很难区别一家家族企业到底是家族化管理还是非家族化管理,可以区分的只能是看最终结果,如果能做成有竞争力的大企业,一般可以理解成这家家族企业是非纯粹家族化管理的企业(到目前为止,全世界还没有一家纯粹由家族成员控制并管理的世界级大企业)。不过,随着社会的进步,今天大家对待家族企业的"态度"有了很大改变,包括像安踏这些优秀企业在内的很多家族企业越来越不忌讳说自己是不是家族企业了,因为结果能充分说明问题。

安踏从(早期)家族化管理,发展到当今成为一家由家族成员控制的大型现代企业,有些堪称教科书般的认知升级值得所有类似的企业学习与借鉴。

大部分企业在创业之初,都存在缺钱、缺人、缺市场的窘境,在这个阶段是很难找到所谓"高手"的。通常,这个阶段的合伙人和管理层最好的来源就是家族成员(或由同学、熟人组成的"类家族企业"。像中国最大的互联网公司腾讯在创业时就是由一群同学、熟人合伙创建的)。家族成员最大的优势是稳定性高、承挫性强、黏合性紧,这是血缘关系所带来的天然优势。

和所有职业经理人一样,家族成员也存在成长性问题,如果家族成员在企业的发展过程中不能有效地自我成长,其破坏性也是巨大的,这个过程中,最关键的因素就是看家族成员中领头人的事业格局与高度了。事实上,很多早期纯粹家族化管理的企业都发展得很好,有的甚至能发展成(那个阶段的)细分领域的龙头企业。当然,如果仅仅止步于此是远远不够的,企业不同于个人,个人财富积累到一定的程度,如果资产配置较为合理,不仅可以衣食无忧,甚至还能安全传承,而企业则完全不同,企业是一个经济体,每天都要产生固定的费用,经营的产品需要固定的成本(也是费用),如果不能做到有效地经营,这些固定的支出将会把企业压垮。因此,企业无时无刻都要思考如何发展、如何实现跨越。

安踏在早期和所有的家族企业一样,也是实行家族化管理的。

这个过程中,丁世忠一直都在思考,企业要想做大、要有竞争力,必须引进外部更高层次的各类专业人才,他的用人观一直都是"唯才是举""用人唯贤""举才不避亲"的原则。所以,哪怕在家族化管理的早期,安踏也招到了一大批优秀的外部经理人。

2007年安踏上市后,丁世忠要建立现代化管理体系的紧迫感更强了,安踏要想参与更高层次的竞争(指在中国市场和国际公司之间的竞争及安踏公司本身的国际化发展),必须快速建立一支具备高层次竞争力的团队。

幸运的是,丁世忠很"厉害",丁世忠的家族成员更"厉害"。在安踏上市后,经丁世忠沟通,安踏公司两位重要的合伙人丁世家(哥哥)、王文默(表哥)甘愿退居二线,把他们原来直接负责的岗位让给了外部职业经理人,当时丁世忠给出的理由"简单粗暴"——他们年龄大了,跟不上形势了,跟不上企业的发展了(丁世忠在接受媒体采访时如是说)。

很有意思的是，那个阶段在中国有两家非常著名的企业也经历了这样类似的事，一家是中国最大的电商平台阿里巴巴，一家是中国最大的（乃至在世界最有影响力的）科技公司华为。阿里巴巴的马云承认自己犯过一个"最严重"的错误就是让公司的创业元老（非家族成员，但都是公司的股东、马云早期的追随者）在公司内"下课"到社会大学去上课，把位置让出给外聘的职业经理人。华为在企业的高速发展阶段，搞过内部全员（主要针对市场体系）集体下岗挪位置的事，美其名曰要把机会让给更合适的人。

和安踏一样，幸运的是，阿里巴巴和华为集团里那些曾被短暂"淘汰"的人并没有离开企业，经过一段无谓试错后，那些曾经被认为"不行的人"最终又都重新出现在更重要、更关键的岗位上，并由他们带领企业走向新的巅峰。但大部分企业可能就没有这么幸运了，在一系列无端无谓的折腾后，一大批对企业了解、忠诚度很高的管理层以优化、调整的名义被"淘汰"，多数有思想、有能力的年轻人被迫离开公司。从现实看，但凡出现过这种结局的企业无一例外地都陷入了危机、陷入了发展的困境，甚至有些曾经非常不错的企业已经退出了历史舞台，令人唏嘘。

很快，安踏那个盲目试错的阶段也过去了，丁世忠更为成熟，原先退居二线的哥哥和表哥又重新走到了台前，他们也在成长，共同为企业的发展肩负起重要责任。

像华为、阿里巴巴这些优秀的企业虽然不是纯粹的家族企业，但我相信这两家公司的高管团队和任正非、马云之间的关系远非普通的合作雇佣关系，数十年的合作早已建立起类似家族成员间的黏性，大家有着共同的愿景，价值观一致、理念相同，在实际工作中保持着极强的战斗力，带领团队攀登更高的山峰。

安踏本身就是由家族成员控制的企业，团队成员凝聚力强、协同力强、执行力更强，我相信包括安踏、华为、阿里巴巴在内的一大批建立起这种稳定合作理念的企业，会有更广阔的发展空间。从另一个层面上讲，企业间比拼的远不是营销、产品、流程、管理体系、ERP等技术，而是应用这些技术的人的能力。

企业获得技术需要的是时间和资本，而企业获得人尤其是对企业发展有用的人需要的是企业家的远见卓识。

链接：直到今天，国内很多企业在用人问题上仍有一个严重的认知误区——"强化流程淡化人"，指企业要通过建立一套所谓的现代企业管理体系来"替代"人的作用，渴望有了这样一套体系后，就不用担心换人了。问题是，再好的现代管理体系，都需要人来运营，制度永远不可能取代人，而人却可以驾驭制度。

务实的公司定位

如果说中国企业老板需要补一堂课的话,我认为最需要补的就是对公司定位的理解与认知。

早在 2002 年,由两个美国人(艾·里斯和杰克·特劳特)合作写的一本叫《定位》的书被引进到了中国,第一次系统地提出了定位理论,遗憾的是这本在美国商业界非常有影响力的书,在中国的企业界反响一般。

据我了解,很多搞忽悠式培训的讲师和广告策划人非常喜欢这本书,因为这本书能为他们提供很多很好的理论依据,让他们好"断章取义、以点带面"地去忽悠那些有梦想的企业老板。

定位理论

在竞争日益激烈的今天,定位理论揭示了现代企业经营的本质——争夺顾客,为企业阐明了获胜的要诀——如何赢得顾客的心智。

就是说,定位的本质并不是简单地围绕着(企业的)产品进行,而是要围绕着顾客的心智展开,让你的产品在潜在客户的心智中与众不同。当下,很多搞新零售的人认为定位理论可以取代市场营销理论(菲利普·科特勒的《营销管理》是市场营销理论的经典著作),我认为这种说法完全是典型的"断章取义+以点带面"。其实,它们之间的关系应该是传承和延伸,市场营销理论永远是基石,其提出的公司经营就是要围绕产品、价格、渠道和促销这 4 个要素做好文章,系统又全面,可惜的是很多做企业的人偏偏不信这一套,喜欢按照自己的想法来,比如什么"一招鲜吃遍天"。

我在传统市场营销理论的基础上稍微延伸了一点,就是好的公司经营要做好产品、价格、渠道及促销之间的互相匹配,使之(指 4P)能发挥出高效的协同价值。如果再把定位理论嵌入的话,理解起来就更完整了——基于消费者对品牌的认知,确定产品定位,围绕消费者的心智模式确定产品的价格、渠道及促销方式,使之互相匹配,并最终赢得消费者。

这几年随着互联网经济的崛起,新零售似乎要取代过去线下品牌赖以生存的传统渠道,过去几年线上交易成为新零售的代名词。随着线上流量成本不断地增加及获客质量的下降,互联网巨头们纷纷开始布局线下渠道,这样,又绕不开传统市场营销理论了。

　　定位理论说的并没错，新时代的企业不要把重点放在自己身上，这样做出来的产品往往是自己认为满意但可能消费者并不喜欢，企业关注的重点要围绕着消费者进行。问题是，多数情况下，消费者自己也不知道自己需要什么，除非你是在做引领潮流的产品，是从 0 到 1 的，能生生地创造出一个全新的领域或产品来吸引消费者。

　　事实上这很难，现实中这样的企业并不多，多数企业只能通过对现有消费者过去的消费习惯及行为的研究与判断，以求能尽可能地生产出他们喜欢的产品。做过产品企划或产品经理的读者知道，消费者的真实购买需求是瞬息万变的，影响消费者决策的因素太多了，时尚、资讯、流行、网红、潮流、广告、口碑等都可能会影响到消费者的购买决策，这中间最重要、最关键的底层核心，是要做好消费者对产品价格与性能之间的需求判断。如果能做到这一点，产品的市场竞争力就会慢慢地建立起来。

　　诚如丁世忠所言："做好的产品简单，做对的产品太难。"

　　　链接：安踏产品对定位理论的最好诠释，是对中国市场的深刻洞察。丁世忠有一个非常形象的比喻，他说："安踏的产品为什么会成功？因为耐克、阿迪达斯的篮球鞋主要是在塑胶地板上穿，弹性是重要的考核指标，而安踏的消费者只有1%能在塑胶地板上打球，其他的都是在水泥地上打球。安踏更关心的是，在水泥地上打球的孩子如何才能不扭脚。"

务实的安踏

　　我认为安踏是近十年来在产品营销上做得最成功的企业之一。

　　早在 2008 年财报中（上市后第一年），安踏就画了一个很有意思的竞争力模型，系统地从外部竞争环境和内部竞争优势两个维度对企业做了一次深度分析，令我印象最深的是内部竞争优势维度中的"产品差异化""全国性分销网络""充裕的现金"及"成本领先地位"这四个子维度里的内容，下面，我们逐一剖析一下。

　　关于"产品差异化"，安踏罗列了三项主要内容，分别是"多元化的产品线与组合""具有制定国家标准的资格""与设计师和研发机构紧密合作"。不知道你看明白了没有，安踏所说的产品差异化，并非是产品风格上的差异化，而是指产品竞争力的差异化，这之间可有"天大"的区别。不过，我始终认为大众化定位的品牌要做产品差异化是很难的，因为大众化产品并没有多高的竞争壁垒，你的畅销款是很容易被别人模仿的。更重要的是大众化市场上的消费者对（产品）个性化的要求远没有想象的那么高,如果一厢情愿地认着死理往前冲,你是不可能成为"安踏的",否则安踏也就不是安踏了。

关于"全国性分销网络"也有三项内容,我认为安踏对分销网络(即渠道)的理解是深刻的,起码超越了那个时代。三项内容分别是:"对市场需求的快速反应""广泛拓展我们的网络"及"有效的分销商管理"。老实说,在那个"兵荒马乱、渠道为王"的时代,安踏能提出对市场需求快速反应和有效的分销商管理,是非常不容易的。2008年的安踏销售额不过区区46.3亿元,这点业绩不仅比不上当时的李宁公司,更远不及江湖老大耐克、阿迪达斯,但是,在安踏公司董事局主席丁世忠看来,要广泛地扩张渠道网络,更要建立对市场需求的快速反应能力,并能对分销商进行有效的管理,前一种能力实质是指企业要建立高效的供应链体系,渠道资源是供应链体系的一部分,后一种能力是指企业要建立对市场分销管理的能力(是从批发经销向零售管理转变),可见安踏当时的深谋远虑。

在"充裕的现金"中有两项内容,说明当时的安踏是高度自信的。这两项内容分别是:"资金充裕以应付未来业务发展"和"无银行和其他借款"。过去,我和很多人一样,总以为安踏和其他那些快速发展的企业一样,都是高负债经营,因为通常企业要快速发展,对资金的需求很大,单纯依靠自身利润的积累是不够的,几乎都要依靠银行融资或股权融资来支持企业的发展。但在我仔细研究了安踏后,发现情况并不是这样。

安踏是个"有趣的"特例,大家以为的那个可能会以透支未来而快速发展的安踏,其实是一家非常稳健的公司,安踏做到了稳快兼顾。当今世界那些竞争力超强的大型公司都有这个共同特性,即都是低负债经营(有的也是经营性负债),且这些公司都拥有大量的自有现金储备(像苹果公司、谷歌公司、微软公司、伯克希尔·哈撒韦公司等),而那些盲目追求速度举债扩张的虚胖型公司,大都昙花一现般地坠落了。

最后,也最为重要和关键的是"成本领先地位"中的三项内容,分别是"享有规模效益""高效率的供应链管理"和"提供物超所值的产品"。前两项是对前面内容的补充和延伸,最关键的是最后一项"提供物超所值的产品"。从2008年(财报中)提出要做大众化产品开始,在经历了"渠道为王阶段"(2007—2011年)、"行业下行调整阶段"(2012—2013年)、"再次跨越发展阶段"三个阶段(2014年—现在)后,直至登顶成为中国最大的体育用品公司,安踏始终是清醒的,即要做物超所值的大众化产品。

俗话说,知易行难,在刚刚过去的十年里,中国市场上的诱惑太多了,尤其对安踏这类优质的企业更是如此。这期间,很多完成原始资本积累及初期市场建设的企业,开始把"眼睛"放在他们以为的高价就是高端品牌的目标上,做起了所谓的品牌提升或品牌转型(包括多元化扩张)。我觉得,中国企业要做真正高端(品牌)产品的路还很漫长,这并不是所谓的灭自己威风长别人志气,我们拿安踏和耐克做对比来看看坚持初心有多么重要。

今天,耐克在美国消费者心中的地位,用中国人的话讲,就是美国的全民品牌。创建于20世纪70年代初的耐克,在创始人菲尔·奈特先生的眼里,一直是以能做出一双好鞋为目标。围绕这个目标,今天的耐克不仅成为美国的主流文化符号,也成为一家年销售额高达300多亿美金的大众化定位的全球性科技公司。

2016年一本叫《鞋狗》的书在中国的中产阶层非常流行,流行的原因是这本书所讲述的耐克公司创始人的创业拼搏故事颇具励志意义(是作者自述书)。书中讲到,耐克的成功本身就是一个逆袭的传奇,菲尔·奈特先生用他对体育疯狂的热爱为根源,以能做出一双好鞋为己任,长期坚守此目标,由此,他做出了一双双更适合奔跑、更适合射门、更适合投篮、更适合挥拍、更适合达阵的运动鞋,他在用"奔跑"改变着世界。

在创建早期,耐克几乎经历了一切所谓的磨难,每一次都能成功"化险为夷"并非出于运气,而是源于菲尔·奈特先生的坚持与永不放弃。耐克的产品并非高高在上,在美国市场上,耐克鞋是每一个普通消费者都能消费得起的产品,同时,耐克鞋也是很多专业运动领域顶级运动员们的最爱(并非广告与赞助),这源自耐克对自己的定位,用科技精神去做大家都能穿得起的好鞋。耐克会推出一些所谓的高端款,但这些款式在耐克产品组合中的占比几乎可以忽略不计,耐克需要的是全球竞争力。

在中国市场,很多品牌都会犯"忘记过去"的错误,像李宁曾经拥有的机会远比安踏强,当李宁忽略了对商业本质的坚守,在问题早已缠身时却梦想着要做更高定位的品牌时,坍塌就很难避免了。这样的例子并不少见,当它们冲进北上广市场寻求与国际一线、高端、中端及大众化定位的品牌们比肩竞争时,早已输得一塌糊涂。

安踏坚守的路也很难,不过从更大的格局看,安踏的选择是正确的。从公司层面讲,安踏旗下的品牌(以FILA为代表)早已占领了北上广等一线市场,今天欲收购的亚玛芬体育,在国际一线市场很有江湖地位,一旦收购成功,安踏公司将一步踏入国际高端市场。就安踏品牌而言,则始终坚持物超所值的大众化定位,因为中国的市场太大了,安踏品牌还有非常广阔的空间。

　　链接:在网上能看到一些媒体或机构对安踏广告营销能力的评价,认为安踏的广告营销能力不如耐克、阿迪达斯,这话有一定的道理,但不完全对。耐克、阿迪达斯面对的是全球市场,它们要做的是一线市场上的大众消费人群,它们的广告营销表现可以更酷、更炫,而安踏是在做中国二三线市场的大众消费人群,安踏需要的是针对这类市场上的消费者做广告营销表现。

在安踏的 2018 年中报中,安踏提出的使命是(摘自年报,下同)"将超越自我的体育精神融入每个人的生活"。五条核心价值观分别是:"消费者导向、专注务实、超越创新、尊重包容、诚信感恩。"企业的愿景是:"成为受人尊敬的世界级多品牌体育用品集团。"

从公司使命,到公司核心价值观,再到公司愿景,统称起来就是公司定位,从对人的尊重到对产品及市场的理解,最终实现对消费者需求的精准把握,安踏成功地实现了从优秀到卓越的跨越,这一切,由丁世忠和他团队的超强执行力实现。

我们期待安踏越来越好。

杠杆模式下的阴影

——深解海澜之家模式

案例导读

这几年，海澜之家的争议越来越多，最大的一次争议来自2018年8月30日其半年报发布后。

2018年8月30日，海澜之家发布2018年半年报，半年报披露2018年上半年海澜之家公司的销售额达到100.1亿元，同比增长8.2%；净利润高达20.6亿元，同比增长10.2%。如此良好的业绩，为什么还会有争议呢？

无论何种争议，都无法阻止海澜之家这头"服装怪兽"的快速增长。这家成立于1997年的服装公司，于2014年成为国内第一家年销售过百亿的服装品牌公司，自然也成为国内销售规模最大的服装品牌公司之一。

江湖上一直有海澜模式一说，说海澜之家正是依托于所谓海澜模式，一跃成为中国最大的服装品牌公司之一。

所谓海澜模式，简单说就是整合供应商与加盟商的资源，通过自己的品牌，实现"三方三赢"的一种经营模式。供应商即产品生产制造商，拥有大量的生产资源，不怕库存怕市场（指不懂得做零售）；加盟商即经销商，拥有市场渠道资源，是既怕市场又怕库存。海澜之家对供应商说："市场我做、风险我担，但库存你担。"这样，解决了供应商的最大痛点。对加盟商说："市场我做、风险我担，库存也由我担。"自然，也就解决了加盟商的最大痛点。就这样，看似不可能的风险分担与利益分享机制被建立起来，海澜之家也就成功了。

链接：从纺织服饰鞋帽全行业看，申洲国际是中国最大的服装鞋帽生产制造商，2017年度销售额高达180.8亿元，净利润37.6亿元，公司市值一度高达1 500亿港元。排名第二的也是在香港上市的安踏，2017年度销售额为166.9亿元，净利润30.8亿元，公司市值最高时达1 350亿港元。数据截止到2018年12月31日。

2017年度，海澜之家公司的销售额高达182亿元，净利润33.2亿元，这两项指标非常优秀，换算下来，净利润率高达18.2%。不过，同时海澜之家的库存也是高达84.9亿元，应付款项（含应付票据、应付账款、预收款项，下同）历史性地突破了百亿大关,达到 101.3 亿元,财务对冲口径的应收款项(含应收票据、应收账款、预付款项,下同)仅 11.2 亿,几乎一下子把高净利润率的光环给抹杀了。

除这些财务数字外,海澜之家的增长率正在大幅下滑。2017 财年销售增长仅 7%,净利润增长只有 6.6%,分别对比 2014 年度的 72.4%、75.5%,这 2 个数字就小多了。曾经风光无限的海澜之家似乎慢了下来,社会传闻与行业争议越来越多也就不奇怪了。

争议者感兴趣的是,海澜之家会有问题吗?海澜模式真的那么神奇,能做到"三方三赢"?海澜之家还能持续高速增长吗?

带着这三个问题,我将从三个角度,系统地剖析海澜模式及其公司的经营状况与可能的未来,具体如下。

海澜模式的正面与侧面

海澜模式的关键要点,是通过解决上、下游环节的核心痛点,最终成就自己。

一直以来,服装行业都存在产能过剩的事实,工厂有生产能力,但如果没有品牌商的订单,意味着流水线就要停止生产,设备可以停下来,生产工人怎么办?"养"工人可是一笔巨大的开销,时间一长谁也承受不了。问题是还不能辞退工人(放假也不行。工人也需要生活,如果他有好手艺,找新工作并非难事),如果接到新的订单,没有熟练的生产工人同样是非常麻烦的事。

市场上,生意越来越难做是不争的事实,很多经销商不仅赚不到多少钱,反而留下一大堆库存。经销商有店铺资源,但苦于经营风险与库存压力,大家越来越"捂铺观望",这些优质店铺资源都价值不菲,放了可惜,拿着烫手,似乎成了鸡肋。

从正面看,海澜之家开创了一个"零投入"的商业奇迹。

海澜模式的一头是流水线在闲置、产业工人会失业;另一头是优质商铺被闲置,无法发挥出应有的商业价值。但是,换一个角度看,它们各自的痛点,反而是对方的机会。工厂要维持基本的成本与费用,就要进行生产(创造价值),优质商铺要创造财富,必须要有商品销售。也就是说,工厂只有生产才能生存,至于库存则是次要的,商品总会卖得掉嘛;优质店铺有着巨大的流量优势,位置好、客流大,只要有产品就一定有生意,产品越丰富生意应该会越好。但因双方信息不透明,没有信任基础,缺乏应有的商业介质,这种可能的机会也就无法创造出应有的商业价值。

海澜之家公司在做"海澜之家"品牌前,职业装与毛纺面料的生意就做得很成功,2000 年海澜之家公司就上市了(当时是以"圣凯诺"为公司名称),拥有巨大的商业信誉与财务实力。生产商与经销商的生存困境,在别人眼里是再熟悉不过的烫山芋,而在海澜之家眼里却是新的商机。

　　海澜之家对供应商"承诺"——你不是有产能吗？你只需要做好产品设计与生产制造，按照我要求的量投产，做好的产品，我负责安排在中国二三线城市位置最好的店铺里销售，市场开拓及经营风险不用你承担，所有的产品先赊销给我，卖完结款，卖不掉的库存由你承担。因有上市公司"圣凯诺"（海澜之家的前公司名称）担保，供应商是求之不得，反正产能闲着也是闲着，产品只要能做出来，多少总能卖掉，卖不掉由上市公司担保也不会有什么风险，自然是一口答应。

　　海澜之家对加盟商"承诺"——你负责找到当地城市位置最好的店铺，先承租下来，经营管理不用你管，我给你反向保底，三到五年保证你回本，超过时限后都是白赚，而且，卖不掉的库存全部由我承担，不用加盟商承担一件库存。这种保证赚钱零库存的生意，加上有上市公司作担保，不做不就是傻子吗？大量手握优质商铺资源的经销商们心里乐开了花。

　　由此，构成了海澜模式的底层逻辑，海澜模式孕育而生。

　　　链接：早期，反保底方式使海澜之家快速地招募了一大批拥有优质渠道资源的经销商，当然，这批经销商都赚到了丰厚的利润。今天，随着销售规模的扩大与市场竞争的加剧，海澜之家对经销商的反保底标准也在做调整，海澜之家的经销商们已经不再像过去那样生意越好赚得越多了，而更像在做"保本收益型的基金产品投资"（一种保本低息的金融产品），海澜之家会根据经销商的具体投入和运营成本，再按照相对稳（固）定的回报率给予投资回报。

　　然而，从侧面看，事情似乎并没有想象的那么美好。

　　海澜模式能运行的前提是市场生意要一直很好，这样生产商就能拼命生产，经销商就能疯狂开店，公司负责协调与利益分配，三方皆大欢喜。品牌市场是自由经济竞争，不可能一直很好，如果生意出现下滑，这条利益纽带就不好玩了。货卖不掉虽然可以退给生产商，然而一旦超出临界点，生产商就会被压垮。经销商的经营成本是刚性的，租金、人工、折旧等都是固定开销，只要一个月回不了款，日子就不好过。

　　简单地说，市场销售的好坏依靠的是产品经营和现场管理，真实状态下的海澜模式又是怎样一番场景呢？海澜的经销商们就像金融市场上购买基金的大爷大娘们（完全不懂金融），他们根本不了解市场，也不懂市场，海澜模式下不需要他们懂这些，他们一直过着分钱、数钱的好日子，殊不知对市场的判断与敏感是建立在长期的、真刀真枪的实践基础上的，没有谁一上阵就能厮杀千军万马。另一方面，海澜的生产商擅长做单品,不具备全品类开发产品的条件与能力,当然也就不了解自己生产的产品和其他厂商生产的产品之间的关系是互补还是冲突。在海澜模式下,他们只需开足马力按计划下单生产就行,至于对市场变化与趋势的研究,是海澜之家的事。这种看似无经营风险的事其实是最大的风险。

海澜之家的发展可以用爆发式来形容,海澜之家的店铺(已超过 4 500 间)越来越多,公司不可能短期内快速地培养出那么多的优秀市场管理人员,更多的是依靠所谓的大数据作远程大一统遥控指挥。可以想象得到,海澜之家的市场规模越大,经销商就越不懂产品经营,生产商就越不了解市场到底需要它生产什么样的产品,利益链条上所有的经营压力都集中在海澜之家公司,要求海澜之家总部把遍布全国不同城市的几千家门店做深做细,几乎成了不可能完成的任务。

一直到 2015 年,海澜之家都处在快速扩张的状态下,多年的快速开店扩张,掩盖掉了很多深层次的经营问题。事实上,早在 2012 年,国内市场的销售环境就已经变化,随着互联网电商平台的崛起及外资品牌的渗透,当时为做出更好业绩的海澜之家在疯狂地开店扩张(为谋求独立上市),海澜之家的库存越来越多。到 2014 年,海澜之家的库存高达 60 亿元(对应的销售额是 123 亿元),到 2015 年时,海澜之家的库存更是高达 95.7 亿元,库存额和销售额差一点同步超过百亿元。要知道,库存是世界服装行业永恒的魔咒,到目前为止还没有一个品牌能逃脱高库存的魔掌,海澜之家的百亿库存将由谁来买单呢?

看来,三方三赢的海澜模式似乎并没有从根本上解决品牌商、渠道商、供应商三者之间的可持续发展问题。

对海澜之家而言,破局迫在眉睫。

海澜之家的经营管理能力

数据是最好的说服力工具,三个数据足以说明很多问题。

高销售、高利润下的低效率

以 2017 年举例,虽然海澜之家的财务大数据很好看,销售高达 182 亿元,净利润更是达到 33.2 亿。但是,海澜之家的年存货周转率仅 1.29 次,相当于 279 天转动一次。

存货周转率是最能反映一家公司整体运行效率的数据,存货周转率越高,公司投入货品采购的资金就越少,资金使用效率就越高;存货周转率越低,公司投入货品采购的资金就越多,资金使用效率就越低。

仅 1.29 次的年存货周转率(最佳次数为 4 次,即 4 季每季转动一次),海澜之家公司新产品投产的动力能有多大呢?

惜货如金的海澜之家

2018年半年报显示，海澜之家2018年上半年的销售额已经突破了100亿元，净利润高达20亿元，蹊跷的是，如此良好的业绩（基本面）并没有带动股价的上涨，反而导致股价持续一周的下跌，由此引发了投资界对其真实盈利能力的（一次最大的）争议。

争议的主要原因是海澜之家的存货减值力度。

2018年上半年末，海澜之家库存账面余额高达90.2亿元，存货减值2亿元，减值后账面价值88.2亿元，减值率为2.2%（2017年度存货减值率也是2.2%）。

服装行业一直有存货减值力度大是"自己打自己脸"、力度小是"要流氓"的说法。力度多大才算大并无确切标准，不过，如果库存太大又不进行存货资产减值，问题就严重多了。

同样作为男装品牌的报喜鸟，存货减值率为17%（2017年度，下同）、七匹狼为37%，显然，海澜之家的力度要小很多。试想一下，如果海澜之家2018年上半年的存货减值力度介于报喜鸟和七匹狼之间，按20%计，减值金额将高达16亿元，这就意味着海澜之家的净利润要少14亿元。如果真的是这样，2018年上半年海澜之家的净利润就不是20.6亿元，而是6.6亿元，这就玩笑开大了。无论净利润是20.6亿元，还是6.6亿元，海澜之家的盈利能力都值得"怀疑"了。

百亿级的应付账款

按海澜之家2018年半年报计，海澜之家货币资金64.5亿元，但同时应付款项（含应付票据、应付账款、预收款项）达到101.3亿元，应收款项（含应收票据、应收账款、预付款项）仅11.2亿元。应付款项很容易理解，就是钱没有付出去的"债务"，高达101亿元的生产性资金（为主）没有付出去，海澜之家的供应商们靠什么生存呢？研发新产品的动力又从何而来呢？看来，海澜模式下的那些合作伙伴们似乎日子并不好过。

存货周转率、存货余额、应付账款，这三个数字其实反映了同一个问题，即企业的商品运营能力，商品运营能力牵涉最终利益，将直接影响到供应商、经销商与品牌商三方的利益，这已是海澜模式当下的最大痛点。

杠杆模式下的阴影

海澜模式的杠杆力量（整合供应商与经销商资源）和平台特征（供应商的产品销售平台、经销商的产品采购平台）都有金融属性，做好是一强俱强，做不好则是一损俱损。

某种意义上讲，服装品牌并不适合采用这种强金融属性的经济运行方式（关于这一结论请仔细阅读 UNIQLO、ZARA 案例内容），服装品牌讲究产品调性，注重产品研发、注重商品企划、注重市场营销，要构建基于行业特征的核心竞争力去推动企业的可持续发展，而这，恰恰是当下海澜模式所不具备的。或许，未来的突破口就在去所谓模式上，让海澜之家回归服装品牌本身。这似乎很难，但又有什么更好的办法呢？也许，在彻底搞清海澜模式后，这个问题就有了答案。

　　下面，让我们一起来解析所谓海澜模式。

　　数年前，海澜之家公司的实际控制人周建平运作海澜之家独立上市受阻后，在整个社会与全行业的关注下，用"左口袋"借"右口袋"的方式，把一头"大象"装进了一个"小布袋"里（周建平是一位成功的老板，早在 2000 年，其控制的凯诺科技就成功 IPO，成为当时国内第一家以职业装设计、生产与销售的 B2B 型上市公司。从销售规模的角度，凯诺科技要比海澜之家小很多），实现了海澜之家公司的整体上市。

　　根据海澜之家公司 2014 年度财报披露，当年海澜之家销售实现了 49.5% 的增长，达到 101.2 亿元（2013 年度为 67.6 亿元。同期，海澜之家公司的整体营收为 123.3 亿元，增长 72.5%）。这个数字远远地甩开了包括雅戈尔、报喜鸟、九牧王、七匹狼、太平鸟、利郎等（包括卡尔丹顿、维克多、蓝豹、GXG 这四家未上市的男装品牌）在内的一大批同类竞争者，遥遥领先，使得海澜之家公司成为中国销售规模排名第一的以品牌经营为主的服装公司。

　　从 2002 年创建品牌（见海澜之家公司官网），到 2014 年的 12 年间，无论是品牌影响力还是品牌美誉度，海澜之家都无法和上述所列举的同类男装品牌相媲美。雅戈尔是老牌商务男装品牌，根深叶茂，一直牢据中档男装市场的头把交椅（尤其西装与衬衫两类产品很强，市场占有率也高）；报喜鸟则号称是中国北方市场的"杰尼亚＋boss"，是国内中高端男装"高贵、儒雅、精致"的典范；以九牧王、七匹狼、利郎等为代表的福建系商务休闲男装，以擅长讲故事、推概念、做渠道见长，在各级大小城市都能看到它们的专卖店；太平鸟就更不简单了，一直宣称要做中国版的 ZARA，这几年非常擅长互联网营销，俨然成为新一代网红级品牌；卡尔丹顿、维克多、蓝豹和 GXG（GXG 母公司已于 2019 年 5 月 27 日在香港上市）这几个品牌虽然都没有上市，但它们的影响力一点都不比那些上市的男装品牌弱。

　　再加上为数众多的但规模较小、不同定位的其他各式男装品牌，中国本土的男装品牌市场可以说是一片红海、竞争惨烈，在大家几乎看不到什么新（品牌）的希望时，海澜之家凭什么能"杀出一条血路"冲到第一的位置，还遥遥领先第二名一大截？海澜之家是怎么做到的？

市场竞争越激烈，潜在的机会可能会越多。要在激烈的市场竞争环境中取胜，除了要做好该做的一切必要条件外，还要创建专属于自己的独有赛道，这是所有理论归纳的基本逻辑。

周建平站在另个一视角（具体内容后文有细述），成功地创建了所谓海澜模式，并依托海澜模式快速地把海澜之家做成了中国销售规模排名第一的服装品牌。无论是海澜模式还是海澜之家公司（的经营），都有太多的东西值得我们关注、了解、学习，甚至去超越。当然，这中间也包括海澜之家自己，包括周建平先生。

海澜模式的正面与侧面

海澜之家的成功绝非偶然。依我说，海澜之家的成功是必然的，甚至可以说，海澜之家的成功是被设计出来的。

海澜之家的品牌机会

对周建平而言，创建一个品牌很容易，毕竟周老板早就拥有一家A股上市公司（凯诺科技股份有限公司）。周建平是一位非常务实、冷静的企业家，如果只是凑凑热闹趟趟浑水做一个品牌毫无意义，要做就要做中国最大甚至在世界上都要有影响力的男装品牌。周老板是有野心的，他要做的是男人的衣柜，可见周老板的眼界与魄力。

做品牌，绕不开营销四要素，即产品、定价、渠道与策略。营销四要素构成了所谓的品牌定位，周老板要做的品牌会是什么定位呢？

1. 不同视角下的品牌定位

做品牌，首先要确定品牌定位。

周老板眼里的品牌定位，可不是纸上谈兵，不是写写画画做做PPT，他站在一个很高的视角，在全面审视了产业链上下游的现状、痛点，并结合对市场的洞见后，他要通过整合上下游产业链的所有资源和最佳的市场要素，构建一个全新的模式，即海澜模式。一方面，通过海澜模式去做海澜之家品牌，另一方面，通过海澜之家品牌去整合更多的市场与产业链资源，去成就海澜模式，他是怎么做到的呢？

1）痛点、困惑与机会

无论是产业链上游的生产商或下游的经销商，都存在所谓的痛点、困惑与机会,为把海澜模式形成的背景讲清楚,我将从海澜模式的视角,分析属于它的痛点、困惑与机会。

先说痛点。

早在 2000 年,周老板的凯诺科技就成功 IPO 了。凯诺科技是一家主营职业装设计、生产与销售的 2B 型公司,接到客户订单,再安排采购生产,基本上不会有成衣库存,有的也是面料库存(面料库存的风险要比成衣库存小很多)。虽说职业装市场的竞争压力也大,但毕竟没有库存,有的只是做大做小的问题,企业的发展一直非常良性。

一直以来,中国纺织服装业都存在产能过剩的现象,受制于出口外贸受阻和内需放缓的双重压力,纺织服装业的产能一直得不到充分释放。受经济波动的影响,始终存在设备先进、产能巨大的工厂停止生产及压缩生产规模的现象,因经营不善导致关张歇业的也不少。

纺织服装工厂有一个特殊的经营属性,就是不能长期停工歇业,哪怕没有订单也是不行的,因为工厂一旦停工歇业的时间较长,工厂的熟练工人就会流失(工人要找新的工作养活自己及家庭),等到工厂接到订单需要开工生产时,却没有了熟练的技术工人,这可是件非常棘手的事。为了稳定熟练的产业工人,很多工厂要么短期轮休发放基本工资,要么缩小生产量,随意加工点散货以维持人工的基本开销,甚至有的工厂自主安排,生产自己也不知道该如何处理的产品,这些生产出来的产品要么贱价批发出售,要么成为库存,几乎所有的服装工厂都有一大堆成衣库存,这种权宜之策并不是根本性办法,无法系统地解决一家工厂的产能过剩问题。

再说困惑。

总体上,2000 年之后中国本土服装品牌进入了发展快车道,享受市场高速发展红利的好日子直至 2008 年结束(2008 年奥运会结束后中国经济进入调整期,而且 2008 年美国金融危机爆发。也有说截至 2010 年,即有 2 年滞后期,但我认为根本性拐点发生在 2008 年)。

品牌发展离不开渠道,在渠道致胜、渠道为王的哄抢时代,渠道成本也在快速上升,直至涨到 2008 年时中国很多二三线城市商业街上的店铺租金可以媲美北上广等一线城市,市场的经营压力陡然上升。

俗话说“春江水暖鸭先知”,租金上涨带来的经营压力,身处市场一线的经销商们最清楚。除仅有的几个(那个时代的)明星品牌外,大部分品牌的经销商是赚不到多少钱的,赚到的只是一大堆库存。

2006 年初,我出任浙江报喜鸟服饰股份有限公司(2007 年 IPO)董事总经理,对此现象有切身感受。当时报喜鸟品牌大部分经销商的店铺租金占销售比例从前几年的 10% 不到,开始向 12%～15% 攀升。夸张的是,当时公司几家直营店铺的租金占销售比重已经超过了 20%。这些直营店位于省会城市,相对租金成本更高,根据当时我的测算,店铺租金占销售比重在 20% 是(现金)盈亏临界点,超过这个数是只赚库存不赚现金的;超过 25% 是库存也赚不到了,要做只能接受亏损的窘境。老实说,像报喜鸟这样还算比较优秀的品牌尚且如此,更何谈其他品牌,整个经销商群体"捂铺"观望的心态在慢慢上升。

"捂铺"是指经销商因担心未来盈利的不确定性,不再积极寻租。然而,优质商铺毕竟是优质市场资源,长期捂铺肯定不是个事。经销商们在积极寻找新的机会,大家渴望能寻找到能赚到钱且还没有库存的机会,服装行业还有稳赚不亏的机会吗?似乎不可能有。事实上,直到 2008 年或之后,在所有依靠传统经销模式做市场的品牌遭遇到这一市场危机时,海澜之家的机会才真正来临。

> 链接:2000—2008 年,可以说是中国大众化定位品牌的黄金时代,像美特斯·邦威、森马、李宁、安踏、杰克琼斯、ESPRIT 等都曾经风光无限,无论在渠道扩张上,还是在品牌推广、产品营销及公司管理上,海澜之家都无法和它们相提并论。

最后说机会。

无论是产能过剩还是渠道成本上涨,本质上都在说明一个问题,那就是中国的市场太大,进入者众多,大家都在哄抢资源。

2000 年前后,中国男装品牌市场出现了井喷式发展,形成了一个很有意思的现象,我把它称为价格阶梯现象。价格阶梯现象是指根据产品的最终价格决定品牌的梯队格局,第一梯队由报喜鸟、维克多、蓝豹、卡尔丹顿等组成,总体价格偏高,这些品牌的西装类产品入门款都在 3 000 元/套起,衬衫类产品也在千元/件起(一般 980 元/件);第二梯队由雅戈尔、九牧王、利郎、七匹狼等品牌组成,同品类的平均价格约相当于上一梯队的 70%;第三梯队则是像太平鸟、GXG、杰克琼斯等品牌,平均价格又在上一梯队的基础上下降了 30%,再到后面就是大众化定位的休闲装了,以森马、美特斯·邦威、以纯为代表(价格又下降了 30% 左右)。

这里面有一个很有意思的规律,就是每当梯队下一个级,该梯队品牌的销售规模大约会扩大 1～2 倍。以 2008 年为例,第一梯队的几个品牌,当时的销售规模约 5～10 亿元;而第二梯队的品牌,销售规模就到了 10～20 亿;第三梯队的品牌,销售规模一般可以做到 20～40 亿;到了大众化休闲装品牌这一档,单品牌的销售规模可以做到 40～80 亿的量级。

这个有趣的现象（价格定位与品牌规模）也适用于国际品牌，只是国际品牌的运营效率较高，它们的销售规模会再大几倍。

如果深入思考可能潜在的市场机会，就会发现这里面有一个重要的空档——在规模最大份额的大众化市场，并没有人去做男装。现有的品牌格局到第三梯队就结束了，假设创建一个新品牌，产品价格比第三梯队的男装品牌价格再便宜20%～30%，销售规模会不会扩大1～2倍？显然，这可能是个好机会。

故事的发展一点都不意外，这个好机会被周建平看到了。不过，我还是觉得周建平选择做大众化男装品牌，和他一直擅长做男装有关，毕竟他的凯诺科技就是一家以销售男士职业装为主的公司。

周建平不仅看到了，还大胆地去做了，当然，他成功了。

事实证明，周建平的眼光非常正确，因为2002年前后，太平鸟品牌刚刚起步，GXG品牌还没有开始，到了2014年前后，这两个品牌的销售规模都超过了前两个梯队中的所有品牌，他的海澜之家则超过了所有的中国男装品牌。

2）品牌定位里的秘密

在海澜之家公司的官网及财报中，对海澜之家品牌定位的描述，都是"商务、时尚、休闲的大众平价优质男装"这句话。

怎么理解这句话呢？

如果说这是一句错误的定义，你肯定不信，作为中国最大的服装品牌，有足够的实力聘请最牛的咨询团队来策划这句话，怎么可能会有问题呢？但依我说，这句话就是有问题，而且问题还很大。

因为，这是两句话。前面"商务、时尚、休闲"这三个关键词是一句，后面"大众平价优质男装"是一句。

准确地说，前一句中的三个关键词，是三个含义完全不同的关键词，按理是不能用在同一个品牌的定位上。像"商务"是一类，报喜鸟、雅戈尔等就属于这一类。"时尚"一词严格意义上讲并不是专指某一类风格，要宽泛得多，既可以说商务时尚，也可以说休闲时尚，不能单独作为对品牌定位的概括。"休闲"一词容易理解，像森马、美特斯·邦威等就属这一类。把这三个关键词放在一起，显然是在混淆概念，肯定有其他目的。果不其然，后一句才是重点，即"大众平价优质男装"，也就是说，海澜之家的品牌定位，其实是要做大众平价优质的男装，风格的边界是"商务、休闲"两类，加上一个"时尚"，多少有点混搭的味道。

事实上，海澜之家的产品本身就非常混搭，因为周老板要做的是男人的衣柜，一个男人的衣橱里，不仅要有商务、休闲的产品，还要彰显时尚，可见周老板的良苦用心。

据我了解，很多江苏籍的男装品牌都把海澜之家视作自己的学习榜样，不仅在经营模式上借鉴海澜模式，在产品风格上也在借鉴与学习海澜之家。不过，令人遗憾的是，这些品牌没有一家能学好海澜之家（也不可能学得好），直到今天，它们的销售规模也不到海澜之家的十分之一，原因很简单，就是他们并没有真正搞清海澜模式的真谛及海澜之家产品的真正风格。

还有一个重要问题，就是周老板为什么要做"大众平价优质男装"这个定位呢？这就要讲到周建平的主业了。

前文讲过，周建平是一位成功的商人，其控制的上市公司凯诺科技是一家职业装设计、生产与销售的制造型公司。多年的职业装业务，使周建平不仅看到了生产商的痛点（他本身就是生产商），还敏锐地觉察到市场的机会。

当然，周建平最熟悉的还是男士职业装产品，他的朋友圈都是这类偏商务风格的职业装设计、生产与销售的中小企业主。做职业装业务，看似在和企业级客户打交道，事实上，真正接触到的是大批量的男性用户。只要稍加留意（相信周老板做过刻意调研），就会收集到中国男性消费者的一手的穿着资讯。我在报喜鸟公司担任董事总经理时，就发现一个普遍存在的现象——中国绝大部分的中青年男性消费者都不懂得如何穿衣。大到品牌选择，小到选购一件衬衫，都毫无概念，大家购买一件衣服的优先考虑首先是价格（要便宜），其次还是价格。这个庞大群体的需求就是巨大的市场机会，只要有物美价廉的好产品，他们肯定愿意购买。显然，做出物美价廉的男装是周老板的强项，也是周老板朋友圈的强项。由此，海澜之家的产品定位基本确定，周老板始终在做自己最熟悉、最擅长的事。

周建平能把海澜之家做成功，没有一点偶然因素，全是必然的结果。他的决策方式与决策能力，对比其他上市公司轰轰烈烈的造牌运动，要高明得多。市场永远对物美价廉的产品有需求，这由人性的底层需求决定。

3）定价的哲学

2017财年，海澜之家的销售毛利率为40.3%（同比上升0.42%。2018年上半年海澜之家公司的销售毛利率为40.5%），和国内其他的男装品牌对比，这个毛利率的确是最低的，符合平价定位一说。只是，这仅是简单的横向对比，并不能说明海澜之家的产品价格是高还是低。

根据2017财报披露的数据，可以计算出海澜之家公司所有品牌产品的加权成本，前三大品类中，裤子类成本为78.1元/件、衬衫类成本为68.5元/件、T恤类成本为37.2元/件，其中，西装类产品的成本仅190.8元/套。

经过我的多地实地调研,海澜之家线下专卖店的产品销售价格几乎不打折(店员的说法是从不打折)。根据其官方旗舰店的产品价格信息,裤类产品的价位从168元/条到338元/条(2018秋季款,下同);衬衫类产品的价位从168元/件到328元/件;T恤类产品的价位从98元/件到158元/件;套西类产品从680元/套到800元/套。

再结合前面的几个数据——单位成本、公司销售毛利率及经销商净利率(没有确切数据),大致可以得出一个基本结论,海澜之家的产品价格绝对值确实不高。最恰当的说法是,海澜之家的产品是平价,但谈不上优质,毕竟成本太低。不过,这种成本倒推定价法很有点意思,完全是非主流的倍数定价法。

链接:需要说明一点,上述产品的单位成本是全年加权成本,秋装产品的售价接近四季产品的销售均价(夏季单价低、冬季单价高),因没有完整的经营数据,把它们放在一起对比虽不符合统一口径逻辑,但不影响整体结论。

2. 海澜模式应运而生

周老板要做的事其实特别简单,但件件都是别人不可能实现的事。

第一步,成立新品牌。

新品牌海澜之家完全独立于凯诺科技,就这一点,一般老板就做不到。周老板放弃了所谓"借力理论",让海澜之家组建独立团队、单独发展。相对一般老板看到的借力与资源共享,周建平看到的则是未来。

链接:近二十年,中国服装企业运作第二品牌成功的案例极少,仅有海澜之家、巴拉巴拉和太平鸟男装几家做得比较成功。我对这三家企业还比较了解,虽然它们的成功有很多因素,但我觉得它们之间唯一的共性因素是——都放弃了所谓内部资源共享,实行完全独立于主品牌(原品牌)的发展方式。

第二步,全国招商。

招商策略很简单,就是向加盟商提出"稳赚不赔+0库存"的承诺,由上市公司作担保。要求是意向商要能找到当地最好的店铺(不少于200平米),并能提供130万/店的现金押金(根据店铺面积调整,其中100万为货品押金、30万为店铺装修押金。押金是可以返还的）。

算起来，我也算服装行业的一位老兵了，到今年（2018年）已有近22年的工龄。我觉得这完全算一个前无古人，估计也是后无来者的政策。不出意外，一时间，海澜之家公司的门槛几乎被踏破，全国各地手握重金及拥有"黄金地段、钻石店铺"的意向商们蜂拥而至，"哭着喊着"都要加盟。虽然要投入数百万（百万押金、店铺租金、其他开办费用）资金，但在上市公司担保及"稳赚不赔＋0库存"的许诺下，这简直就是零风险的赚钱机会。事实也是如此，早期的这群幸运者们都赚到了大钱，一位不愿透露真名的海澜之家的早期经销商说，他们赚到了很多钱。

　　链接：曾经有人给周建平算了一笔账，如果一年开500间店，周建平什么事都没干就会先收到6.5亿元（500店×130万/店）的现金。这还要做什么生意？这位算的没错，如果一般人一次能收到6.5亿元的现金，的确会想入非非，能否做出出格的事还真不好说，但是，他们都小看周建平了，周老板是要干大事的。

另外，在操作层面，海澜模式的重点是经销商无需参与市场经营。这对传统服装经销加盟模式也是一项重大创新，当然，对加盟商们更有吸引力。

这里面有三层重要含义。

第一层含义，是给经销商"稳赚不赔"的承诺。这样一个美好的承诺，如果没有切实可行的操作办法，根本无法实现。

要实现稳赚不赔，起码要解决"把生意做好""让费用透明""让经销商稳赚多少"三个问题。如果是基于信任（大部分品牌都是这么干的），肯定是干不成的，比如把"生意做好"的背后其实是生意能做多少。如果品牌商家控制不住生意，经销商随便做做手脚（像什么库存盘亏；原价售出低价录入系统甚至飞单，即销售不录入系统等），品牌商家就受不了。还涉及到底怎样才能把生意做得更好这个更大的命题。而要做到"费用透明"似乎更难，因特殊的商情，要做到所有经营支出的价格都公允、透明，不仅成本高，也很难操作。"让经销商稳赚多少"也很难，这涉及利益分配，多了品牌商家承受不了，少了经销商没有积极性。所以，很多看似美好的政策，在实际操作层面有时候是很难落地的。这就延伸出第二层含义。

第二层含义，让经销商无需参与经营。只要经销商不参与经营，前两个问题就迎刃而解。

不参与经营，自然就不用管能做多少生意，做手脚的机会也就没有了。不参与经营，当然也无需对经营成本负责，费用的发生与支出，由公司统一预算、结算与核算。但是，经销商不参与现场经营，海澜之家公司就要投入更多的财力与物力，而这恰恰彰显出周建平的经营智慧。

因为如果让经销商参与经营，实际生意未必能多做多少，管理漏洞反而百出，公司的管理成本必将大幅增加，与其这样，不如彻底断了（那个）念头。当然，仅有这样还不够，经销商不参与经营，他会感觉不够透明（事实上，每天的营业额经销商都非常清楚），认为自己会吃亏，必然会把关注的焦点放在赚多赚少及赚钱的含金量上。这就延伸出第三层含义。

第三层含义是画龙点睛，即经销商不用承担库存。

现实中，当下很多品牌的经销商生意做得很大（过亿销售规模），利润也很好，但就是没有多少现金利润，因为都赚到库存上去了。不用承担库存，意味着赚到的都是真金白银，无论赚多赚少都是实实在在的、没有任何水分的现金，这是经销商们最愿意接受的结果。

仔细回顾一下这三层含义其实很有意思，它们是层层递进、环环相扣的，因为这是完整的商业逻辑，只要把逻辑问题搞清楚了，所有的经营技巧自然就会浮现出来。

2014年之前，海澜之家与经销商的分成机制为"门店投资总成本回收＋另加100万净利润"（这是一个可设定、可计算的具体金额），再分解到每天（一个合作周期为3~5年），大致推导出约不超过30%的每日营业款，当天可分配给经销商。2014年之后，公司对新开门店和前期加盟到期后的续签门店调整了结算模式，以签约后每12个月为一个结算周期，在初始阶段提高加盟店的结算比例，以加快加盟店收回成本并降低经营风险。在加盟店实现合理利润，即到达盈利"拐点"后，降低加盟店结算比例，提高公司结算比例。调整结算模式后，公司进一步降低了加盟商经营风险，在保障加盟商获得合理回报的前提下，更能收获公司品牌高成长带来的的溢价。

链接：因涉及商业敏感内容，我并没有刻意了解海澜之家与经销商的核算分成比例，因为我觉得这并不重要，重要的是经营模式本身，具体的分成比例可以根据品牌所处的不同阶段酌情调整。

第三步，寻找供应商。

周老板旗下的上市公司凯诺科技本身就是一家优秀的供应商，周老板很容易就能找到一批优质供应商。

对这批供应商，通过输出管理的类自营模式，帮助它们提升在产品研发、生产计划及精细化管理等方面的技术能力，提高它们供应链的稳定性，从而保证产品品质的稳定。

与供应商的合作模式主要采取零售导向的赊购、联合开发、滞销商品退货及二次采购相结合的模式。商品以赊购为主（支付少量定金），货款逐月与供应商结算，减少海澜之家采购端的资金占用。另外，滞销商品可退货，不承担尾货风险，让海澜之家大大地减轻了经营包袱，毕竟把库存积压的风险分解到每一位供应商那里，比集中在海澜之家公司要强得多。为了强化与供应商的紧密合作关系，海澜之家通过"海一家"平台以更低的价格处理部分尾货，减轻供应商的资金压力和经营压力。

因为有上市公司担保，在产能过剩的大背景下，依托海澜之家平台，供应商不可能不配合（对供应商而言也无风险经营）。

很快，海澜之家招募到一大批优质的渠道资源，现在唯一要做的就是开足马力快马加鞭去生产。对生产商来讲，有稳定的（销售）规模比什么都重要，采购原材料有价格优势、维持（甚至扩大）生产有底气与信心，包括技术创新与产品研发投入，经销商都愿意做，因为这些投入只会把产品做得更好。产品做好了，销量就会上去，就能赚到更多的利润，从而形成良性循环。

当然，如果仅仅到这里，海澜模式还不足以形成，毕竟周老板看到的机会、想到的模式，别人也可以看到、也可以想到。最后，也是最重要的环节是，如何消除隔阂、建立信任。这对周老板而言很简单，因为周老板有一个99.9999%的人都不具备的条件——他有一家上市公司，即2000年就上市的凯诺科技（凯诺科技早在2000年就上市成功，那时整个A股的上市公司不足两千家，民营企业就更少了，这足以说明他是一位成功的商人，所以用了99.9999%）。

毫无疑问，由一家上市公司作信用背书，还有什么事做不成？海澜模式应运而生。

　　链接：我认为，真实的海澜模式，不具备任何可复制的条件与可能。
表面上看，海澜模式是轻资产资源整合，属于轻风险商业模式。实际上，海澜模式是典型的高风险、高投入、高压力的"三高"商业模式（下文会有详解），海澜模式绝对不是简单地向经销商收取保证金后，提供工厂的剩余库存进行销售，更不是简单地让工厂提供产品，卖不完再退给工厂的"中介式撮合"模式。
　　如果没有上市公司担保，如果不承诺"稳赚不赔＋0库存"，海澜之家不可能找得到那么多的优质市场资源；如果没有上市公司担保，没有最优质的渠道资源,不承诺对剩余库存进行二次采购,海澜之家也不可能找得到那么多的优质供应商。可以想象,在海澜模式早期,供应商没有那么多时(意味着没有更多的产品供应),海澜之家要想找到更多的市场资源,只有自己给予市场补贴,仅这一点,绝大多数同行(指学习者)就做不到。

今天,有很多同行在研究海澜模式,甚至学习与借鉴海澜模式,其实毫无意义,因为当事企业根本不具备学习的任何(必要与充分)条件。

海澜模式的挑战

单纯站在静态的视角,海澜模式对经销商与生产商都有巨大的诱惑力,因为它们几乎都是零风险经营。

经销商就不用说了,稳赚不赔的承诺再加零库存,当然是零风险生意。生产商也是一样,前期是赊销和需要承担卖不掉的库存,其实也是零风险经营。赊销只是增加了生产商的资金压力,并没有增加经营风险(毕竟一家上市公司破产跑路的风险要远远小于包括自己在内的无数家非上市公司、工厂破产跑路的风险)。至于(卖不掉而产生的)库存,根本就不是问题,一则海澜之家的产品价格本身就不高,在市场上还是很有竞争力的;二则海澜之家又承诺会进行二次回购,在特卖平台上进行二次销售,从理论上讲,造成库存积压的概率是很低的。

但是,品牌经营怎么可能没有风险呢?

海澜之家是把市场经营的风险与库存积压的风险全部留给了自己,这既是海澜之家的机会,更是海澜之家的挑战。至于周老板为什么要这么干,或许,唯一的解释是周老板有足够的自信、能力与胆略。

果不其然,最终,海澜之家的库存几乎随着海澜之家的销售规模而同步增长起来。

根据海澜之家公司的历年财报数据,2014年度(并表第一年),海澜之家的库存余额61.3亿元,同比增长35.4%,其中,代销商品库存余额36.2亿元,同比增长10.4%;自有商品库存余额20.1亿元,同比增长70.6%。到2017年度,海澜之家的库存余额86.7亿元,同比微降1.9%,其中,代销商品库存余额42.4亿元,同比降11.1%;自有商品库存余额39.4亿元,同比增长7.9%。

直至2018年上半年,海澜之家的库存余额高达90.2亿元,同比增长3.9%。

或许百密一疏,周老板设计的海澜模式符合一切美好的商业规律,要说唯一的"缺陷",就是忽视了对库存的重视。那,海澜之家的百亿库存到底是如何形成的呢?

1. 形成百亿库存的底层逻辑

百亿库存只是最终结果，要解决如此海量的库存问题，必须要明白这批巨额库存到底是如何形成的，然后再根据具体原因去思考、寻求解决办法。

在数学层面，库存＝产品采购量－产品销售量。强调一个概念，在这个公式里，库存为 0 的情况，即产品采购量＝产品销售量，是指在一季产品销售结束时，当季产品的采购量能全部卖完，从而实现经营意义上的季节零库存，但并不是指财务上到了季末节点成为零库存，否则那么多专卖店内的铺场货品又该怎么算呢？在全年产品按 4 季 4 次开发的前提下，"财务"意义上的零库存，是要做到一年 4 次左右的存货周转次数，就等同于经营意义上的零库存经营了。

企业经营的最高水准，就是产品的采购量＝产品的销售量。如果采购量大于销售量（计划太盲目），或者，销售量小于采购量（销售能力偏弱），都会产生库存，这两种结果都说明一家公司的经营管理有问题。

以 2018 年上半年举例，海澜之家的库存＝90.2 亿元（账面余额）＝采购量（库存量 90.2 亿元＋销售量 59.4 亿元）－销售量 59.4 亿元，就是足足多出了 90.2 亿元的库存。当然，这个数据是财务意义上的，如果把铺场货品剥离，起码也是"多出了"近 90.2 亿元－72.9 亿元/2＝50.3 亿元的库存（90.2 亿元为账面实际库存、72.9 亿元为半年销售成本、2 为半年 2 个季节）。

为什么会产生这么多的剩余库存呢？这就涉及库存形成的底层逻辑，即如何确定一季或一年的产品采购量和销售量。我们知道，理想的结果是采购量和销售量相等，或无限接近，因为一旦出现正差就会产生库存，出现负差就会导致缺货，这都是不好的经营状况。

数学公式看起来简单，但在企业的实践运营中，情况要复杂得多。产品的采购量，也可称为计划投产量（即计划量，下同）。通常，计划量包含两部分，一部分是已有的库存量，一部分是新投入的采购量。

计划量是根据历史销售数据及未来增长计划等因素计算出来的。在假定（历史）销售价格稳定的前提下，计划量＝销售量/产销率。产销率＝同口径周期的实际销售量/计划投产量×100%。

比如，某季产品的实际投产量是 1 万件，销售量 6 000 件，则该公司的产销率为 6 000/10 000×100%＝60%（产销率既可以量化到单品，也可以计算到品类及总量，计算时一定要注意口径统一）。也就是说，产销率越高，采购量与销售量这两个数字越接近；产销率越低，采购量与销售量这两个数字相隔越远。

大部分中国服装企业的实际算法逻辑都是根据历史产销率来推导未来的计划

量(即采购量),例如某公司的历史产销率是 50%(加权数),假定未来的销售计划是 10 万件(历史实际销售量×增长率),则需要采购 20 万件(10 万件/50%)的产品才能满足 10 万件的销售。这种计算方式,导致在计划(量)形成之初,库存就已经产生了,因为产销率的背后就是库存率,不得不说这是中国整个服装行业的悲哀。

　　链接:据我了解,中国服装品牌的实际产销率大约是 50%~80%,休闲类品牌会高一点(销售折扣较大),约是 70%~80%;中高端定位的男装类品牌较低,一般在 50%上下(最低的仅有 35%左右)。以海澜之家为例,2018 年上半年按金额(应按件数计)计,海澜之家的"总产销率"仅有 39.7%,全年数应该略高一些。

　　或许,有读者会问,为什么不把产销率标准设定得高一点呢?比如按 90%的产销率来计算投产量呢?假设还是计划销售 10 万件,则只需采购 11.1 万件(10 万/90%)的量,不是更好吗?

　　实践中,这根本不行,因为做不到 90%的产销率。

　　产销率是反映一家公司(品牌)运营能力的指标,通常,产销率和产品售价呈负相关关系,在产品售价稳定的前提下(这是品牌定位的根基),产销率越高,经营能力越强。

　　如果一家公司(品牌)的实际产销率是 50%,意味着这家公司要投入 2 倍的货量才能达成销售是 1 的成果(可以理解成这是一家公司的真实能力),剩下的 1 为库存。现在,人为地突然把产销率提升到 90%,意味着这家公司只需投入 1.1 倍的货量就能做到 1 的销售成果(前提是售价稳定),剩下的 0.1 为库存,这该多好呀!现实中,这根本不可能做得到,不仅做不到,反而会出现销售的大幅下滑(根据我多年的一线操作经验,大约会下滑到 0.6 左右,也就是说,最终的产销率还是在 50%左右)。

　　由此,产生了一个有趣的现实结论,即销售量由投入量决定,在销售能力(即产销率)不改变的情况下,投入量越大,销售量就越大(当然,库存也会越大),如果销售能力能提升,在投入量不变甚至减少的情况下,销售量会大幅增加。同时,如果销售能力不变,贸然将投入量减少,则销售量肯定会减少。

　　所以,对销售结果的影响(反过来也可以理解成对库存产生的影响)主要由销售能力决定。在投入不变或稳定的前提下,解决了企业经营的能力问题,销售则会上升,库存自然就下降了。这个道理浅析易懂,那,到底什么才是这个所谓的"能力"呢?这就回到另一个重要的问题——即零售的本质是什么？

2. 零售的本质

我所说的零售的本质，是指销售的最终结果到底由什么决定。

在回答"由什么决定"之前，先要对销售的最终结果做一个相对统一的定义，才能把这个问题说清楚。

宽泛地说，销售的最终结果就是投入产出比（量本利之比）要高，能满足公司的持续、健康发展。准确地说，销售的最终结果由毛利率和年度存货周转率决定。好的销售结果，是稳定的毛利率和 4 次左右的年度存货周转次数。稳定的毛利率，是一个品牌对消费者的最终定位，比如高毛利率（65％以上）就是贵的品牌、低毛利率（40％以下）就是大众化品牌，毛利率高低没有对错好坏之分，反映了一家公司（品牌）的定位。4 次左右的年度存货周转次数，正好全年 4 季一季转动 1 次，就是经营意义上的零库存经营。

实际经营过程中，毛利率比较容易"控制"，如果毛利率忽上忽下，会导致产品的售价忽高忽低，没有商家愿意这样做（极少部分出现经营异常的商家不得已才会这么做）。但是，4 次左右的存货周转次数就不那么容易做到了，像海澜之家的年存货周转次数仅 1.29 次，国内很多男装品牌的存货周转次数也基本在 2 次上下，这都是不好的经营结果。由此看来，提高存货周转次数是提升经营能力的有效途径，甚至也可以说是唯一途径。

影响存货周转次数的原因有很多，抛开纯技术与商业文明的创新，从企业经营管理的角度（结合海澜之家品牌），我认为真正影响存货周转次数的原因主要有三项，即商品企划能力、产品研发能力与市场营销能力。

　　链接：存货周转率（次数）与产销率都是反映产品经营能力的指标，存货周转率（次数）属于财务层面的指标，一般以年度为周期，单位是金额。存货周转率（次数）的计算公式为：销售成本/平均存货余额，平均存货余额＝（期初存货＋期末库存）/2。通过公式很容易理解，在销售规模（销售成本，即分子）不变的前提下，分母越少，存货周转率（次数）越高，说明资金的使用效率越高，公司的经营管理水平越高。存货周转率（次数）的另一个直观表述是存货周转天数，计算公式为：360/存货周转次数。存货周转天数比较直观，含义和存货周转次数是一样的。

　　产销率属于经营层面的指标，使用起来要方便得多，可以以年度为周期,也可以季度、月、周,甚至天为周期,单位是件数。产销率的计算公式为:销售量/计划量×100%。通过公式可以看出,销售量(分子)越大、计划量(分母)越小时,产销率就越高,即说明产品开发得比较成功,也说明公司的整体运营管理比较到位。

存货周转率(次数)与产销率在计算时,务必数据口径统一。

需要特别说明的是,很多企业在实际经营管理过程中,并不"喜欢"用规范的计算方式(如存货周转率、产销率)来进行商品管理,喜好使用动销率、售罄率这类计算不清、表述不严、意义不大的习惯性方法,导致商品的销售管理非常"粗糙"。

建议大家使用正确的管理工具开展日常工作。

1) 商品企划的作用与价值

商品企划是近十年中国服装公司最火热的一项职能,很多公司都设立了专业部门来开展商品企划方面的工作,有的干脆直接以商品企划部来命名,我在报喜鸟公司任董事总经理时,于 2006 年将公司的产品计划部更名为商品企划部,算是比较早引入商品企划职能的。

顾名思义,商品企划是指将过去狭义的产品计划管理,上升到公司层面的系统商品企划管理,从企业全局的角度,全盘解决过去仅由产品、计划等部门负责的产品设计及产品计划的相关管理工作。遗憾的是,引入了商品企划职能的中国服装公司(品牌),不仅没有有效地解决好商品管理,反而出现了全行业的库存危机。

从 2000 年至今,世界服装行业发生了巨大变革,涌现出一批千亿级销售规模的超级品牌。这些超级品牌的成功要素当然很多,但它们唯一的共性因素是,它们都拥有出色的商品企划能力。

商品企划是指通过建立一种管理机制,把涉及产品研发、市场需求与内部管理的所有资源要素进行有效匹配,从而实现品牌(产品)与市场之间的协同发展。

根据我的经验与体会,商品企划可分为"计划的商品企划"和"统筹的商品企划"。

"计划的商品企划"由一套完整的数据算法构成,从公司战略规划的角度,把公司的年度整体目标、实际销售规模、内部资源与市场发展计划进行有效匹配,通过设置不同的权重与趋势预测,计算出可销售量(即需求量),这个可销售量尽量等于或接近计划投产量。

"统筹的商品企划"是一套完整的管理系统,保障"计划的商品企划"能按计划呈现。

过去，各个独立的垂直专业部门，或许能完成公司所要求的针对各部门的独立 KPI，但很难做到高效协同。高效协同很像团体马拉松比赛，比拼的不是跑得最快的选手的速度，而是那位跑得最慢的选手的速度。"统筹的商品企划"就是确保所有的职能部门在同一个大目标下，保持一致速度能高效地完成各自工作。

看一个实例。

2014 年，海澜之家的经营数据第一次并入上市公司，当年海澜之家公司的销售高达 123.3 亿元，海澜之家的销售也突破了百亿，达到 101.2 亿元。但是，海澜之家的市场发展并不均衡，有两组信息可以佐证。第一组信息是，根据 2014 年财报披露，像西服、裤子、衬衫、夹克衫、T 恤衫、针织衫这几类非冬季产品属于典型的强势品类（销售额和销售占比都比较高），纯冬季产品品类仅单列了羽绒服一类。有趣的是，羽绒服品类的毛利率要比其他品类高很多（除西服品类外），但销售规模远低于裤子、衬衫、T 恤这三个品类。到 2017 财年，羽绒服品类的毛利率仍高于其他品类（除西服品类外），但销售规模已经接近衬衫、T 恤这两大品类（仍远低于裤子品类）。冬季产品品类的缺失或不足，将会产生什么影响呢？再看第二组信息，根据财报披露，海澜之家公司 4 年间东北市场的销售占比（占总销售）从 2014 年度的 5.3% 微增到 2017 年度的 5.8%。包括华北、西北市场在内，整个北方市场的销售规模都不是很大，加起来仅相当于华东市场的一半左右。

这两组信息背后的含义是：羽绒类产品本身就是弱势品类，高毛利率的背后必然是产品的性价比不高。同时，羽绒类产品又是功能性很强的产品，如果性价比不高，市场的竞争力肯定会大打折扣，品类规模做不起来也就很正常了。从横向对比的角度，这几年专门做羽绒品类的波司登的销售形势就非常不错，其销售业绩从 2016 年开始触底反弹，当年实现销售同比增长 17.7%（数据来源于波司登财报，下同），2017 年销售同比增长 30%，2018 财年，根据业绩快报的披露，波司登的销售同比增长将超过 35%。事实上，不仅波司登，其他像优衣库、森马等品牌的羽绒品类都卖得非常不错，但是作为中国最大的男装品牌的海澜之家的羽绒品类却卖得非常一般，这肯定是有问题的。

结合海澜之家整个北方市场都做不起来的现状（指销售占比太低），要想解决这个问题，就要思考到底是北方市场较弱拖累了冬季厚类产品的研发，还是冬季厚类产品较弱拖累了北方市场的发展？不能把这两个问题割裂开来去思考，必须把它们合二为一作为一个整体去考量，这就涉及企业的整体商品企划能力，只有兼顾到市场与产品之间的均衡，才能从根本上解决这个问题，否则一定会出现诸如华东市场恒强北方市场恒弱的局面。

链接：海澜之家公司把销售区域划分为东北、华北、华东、西北、西南、中南 6 个区域，这 6 个区域 2014/2017 年度的销售额分别是 6.5 亿元/10.3 亿元、13.5 亿元/20.3 亿元、56.4 亿元/72.5 亿元、10.2 亿元/14.2 亿元、11.8 亿元/20.5 亿元、22.8 亿元/40.1 亿元。海澜之家公司没有单列海澜之家品牌的细分数据，不过从海澜之家品牌的销售占比看（占总销售的 81%），数据差异不影响本节内容的逻辑。另，2017 年度，海澜之家羽绒品类的销售额为 21.8 亿元，占总销售额的 11.9%（2014 年度仅为 8.7%），远低于裤子品类，接近衬衫与 T 恤品类。

2）产品研发的痛与惑

一般认为，科技类公司比较注重产品研发，在产品研发上的投入比较大，像深圳华为公司每年在产品研发上的投入约占销售的 10% 左右（信息来源于华为公司官网，华为公司是为数不多的定期披露财报的非上市公司）。

在世界服装消费品领域，产品研发投入最多的是美国耐克公司，耐克公司一年在产品研发上的投入超过 10 亿美金（约占总销售的 4%，数据来源于耐克财报），国内绝大部分鞋服类上市公司的产品研发投入约占销售的 2% 左右，海澜之家公司在产品研发上的投入有多少呢？

根据海澜之家 2017 年财报披露，其 2017 年度产品研发投入为 3 803 万元，占销售的 0.2%，远低于同行。

链接：深圳华为公司内部论坛"华为之声"刊登的一篇源自任正非的讲话称（被央视新闻联播引用过）：华为公司过去十年在研发上的投入高达 370 亿美金（超过 2 700 亿元人民币），每年投入研发费用的 20%～30% 用于基础研究与创新，70% 用于产品开发。相当于每年投入销售收入的 10% 以上用于基础研发经费，且未来几年，每年的基础研发经费会逐步提升到 100～200 亿美元。华为公司的做法值得中国所有民营企业学习与借鉴。

现代商业竞争，表面看是产品销售层面的竞争，深层次都是产品供应链体系的竞争（这方面的详细内容请阅读 UNLQLO 篇与 ZARA 篇）。非常遗憾的是，国内所有的鞋服类上市公司在这方面都没有清晰、明确的思路，起码在年报中都没有披露这方面的资讯。

海澜之家的产品研发思路与策略概括起来就是三个关键词，即"联合开发""生产外包"及"赊销模式"，这三种方式到底有什么问题呢？我们来逐一详解一下。

产品研发采用"联合开发"的方式，几乎被公认为服装界的大忌，没有品牌愿意把产品开发的"权力与责任"让给别人，毕竟产品研发是服装品牌的核心。海澜模式下的"联合开发"，就是把本该自己做的产品研发让品类供应商去做。品类供应商一般都有较强的品类产品的开发能力，他们的业务模式就是把自己认为较好的款式做成样衣，提供给品牌商选择。

通常，产品开发能力较弱的品牌商，会从供应商处选择满意的款式，让其代为生产加工（即 OEM 模式，Original Equipment Manufacturer 的简写，贴牌加工的意思）。从品牌商的角度，短期内省去了产品研发的"麻烦"，但这类通过 OEM 合作加工的产品，各品牌间同质化的现象非常严重（OEM 工厂会一款多卖），无形中导致了市场竞争的加剧。海澜之家的"联合开发"本质上就是 OEM 加工方式，只是相对量比较大，对外采用了类似合作的说法——"联合开发"。

"生产外包"无可厚非，这是品牌零售商与生产商间的主流合作方式。但是，如果"生产外包"加上"赊销模式"，味道又变了。前文说过，海澜模式的本质是高风险经营，否则不可能有这么好的事等着周老板去捡。供应商作为独立的经营体，同样存在产品创新与技术变革的挑战，这一切改变的动力，来自供应商的盈利能力（经营能力），供应商能赚到钱，生意发展有前景，自然会愿意投入资金用于产品创新与技术变革，这样就能做出更好的产品，反之则不会。如果供应商愿意采用"赊销模式"与品牌商进行合作，显然是违背商业本质的。

根据海澜之家财报披露的内容，海澜之家承诺采取月结方式与供应商结算货款（财报原文是："商品以赊购为主，货款逐月与供应商结算。"）。因服装生产加工周期的特殊性，海澜之家供应商的垫资周期将超过 6 个月（从面辅料下单采购到产品上市销售一个月后），无疑，这给供应商带来巨大的资金压力。

截至 2017 年末，海澜之家经营性负债高达 101.3 亿元（指应付票据＋应付账款＋预收款项），到 2018 年上半年末，这个数据已经攀升到 108 亿元，这对任何一家（批）供应商来说都是不能承受之重。供应商不能及时结到货款，还要承担库存积压的风险（虽然有二次采购），又怎么可能有动力及条件进行产品创新与技术变革呢？生产出来的产品又怎么会有更强的竞争力呢？

根据海澜之家 2017 年财报披露的数据，2017 年度前五大供应商的采购金额为 16.5 亿元，占总采购金额的 15.5%，可推导出全年的采购金额为 106 亿元。同时，海澜之家的经营性负债高达 101 亿元。按此逻辑，海澜之家与供应商间的账期接近 1 年。

从 2014 年到 2017 年,海澜之家公司每年在产品研发上的投入都在两三千万元左右。这数字相对过百亿的销售规模,着实微不足道,甚至有点开玩笑的意思。如果按行业的最低标准 2% 计算,海澜之家公司每年起码会多支出近 4 亿元的费用用于产品研发。海澜之家把服装品牌最核心的竞争要素——产品研发交给了根本不具备全品类产品研发的供应商,或许是海澜模式的最大陷阱。

我们可以帮海澜之家做一个推演:假设,从 2010 年起或在海澜之家品牌的年销售规模达到 50 亿元时,每年投入销售额的 2%～5%(从 1 亿元/年开始,到 2017 年的近 10 亿元/年)专注于裤子、衬衫及 T 恤三个强势品类的产品研发(如"独有"面料研发,产业链式供应链体系的建立),通过近十年的专注与沉淀,今天的海澜之家肯定能出来一批批超级爆款。也许这样的话,今天的海澜之家的销售体量早就破了五百亿,当然,库存的绝对额也不可能有今天这么高。不过,这仅是一个不可能实现的理想推演而已。

我在美特斯·邦威公司的企业公众号上看到一篇文章,说美特斯·邦威公司的实际控制人周成建在其公司 2019 年的新年年会上说,美特斯·邦威错过了做成 300～500 亿级公司的最佳时机。其实,对更多的中国服装品牌而言,又何尝不是如此呢?

> 链接:我觉得,海澜之家是在气质上最接近日本优衣库的中国品牌,也是最有可能做成像优衣库那样的品牌。
>
> 不同于优衣库早期在产品面料上的投入与创新及在供应链体系上的建树,今天的海澜之家仍然深陷于模式本身的掣肘,原先积累的市场优势会进一步消耗殆尽吗?这个问题不好回答,但是对海澜之家来说,市场运营的压力会越来越大。今天,如果海澜之家能跳出股价及利润的"限制",现在起步(加强供应链建设及面料研发上的投入),也许还不晚,我们希望海澜之家会越来越好,能真正做成"中国男人的衣柜"这样的全民品牌。

3) 依托广告宣传的市场营销

2017 年度,海澜之家公司广告费支出 6.1 亿,同比增长 12.7%,无论是绝对额还是占销售(或总费用)比,都是服装类上市公司中最高的。更需要引起关注的是,广告费的增长率远超销售的增长率和净利润的增长率。更有意思的是,海澜之家的其他经营费用却呈下降趋势(重点数据下文会有详解)。

　　链接：海澜之家没有详细披露广告费的开支范围，不过根据"广告宣传费"（财报原话）的表述，应该指相关硬软性品牌广告、店铺内广告及相关品牌推广活动的费用。

　　当下，国际主流服装品牌都是"弃"硬广告投入，把着力点放在产品和店铺本身上，和海澜之家巨额的硬广告费支出截然不同。根据财报披露的信息，海澜之家的广告投入主要集中在"品牌宣传与推广"上，通过大量的广告曝光获取所谓的眼球经济，这有利于品牌传播，但违背了对品牌价值的积极塑造。虽然消费者会通过各式硬软广告接触和了解海澜之家，甚至产生购买，但这并不意味着能在消费者的心中建立起正面或专业的品牌形象（事实上，近些年海澜之家的品牌形象似乎在下降，在网上能找到很多有关海澜之家的"负面"报道，同时，海澜之家的终端形象与购物体验也有待提升）。

　　品牌价值塑造的底层逻辑，分显性与隐性两个层面。显性层面依靠的是产品（及店铺形象），通过产品来塑造品牌的专业形象，比如想到耐克，会联想到功能产品和科技创新；想到杰尼亚，会联想到奢华面料和精致裁剪；想到优衣库，会联想到功能面料和高性价比，等等，这些才是真正的竞争力。隐性层面是指建立社会层面的品牌文化体系，通过有针对性的品牌传播来加持品牌形象，积极参与各类文化传播活动，开展有文化与经济意义的跨界合作等，这有利于品牌价值的塑造，为产品营销起到积极正面的作用。

　　我经常把简单粗暴的直接广告比喻成中国人喜欢放的烟花，一阵绚烂之后，似乎什么都没有留下。企业需要的可持续发展，是建立在那些"看不见摸不着"的核心竞争力上，而非广告推广上。

　　链接：不可否认，广告对品牌传播有着巨大的影响。我的看法是，很多我们熟知的超级品牌其实是把广告当成其新产品对外发布的一种手段，而非我们所理解的通过广告做品牌。事实上，就有很多成功的超级品牌非常摒弃纯粹的硬广告，但它们同样做得很成功。这些具体的方式方法，非常值得我们中国服装品牌思考，没有优质的产品、没有所谓的核心竞争力，任何意义上的硬广告都像绚烂的烟花，稍纵即逝。

海澜之家的经营能力

通常,诊断一家上市公司,需要两套"体检报告",一套是三张财务报表,一套是公司公告,同时,还要具备透过数据看本质的能力,这样,才能对一家公司做出完整的评估。

现在,管理层对上市公司的监管越来越高,三张报表的真实性也越来越强,判断一家上市公司过去能力强弱的最佳方式,就是看三张报表里的数据及数据背后的经营逻辑。数据代表一家公司过去的能力,但并不能说明未来是否能保持同样甚至更强的能力。对未来可能出现的结果,主要看公司公告。一般上市公司的重大经营策略,都会以公告的形式对外发布。所以,看完财务报表再看上市公司的公告,完全能判断出一家公司的经营能力。

数据背后的经营能力

财报是一个简称,通常指三张报表+报表编制说明。三张报表即资产负债表、损益表与现金流量表。

我觉得,三张财务报表中,资产负债表最重要(而非利润表),因为资产负债表是反映一家公司内功的报表,内功就是公司的真实竞争力。损益表(即利润表)是反映一个阶段经营成果的报表,或者说是反映短期能力的报表。通常,单看损益表很难看得出一家公司的真实经营能力。现金流量表最有意思,因为很多经营者包括老板甚至会忽略它的存在,其实现金流量表最能反映一家公司的经营能力,不过,看现金流量表起码要以 3～5 年为一个周期,否则是看不出什么名堂的。

特别要说明的是,报表编制说明很重要,它是三张报表的重要附件,报表本身的科目很粗,很多项目涉及的资金或金额都是以亿计,如果没有编制说明,不仅搞不清数据的具体含义,连基本的数据逻辑也无头绪梳理,这样,就失去了看财务报表的意义与价值。

1. 沉重的资产负债表

毫无疑问,再靓丽的业绩也掩饰不住海澜之家资产负债表的沉重。

关于资产负债表的含义与结构,感兴趣的读者百度一下便知,对具体科目的理解,建议寻求专业财务总监的帮助,千万不要瞎猜。这里,我们不会详细讲解海澜之家的资产负债表,而是把重点放在与海澜模式有关的科目上,会捎带剖析部分关键科目,着重解析海澜模式背后的真谛。

1）十亿级的应收款项 & 百亿级的应付款项

狭义的财务管理有很多有趣的地方，如"快收慢付"制（有的公司甚至专门发文件要求这么做），就是收钱要快（速）而付钱则能拖就拖。还有像应收账款要与应付账款平衡，起码要应收账款低于应付账款，等等，显然，这种做法违背了主流经济圈的商业规则。真正强强联合的合作框架，一定是建立在合作双方互惠互利的基础上，如果存在明显较弱的一方，互惠互利的基本原则势必会被破坏，看似实力较强的一方会得到更多的利益，但无形的损失也是不可估量的，海澜模式就是一个典型案例。

链接：应收款项包含应收票据、应收账款、预付款项；应付款项包含应付票据、应付账款、预收款项。

以 2017 年财报为例，海澜之家应收款项为 11.2 亿元（应收票据为 1 659 万元、应收账款为 5.9 亿元、预付款项为 5.1 亿元）；应付款项为 101.3 亿元（应付票据为 17.5 亿元、应付账款 67.1 亿元、预收款项 16.6 亿元）。

海澜之家的应付款项远远大于应收款项，完全符合上述所谓"快收慢付"式的财务理念，给企业带来巨大的现金流及直接资金收益。这种高额的经营性负债看似为企业带来了巨大的利益（海澜之家的财务费用一直为负数，就是利息收入完全覆盖掉资金成本），但同时也隐藏着巨大的风险。

首先，有实力的优质供应商不可能接受这种财务支付方式，言下之意，海澜之家很难找到真正有实力的供应商（以国内最大的加工制造商申洲国际为例，其2017 财年应收款项为 28 亿元，应付款项为 8.7 亿元。数据结构和海澜之家完全相反，海澜之家是很难和这些优质供应商合作的）。

其次，与海澜之家合作的供应商根本没有能力做好自身的技术提升与产品研发，因为它们赚到的都是"应收财富"。在会计管理上，应收账款过高，有虚增业绩和利润的重大嫌疑，当然也就变相地说明这些应收款项过高的供应商存在严重的经营能力不足，否则，如果有更好的生意，谁还会去做那些收不到钱的买卖呢？

从企业经营的角度，海澜之家对应收款项的控制非常到位，近 200 亿的销售，不过区区十亿级的应收款项，单纯应收款仅 5.9 亿元（估计是和百货公司合作的应收货款），当然，这也验证了海澜模式下的类直营管理，即所有的加盟店都由公司统一管理、统一收银。海澜模式让海澜之家公司拥有巨大的现金流。

2）流动比率 & 速动比率

企业经营，抗风险能力最重要。

　　何为抗风险能力？如何判断抗风险能力？企业自身与外界的看法可能并不一致，会计管理提供了一项很好的管理工具，通过简单计算，一家企业的抗风险能力便可知晓，这个管理工具就是流动比率和速动比率。

　　何谓流动比率？

　　管理会计的解释是：流动比率＝流动资产/流动负债。参考标准值为 2∶1。意思是一家企业用来衡量流动资产在短期债务到期以前，可以变为现金用于偿还负债的能力。一般说来，比率越高，说明企业资产的变现能力越强，短期偿债能力亦越强；反之则弱。通常认为流动比率应在 2∶1 以上。流动比率 2∶1，表示流动资产是流动负债的两倍，即使流动资产有一半在短期内不能变现，也能保证全部的流动负债得到偿还。不过，流动比率是给"懒人"看的，非常直观，心算便知。

　　如果流动资产中的多数资产不能快速变现，哪怕流动比率再高也毫无意义。这时，就要看速动比率了。

　　何谓速动比率？

　　管理会计的解释是：速动比率＝速动资产/流动负债。其中，速动资产＝流动资产－存货－（预付账款－待摊费用）。速动比率的参考标准值为 1∶1。意思是一家企业用来偿还短期债务的可快速变现的能力。比例越高，说明企业偿还债务的能力越强，至于减掉存货（及预付账款、待摊费用）的原因，当然是因为它们不能快速地变现。

　　链接：传统经验认为，速动比率维持在 1∶1 较为正常，它表明企业的每 1 元流动负债就有 1 元易于变现的流动资产来抵偿，短期偿债能力有可靠的保证。速动比率过低，企业的短期偿债风险较大；速动比率过高，企业在速动资产上占用资金过多，会增加企业投资的机会成本。但这些理解并不是绝对的。实际工作中，应考虑到企业的行业性质，例如商品零售行业，由于是大量现金销售，几乎没有应收账款，速动比率大大低于1，也是合理的。相反，有些企业虽然速动比率大于1，但速动资产中大部份是应收账款，并不代表企业的偿债能力强，因为应收账款能否收回具有很大的不确定性。所以，在评价速动比率时，还应分析应收账款的质量。

　　流动比率、速动比率的分析不能独立于流动资产周转能力的分析之外，存货、应收账款的周转效率低下也会影响流动比率的分析实用性，所以上述两指标的应用应结合流动项目的构成和各流动资产的效率综合分析。

　　对这些财务管理常识有一个大致了解，有利于对本案例的理解。

以 2017 年财报为例,海澜之家期末的流动比率为 1.4∶1,即 176.4 亿元(流动资产)/124.4 亿元(流动负债);速动比率为 0.69∶1,即 176.4(流动资产)－84.9 亿元(存货)－(5.1 亿元{预付账款}－0{待摊费用})/124.4 亿元(流动负债)。

可见,粗略的判断是,海澜之家的抗风险能力值得担忧。这里,如果把应收款项与应付款项和流动比率与速动比率结合在一起看,就有点意思了。单纯看应收账款与预付账款指标,海澜之家的风险好像被释放出去了,毕竟"借"了那么多的无息资金(经营性负债),杠杆效应被放大到极致。但是,回过头来看流动比率与速动比率,情况似乎并不太妙,一旦出现所谓的"挤兑"危机,那可就不得了。

3）存货之重

熟悉资产负债表的读者应该知道,资产负债表的重点都在流动资产与流动负债上,它们才是企业生存的"根基",至于非流动资产和非流动负债的作用与价值,完全取决于企业经营流动资产与流动负债的能力。所以,我们关注的重点就在流动资产与流动负债上。除上述两项重点内容之外,流动资产中,还有一项需要特别关注,那就是存货。

商品经营离不开存货,海澜之家公司拥有 5 792 家零售门店,约 104 万平方米,其中,海澜之家 4 503 家,约 80 万平方米。这些门店要维持日常经营,必须要有定量的铺场货品。

服装行业有一个"潜规则",就是对铺场货的计算,通常,外行是搞不清铺场货的概念与含义的。

简单说,铺场货量是一家公司正常的财务库存,铺场货量的最佳值为年度销售成本的 1/4,相当于一季能置换一次铺场货品。如果能做到一季转动一次,无论多大的铺场货量,都是经营意义上的零库存经营。一般公司规模越大,铺场货品所需要的量越大,像 ZARA、UNIQLO 这些品牌的铺场货品量都很大,是因为它们在全球拥有数千家专卖店。

铺场货品的算法比较复杂,最主要的原因是对不同店铺的标准量化,因为铺场只是过程,销售才是目的,如何平衡面积相同销售不同的铺场标准,到现在仍在考验着服装公司里的数据工程师们。

为把铺场货量这个概念讲清楚,我采用服装行业通行的一个标准来计算,即按 8 000～10 000 元/平方米计,这里的金额为吊牌价。需要特别说明的是,铺场货量不受品牌定位影响,高价位品牌铺场陈列时所用的商品以件或个为单位,而低价位品牌以堆或撂为单位。

下面,我们来看看海澜之家需要多少铺场货量。

按吊牌价计,海澜之家公司约需要 80 亿～104 亿元的铺场货品,根据其线下渠道平均 38.5%毛利率计,粗略推算出所需的铺场货品成本值约 50 亿～61 亿元(按销售成本率 61.5%计)。

再回到海澜之家公司的资产负债表上,流动资产中存货余额为 83.5 亿元(剔除掉原材料后的存货账面价值),对应所需 50 亿～61 亿元"合理"铺场货品,要多也就多 33.5～22.5 亿元的货品。这样看起来,似乎多余的库存压力并不大,那为什么社会及行业对海澜之家的库存关注度如此之高呢?

这就要换一个更重要的视角来理解库存了。前面说过,计算铺场货量最大的难点是对店铺销售规模的判断,两个面积相同的店铺,销售可能相差 5 倍,极端的甚至相差 10 倍,你不可能把两个面积相同但销售差异如此巨大的店铺的铺场货量算成一样的吧! 商品(库存)的作用,是创造更大的价值,而不是堆放,无论是铺在渠道里,还是储存在仓库。

为更好地理解,我把优衣库的母公司迅销集团的数据拿来和海澜之家作对比(数据来源于迅销集团的财报,为便于对比,我把单位统一换算成人民币,汇率按 0.06 计),相信大家一看就明白了:2017 财年,迅销集团旗下优衣库品牌的经营面积为 162.3 万平方米(没有披露其他品牌的经营面积,不过以优衣库销售占比 81.5%计,结合其他品牌单店经营面积远不如优衣库大,以优衣库品牌的总面积计算不影响分析结论),粗略计算迅销集团(应为优衣库品牌)所需的基本铺场货量约为 130 亿～162 亿元,再按迅销集团的成本率 51.1%计,可计算出所需的铺场货量成本值约为 66 亿～82 亿元。

迅销集团资产负债表中的存货为 173.7 亿元,对应基本的铺场货品成本 66～82 亿元,要"多出"91 亿～107 亿元的货品,这比海澜之家的 22.5 亿～33.5 亿元的数字高很多,那为什么大家没有对库存更高的迅销集团(优衣库)担忧,反而对库存值"更低"海澜之家担忧呢?

这就要看库存本身的作用与价值了,迅销集团的期末库存余额为 173.7 亿元,对应的销售是 1 117 亿元,销售存货比为 6.4 次(越高越好),接近 4 次左右的年存货周转次数;而海澜之家的期末库存余额为 84.9 亿元,对应的销售是 182 亿元,销售存货比为 2.1 次,不到 2 次的年存货周转次数。

由此可以得出这样一个结论:库存绝对值小的,反而是库存多了;库存绝对值大的,反而是库存低了。同样是一笔库存,但这笔存货能创造的价值(销售)其实完全不同。

当然,关于库存及库存管理,还有很多其他的管理工具,像前文所说的存货周转率及产销率等都是，关键是企业的决策者及高层经营团队要有库存管理思维，否则，一定是库存越来越高、效率越来越低、生意越来越难。

链接：一直以来，国内服装企业的决策者对库存的理解存在重大偏见，很多决策者认为库存是资产，多一点没什么关系，起码东西还在，就算卖不出去放在账上也是以原值计算。但是，现代商业竞争比拼的不是资产的大小多少，而是资产运行效率的高低。比如同样100万的现金，把它"变成"产品后，能卖出多少的销售呢？经营能力强的公司，能卖出600多万的销售，如迅销集团；经营能力弱的公司，只能卖出300万、200万甚至100万的销售，长期下去，企业之间的差距就会越来越大。

上述数据的计算逻辑与结构简单、完整，便于计算。感兴趣的读者朋友可以将自己公司的实际数据代入计算，会得出你们公司的铺场数据和经营效率之间的关系，然后顺藤摸瓜就能找出经营问题的症结所在，这样才能有针对性地解决。不过，要想得到准确的结果，计算时一定要注意口径的统一。上述计算数据摘自两家公司2017年财报，因数据不全，口径未必统一，结果仅供参考。

链接：关于库存管理工具，我发现很多公司喜欢用售罄率、动销率这类的计算指标，只是，相对售罄率，动销率根本就计算不出来。其实，不管是售罄率还是根本就不存在的所谓动销率，用得不好，副作用极大。

我以售罄率为例，来简单说明一下不恰当地使用工具所带来的负面影响。

售罄率的计算公式很简单，即售完的款式占总款式的比值，比如一季开发了100个款式，当季卖完了50个款，售罄率就是50％。因为售罄率是追求将一个款式的商品全部卖完，在店铺的实际运营中，店长们几乎不约而同地把关注的焦点放在那些极为畅销的款式上，无论店铺的存量有多少。或者关注未来还能否补到货源，因而这些即将售罄的款式仍然占据着店铺的最好资源（员工的关注度、最佳陈列面、更长陈列时间），导致其他更多的"慢热型"款式根本没有机会获得更优的展示。也许，会有几个极为畅销的款式能成为"爆款"售罄，但这些款式的总量毕竟有限，在有限的单位时间内，失去的是更多的销售机会，以我说，这种典型的"捡大芝麻丢小西瓜"的做法，是非常要不得的。

至于动销率，前面说过，根本就是一个无法计算（无法界定分子与分母)的指标,因此,我建议市场终端可以使用配销率指标对店铺的商品进行管理,配销率＝销售量/配货量×100％。

　　无论是产销率,还是配销率或售罄率,切记都是在价格口径统一的情况下使用。

无论是杠杆(应收应付)借力,还是企业抗风险的能力,或是商品(存货)的运行效率,海澜之家的资产负债表要提升的空间巨大。

2. 靓丽的损益表

单看损益表,海澜之家公司足够优秀。

2017财年,海澜之家公司销售182亿元,同比增长7％;销售成本111.1亿元,同比增长7.1％;销售费用15.4亿元,同比增长8.8％;管理费用10.5亿元,同比增长8.3％;资产减值1.26亿,同比下降32.6％;净利润33.1亿,同比增长2.5％。

这些数据非常靓丽、光鲜。然而,损益表仅是三张报表中的一张,本身就存在局限性,只看一张损益表是根本看不出核心问题的。更关键的是,损益表内的数据"太粗",甚至有的损益表水分很高,只看具体数字及增长率并无多大的意义。这时,就要看具体的细化数据,才能看得出其中的名堂。

1) 销售额为王≠销售为王

2014财年,海澜之家的数据并入上市公司报表,当年海澜之家公司的销售为123.3亿元,同比增长72.5％;净利润为23.7亿元,同比增长75.8％,仅这两个数据,足以笑傲整个中国服装界的江湖。毫无悬念,当年周建平轻松地拿下中国服装品牌的第一桂冠,当然,这仅是从销售额的视角。

2015财年,海澜之家公司的销售为158.3亿元,同比增长28.3％;净利润为29.5亿元,同比增长24.3％,销售数据依旧靓丽。

2016—2017财年,海澜之家公司的销售分别为169.9亿元与182亿元,同比增长7.3％与7％;净利润分别为31.2亿元与33.3亿元,同比增长5.7％与6.6％。其中,2018上半年,海澜之家公司销售100亿元,同比增长8.2％;净利润20.6亿元,同比增长10.2％。增长率似乎在放缓,但依旧靓丽。

　　链接:2014年末,海澜之家的店数达到3 348家(销售101.2亿元),计划2015年新增400家。2015年末,海澜之家的店数达到3 517家(净增169家。销售128.7亿元),计划2016年新增400家。2016年末,海澜之家的店数达到 4 237 家（净增 720 家。销售 140.3 亿元），计划 2017 年新增 350 家。2017 年末，海澜之家的店数达到 4 503 家（净增 266 家。销售 147.5 亿元），计划 2018 年新增 400 家。2018 年上半年末，海澜之家的店数达到 4 694 家（净增 191 家，含海外店铺 11 家），计划 2018 年新增 400 家。

早在 2014 年，海澜之家的销售就破了百亿（达到 101.2 亿元），从 2015 年开始，海澜之家的总店数与销售规模都在增加与扩大，但单店的平均销售却在逐年下降，从 2015 年的 370 万元/店，到 2016 年的 357 万元/店、2017 年的 325 万元/店。

上面提及的数据中，有海澜之家每年的开店计划与实际净增店数，可以看出计划数据与实际完成数据之间的关系并不紧密，由此，折射出两个很有意思的现象：

现象一，一直以来，中国服装品牌的规模增长，几乎都是靠外延式的规模增长而驱动，拥有数千家专卖店的品牌比比皆是，甚至有的品牌已经超过了万家。

我在研究 UNIQLO、ZARA 这些超级品牌时发现，它们的增长，无论是从十亿到百亿，还是从百亿到千亿，基本都不是靠外延式的规模增长而实现的。比如 UNIQLO，其销售规模的增长完全是跳跃式增长，但并不是依靠店数的增长，而是通过强势产品的爆发式销售而实现。近些年海澜之家的店铺扩张速度明显放缓，不仅其公司总的增长率在下降，连单店的平均年销售都在下降。

现象二，我发现，无论是大众化定位的 UNIQLO、ZARA，还是高端定位的 LV、PRADA、杰尼亚等，这些真正成功的大品牌都有严格的开店计划和开店策略，并能严格地执行这些计划和策略。它们的开店计划总结起来是三句话，即"数量少而精、位置好而准、销售高而利润也高"。这些品牌每年都会审慎地制定出明确的开店计划，然后，按计划执行到位，把这些店如期地开出来，开一家成功一家。对照之下，中国服装企业对待开店的计划，就随意、随机、任性得多。

总体而言，在中国服装企业决策者的眼里，开店就意味着"赚钱"，开店计划不重要，重要的是要能把店开出来，大家理解渠道为王的本质是开店为王。至于开出来的店能否赚钱，甚至能否生存也不重要，重要的是下一个新的年度能还能开出多少家店。

链接：海澜之家的平均单店销售是市场零售额，不同于其他以加盟经销为主的品牌是公司收入额（公司出库到经销商的收入），大家在进行横向对比时要注意计算口径统一。

从 2014 年销售、净利润双双高达 70% 以上的增长,滑落至当下的年增长不及10%,是"理性回归"还是问题暴露? 相信你我和周建平的看法不一定一致。不过,我认为,结果如何并不重要,重要的是要搞清楚纯粹依靠开店发展的销售额为王一定不等于销售为王,企业真正要构建的是依靠产品研发与供应链体系驱动的销售为王。

2) 费用暴露出的秘密

多年前,我们在企业经营过程中曾讨论过一个很有意思的话题——项目做成功,首先是人的因素,还是其次才是人的因素? 当时讨论的背景是,一家分公司做得比较成功,该分公司经理有点飘飘然,以为是他的原因,这家分公司才能做到如此优秀。

这个问题在今天已经有非常明确的答案,就是首先是资本因素,其次才是人的因素。当然,这并不是说人不重要,而是说在没有资本的情况下,人的作用其实很有限。这个问题比较大,估计我的这种表述会有人不满意,不过没有关系,我们先搁置争议,先按此逻辑往下看。从企业经营的角度,我还是认为资金的投入决定着事物的未来发展。

企业层面的资金投入,主要包含两块,一块是相对"刚性的"货品成本,一块是相对"柔性的"经营费用。多数情况下,企业的经营管理能力越强,销售则越高,相对"柔性的"经营费用就显得越低(指费用率),企业所要支付的"刚性"货品成本也随之降低,反之则越高。也就是说,看似刚性的货品成本,受经营费用的"影响"很大,经营能力强,所需的货品成本就低(因为存货周转率高);经营能力弱,所需的货品成本就高(因为存货周转率低)。

经营费用包含销售费用、管理费用与财务费用,一般把与实现销售有直接关系的费用称为销售费用,把后台支持所需的费用称为管理费用,把资金成本称为财务费用。一般上市公司的财报仅披露费用科目的主要费用项,并不提供更为细节化的费用,导致无法进行更为系统的逐项分析。这里,针对海澜之家,我们重点分析三块费用,即产品研发费用、广告宣传费用及资产减值损失。

首先,看产品研发费用。关于产品研发投入,在海澜模式部分已有阐述,现再稍加补充。2014 年度(并表第一年),海澜之家公司的产品研发投入为 2 519 万元,占销售比仅 0.2%。当年期末库存账面余额为 61.3 亿元,其中自有库存 20.1 亿元,占总库存 32.7%;代销库存 36.2 亿元,占总库存 59%。到 2017 年度,海澜之家公司的产品研发投入也只有 3 903 万元,占销售比为 0.21%(2015、2016 年度都在0.2%上下)。当年期末库存账面余额为 86.8 亿元,其中自有库存 39.4 亿元,占总库存 45.3%；代销库存 42.4 亿元，占总库存 48.8%。

研发费用的投入不足，已严重阻碍了海澜之家的正常发展，按此节奏，过不了几年，海澜之家将陷入高库存的泥潭而不能自拔。

> 链接：假设海澜之家的供应商在产品研发上的投入幅度和海澜之家公司相当，则可以根据 2017 年度海澜之家公司的代销库存及自有库存的占比，粗略估算出海澜系供应商们在产品研发上的投入约为 4 000 万元，和海澜之家公司自己所投入的合并在一起总的产品研发投入也不会超过销售的 0.5%，仍远低于同行。

其次，看广告宣传费用项。并表第一年，2014 财年海澜之家公司的广告宣传费用为 3.8 亿元，同比增长 88%（并表第一年，此比例没有可比性，仅供参考），占销售的 3%。2017 财年，海澜之家公司的广告宣传费用为 6.2 亿元，同比增长 12.7%（超过了当年销售与净利润的增长），占销售的 3.4%。

虽然不是很确定海澜之家公司的广告宣传费用包含哪些具体内容，不过根据字面理解，应该是传统的店内外品牌推广费用及广告费用。对比一下国内其他服装品牌的数据，销售规模排名第二的森马服饰，广告宣传费用占销售比为 1.8%（研发费用占销售比为 2.9%。2017 年数据，下同）。销售规模较大的太平鸟公司，广告宣传费用占销售比为 3.5%（研发费用占销售比为 1.2%）。迅销集团 2017 财年的广告宣传费用占销售比为 3.8%（不确定迅销集团的广告宣传费用和海澜之家公司的口径是否一致，数据供参考）。由此可见，海澜之家公司的广告宣传费用支出比例并不太高（但也不低），只是此项费用的支出并没有创造出应有的经济效益。

广告宣传费用是企业经营的刚性费用，这个道理一般企业经营者都明白，但是，广告宣传费用的另一个身份是"附着费用"，就是说广告宣传费用的真正价值，是建立在其他费用发生之上的，比如产品研发费用（还包括其他费用，如差旅费等，因为投放了大额广告费用后，营销活动会增多，差旅行为自然也会增加）。只要有好的产品，匹配一定额度的广告宣传费，对销售的作用将是巨大的推动，否则，广告宣传费用的投资效果，就像前面所说的"烟花"现象，昙花一现，稍纵即逝。

海澜之家"愿意"支付如此巨额的广告宣传费用，我倒希望能把诸如产品研发费用之类该投的费用也投下去，把广告传播、产品营销与品牌塑造三者之间的关系协同起来，只有这样，才能创造出应有的商业价值。

> 链接：关于费用还有一种理解，就是销售费用属于直接费用，比较刚

性,属于不可控的费用;管理费用属于间接费用,有一定的弹性,属于可以通过管理手段控制的费用。一家企业如果销售规模增长,销售费用一般也要等比例增长,甚至销售费用的增长率超过销售额的增长率一点也没关系,管理费用可增长可稳定(略微下降一点也行,但最好不要超过销售规模的增长)。

2017财年,海澜之家公司的销售增长7%,销售费用增长8.8%,略高于销售增长,属于合理现象;管理费用增长8.6%,偏高于销售增长,不合理的因素较大。但是,在销售费用中,像职工薪酬费(下降2.8%)、差旅费(下降10.7%)都是下降的,这就不太正常了。希望能引起海澜之家的决策层的重视,否则"后患无穷"。

最后,看资产减值损失。资产减值会带来损失,因为资产减值是指对泡沫资产、呆账坏账及与实际价值不相符的资产进行一定比例的减值,被减掉的资产作为费用从损益表中冲减,减值后的资产继续记录在资产负债表中。在企业的实际操作中,涉及资产减值的背景非常复杂,很容易出现面对同一笔资产,有的企业认为没必要减值,而有的企业却会大幅度减值的状况。甚至,有的企业把资产减值当成企业利润的调节杠杆,在经营形势好的情况下,有意对过去形成的一部分不良资产进行减值,使报表看起来更实在一些。

我在研究A股服装类上市公司时,发现可被进行资产减值的资产项目实在太多了,除传统的存货类资产、应收账款外,其他的像商誉、经营性商业地产等都在资产减值的范围内,让人觉得很好笑。同时,在资产减值的力度上,各公司间的差异太大,像七匹狼、报喜鸟、美特斯·邦威等几家公司对待资产减值毫不客气,这几年每年的资产减值力度都在20%以上,堪称资产减值急先锋,也有的公司几乎不碰资产减值这一项,如海澜之家。

其实,无论是大幅度进行资产减值,还是不愿意进行资产减值,都是有问题的。毫无疑问,前者属于打脸行为,因为无论什么资产,都是公司花钱"买来的",好好的要进行大幅度资产减值,主要是前期高估自己导致盲目扩张的后遗症。后者肯定是要耍流氓行为了,因为过于谨慎地对待资产减值,使得当期的损益表数字好看,但并非从根本上改善企业的经营,只是把企业经营的风险往后顺移。

链接:按会计准则,资产减值范围一般包含应收账款、存货、可供出售金融资产、持有至到期投资、投资性房地产、固定资产、工程物资、在建工程、生产性生物资产、油气资产、无形资产、商誉及其他等14项资产中的不良部分。需要说明的是，像存货类有形资产被减值掉的部分，并不会并扔掉，而是继续留存在公司的仓库里，这些资产在未来如果能继续销售，产生的销售额会被直接记录为当期利润。

海澜之家公司是国内服装公司中对待资产减值最谨慎的一家公司，资产减值的范围主要是针对存货，而且力度小得"可怜"。

2017财年，海澜之家公司资产减值损失为1.26亿元，其中存货减值1.23亿元，存货资产减值率为1.4%。2016财年，资产减值损失为1.87亿元，其中存货减值1.86亿元，存货资产减值率2.1%。2015财年，资产减值损失为1.37亿元，其中存货减值1.29亿元，存货资产减值率1.3%。2014财年，资产减值损失为0.5亿元，其中存货减值0.37亿元，存货资产减值率0.6%。

链接：海澜之家的存货结构中，主要包含自有库存和代销库存两部分，如果分开计算，以2017年度为例，其自有库存存货减值率为4.2%（2016年为3.5%），代销库存存货减值率为0.6%（2016年为2%），存货减值率都比较低。

最低0.6%、最高也不过2.1%的存货资产减值率，说海澜之家"惜货如金"是一点也不为过的。

前文说过，世界服装品牌的成败兴衰，没有一家能脱离得了对库存的管理。做生意，要库存，压垮企业的也是库存。那些真正成功的大品牌，都彰显出高超的驾驭库存的能力，以和海澜之家同等定位的UNIQLO和ZARA为例，它们对待库存的态度高度一致——追求经营意义上的零库存。

在追求经营意义上的零库存的过程中，高效、独特的管理要素必不可缺，但价格杠杆的作用也很重要。价格杠杆是双刃剑，力度太大不仅会影响到公司利润，还会对品牌的声誉产生不良影响，力度太小则不会有什么效果。相对而言，中国品牌对待价格杠杆的态度极为谨慎，甚至有的品牌希望自己的商品永远也不要进行价格折扣，它们会让终端店铺对消费者做出所谓"永不打折"的承诺，以此来宣扬自己品牌的独特与价值，像报喜鸟品牌、海澜之家品牌。

问题是，普通服装商品有很强的时效性："时"即时尚＋时间；"效"即效果＋效益。一款产品，只要滞销，其应有的价值就会大打折扣，这时如果不使用价格杠杆处理，一定会造成积压，这些当季都不好卖的产品，放到下季自然会更不好卖，最后只能成为"食之无味弃之可惜"的库存。

我觉得，价格杠杆的作用，更是一种倒逼机制。商品滞销，使用价格杠杆处理商品，不仅会带来公司利润的损失，还会对品牌的声誉造成影响，这时，公司的经营团队就要积极思考为什么会这样，是产品本身的问题，还是物流供应链的问题，或者是市场运营的问题。只有找到具体原因，才能有针对性地予以解决。这些方法说起来很简单，但事实上却很难做得到，原因其实很简单，就是中国服装品牌的管理方式还停留在 20 世纪只管卖货的阶段，对生意好坏的评判标准就是一个或一张报表，即销售额或损益表。据我了解，到目前为止，国内所有的服装公司中，没有几家建立起类似 UNIQLO 或 ZARA 的那种店铺运营机制，通过对店铺经营的综合绩效进行系统地考核，从而形成系统的商品管理办法。

另外，如果使用价格杠杆的技巧再娴熟一些，完全可以规避掉对品牌声誉的负面影响，事实上，UNIQLO、ZARA 在中国市场的品牌声誉一点都不逊于海澜之家和报喜鸟。

至于资产减值，完全是非市场化行为，无论力度多大都不会对品牌声誉产生所谓负面影响，只会对公司利润产生影响。不过，相对资产减值带来的积极影响（也会形成倒逼机制），这点仅有的副作用可以忽略不计。

放弃了价格杠杆和资产减值这两项重要的经营手段，再加上管理方式的落后，中国服装公司出现集体性库存积压成了逻辑上的必然。

假设，海澜之家对存货类资产减值的力度能达到 15%，以 2017 年计，其净利润将会"减少"13 亿元（净利润将从 33.2 亿元减少到 20.2 亿元）。净利润少了，相信经营者和所有者的压力都会大起来，也会理性起来，经营团队会思考问题的根源，找到正确的方法也就不远了。

费用开支决定着企业的发展方向（而不是利润），尤其像产品研发投入、广告宣传费用及资产减值，涉及服装品牌的本质工作，即如何才能真正做好产品！只有真正做好产品，模式之花才会叶茂根深。

3. 现金流量表里的故事

现金流量表很有意思，很多人不习惯看，原因是企业的主要经营信息在资产负债表与损益表中都能找到，看不看也就无所谓了。不过，我强烈建议企业老板和经营者们要养成看现金流量表的习惯，最好让财务人员帮助把公司 3～5 年的现金流入、流出信息编制在一张总表上，会很清晰地看出"自己的"钱是从哪里来的，又流到哪里去了，就能分析出哪些重大决策是对的，又有哪些决策是有问题的甚至是错的，一定会得到很多意想不到的信息与认识。

现金流量表分四部分，第一部分是经营活动产生的现金流量；第二部分是投资活动产生的现金流量；第三部分是筹资活动产生的现金流量；第四部分是现金及现金等价物净增加额。

第一部分的内容容易理解，就是当年做生意产生的现金流入和流出。一般情况下这个结果是正数，如果是负数，说明这家企业的主业生意遇到了麻烦。不过有一个现象值得关注，如果一家公司经营活动产生的现金流量净额虽然为正数，但应付款项很高，说明这家公司是通过拖欠供应商的货款而导致的现金流为正，其实含金量并不高。

第二部分的内容就比较复杂，因为投资活动本质上反映出一家公司的战略水平与战略管理能力。比如，那些金额巨大的产业并购、各类投资、资产添置等到底有没有成效，这些投资未来能否创造出更大的效益等，都能看出来。但报表只显示当年数据，而投资收益是滞后的，所以，最好让财务人员以3~5年为一个周期，把投资活动的现金流入和流出汇总在一份总表上，经常（以半年为周期）拿出来看看，过去的投资项目到底哪些是对的，哪些是错的，会帮助决策者明白企业发展战略与现金流、经济效益之间的关系。

前几年，报喜鸟公司和贵人鸟公司通过资本市场再融资拿到钱后，进行了大量的投资，数年后，这些投资资产并没有发挥出应有的经济效益，甚至还成了企业的包袱。虽然报喜鸟公司和贵人鸟公司"果断"地对这些投资性房产和并购类资产进行大幅度资产减值和降价甩卖，但也给公司造成了不小的损失与影响。如果这两家公司在决策之初能明白公司战略与主业经营之间的关系，相信会尽力避免这些"不必要"的投资性现金流出，把资金用于主业的经营与发展，或许能创造出更好的经济效益。包括本书收录的最后一家公司思捷环球，就是在公司经营看起来很好的时候，花大价钱收购了很多项目，产生了巨额的商誉，最后，这些商誉成了拖垮公司的重要"稻草"。

第三部分也容易理解，筹资活动的现金流入和流出，概括地说就是各种的找钱与还钱。上市公司除银行贷款外，还有很多种找钱方式，如发行债券、股票再融资等，股票再融资又分为定向增发与公开发行两种。筹资的形式很多，但所有的筹资活动都是有成本的，在现金的流出中，除偿还本金外，还有各种形式的资金成本支付，像利息、分红等。

一家上市公司如果经常性地找钱（筹资），说明主业经营产生的净现金流不够，需要融资借钱做生意，或许说明这家公司的发展愿意很强，但如果是偏离主业的发展，就要引起高度重视。无论企业多大，企业老板也是人，精力与能力都是有限的，多元化发展存在的潜在风险不可预估，既有风来猪飞的狗屎运，也有万劫不复的泥潭。在A股上市公司中出现这两种结果的比比皆是，总的来说，后者发生的概率远大于前者。

最后,现金及现金等价物净增加额最好是每年都有增加。一般情况下,由于现金收益率是零,所以无论个人还是公司,都不会大量持有现金,而会选择存银行或买个理财产品,这类东西被称为"现金等价物"。

> 链接:好的现金流量表,有几个共性特征:
>
> (1)经营活动产生的现金流量净额＞净利润＞0;
>
> (2)销售商品、提供劳务收到的现金≥营业收入;
>
> (3)投资活动产生的现金流量净额如果＜0,则主要是投入新项目,而非用于维持原有生产能力;
>
> (4)现金及现金等价物净增加额＞0,可放宽为排除分红因素,该科目＞0;
>
> (5)期末现金及现金等价物余额≥有息负债,可放宽为期末现金及现金等价物＋应收票据中的银行承兑汇票＞有息负债。
>
> 感兴趣的读者朋友可以自行查询海澜之家公司2017财年的现金流量表,看看是否符合这几项特征。

2017财年,海澜之家公司经营活动产生的现金流量净额为28.7亿元,说明在扣除所有支付掉的成本后,产生了28.7亿元的净额。不过,这个数字低于当年净利润额,从另一个侧面说明海澜之家的净利润含金量并不太高。

海澜之家公司投资活动产生的现金流量净额为－22亿元,说明海澜之家公司有积极的投资欲望与行为,不过,这些投资行为到底成效如何,要等3～5年后才能看出结果。所以,投资活动产生的现金流量是考验一家公司的战略眼光、战略判断与战略落地能力的。

海澜之家公司筹资活动产生的现金流量净额为－16.6亿元,主要原因是支付了高达21.2亿元的股利、分红与利息。上市公司进行分红是合理的,毕竟中小股民多少能收获到非股价上涨的收益。上市公司支付股利的目的各不相同,多数情况下是企业所有者认为自己的公司很好的表现。至于利息,纯粹是资金成本,借款多、发债多,利息自然就多了,企业要控制好资金成本总量,否则就成了为金融机构打工了。

海澜之家公司现金及现金等价物净增加额为－9.9亿元,可以理解成2017年期末比期初少了近10亿元现金。

高增长光环的背后,隐约能看到重重危机,起码三张报表里的数据能告诉我们很多信息。希望海澜之家的决策者能对海澜之家的数据做深入、系统的研究，能找到问题的症结所在，再透过现象看本质，从而建立起专属于自己的核心竞争力。

同时，也提醒所有对海澜模式感兴趣的同行，在研究与学习海澜之家时，要做到去其糟粕取其精华，学习真正有价值的内容，当然这很考验学习者的智慧与能力。

公告背后的战略选择

作为国内最大的服装品牌公司，海澜之家拥有无与伦比的扩张条件与谈判优势。近几年，海澜之家进行了一系列的资本扩张，这些项目是好是坏暂时无法定论，时间是最好的试金石，等3～5年后再来复盘或许更有意义，我们祝愿这些项目能达到周老板的预期。

在一系列眼花缭乱的布局扩张中，有两条公告值得关注。

第一条公告是，2017年9月2日，海澜之家公司发布公告称，与阿里巴巴公司签署了战略合作协议，协议的主要内容如下（摘自年报）：

（1）双方共同目标是：乙方（海澜之家）和甲方（阿里巴巴）的战略合作将成为乙方在中国乃至全球业务最重要的和可持续的销量与利润增长引擎。乙方通过广泛性、整合性地利用甲方在产品销售、品牌建设及市场营销、大数据赋能及消费者运营创新等方面的产品和服务帮助乙方在中国的业务实现更具盈利性的增长并加快数字化转型。甲方通过与乙方的合作，在行业经验、电子商务领域及类目架构等项目中获得乙方提供的产品、数据、广告经费方面充分的支持，保持所属行业的领先优势。

（2）具体合作内容是：甲方旗下天猫及阿里相关平台将为乙方旗下品牌推广提供独特、优质的服务和资源，为乙方持续发展大量潜在客户、提升乙方旗下品牌的影响力提供强有力的支持。同时，为发挥双方资源的协同效应、叠加效应，形成规模经济、范围经济，为给消费者提供更好的产品和服务体验，乙方将与甲方进行战略合作，在数字资产、营销推广、创新合作及组织架构配备等方面为甲方提供战略资源。

第二条公告是，2018年2月2日，海澜之家公司发布公告称腾讯普和合伙企业出资近25亿元（2 499 999 997元）购买其5.31%的股权（相当于以10.48元/股的价格入股）。腾讯普和是深圳腾讯公司旗下的有限合伙企业。

阿里巴巴和腾讯，作为中国最大、也是最有影响力的两家互联网公司，海澜之家有无数个理由与它们合作。但是，作为互联网巨头，阿里巴巴和腾讯为什么要和海澜之家公司合作，似乎很难找到一条合适的理由。和阿里巴巴的合作内容写得既清楚又模糊,几乎没有任何可操作性。老实说,互联网公司的数据算法对传统又时尚的服装行业也许并无多大的意义,大数据是结果性数据,是已经发生的销售信息,是过去时,而时尚属于未来,需要全新创造,如果时尚也可以预测、可以推导计算,那也就不是时尚了。所有伟大的企业,都是创造从 0 到 1,无论是耐克,还是UNIQLO、ZARA,或者 LV,它们都在以自己的方式引领潮流、创造时尚。

和腾讯的合作内容,没有更多的披露。

从海澜之家的角度,与其和阿里巴巴、腾讯们合作,我觉得不如与顶级的面料供应商合作,甚至不如与国内最大的针织、梭织、牛仔等品类的加工厂合作,提升产品本身的竞争力远比介于虚实之间的大数据强,比什么广告资源、营销手段、数据算法等"术"强。

到目前为止,还没有看到有什么明显的直接或间接受益,2018 年三季报披露,2018 年前三季度海澜之家公司的销售仅增长 4.5%(130.4 亿元),扣非净利润仅增长 1.2%(25 亿元),其中,第三季度(7—9 月)海澜之家公司销售为 30.2 亿元,同比居然下降了 6.1%,净利润为 5.6 亿,同比也下降了 11.6%,是不是感觉很奇怪?

虽然腾讯公司不差钱,但显然这笔买卖做得不算太成功,10.48 元/股的价格几乎接近海澜之家公司 2018 年前十个月的最高价(最高价为 6 月份初的 14 元/股左右),三季报发布的前夜,海澜之家公司的股价约 8 元/股,腾讯公司少说已浮亏了二成左右(不含分红,仅供参考)。

> 链接:近三年来,海澜之家公司第三季度的销售、净利润一直呈现下降趋势,从 2015 年度的 33.9 亿元、6.2 亿元,到 2016 年的 33 亿元、6.4 亿元,再到 2017 年的 32.3 亿元、6.3 亿元,直至 2018 年度的 30.2 亿元、5.6 亿元。

海澜之家在寻求转型,也许周老板也是这么想的,但是,海澜之家真的需要转型吗?海澜模式成就了海澜之家品牌,但海澜模式也成了海澜之家品牌乃至海澜之家公司的"枷锁"。如果周老板真想做中国男人的国民品牌,做一家在世界范围内有影响力的服装品牌,海澜之家和周老板要做的或许并不是转型,而是要遵循服装品牌的本质,从做好产品开始吧。

杠杆模式下的阴影

我曾经思考,海澜之家到底是如何赢取消费者信任的?

　　那一间间位于经济蓬勃发展的三四线城市主要商业街上，以蓝黄相间的巨大中英文 LOGO 为标志的店铺里，一堆堆商品拥挤地陈列在看似简易的货架上，款式基础、价格醒目，过道拥挤、声音嘈杂，每一处都在传递一种信息——这是一个适用、极简、本土化的品牌，这难道就是海澜模式？

　　中国的市场太大，可以细分至无限极，既有北上广深比肩世界的一线市场，也有广袤的三、四、五……线市场。海澜之家看中的是普通大众消费人群，这群人分布在中国数百上千个地县级城市里。他们无需美轮美奂的店铺装修，无需营造神秘高贵的品牌形象，甚至无需精美陈列。他们需要的是性价比，是适用主义，是符合他们审美的中式"极简"风，以致 LOGO 都要用醒目、夸张的中文，颜色要用他们最喜欢的，这样才能没有距离感，才能让他们放心大胆地进入店铺选购他们的心仪产品。再加上海澜之家把他们的审美提升到所谓"中国男人的衣柜"的高度（当然，我从来不认为海澜之家能代表中国男人的衣柜），自然成就了海澜之家。

　　我觉得这个层面的海澜模式是成功的。

　　这几年，海澜之家有意无意在向外传递求变的声音，类似周公子接班、品牌形象转变、抓住 90 后等等，但无论如何，都不应轻易舍去海澜模式的极简精髓，否则，那还是海澜之家吗？

　　也就是说，没有规模性盈利、没有持久性盈利，那不叫模式，那叫商业活动。无论是海澜之家，还是众多的模仿者，千万不要陷入毫无意义的模式纠结中。

　　经济层面的海澜模式，是典型的高风险、高投入（即高杠杆）、高压力的"三高"型公司，并具备类平台的特征，带有金融属性，做好是一强俱强，做不好则是一损俱损。某种意义上讲，服装品牌并不适合采用这种强金融属性的经济运行方式，服装品牌最终讲究的还是产品本身（或风格独特优势、或性价比优势），要注重产品研发、注重供应链、注重商品企划、注重市场营销、注重管理效率，要构建基于行业特征的核心竞争力，去推动企业的可持续发展，而这，恰恰是当下海澜模式所不具备的。或许，正因如此，海澜之家给我们留下了更为广阔的想象空间。

　　期待海澜之家越来越好。

　　链接：2018 年度，海澜之家公司销售增长 4.8%，达到 190.8 亿元，净利润增长 3.7%，达到 34.5 亿元，其中，主品牌海澜之家销售增长 2.6%，达到 151.4 亿元。

李宁归来
——李宁品牌的过去、现在和未来

案例导读

当年，诺基亚手机业务出售给微软时，时任诺基亚CEO（约玛·奥利拉）说："我们并没有做错什么，但不知为什么，我们输了。"前两年，大润发超市被阿里巴巴收购时，创始人（黄明端）说："我们战胜了所有对手，却输给了时代。"

显然，这两位企业的最高经营者的话都说"错"了，他们没有赢得竞争，并不是他们没有做错什么或者战胜了对手，而是他们输给了自己。我觉得，商业竞争，输家不存在什么都没有做错或者战胜了对手，输家是没有做好自己，被时代抛弃了而已。对曾经手机行业的霸主诺基亚而言，时代选择了苹果；在新零售时代，大润发被抛弃了。

早在8年前，处于巅峰辉煌阶段的李宁又何尝不是如此，李宁差一点被时代所抛弃，李宁没有输给任何人，李宁只是短暂地输给了自己。所幸，李宁战胜了自己。连亏三年后，从2014财年巨亏7.8亿元，到2015财年成功扭亏为盈（盈利1 430万元），直至今天（2018财年上半年）盈利2.6亿元（同比增长41.7%），李宁公司已连续三年盈利。

如果要对当代中国鞋服类商业企业拍一部纪实悬疑大片，非李宁公司莫属。从含着金钥匙出生，到登顶中国本土第一体育运动品牌，曾几何时，李宁是豪情万丈，傲视群雄（甚至把"做中国的世界级体育品牌企业"的内容写进了公司年报）。到2012年，李宁几乎坍塌般坠落，仅一年时间近乎把过去5年的净利润总和全部亏完。随后，李宁陷入了长达3年的"漫长"调整，直至李宁主席重新出山。

到今天，李宁似乎已经走完了最艰难的阶段，然而，市场早已物是人非。

今天，强者更强，李宁还有机会重回巅峰吗？

从企业发展的角度，面对中国本土的广袤市场，包括李宁公司在内的任何企业都有希望获得成功，起码能找到自己应有的江湖位置。从另一个层面讲，我们这一代人（以70后、80后为主）对李宁品牌凝聚着很深的情感，李宁品牌几乎是伴随着我们的青春成长，我们都希望李宁能再创辉煌。

李宁品牌的成功，对中国民营企业有太多的启示意义。从90年代初品牌创建，开创了中国鞋服类民营企业品牌化运作的先河，到2004年在香港上市，李宁公司更是给中国所有的民营企业打开了一扇教科书般的品牌与资本运作的大门，从资本运作,到连锁经营、品牌战略、明星代言、渠道为王,等等,李宁无疑是那个时代做得最出色的,李宁品牌成为那个时代消费者心目中的国民品牌,李宁公司也成为中小民营企业的学习标杆。直至 2008 年奥运会,李宁在鸟巢上空的惊鸿一跃,将李宁品牌定格在历史的制高点。

随后,李宁公司开始快速滑落,甚至陷入持续巨亏的泥潭。

今天,李宁公司似乎已经"醒来",在李宁主席三年的亲自"掌勺"和"靓丽"数据的证明下,李宁真的已经归来。从冲顶中国本土第一体育用品品牌,到坍塌般坠落陷入巨亏,再到"疯狂"变革滑向更深的深渊,直至今天已连续三年盈利,这中间发生了太多的戏剧与故事。从快速扩张到渠道为王,从战略误判到战术混乱,从报表变革到自我救赎,李宁公司在这每个阶段都以血淋淋的代价为中国企业的扩张之路谱写了一部成长案例,值得所有的企业及企业家们学习与思考。

我将从三个方面,结合李宁公司的经营数据与财务数据,带你一起还原那段不堪回首又堪称经典的峥嵘岁月。

巅峰辉煌下的危机——"虚实之间"

2010 年,李宁公司实现销售 94.7 亿元(同比增长 13%),净利润 11 亿元(同比增长 17%),距百亿规模仅一步之遥。当年,李宁品牌在全国有 7 916 家专卖店(7 333 家加盟店＋582 家直营店)。

站在 2010 年末那个时点,这绝对是一份靓丽的成绩单。13% 的销售增长,说明李宁公司的销售业绩非常好,销售业绩好说明公司的经营能力强。通常,经营能力强主要反映一家公司的渠道能力强、产品能力强。17% 的净利润增长,高于13% 的业绩增长,不仅说明李宁公司的经营能力强,还说明李宁公司的管理能力也很强。

假设,以此数据为基数,让你预测李宁公司 2011 年的经营计划,你会怎么做?相信,无论你是理论派专家还是实战型高手,对李宁公司 2011 年的计划预测起码是增长,至于增长多少要看具体决策人的"兴趣偏好",积极乐观的高一点,稳重理性的也不会低于 10%(指销售和净利润的增长率)。

但是,实际结果是 2011 财年李宁公司净利润下降了 65.2%、销售额下降了5.8%。这个结果是否让你大跌眼镜?这个结果,估计包括李宁主席在内的所有老板都不会、也不能接受,但实际就是如此。很多人会好奇,为什么会这样?

2010 年(包括之前的)的数据那么好,为什么会"突然"这样?甚至有人会逆向联想:2010 年的数据有假? 2011 年李宁公司出现了重大变故?还是其他一切皆有可能的原因?

当然，真实的情况是所有的怀疑都是错的，因为 2010 年的数据完全真实，2011 年的李宁公司一切正常，正常到所有人该干啥还继续干啥，没有任何人觉得有什么问题，这只不过是市场发展过程中的一次调整而已。

那，问题来了，这难道真的是一次普通的市场调整吗？无论是与不是，为什么会"好好的"出现业绩与利润的双双下降呢？

坍塌般坠落——失落的"帝国"

李宁公司经历了一个正常公司在出现问题时都会走的路，面对 2011 年的业绩下滑，李宁公司的管理层都在积极寻求自救。不过，包括李宁主席本人在内的李宁公司所有高层管理人员都低估了问题的严重性。在经历了 2011 年的业绩、净利润下滑后，2012 财年，李宁公司的销售、净利润又进一步下滑，其中销售额下滑得更快，同比下滑了 25.2%（相对 2010 年高位时已下滑了 29.5%），净利润更是不可思议地从 2011 年还有 3.8 亿元下滑至 2012 年巨亏 19.7 亿元。

创业 22 年，李宁公司第一次陷入了亏损，而且还是巨亏。到 2013 财年，李宁公司陷入了更大的麻烦，销售规模进一步萎缩，同比再降 12.7%，净利润继续亏损，这时（2013 年末）李宁公司的销售规模相对 2010 年时的高位已经缩水了近 4 成（下降了 38.5%），净利润更是从年赚 11 亿元，到连续两年亏损高达 23.7 亿元。

在李宁公司最辉煌的时期，你我无法想象李宁公司未来几年的经营业绩会这样（下滑）。连续数年的糟糕业绩，使得李宁主席终于对团队（指核心高层）彻底失去了信心，2012 年，李宁主席最信任的"老臣＋忠臣＋近臣"张志勇总裁出局，2014 年，代表机构利益且有漂亮过往（能力）数据的金珍君总裁也黯然离场。

终于，李宁主席亲自站在了这家以他名字命名的中国曾经最大的体育用品公司的前台，这是他第一次以公司行政总裁的身份站在前台，李宁主席要亲自拯救坍塌般坠落的李宁公司。

李宁归来

答案是肯定的，李宁公司真的需要李宁亲自来拯救。

李宁"上任"后，随即开启了大刀阔斧般的改革，在砍掉了一切旁枝末节后，上任第一年即 2015 财年就实现了盈利（净利润 1 430 万元。当年实现销售 78.1 亿元，同比增长 16.1%）。到 2016 年实现净利 6.4 亿元（销售 80.1 亿元），2017 年实现净利 5.1 亿元（销售 88.7 亿元），再到 2018 年上半年实现 47.1 亿元的销售，以此预测，2018 全年销售破百亿将不会有什么大问题。

链接：2018 财年，李宁公司实现销售 105.1 亿元，同比增长 18.4％，净利润 7.1 亿元，同比增长 38.8％。

从 1990 年创业起步，到 2010 年完成 94.7 亿元的销售，李宁人走了整整 20 年，到今天再破百亿规模（以假设能破百亿销售为前提），李宁人又"多"走了 8 年，只是这 8 年走得远比前 20 年艰难。

从近三年李宁公司的销售数据看，说明李宁主席的方法是有效的，只是李宁主席的方法能支撑得住李宁公司的未来吗？

就像前文所说，今天的体育用品市场早已是强者更强，曾经的"小弟"安踏牢据中国本土体育用品品牌龙头交椅多年，在中国非一线市场有着无与伦比的竞争优势，安踏公司 2017 财年实现销售 166.9 亿元，净利润 31.5 亿元，2018 年财年销售高达 241 亿元，同比增长 44.3％，净利润高达 42.3 亿元，同比增长 34.2％。巨头耐克一直稳居世界及中国市场体育用品品牌头部位置，耐克 2018 财年（跨 2017—2018 年度）全球销售 363.9 亿美金，同比增长 6％，其中大中华区销售 51.3 亿美金，同比增长 18％。其他巨头像阿迪达斯也在快速增长，2017 财年阿迪达斯集团销售 213 亿欧元，同比增长 11％，其中，中国市场的销售增长超过 16％，达 53 亿欧元。

面对如此强者更强的市场与对手，李宁主席将如何带领他的李宁公司实现超越呢？

链接：无论李宁公司当初多么辉煌，无论李宁主席曾经多么豪情万丈，无论李宁是否已经归来，今天李宁面临的竞争环境远比过去艰难、复杂。李宁想实现超越要走的路还非常漫长，虽然在最新的财报中，李宁不再提及创建中国的世界级体育用品品牌的目标。但现实数字非常骨感，2019 财年（跨 2018—2019 年度）第一季度，耐克大中华区销售 13.7 亿美元，已连续 17 个季度实现双位数增长；阿迪达斯集团 2018 财年第三季度销售额 58.7 亿欧元，其中大中华区销售增长 26％，连续 11 个季度增速超过 20％。

对李宁主席来讲，2018 年是"好运"的一年，好运是 2 月初从美国的秀场传到中国香港资本市场的。

2 月初在纽约时装周的"天猫中国日"活动上，李宁品牌一组红黄相间的产品，将运动时尚和复古元素完美地融合在一起，从纽约的 T 台传播到中国消费者的朋友圈里。友善的中国消费者对这个已经在视野与记忆中消失很久的本土品牌展现出极大的热情。据相关财经媒体报道，纽约那场发布会上的相关产品很快全部售罄，这还不够，香港资本市场上的投资者更是报以极大的兴趣，纷纷看中李宁公司的股票，致使李宁公司的股价一扫数年阴霾，短短一个月左右的时间，从每股 5 块港币快速地涨到每股 9 块多港币，李宁公司的市值暴增近 60 亿港元。

> 链接：截至 2019 年 9 月 1 日，李宁公司的股价一举突破了 23 港币/股，公司市值也突破了 500 亿港元。截至 2019 年中，财报披露，李宁公司销售收入 62.5 亿元，净利润 7.9 亿元。

李宁主席曾经是一位成功的世界顶级体操运动员，他开创的李宁品牌也曾是一个成功的体育用品品牌。李宁主席说过，他的梦想是要做一个伟大的具有世界级水准的体育用品品牌。

经过近 28 年的发展，李宁主席终于知道，要实现这一梦想有多么困难。据说，在 2017 年财报发布后，面对社会上一些看空李宁的声音，李宁主席相当不满意："我们已经又卖到了 80 亿，在中国这样的企业是不多的……"当然，我更相信这是传言，这肯定不是李宁主席的本意，如果李宁主席在意这一点声音、在意这 80 亿的生意，那又何谈曾经的伟大梦想。

从 1990 年创建李宁品牌，到 2015 年李宁主席亲自负责其公司运营，25 年间，李宁公司经历了三位职业经理人执掌公司的阶段。

第一个阶段比较早，对今天的李宁已经没有任何影响，不过，值得一提的是那个阶段的那位职业经理人——陈义红。陈义红在服务李宁公司近十年后，带着当时亏损累累的 KAPPA 一起离开了李宁。不可思议的是，陈义红用了不到 5 年时间，不仅使 KAPPA 扭亏为盈，还成功地实现了在香港上市（即中国动向公司，KAPPA 品牌母公司），甚至在李宁最辉煌的时代（2010 年），中国动向公司的净利润也比李宁公司高出很多。可见，陈义红是一位非常优秀的企业经营者。

第二个阶段是从 2000 年前后开启的。当时李宁公司的销售一直突破不了 10 亿元，急于做大的李宁在陈义红退出后，第二任总经理张志勇走到了前台。有着扎实财务背景的张志勇更是一位了不起的人物，"数据感强、逻辑思维缜密，善于运用系统数学模型剖析企业的经营状况"，这是所有人对张志勇的评价。作为一名财务管理者，张志勇非常了解李宁的资本资源与人力资源，同时，张志勇的组织能力非常强，善于沟通、宣讲，几乎具备一位领导者所需的所有能力。在张志勇的带领下，李宁公司从 10 亿级销售起步，用了十年时间攀升到 2010 年的近百亿规模。

其间,李宁公司在张志勇的运筹帷幄下,于 2004 年成功地在香港主板上市。然而,2008 年奥运会后,包块李宁在内的几乎所有的中国本土体育用品品牌集体陷入了下行通道,当时规模最大的李宁公司问题也是最大、最严重的。李宁公司的销售业绩终将没有突破百亿,2011 年后,李宁的销售、净利润双双出现了大幅下滑,甚至在 2012 年出现了 19.7 亿元的巨额亏损,一次性把前三年的净利润总和全部亏完。随即,张志勇(时任公司行政总裁)黯然离场。

第三个阶段是从金珍君上任开始的。其实,李宁的问题早在 2010 年就已经"完全暴露",只是当时的管理层不愿意接受或面对而已。2011 年李宁公司近 90亿之巨的销售额,经营活动产生的现金流净额仅 1 557 万元,投资活动产生的现金流净额为－4 亿元(筹资活动产生的现金流净额为 1.2 亿元),也就是说,李宁公司的经营性现金流出现了严重问题,李宁失血了。到 2012 年时,李宁的销售额虽然仍有 66.7 亿元,但经营活动产生的现金流净额已是－9.3 亿元,投资活动产生的现金流净额也是－2.1 亿元,就是说,李宁公司正常经营的现金流完全断了。相信,那是李宁主席及李宁公司最艰难的时刻,当年(2012 年),李宁引进了外部投资(筹资活动产生的现金流净额为 12 亿元),代表机构"利益"的金珍君被推荐给了李宁主席。

金珍君有着漂亮的履历,这位哈佛高材生曾经帮助达芙妮从一个批发地摊货的品牌发展成为国内首屈一指的、有调性的女鞋品牌。被李宁主席寄予厚望的金珍君进行了大刀阔斧式的"变革",然而,金珍君的变革没有起到任何作用,不仅经营层面的销售问题没有得到解决,公司的现金流没有得到解决,公司的发展路径似乎也断了。2013 年、2014 年连续两年,李宁公司的经营性现金流依然全部为负(经营性现金流是指经营活动产生的现金流净额和投资活动产生的现金流净额),完全依靠"举债卖股"度日,显然,这种生意是没法持续下去的。

在连续亏损三年后,李宁主席终于忍不住了,随着 2015 年李宁主席亲自走到前台,金珍君黯然离场。此时,李宁公司职业经理人主政的时代彻底结束。

链接:公司创建之初,李宁主席就想成就一番事业,在他的设想中,公司理应由职业经理人负责打理,要靠建立起一套现代企业管理制度来"替代"创始人的亲力亲为。事实上,李宁就是这么做的,无论是陈义红,还是张志勇、金珍君,李宁都愿意站在他们的背后并给予了极大的支持,他们都是非常优秀的人才、经营者,甚至陈义红的中国动向公司净利润一直要比李宁公司的高。如果要说有问题,或许,在专业、发展、风控与时机之间,李宁公司一直没有找到一个恰当的点,导致最优秀的人和最好的平台也不能发挥出叠加效应。2019年9月2日，李宁公司宣布，任命前优衣库中国COO为联席行政总裁，李宁在继续践行他的职业化管理之路。

我在看完李宁公司的历年财报后，觉得李宁的问题，早在2010年就已经暴露，种种原因致使当时的管理层错过了最佳的调整机会，极为可惜。从2011年到2014年，李宁公司经历了不可思议的长达4年之久的疯狂折腾，无论是张志勇总裁还是金珍君总裁都试图用错误的方法解决已经存在的错误问题，结果是不仅老问题没有得到及时解决，反而又产生了新的更严重的问题。4年时间，整整16个季节，李宁在迷失、下坠，安踏、耐克、阿迪等"一哄而上"，从此，中国体育用品市场的竞争格局彻底改变。

相信你我都会好奇，李宁的故事为什么会这样？

2010年时，李宁公司的销售已近百亿，实在难能可贵（相比7年后2017年的80亿），为什么在已经做到细分领域第一时，蕴藏着如此巨大的危机而公司的管理层居然浑然不知？为什么在问题已经暴露，公司危机重重时，无论是张志勇总裁还是金珍君总裁都是昏招连连，越做越错？要知道，张志勇总裁主政公司的十年间，把一家年销售不过十亿级的小公司做成了（近）百亿规模的"大象"，足以说明张志勇总裁的能力。金珍君总裁更不简单，他是TPG股权私募基金的合伙人，常青藤第一名校哈佛的高材生，世界顶级咨询公司麦肯锡的项目经理，有丰富的商业操盘经验。但现实是，李宁就是差点被他们这些能人、精英给毁了，到底是他们的能力有问题，还是给予的时间不够，或是其他更为深层次的、复杂的原因？那，为什么李宁主席本人一"接班"，李宁公司就能"起死回生"，还在当年就实现了盈利（2015年盈利1 430万元）？难道真的是老板就比职业经理人可靠？李宁主席既然如此厉害，为什么在2010年时也没有发现企业存在的问题？为什么能容忍李宁公司经历近4年的无谓变革？虽然李宁公司已经连续三年盈利，李宁主席的办法一定有效吗？能支撑李宁公司的未来持续发展吗？能赶上安踏吗？能超越耐克、阿迪吗？能实现当初李宁主席的那个梦想吗？

这一切的原因及背后的逻辑，请见下文。

巅峰辉煌下的危机——"虚实之间"

把时间倒推8年，即2010年，当时，李宁公司一片欣欣向荣，但也危机重重。

一个小细节足以说明。2011年3月李宁公司发布的2010年财报里，展示了公司领导人的 4 张照片,老板李宁主席的那张照片,不知道董秘从哪里淘来的,在"振奋人心的运动员精神"的红色标语下,李宁主席拿着话筒神情凝重地看着远方,似乎在说什么,但眼神里看不到任何内容。作为一家年销售规模即将破百亿级公司的实际控制人,在这样一个辉煌时刻,对外传递声音时,神情居然如此凝重,所用的背景含义还停留在数十年前他当运动员的时代,似乎很说不过去。对比之下,时任公司行政总裁张志勇展示了两张照片,一张手按公司 LOGO,一张稳坐在沙发上,怎么看都有本末倒置的意思。还有一张时任公司 CFO 在展厅或店铺里的摆拍照片,总而言之是 CEO 和 CFO 喜笑颜开、意气风发,老板兼主席则神情凝重、欲言又止,这本身就在暗示着什么。

不过,也可以理解成这是公司所有者李宁主席很大度,毕竟公司在张志勇总裁的带领下,这些年是一路攻城略地般的飞速发展,尤其在 2008 奥运会之后,李宁公司的发展可以用火箭速度来形容。

问题是,如此高增长的经营业绩,老板没有理由不开心呀?戏剧的序幕一定是从大家都想不到的地方开始的,照片仅是太平洋上的一点涟漪而已。企业的竞争力及企业的实际经营成果当然不能只看这几张照片,而是要看一系列错综复杂的经营数据和财务数据。所以,故事要从数据讲起。

数据故事

今天,大家都喜欢谈大数据,希望能从大数据中找到规律从而发现经营过程中的问题,并找到正确的解决办法。其实大数据讲的更多的是数据逻辑,要想真正发挥大数据的作用与价值,经营者要能从大量的数据中层层梳理数据之间的逻辑关系,能从数据"联想"到业务,把数据和业务关系联系起来,从而发现业务问题。大数据不是汇总数据,大数据是系统数据,是能反映业务状况的系统数据。

1. 靓丽的"大"数据

李宁公司的数据故事要从 2006 年讲起。

因为从 2006 年起,李宁公司的销售增长进入了快车道,当年李宁公司实现销售 31.8 亿元。2007 年李宁公司的销售同比增长 36%,达到 43.4 亿元;2008 年是奥运年,李宁公司的销售进一步增长 54%,达到 66.9 亿元;2009 年时,李宁公司继续增长 25%,实现销售 83.8 亿元。到 2010 年,李宁公司的销售已高达 94.7 亿元,同比增长 13%,距百亿规模仅一步之遥。5 年间,李宁公司的销售规模就翻了 3 倍多,这简直是不可思议的增长速度与发展节奏。

当然,好销售的背后,是好利润。2006 年李宁公司净利润为 2.9 亿元,净利率为 9.1%；2007 年李宁公司的净利润快速增长到 4.7 亿元，同比增长 62%；2008 年李宁公司的净利润同样在快速增长（增长 53%），达 7.2 亿元。2008 年奥运会之后的 2009 年，李宁公司的净利润达到 9.4 亿元，同比增长 30%。到 2010 年时，李宁公司的净利润高达 11 亿元，同比增长 17%，净利率达 11.6%，无论是净利润还是净利率都创了新高。

5 年间，李宁公司的销售规模翻了 3 倍，净利润翻了近 4 倍。从 2006 年开始到 2010 年，李宁公司的毛利率一直稳定在 47% 左右，净利率在 10% 左右，这两个数据充分说明这 5 年间李宁公司的整体经营非常稳定。毛利率通常反映一家公司的产品竞争力，毛利率稳定说明消费者对该品牌的产品（及售价）非常认可。如果毛利率下降，（在成本不变的前提下）说明该公司的产品定价倍率在下降或市场售价出现较大的折扣，这都是产品竞争力下降的表现。净利率通常反映一家公司的管理效率，如果该公司的管理效率下降，通常费用（率）会上升，费用（率）上升则净利率肯定会下降。

李宁公司的毛利率、净利率都非常稳定，说明李宁公司的产品竞争力（经营能力）与管理能力都不错。但是，只看这些经营"大"数据（汇总数据），根本看不出具体问题，真正的问题都隐藏在小数据中。

2. 小数字里的秘密

2010 年的李宁公司，还是张志勇总裁的主政时代。

张总裁深谙香港资本市场，财务出身的他非常清楚香港资本市场的投资者们喜欢看哪些数据，就把那些数据"做"得好看些给他们看，比如损益表里的数据。老实说，只看损益表，根本看不出任何经营问题，因为损益表里的数据都是汇总的大数据。这时，就要看细节数据了，尤其是经营性细节数据。

一直以来，我始终认为高水平的企业经营分析，一定是建立在三张财务报表（大数据）和无数经营报表（小数据）的基础上的，两者缺一不可，否则很难一窥全貌，轻则无法发现问题，重则严重延误时机。

下面，我们一起来看一些经营小数据，看看都能发现哪些经营问题。

1）新开店数和销售、应收账款之间的关系

先看三组数据。

第一组数据：2010 年李宁品牌新开店净增 666 家（经销商店增加 479 家＋直营店增加 187 家），截至年末，李宁品牌共有 7 915 家店铺，全年实现 87.2 亿元的销售，数学平均 110 万元/店（直营店数学平均为 221 万元/店、经销商店数学平均为

99.5 万元/店)。

　　第二组数据:2010 年李宁公司销售 94.7 亿元,销售额净增 10.9 亿元。

　　第三组数据:在李宁公司的资产负债表上,应收款项同比增加 6.5 亿元。

　　　　链接:经销商的平均数,以李宁公司的出货口径计算。

　　无论是单店的数学平均销售数据,还是净增销售额数据,或应收账款数据,这些看似毫不相干的单个数据,它们之间会有关系吗?如有,那这些关系说明什么问题?通过这些问题能发现其他(或更严重)的问题吗?请注意,上述第一组数据是经营小数据,第二组数据是损益表里的大数据,第三组数据是资产负债表中的小数据。

　　下面,我们做一些简单的推算,根据上述几组具体数据之间的逻辑关系及可能反映的经营问题,看看能否发现问题的本质。

　　应收账款主要是指经销商的欠款,一般由公司授信给经销商而产生。应收账款突然增高,主要是经销商的生意在变差,货款不能及时回笼,导致没有资金到公司采购新的货品。这时,公司一般从"大局"出发会给经销商增加授信额度,让经销商赊款把新货进过去,以求不要延误稍纵即逝的商机。

　　如果扣除新增加的应收款项数,2010 年李宁公司的实际销售增长仅 4.3%(损益表中的销售数字减去资产负债表中的应收款项数字),要知道,这个 4.3% 的同比增长率是建立在净增 666 家新店的基础上。不知是有意还是无意,李宁公司的财报中并没有披露类似店铺面积及同店同比的销售数据(到目前为止也没有提供,只在每季定货会结束后披露相对笼统的增长数据),我们只能按照行规来预估。假设,李宁品牌净增的 666 家新店平均经营面积为 100 平米/店,按 8 000 元/平米的铺场货品计,这 666 家店最少需要铺场货品 5.3 亿元(按吊牌价。更为精确的计算数应为 1.5 亿＋1.9 亿元＝3.4 亿元,经销商店按五折出货。8 000 元/平米的数据是非常保守的预估,会随着季节的变化略有增减)。这时,只需把销售绝对增长数(大约 4.3 亿元)减去新增店铺所需要的刚性铺场货品额(对李宁公司而言就是销售额),就会发现,李宁品牌七千多家店铺的同比销售几乎没有增长,难道,这不是危机暴露的前兆?

　　当然,财务出身的张总裁肯定不愿意这么算,他宁愿相信损益表,因为算总账就是在增长。

2)费用里的秘密

2010 年李宁公司销售费用增长 16.6%,管理费用增长 2.6%。

　　通常,销售费用是指直接与销售发生而产生的相关费用,一般称之为不可控的费用,理应也是不该刻意控制的费用。普遍认为,销售费用的增长要略高于销售(额)的增长,说明企业在积极主动投入市场费用,哪怕高出一点,对未来的发展也是有好处的。销售费用的增长如果低于销售(额)的增长,企业的经营者就要引起高度关注,要及时检查具体减少的费用项目,看看对未来的企业经营是否有影响,实践中很容易产生为了利润好看而削减销售费用的做法。

　　管理费用是指间接与销售发生而产生的费用,一般称之为可控费用。相对销售费用的不可控,管理费用是指公司后台支持部门的费用,一定程度上是可以通过管理技术、方法与手段进行控制甚至压缩的。管理费用的变化幅度最好不要超过销售(额)的变化幅度,也不要超过销售费用的变化幅度,否则,会产生管理失控的现象。

　　概括一下就是,销售费用率(销售费用/销售额)反映一家公司的市场能力;管理费用率(管理费用/销售额)反映一家公司的管理能力。

　　2010年李宁公司的销售费用增长幅度远远超过了销售额的增长,这当然是不正常的现象。在总计31.2亿元的经营费用中(指销售费用＋管理费用。经营费用率为33%),"额外可控"的各类减值费用几乎可以忽略不计(不到5 000万元),也就是说,这些经营费用都是实实在在花出去的现金。在所有的费用子项中,有3项费用最值得关注与研究,第一项是广告及市场推广开支费用(简称广告费),2010年该项费用高达14.2亿元,同比增长10.6%,该项费用率高达15.1%;第二项是差旅及业务招待费用1.3亿元(简称差旅招待费),同比增长7.8%,该项费用率为1.3%;第三项是产品研发费用2.4亿元,同比增长6.5%,该项费用率为2.5%。这些主要的经营费用到底能反映什么问题呢?下面,我们来具体研究与分析。

　　到2017财年,李宁公司的广告费用率已经降到11%(对比竞争对手安踏公司,安踏公司2017年广告费用率只有10.6%),这将能给李宁公司"创造"一大笔净利润。通常,经营策略在上一年就已经制定好了,李宁公司在2010年所"暴露"的问题,理应在2009年制定来年策略时就要有预感,遗憾的是,当时的经营班子并没有意识到。其实,2008年的美国次贷金融危机对中国零售业(尤其是鞋服零售业)的影响巨大,虽然李宁公司在2009年时同比销售还在上涨,但这仅是从公司内部损益表的角度,完全没有考虑到市场已经出现的变化。扩张计划的背后,是即将萧条的市场和高额的广告预算。

　　读者朋友如果有看上市公司财报的习惯,一定会发现一个规律,但凡2007、2008这两年销售业绩增长过快的企业,2010年后无一例外都陷入了困境,包括李宁、美特斯·邦威及报喜鸟等公司都是。原因很简单,2007、2008两年销售增长过快的企业,在制定 2009、2010 年计划时,一定是盲目地继续扩张。面对萧条的市场环境,因缺乏起码的应变能力,以高增长为背景所制定的市场投入、库存及费用开支都成了企业的沉重包袱。老实说,到现在为止,虽然时间已经过去了 8 年,这三家企业都还没有缓过劲来。

不知道李宁公司为什么要把差旅费及业务招待费这两个科目合并在一起。根据我的经验,像李宁这类先 2B 再 2C 的零售型企业,招待费可以少到忽略不计。之所以要把它们合并在一起,只能"怀疑"李宁公司的招待费太高了。财报披露,2010 年李宁公司的差旅及招待费高达 1.3 亿元,大家或许对这个数字的大小没有具体的概念,不过,如果对比 2017 年度李宁公司该项费用只有 4 905 万元,就知道当时的"水分"有多严重,2010 年比 2017 年整整多出了 8 000 多万元的差旅及招待费(对应的销售规模分别是 94.7 亿元和 88.7 亿元),这可都是花出去的净利润呀。

差旅费,主要指交通、住宿费。招待费的范围要广些,包括请客吃饭、桑拿、KTV、送礼等乱七八糟的都是。以当年总员工数 4 251 人计,李宁公司 2010 年人均差旅及招待费高达 3 万元,如果只以李宁公司总部及各销售公司人数 2 110 人计,则当年人均数高达 6.1 万元。

当然,这个问题再往前深推一步,会更有趣。以我的了解,一般情况下,公司里的大部分员工是不怎么出差的,需要出差或经常出差的人数通常不会超过三分之一,且这些确实需要出差的人员中,大部分人的开销都远低于平均数,最多也就是经济舱的机票(或火车硬座、硬卧,那时高铁还不多),加上普通商务型酒店的住宿,餐费补贴都是公司规定的标准数,费用不会太高。如果把这些因素剔除掉(指中层干部及普通员工出差的费用占比),李宁公司高昂的差旅及招待费都花在了公司的中高层干部,尤其是高层干部身上。

在李宁公司最辉煌的那段岁月,面对如此巨额的差旅及业务招待费用报销,李宁公司的管理层难道一点都感知不到问题所在?李宁公司到底还有没有审计、风控制度?我不敢说这每年高达上亿的费用有多少花在真正的业务上,但如此离谱的费用开支的背后,暴露的一定是管理的混乱。

至于在产品研发上的投入,我奇怪的是,包括安踏在内的中国体育用品公司的投入为什么都不大。2.5%(到 2017 年时仅有 1.9%)的研发费用率相对耐克公司每年高达 10% 的产品研发费用,实在太微不足道了。

从企业发展的角度,如果要对这三项费用做个排序,按优先级首先应是产品研发费,其次是广告费和差旅费,最后才是招待费,但在 2010 年的李宁公司,感觉好像花反了。相对广告费用这类纯营销费用一花就立竿见影,产品研发费更像基础性投入,可能投入数年都未必有成效,但是,有远见的企业家和经营者一定明白,在产品研发上的投入才是企业实现可持续发展的根基。至于招待费，虽然会带来短期"消费体验"上的愉悦，但破坏的却是企业的文化。

在我的眼里，这几个数据都在积极地反映或传递企业存在的经营问题。像广告费开支增长了10.6%，但销售仅增长4.3%（扣除新增应收款项后）；差旅费的增长应该是随着销售的增长而增长，但实际增长了7.8%，也超过了销售的增长；至于产品研发费，实际支出和愿景梦想远不成比例，没有足够的产品研发投入，做成有影响力的世界品牌只能是梦想。所有这些，如果在2010年能被察觉到，或许李宁公司的历史将会被改写。

3. 真实的能力

关于企业的经营能力，大家习惯看业绩数据，如销售额与利润额。

其实，只看销售额与利润额非常不靠谱，甚至会被严重误导，因为销售与利润是可以刻意做出来。极端情况下，看起来还不错的销售与利润甚至和真实的经营能力并无多大的关系。这里，我们先抛开销售与利润，从另外几个不同的视角来看看李宁公司当时真实的市场经营能力。

首先，看一个被掩藏很深的费用，即管理咨询费。

2010年李宁公司的管理咨询费高达6 594万元（上年同期为6 863万元）。李宁没有解释管理咨询费的具体含义，如果按照字面意思理解，应该是企业层面的管理咨询及培训费用，只是，不知道每年高达数千万元的管理咨询费，到底在咨询什么。蹊跷的是，直到今天，李宁公司的管理咨询费依然很高，2017年仍然高达5 534万元，在经营最艰难的2014、2015年，该项费用分别高达9 105万元、5 407万元。

从近十年李宁公司管理咨询费的变化趋势看，这项费用远比工资、租金等销售费用还要刚性不可控，几乎每年都在5 000万元以上，非常不合常理。或许，唯一的解释是，这项费用科目的名称有问题，这里面估计更多的是IT方面的费用（如SAP的ERP及硬件），被会计记录成管理咨询费了。问题是，哪怕是IT方面的费用，以年度费用发生而不是以资产折旧的形式记录在财务报表中，这里面的名堂估计只有当时的决策者自己最清楚。当然，也不排除是真实的管理咨询费，如果真是如此，好奇的是为什么花了这么多的钱，李宁公司还会经历如此曲折动荡？之所以把这项费用放在第一位说，是因为管理咨询和能力相关。

　　链接：李宁公司是布局信息化建设最早的鞋服类企业，也是第一批采用SAP公司ERP的企业，后来，SAP公司的ERP成了中国鞋服上市公司信息化的标配。

其次,看平均存货周转天数、平均应收账款周转天数及平均应付账款周转天数三项效率指标。

我们在其他几篇案例中,对这三项效率指标都有详细介绍,这里不再重复。这三项指标很有意思,它们之间的内在关系非常紧密,很容易被财务高手玩转于股掌之间。像平均存货周转天数反映一家公司的货品运行效率,周转天数越少,说明货品运行效率越高,反之越低,很容易计算。但是,实际经营和数学计算是两回事,如果该公司虚增销售收入(如扩大应收账款)或虚减库存(如减少期末、期初节点的库存余额),都会改变平均存货周转天数的计算结果。也就是说,如果只看这一项数据,是根本看不出什么问题的,这时就要同步结合平均应收账款周转天数和平均应付账款周转天数这两项指标。

如果为了提高销售而扩大应收账款,虽然存货周转天数会降低(变好的意思),但平均应收账款周转天数就会上升(变差的意思)。因实际销售并没有发生,销售回款能力就差(经营活动产生的现金流量净额变少),公司的支付能力就弱,平均应付账款的周转天数也就上升了(变差的意思)。如果出现这种状况,肯定说明公司的经营能力在下降。

李宁公司2010年度的平均存货周转天数、平均应收账款周转天数、平均应付账款周转天数分别为51天(上年同期为52天)、52天(上年同期为47天)、71天(上年同期为70天),正好符合上面的那个逻辑。也就是说,2009—2010年间,李宁公司的销售是在增长的,存货周转率也在上升,但平均应收账款周转率和平均应付账款周转率却都在上升,这是市场经营能力在下降的表现。如果这时的经营层能引起重视,能读懂数据背后的逻辑,调整未来的策略,李宁故事的剧情一定会改变,可惜的是,这件事没有发生。

滑稽的是,时任总裁张志勇下课的直接导火索就是资金,因李宁公司连续数年增销售不增资金,导致企业正常的现金流断流后,在被迫寻求外部资金时,替代者也被引入进来。如果当初张总裁知晓这之间的逻辑关系,相信他肯定会死守公司现金流,现金流就像人体内的血液一样,出现大范围断流是会要命的。

这三项效率指标也能说明当时李宁公司的江湖地位到底是强还是弱。在竞争对手安踏超越李宁的2012年,安踏的这三项效率指标分别是51天(上年同期为38天)、34天(上年同期为26天)、47天(上年同期为37天),显然,安踏要比李宁强很多。

最后,看资产减值。

在经营形势较好时进行一定幅度的资产减值(关于资产减值的含义,详见"海澜之家篇"），可以理解成是一种审慎的财务理念。但是，本质上讲，资产减值并不能改善经营本身，仅是调节财务报表的手段。当经营出现异常时，不良资产才会上升，这时就需要对不良资产进行一定幅度的资产减值，降低企业未来发展的包袱。企业真正要改善的还是要提升自身的经营能力，控制不良资产的增加幅度，才会减少不必要的资产减值。但如果已经出现了不良资产，不对不良资产进行减值，不仅会"虚增"资产、"虚增"利润，更会蒙蔽经营者的眼光，导致企业处在极度危险的经营状况中。

2010年李宁公司的存货减值为1.15亿元（期末余额1.15亿，期初数0.72亿元，净增0.45亿元），存货资产减值率12.5%。应收账款减值138万元，呆账拨备率仅0.085%（净增20万）。总体而言，2010年李宁公司的资产减值力度非常轻，到底是当时经营团队的自负，还是对数据的无感，不得而知。

如果和安踏的数据做一下对比，答案不言而喻。2012年安踏公司存货资产减值率为11.5%、应收账款减值率为5.8%。两家公司的存货资产减值率比较接近（安踏的存货余额要比李宁高出很多），但是，两家公司的应收账款减值率差异巨大，这充分说明安踏对待公司发展的态度要比李宁审慎得多。

到底进行多大力度的资产减值，站在任何一个静态时点都很难决定，而这也恰恰彰显出企业经营者的眼光与魄力。根据我的观察与思考，我觉得在年份好时（指利润较高时）保持一定幅度的资产减值，总好过在经营出现问题时的手忙脚乱。不同企业对待资产减值的态度，多少会折射公司经营者的经营理念，一般老板亲自负责经营的企业，通常资产减值的力度会大些（也有例外，如海澜之家），目的当然是为了把更多的利润空间留给未来。职业经理人负责经营的企业，对待资产减值的态度要审慎得多，这里面的因素很复杂，有担心减值力度太大影响当期利润的（最终会影响董事会对自己的考评、影响自己的绩效奖金），也有担心造成不必要资产流失的（尤其是国有企业）。

总体而言，所有的秘密都可以在小数据里找到，只是，有时候小数据会"说谎"，毕竟数据呈现的是经营结果，关键是要能找到数据之间的内在逻辑，并能看透数据逻辑背后的经营。已经产生的数据对公司未来的经营影响很大，但并不绝对，真正有绝对影响的，还是经营者的专业能力。

战略误判 & 战术失误

2010年7月开启的李宁品牌重塑计划，或许是灾难的开始。

在查阅李宁公司的历年财报时，有一点我始终很困惑：李宁主席的很多设想为什么没有成为李宁公司的战略？李宁公司真正在执行的战略与战术，与李宁主席的想象几乎是南辕北辙。

1. 理想

在 2010 年的财报中,李宁主席的主席报告说得非常好,归纳起来,主要有两个方面的含义。

首先,我觉得李宁主席清晰地看到了问题的本质,他的原话是这样的(摘自财报):"今天,面对中国和国际巨变的市场,我们又走到了需要把握机会、迎接挑战的历史契机。总结我们过去走过的路,我们在经营上固然有积累和发展,但还没完全构造出我们一直期望的企业的核心竞争力,我们潜在的、应有的、更有价值的能力还没能被充分挖掘……"如果把时间倒推十年,即 2000 年李宁主席"放弃"陈义红、选择张志勇时,就是李宁公司在企业发展方向上的一次(重大)战略选择。虽然陈义红很优秀,但在那个时点是不适合李宁公司的。新上任的张志勇带领李宁人把一家年销售不到十亿规模的小公司,快速地做到近百亿级的规模,可见李宁主席的那次选择非常正确。这里面既有人为(能力)因素,也离不开天时与地利。十年之后的 2010 年,李宁公司的规模是做起来了,但企业的核心竞争力并没有构建成功,这是李宁主席不愿意看到也不能接受的。

其次,李宁主席给出了明确的方向。或许是老板的天生敏感,我想李宁主席多少知道自己企业存在的危机,所以,他在 2010 年的财报中给出了明确方向(摘自财报):"要做主流运动项目,对主流运动项目要有所追求,且必须鲜明闪亮地表现在产品设计、体育营销、消费者体验上,表现在我们品牌的定位上。我们不是单纯地提高销售价格,而是要提供更具专业功能、更多的体验价值、更富体育时尚品位和更多品牌荣耀的产品,这些才是我们真正要的改变。"客观地讲,这段话讲得很好,但如果要真正落地,还是有相当的难度,因为这是一个既清晰又模糊的方向。

说清晰是因为李宁主席能站在企业与市场的角度,给出企业要做的方向是主流运动项目(体育运动项目品类太多了),说模糊是因为想要的还是太多了,一方面希望能在主流运动项目上有所建树,同时又渴望快速地获取利润(进行提价)。这真的是李宁公司要改变的吗?起码到这里为止,还不得知。

不过,虽然这些内容说得好,但并非重点,真正的重点是(摘自财报主席致辞):"李宁品牌未来不选择参与基础市场的竞争,而是必须参与到主流城市价值消费者的竞争,要真正走向一个经营体育品牌的公司",这才是问题的根本原因。原来,李宁要放弃普通大众化市场(基础市场),要参与一线市场(主流市场)的竞争。

几乎瞬间,上海、北京、广州、深圳、杭州、成都等国内一线城市最繁华商业街上的李宁品牌大型旗舰店犹如雨后春笋般纷纷开设起来,此时,我感觉安踏等晋江品牌们应该会"笑晕"在发展大众化市场的道路上。

早在 2010 年前后，李宁就看到了所谓的消费升级，然而，真实的消费升级并不是如何去迎合所谓的高端市场（如通过提价方式），而是品牌商家要能真正地做出好产品去面对广袤的大众化市场（国家层面的提法，是从消费升级到供给侧改革）。过去的成功，李宁人过于看重自己的品牌（价值），其实，从 2000 年大消费扩容时代的开启到 2008 年奥运会，不仅李宁在成长，以安踏为首的晋江系体育品牌也在成长，甚至这些"草根"品牌的创始人在毫无运动基因及其他外在光环的条件下，做得并不比李宁品牌差。2008—2010 年，安踏无论在增长速度还是盈利能力上都比当时自我感觉良好的李宁公司强（因品牌运作起步晚，只是规模稍稍小点）。缺乏横向对比的李宁公司，做出了企业发展史上最大的一次战略误判——放弃赖以发展、生存的大众化市场，进军所谓的一线高端市场。此后，李宁陷入了漫长的下滑、亏损、巨亏、减亏、微利的调整周期。

链接：我觉得，李宁公司上一次战略误判，是 2004 年放弃 KAPPA，当时，李宁官方对外的解释是上市前接受咨询公司的建议（做出的）。对比今天安踏的发展态势，和被安踏收购的 FILA 品牌有重要的关系，FILA 已经成为安踏的另一只增长引擎。KAPPA 品牌被李宁剥离后，仅三年就到香港上市了，此后，中国动向（KAPPA 母公司）的盈利能力一直比李宁强。如果说上次的战略误判没有给企业带来加持效益，这次的战略误判则犯了两个"不可饶恕"的错误，一个是严重缺乏对耐克、阿迪等国际知名体育公司的研究、了解与敬畏，一个是严重缺乏对中国市场的深度了解。

2. 行动

中国公司的企业战略形成非常有趣，有老板自己琢磨出来的，也有和团队一起研讨出来的，还有的是从外部咨询公司那里买来的，形式多样复杂。先不说正确与否，无论何种形式的战略，只要企业决定了，公司及经营团队就要义无反顾地去推动与执行，否则，战略就成了口号、文件而毫无意义。

在李宁公司做出品牌重塑的战略计划后，剩下的就是张志勇总裁和以他为首的经营班子的事了。

张总裁财务出身，天生对数字敏感，一般懂财务的经营者都很有魄力，一则他们看得懂数据，了解企业家底；二则他们懂经营，了解业务，做起事来更得心应手。

我观察到,阿里巴巴集团的现任 CEO 张勇应该是一位最成功的财务出身的公司经营者,对这方面资讯感兴趣的读者可以到网上去搜。我认为,张总裁肯定知道当时李宁公司存在什么(大)问题,毕竟数据都摆在那儿。我也相信,以张总裁的能力,如果能及时地诊断出具体(小)问题,并能找到正确的解决方法,改变李宁并不是不可能。只是,或许大家关注的焦点并不在这里,而是在发展上,正因为如此,李宁公司把使用了近十年的企业官方口号从"一切皆有可能"改变为"让改变发生"。

改变真的会发生? 改变真的在发生。

通常,行动是建立在自我认知的基础上,张志勇总裁的自我认知是怎样的呢?

首先,张总裁认为(摘自财报):"体育运动产品被休闲产品的替代性明显加强。"单纯从结果来看,这一点张总裁是彻底地看错了。今天,安踏品牌的销售规模远远超过了排名第一、第二的休闲服品牌森马与美邦,哪怕是李宁品牌的销售规模今天也是超过了森马品牌与美邦品牌的。在美国市场,耐克品牌的销售规模也是远超 GAP 的(美国最大的休闲服品牌)。回到 2010 年,当年李宁品牌的销售高达87.2 亿元,和当时风头正旺的美邦不相上下(美邦当年也犯了和李宁公司同样的错误,到现在也没有缓过来)。至于张总裁为什么会这么看,一直是个谜。正是这个谜,把李宁公司、也把他自己带入了一个不堪回首的泥潭。

其次,张总裁认为(摘自财报):"中国体育用品行业于 2010 年保持了双位数增长,这种增长来自消费升级,其中包括国家持续城市化过程中产生的对初级产品的需求,也包括城市居民对更高层次的产品和品牌的需求。随着中国体育用品市场的快速成熟,中国市场分层日趋复杂。高层级市场对运动产品的需求明显以价值为导向,低层次市场则明显以数量增长为驱动。不同层级市场对品牌、产品、价格、分销渠道的要求完全不同,高层级市场消费者更加偏向于产品和品牌的创新,低层级市场消费者则更加注重于价格、分销的效率。"张总裁的这项认知,说起来要复杂一点。无论是 2010 年的李宁,还是今天的安踏,几乎所有中国本土体育品牌的梦想都是超越耐克品牌。问题是,耐克品牌可是标准的大众化品牌,耐克产品(尤其是鞋)在欧美市场的售价相对李宁(包括安踏)产品在中国市场的售价还要便宜(不考虑汇率,以当地消费者的购买力计),耐克根本就不是什么高端品牌。

耐克的产品价格之所以在中国市场显得较高,主要有两个因素的影响,一个是汇率因素,还有一个是中国经销商的进货成本因素。汇率问题众所周知,这里不再多说。关于中国经销商的进货成本,无论中国经销商的规模多大(包括百丽等巨头级经销商),进货折扣都在(吊牌价的)五五折左右,导致中国消费者在耐克品牌的专卖店里几乎买不到售价低于六折的产品,哪怕在耐克的奥特莱斯店里,一般价格也不会低于六折。考虑到耐克产品本身的竞争力,耐克产品六折的售价和李宁、安踏的吊牌价就基本相当了，只要能到这个价格，耐克产品的销售肯定要比李宁、安踏的强。

不可否认，耐克品牌在中国市场表现很强（其实阿迪达斯也非常强，这里仅以耐克举例），但张总裁一定不知道耐克做强的底层原因，否则李宁也不会在那个时代盲目地树立超越耐克的目标了。

以我的理解，从市场营销的角度，耐克的强大就是坚守，并坚持把市场营销做到了极致。套用张总裁的逻辑，不同市场对品牌、产品、价格及分销渠道的要求完全不同（也就是市场营销的不同），我认为，张总裁所说的这4个要素，最核心的应该是产品、价格与分销渠道，而非品牌。在产品层面，李宁的产品和耐克相比，相差就不在一个量级上（对这点必须要有理智的认识，自欺欺人，最终吃亏的一定是中国企业自己）。关于价格，相差本身就不大，如果对比产品的材质、科技含量、舒适性及设计感，这点价差几乎可以忽略不计。至于分销渠道，耐克公司的经营模式全部是经销，在中国市场上，耐克拥有最强的分销商与零售商，这些分销商与零售商能提供高、中、低不同定位但最能卖货的零售店/厅。耐克的渠道类型，是李宁所需要的，否则李宁也不会去北上广深开店了；耐克的价格策略，也是李宁所需要的，否则李宁也不会进行商品提价了。但是，李宁没有耐克的产品。所以，绕过产品去谈品牌，去思考价格与渠道竞争，都是伪命题。这个市场本身没有高低之分，有的只是消费者对产品价值的追求不同、对购买体验的追求不同、对分销效率的追求不同。

最后，也最有意思的是，张总裁借投资者关心、管理层谈论与分析模块对李宁主席的讲话内容进行了"彻底"否定，张总裁的几句话很有意思（摘自财报）："本集体始终坚持自身的核心战略与使命：专注品牌提升和产品创新，实现差异化竞争；专注运动的本质，以体育激发人们突破的渴望和力量。这是在过去十年推动李宁品牌持续高速成长的重要定位，我们仍将坚持下去。"客观地讲，张志勇总裁有骄傲的资本，毕竟是他（为主或为首）把李宁公司做上市、再做到近百亿级规模的。上面的这段话，无非想肯定过去的成绩，但经不住推敲，企业经营，永远是不进则退，没有可能会让你睡在过去的功劳簿上。做企业，尤其是做一家大企业，更要具备强烈的危机感与战略洞察力，如果没有建立起真的核心竞争力，坍塌也是一瞬间的事。

事实说明，张总裁强调的品牌提升和产品创新都是避重就轻的"幌子"。所谓品牌提升，本身就是一句正确的废话，还是那句话，没有核心竞争力，所谓的品牌提升犹如浮云。所谓产品创新，每年不到3%的产品研发投入，又能做出什么程度的产品创新呢？从另一个角度看，李宁公司宁可一年花14.2亿元做广告（指2010年度），却只花2.4亿元做产品研发（这项费用还包含产品研发部门的物业、机器及设备折旧费用，真正用于产品研发本身的费用非常低），这种完全不同量级的费用支出，你说是广告重要还是产品研发重要？毫无疑问，对 2010 年的李宁来说，广告更重要。

空话也好，真话也罢，无论张总裁怎么说，2010 年度李宁公司的变革，主要体现在两件改变李宁未来命运的事上，一件是所谓的品牌重塑，另一件是渠道改革。

所谓品牌重塑，被媒体宣传成了积极拥抱 90 后（我相信这是给资本市场看的），本质上是想通过改变了的品牌口号＋品牌标识＋按新标准装修店铺来提升当时已经陷入颓势的销售。荒唐的是，李宁居然想放弃赖以成功的二三线市场，直接冲到一线市场和耐克、阿迪达斯们去竞争。其实，李宁当时的真正问题是经营本身，是人的问题，（人的问题）通过事来改革当然是不可能有效果的。

关于渠道改革，李宁预想通过进行经销商整合，把小规模经销商的业务合并给大经销商，使这些大经销商能产生所谓的规模经济（2010 年李宁品牌有 7 333 家经销店，共计 129 个经销商，相比 2009 年经销商数净减少 38 家），就更夸张了。规模经济的本质是效率经济，是指一家公司要想通过高效管理而保持低价竞争，必须要有一定的规模，才能把盈利模式建立起来。当时，李宁品牌的经销商集体都面临着经营成本上涨带来的经营压力（为应对 2008 美国次贷金融危机，2009—2011 年间，中央政府为刺激宏观经济发行了大量货币，导致出现整体资产价格的大幅上涨，波及零售业的是原材料、租金及劳动力成本的普遍上涨），这种简单的合并不可能有作用。

2010 年李宁经销商单店销售数学平均虽然从 97.1 万元"上升"到 104.8 万元，但也无法覆盖成本上涨带来的支出（扣除掉新增应收款项后，零售终端真实的销售同店同比几乎没有上涨）。更麻烦的是，经销商经营除了外部成本上涨带来的压力，还有来自内部的问题，这中间最主要的当然是李宁产品的竞争力问题（况且当时还在提价），如果愿意听的话，相信经销商的牢骚话会让张总裁的耳朵起茧子。可能有读者会问，销售虽然不好，李宁那些年不是投了很多广告吗，多少总有点效果吧。这个问题我想说的是：李宁是投入了很多广告，不过广告的主体对象是 90后，用的是新的品牌形象，但是，店铺的味道（包括位置、装修、货架、商品陈列、服务，甚至店铺使用的背景音乐）仍停留在过去，更要命的是，产品还在提价，你说，能有效果吗？

最终，李宁不仅没有抓住 90 后，连原有的老客户也失去了。

　　链接：从终端运营的角度，李宁（包括安踏）和耐克、阿迪达斯们的差距其实非常大，以店铺的铺场量对比，李宁起码要比耐克、阿迪达斯多出一倍，这是因为李宁等国内品牌还停留在"货卖堆山"的层次上，而耐克、阿迪达斯们是真正在做购物体验，在做引领潮流的事。像上海南京东路521号耐克旗舰店，耐克把这间原结构两层楼店铺的二楼楼面彻底挖空，做成了一个巨大的超级空间，并配置了多台高清显示屏，生生地把这家店做成了概念旗舰店，所谓铺场量少得可怜。这家店在耐克之前，曾是美特斯·邦威品牌旗舰店，美邦的做法（和李宁们很像）截然相反，记得美邦当时是把两层楼硬生生地做成了三层，所有的空间都摆上了货架，数不胜数的产品满满地堆在货架上。

3. 目标

当然，正如新口号——"让改变发生"说的那样，在2010年财报发出之际，有人担忧，有人乐观，大家都渴望能有改变发生，改变真的能发生吗？

无论改变能否发生，希望还是要有的。张总裁依然保持着乐观态度，李宁公司对2011—2012年度提出的发展目标主要有（借"财务管理规划模块"提出，显得财报结构更为丰富，可谓用心良苦）3个可量化的数字指标，还有多项涉及零售管理的数字指标和1项自我肯定。

3个可量化的数字指标分别为（摘自财报）："根据目前的成本规划，将毛利率继续控制在46%～47%之间（过去5年李宁公司的毛利率都在47%～48%之间）；广告营销推广费用占销售额比率预计为16%～17%（过去几年基本维持在15%左右）；短期内经营毛利率及净利率水平会有所下降。"

多项涉及零售管理的数字指标包含（摘自年报）："未来将更加注重提升零售效率，把同店增长、零售库存、期货执行率、零售整体增长率、分销商的经营管理能力等指标作为重点业务考核指标。"

1项自我肯定的内容是（摘自年报）："尽管变革过程将需要经历一定的时间，过程中也不可避免遇到各种挑战，但是集团凭借雄厚的品牌资产、强大的战略分析能力及坚定的执行力，定可实现我们的变革目标。相信经过这些变革后，集团业绩将迈入更加健康的发展轨道。"

针对这三个方面的内容，可以这样理解，首先，李宁公司希望能控制住毛利率，因为这是企业经营的基本原则，尤其对李宁这样重视品牌建设的公司。只是，控制毛利率不仅只有成本管理这一维度，还要看产品本身在市场上的竞争力，如果产品不行（不好卖），毛利率是控制不住的。同时，李宁依然把企业经营的重点放在广告上，无论是广告投放的费用比率还是绝对金额都将进一步增加。其次，公司表示要更加注重零售效率,要做好销售层面的精细化管理。其中重点提到要加大对期货执行力和经销商经营管理能力等指标的考核。李宁能做得到吗?李宁这样做正确吗?做到这些能改变李宁的状况吗?带着重重疑问,请继续往下看。

链接:中国鞋服行业的期货制,源于耐克公司,指经销商每年按2~4次(有的品牌是6次)到品牌公司参加季节定货会(请注意,是定货不是订货),品牌公司提供算法模型帮助经销商计算数量及金额,具体款式由经销商选择。选好款式及确定总量后,经销商需要支付不少于10%(耐克公司的订单要支付30%以上)的货款作为定金,在提货时该定金可转化为货款。

客观地讲,期货制在某种程度上让中国鞋服品牌尝到了巨大的"甜头",因为经销商把货一定,定金一交,产品销售的风险基本上就顺利转移了。在渠道为王的时代,大家都在疯狂开店(2000—2008年),经销商也没有多大的风险(通过开新店分化库存风险。2010年李宁公司每位经销商平均拥有自己直营或下级客户的店数达到56家之多),瞬间市场被做得风生水起。不同于国内企业的做法,耐克公司做期货制的前提,是在企业赚到钱后把利润实实在在地投到产品研发上,开发出无与伦比的产品提供给经销商和消费者。中国同行赚到钱后,首先想到的是如何继续扩张(继续开店),甚至是跨业并购或多元化发展,专注于企业核心竞争力建设的极少,一旦危机来临,抗风险能力自然不言而喻。

关于李宁公司提到的期货执行力(包括同店增长、零售库存及整体增长)就更有意思了,2008—2010年,李宁公司跨步大发展,三年销售数据增长了2.1倍,净利润数据增长了2.3倍,如此良好的业绩为何还要重点提及考核期货执行力呢?唯一合理的解释(事实也是如此)是,经销商订的货卖不掉,不愿意再提货了。到底是经销商的定货能力有问题还是李宁公司的产品本身有问题,这是值得李宁反思的,如果不能解决根本问题,一味地提高期货执行力考核指标毫无意义。

过去的成功,让李宁人过于看重自己,忽略了对合作伙伴的了解,忽略了对竞争对手的了解,忽略了对行情趋势的了解。

到2010年时,李宁的终端渠道已经高达7 915家,距万家店数仅有咫尺之遥,这中间经销商所经营的店数占比高达92.6%,如何提升他们的经营能力早已迫在眉睫,而李宁公司的决策层还停留在公司的高速增长是依靠强大的品牌资产的"荒谬"逻辑中（其实是靠经销商快速开店扩张实现的）。现实是，多年忙于市场扩张的李宁经销商们的经营管理能力早已跟不上市场的发展，出现一系列危机成了逻辑上的必然。

就在同时，以安踏为首的一批晋江系同类体育用品品牌也在快速发展，这些品牌基本都在 2010 年前后完成了上市工作。它们的经营模式和产品定位几乎和李宁完全一样，但因为规模较小，它们要想生存（甚至超越）必须在打法上比李宁更快、更准、更狠，这中间最值得肯定的就是安踏品牌。安踏不仅在市场层面的打法比李宁准，在公司的内部管理上也比李宁快，发起力来异常凶狠，很快就超越了李宁，并把李宁远远地甩到后面去了。

这一时期，被李宁视为直接对手的全球最大的体育用品品牌耐克也发展很快，耐克拥有强大的产品创新能力，耐克根本就不是一家普通的制鞋公司，它们也从来不认为自己是一家传统的制鞋公司。耐克更像是一家科技公司、一家时尚公司、一家引领潮流的公司。多年来在产品研发上投入巨资的耐克，早已构建起牢不可破的竞争护城河。事实确实如此，2010 年之后，耐克公司销售持续增长，公司市值也达到了千亿美金（时尚消费品行业全球仅三家，另两家分别是 LV 品牌的母公司 LVMH 集团和 ZARA 品牌的母公司 Inditex 集团）。对竞争对手不切实际的选择，让李宁彻底地迷失了自己。

最后，有一点个人感触，就是做企业如何权衡与宏观经济之间的关系，或者说做企业如何顺应大趋势。我认为，敬畏趋势是做企业的基本姿态，虽说宏观经济和微观企业经营之间的联系没有想象的那么大，但如果企业本身早已积重难返，这时要思考或解决的首要问题并不是企业的发展问题，而是要梳理内功、调整自己，否则逆势而上会让企业付出惨痛的代价。

中国企业面对大危机的能力很弱，2008 美国次贷金融危机对中国经济的影响巨大，国家为刺激经济增长，大量投放货币刺激经济，造成各类资产价格的疯狂上涨，给企业经营造成极大的影响。可以说，此时的李宁早已内忧外患，此时要做的应是收缩战线，苦练内功，等待时机，谋定而后动。但是，李宁及张总裁的选择是开足马力继续扩张，你说，会有什么样的结局？

看完这些内容，你觉得张总裁的这些目标能实现吗？

坍塌般坠落——"失落的帝国"

哪怕时间已经过去了 8 年，相信李宁主席也是不能且不愿意接受曾经发生的那一幕,然而,一切还是毫无悬念地发生了。

2011年,连续增长十年的李宁公司首次出现了销售业绩、净利润的双双下滑,彻底击破了李宁人的自信。我倒觉得,问题早在2010年就已经出现,只是数据在2011年呈现出来。但更可怕的是,因2010年的战略误判,李宁又错失了两年(2010、2011年)最为宝贵的时机,2011年的下跌还只是刚刚开始。

李宁主席是仁慈的,再次给了张志勇总裁机会。

我把李宁公司的调整周期分为两个大阶段,第一个阶段从2011年到2014年,第二个阶段从2015年开始,直至现在。第一个阶段又分为前后两个小阶段,前一个小阶段以张总裁的“自救”为主,后一个小阶段以哈佛高材生金珍君的“拯救”为主。我们按时间顺序,继续往下剖析。

张总裁的最后一搏

说句真心话,整个经营过程中,李宁主席始终是理性的,每次都能抓住问题的本质,唯一的缺点是不够狠。

在2011财报的主席致辞中,李宁主席说(摘自年报):“行业增长放缓、竞争激烈、成本上升。中国体育用品行业正在转型,集团也面临企业成长阶段性的各种问题和挑战。”这是真话,更是实话,竞争激烈在任何一个时间点都存在,成本上升当然是大趋势,但在2011年,和之前的经营环境相比真的没有更差了。由此,在所谓行业增长放缓的背景下,企业间的强弱对比就能快速地凸显出来。对强者而言,是有的放矢的调整,比如像安踏,安踏在2011年的销售与净利润仍在增长(安踏的调整发生在2012年、2013年)。对弱者来说,就不是调整那么简单了,很多(弱势)企业基本是一蹶不振了。

李宁主席还说(摘自财报):“集团变革最大的挑战来自我们自己,我们需要打破之前的框架,突破自我束缚。我们必须迅速收回所有的资源,并重新聚焦在核心业务李宁牌的经营上;我们必须在李宁牌的产品、渠道/零售运营和品牌营销上做出李宁品牌的价值。”我觉得这段内容很重要,可惜的是,李宁公司当时的经营层没有引起足够的重视并推进下去。我理解这段话主要有三层含义:第一,需要突破自我束缚,李主席这是在说人的问题。过去,李宁太成功了,成功到市场早已巨变而依然没有警觉,成功到企业内部滋生出严重的官僚享乐主义而依然没有警醒。无论何种形式的变革,李宁人都需要放下过去,立足眼前,脚踏实地才能做好。然而,事实并非如此,李宁公司屡次强调的变革依旧是形式大于实质(后文有数据佐证)。第二,需要专注,李主席这是在说心的问题。事实上,李宁公司在企业的多元化发展上算是比较谨慎的(当初砍掉KAPPA就是一个错误),李宁品牌的销售一直占据近 9 成左右的规模。李宁主席说的专注，估计是说不要不切实际，要把发展节奏控制好，走稳比什么都重要。同样，这方面也没有做到，起码在 2011 年没有看到任何改变。第三，需要抓住重点，李主席这是在说专业问题。这次李宁公司第一次没有强调所谓的品牌资产，而是说李宁品牌的价值是由产品、渠道/零售运营和品牌营销能力所决定的。

李宁主席说得真好，完全切中要害，可惜的是，这些非常正确、有道理的方向，如果没有正确的方法，找不到正确的实施路径，也将毫无意义。

1. 悲情的理想主义者

张总裁很有意思，这个站在李宁前面的大男孩，一直是笑眯眯的（起码照片上如此），很有亲和力。但工作中张总裁很强势，不愿服输。过去十年，李宁公司做成了很多事，每件事都在张总裁的算法掌控中，李宁品牌才一路攻城略地冲到今天这般规模。到 2011 年初时，李宁公司拥有近 8 000 家门店，新的一年公司计划要投够足量的广告，不仅要签约更多的大牌体育明星，还要投放大量的软硬广告。更难能可贵的是 2012 年又是奥运年（伦敦），这些都是手里的"好"牌，没有打不好的道理。显然，张总裁要搏一把。

根据我对中外服装企业的研究，品牌竞争到最后，根本不是靠所谓渠道数量的多寡竞争。在世界商业史上，还没有一家公司是以渠道为王致胜的，想当初ESPRIT 曾经在全球拥有近 3 万家零售店铺，不是照样倒塌了吗（具体见"ESPRIT篇"）。当然，更不是靠广告竞争。中国品牌商家喜好签约明星、喜好做硬广告，而不愿意在好的创意、推广策略上下功夫，耗费巨额资金只起到有限的宣传作用。像李宁公司 2010 年耗费了 14.2 亿元的巨额资金用于明星代言及广告宣传，2011 年更是耗费了 15.6 亿元去做明星代言及广告宣传，但大家记住并产生联想的好广告几乎没有，这已不是可不可惜或遗不遗憾那么简单了。我认为，广告（包括明星代言）的作用永远是锦上添花，哪怕有好的创意和到位的推广策略，最多是让消费者觉得新鲜、好玩、品牌会讲故事，真正还是要靠产品本身，如果产品不行，再多的广告及推广也毫无意义。

李宁当时的做法很有意思，一方面希望做高端市场，对产品进行提价，但在产品整体品质没有质的突破的情况下，盲目提价无异于"自杀"，另一方面李宁希望突破的五大品类（篮球、跑步、羽毛球、训练及运动生活类）都是大众化品类，大众化品类意味着要便宜、性价比要高才能有竞争优势。也就是说，在李宁进行巨额广告的狂轰滥炸时，它的产品定位与价格定位却是冲突的，是两张不同维度的皮（P），着实令人费解。

　　张总裁想得很美好,他还想守住李宁的毛利率。以我的经验,毛利率是守不住的(张总裁称之为控制住)。前面说过,毛利率是否波动由两个因素决定,一个是成本,一个是售价。通常大众化定位的品牌的毛利率会在一个合理的区间波动,如果一季产品销售不力,势必要进行降价促销,这时毛利率肯定会下来,品牌商家要做的是尽可能地把产品开发好,并通过提升运行效率把产品销售好,把售价波动对毛利率的影响降到最低。一般情况下品牌商家是不会对成本动文章的,因为成本一旦控制不好会一着不慎而满盘皆输。

　　坊间传闻,李宁公司上市后,因整体费用年年攀升,为保住毛利率不得不在成本上下功夫,其产品采购经理(类似职位)一年要换好几茬,做不好成本管理是要下课的。只是,把公司管理的重心从内部的效率提升转移到产品成本上,显然是本末倒置了。为寻求成本下降,一味地降低产品的单位成本,看似企业获得了短期利益,损失的却是企业的长期利益,因为真正门当户对的供应商是不可能接受这些不合理的要求的,李宁唯一的选择是要么接受供应商对原材料以次充好所带来的产品品质的下降,要么接受更小规模供应商不稳定的生产体系,最终的结果当然是产品品质的下降。

　　张总裁最大的疏忽(之一)是对供应链的重视不够,其实不仅是李宁,今天中国所有渴望规模化发展的品牌,都将受到供应链的制约。供应链的影响到底有所大呢?为便于理解,我稍加阐述。

　　张总裁的继任者金珍君上任后的第一件事便提出要把李宁公司的经营模式从批发模式转变为零售模式,很多人以为这是新官上任三把火,是新总裁在玩概念,其实不然。我觉得,这位金总裁可能是一位高手,他要做的绝非是简单地把李宁公司的经营模式换一个提法,他的真正目的,是要建立李宁公司的供应链。

　　当时,像李宁公司这类体育用品品牌,几乎都是批发经销模式,公司只要把货批发给了经销商,对公司而言意味着销售已经结束。但事实上,零售还没有开始,公司根本不知道自己开发出来的产品,消费者到底喜不喜欢。随着李宁公司的规模越做越大,这种模式带来的弊端就越来越大,那时,只要张总裁稍微细想一下就会发现,凭什么一次性大批量的产品下单后,就一定能畅销?这是一个细思极恐的问题,在企业规模发展到一定程度,如果没有高效的供应链体系,其实只要一季产品出了问题,就会把一家大象级的公司拖垮。

　　遗憾的是,这个问题没有进入张总裁的视野;幸运的是,这个问题被金总裁及时地发现了。

　　链接:我们平时耳熟能详的快速补单、多批次少批量的柔性生产,甚至波段上新等经营手段，都取决于供应链能力。

以波段上新举例，波段上新并不是指把产品全部都生产好，先放在仓库里，等到要上新的时候，再依次从仓库里取出来，如果这样做，像 ZARA、UNIQLO 这样的企业，得多大的仓库才能满足需求，这既不可能，也不现实，更不经济。真正的波段上新，是指把终端的上新计划，和物流配送、生产制造等完整地结合起来，终端店铺即将要上新的款式，并不是已经生产好的产品，而是即将生产、即将配送的产品。

供应链解决的是从市场到品牌再到生产，甚至更上游资源的高效协同，显然，能被金珍君发现，足以说明金总裁是一位见过世面的高手。只是，从后面的剧情看，金珍君解决得并不彻底（这方面的内容我们放在后面讲）。

2011 年是张总裁"执政"的最后一年，张总裁说（摘自财报）："李宁公司将坚持自身的核心与使命——专注运动的本质，致力于品牌提升和产品创新，实现差异化竞争。2011 年将继续积极地执行变革策略，加强运营效率与战略执行效果，以适应行业发展规模及企业成长的阶段性需求。"显然，在李宁公司销售规模已近百亿时，以张志勇总裁为首的经营团队对真正存在的问题并没有深刻的认识，最终结果只能是逻辑意义上的必然了。

2. 被数据赶下课的张总裁

2011 年李宁公司的财报里继续"刊登"了李主席及张总裁的照片，不过，这次李宁主席和张志勇总裁一样，都笑容满面，这能说明什么呢？

2011 年李宁公司的业绩第一次偏离了张总裁的算法，开始下降了。

张总裁是 2012 年中正式下课离任的，以此推算，2011 年的实际经营结果应完全由张总裁负责，相对而言，2012 年的经营计划就和张总裁关系不大了。

企业经营形势好时，数据是温情的、富有喜感的，甚至能传递正能量。企业经营形势不好时，数据则是冷冰冰的、残酷的，甚至是有点可怕的。

2011 年李宁公司销售 89.2 亿元，同比下降 5.8%；净利润 3.8 亿元，同比下降 65%。2012 年李宁公司销售 67.3 亿元，同比下降 24.5%，净利润亏损 19.5 亿元。如果与 2010 年时的销售规模对比，2012 年的销售已下降了近三成（28.9%），两年销售额下降近三成（意味着经营活动产生的现金流量会减少三成），对李宁这类需要依靠高增长生存的公司而言，是相当麻烦的，最大的麻烦是会直接影响到企业的现金流。

　　一家高速成长的企业，如果出现现金流减少或者中断是很可怕的，相信李宁主席知道，财务出身的张总裁更知道。张总裁奋力一搏的2011年，销售与利润都很糟糕，但这还不是最重要的，相信看完那些能反映具体经营能力的小数据，你我都会大吃一惊。

1）经营能力指标

　　首先，当然是看净利率指标。2011年李宁公司的净利率仅4.3%，大幅下降63.2%。过去5年，李宁公司的净利率就像教科书里写的那样稳定，一直都在11%上下。我们说过，净利率指标不仅反映一家公司的产品竞争力（由毛利率决定），也反映一家公司的内部管理能力（由费用率决定）。净利率突出下降63.2%，要么是产品销售出现了大问题，导致毛利率出现了大幅下降并最终影响了净利率；要么是内部管理出现了问题，费用率急剧上升并最终影响了净利率。无论哪种情形造成的净利率下降，都是不正常的，净利率的下降反映了李宁公司的经营管理能力在下降。因净利率指标是终极性指标，并不能反映具体的经营管理问题，所以，判断具体问题还要挖掘其他指标。

　　其次，看毛利率指标。2011年度李宁公司的毛利率是46.1%，和2010年基本持平（47.3%），貌似李宁公司的产品销售没有出现多大的问题。当然，有财务基础的读者会知道，这个结论有两个前提必不可少，否则毛利率就有水分。一个是绝对销售额不能下降，否则就没有意义了，2011年李宁公司的实际销售下降了5.8%（这个数据含应收账款。更严谨的算法是要剥离新增应收账款，剥离后下降的更多），影响应该不会太大。还有一个是库存余额不能增长太高，因为对滞销商品"惜"售而导致库存大增情况下的稳定毛利率也是毫无意义的，因为这样做只是人为地把风险转移到未来（违背"提前释放风险"的经营原则）。毛利率在下降，销售额也在下降，估计库存的问题会比较大，因库存的问题比较复杂，我们放在后面深讲。当然，这只是非常感性的判断，还不能发现具体问题。要想发现具体问题还得继续往下挖。

　　再次，看三项运营效率指标。第一项是平均存货周转天数，2011年为73天，同比多了21天，这肯定是库存管理出现了问题；第二项是平均应收款项周转天数，为76天，同比多了24天，这说明李宁公司的实际市场销售下降的幅度应不止5.8%，这里"隐藏"很多问题，具体我们放在后面讲；第三项是平均应付款项周转天数，为94天，同比多了23天，这说明现金流入减少，对供应商的账期拖长。

　　这时，很多问题逐步水落石出，不要小看这些天数的增加，如果把它们换算成比率,2011年李宁的运营效率要比2010年下降近一半。

最后,再看看具体的财务数据,来佐证一下上面的逻辑。

第一要看的就是期末库存余额。2011年李宁公司期末库存余额为11.3亿元,同比增长40.6%！这时,回过头来再看李宁公司稳定的毛利率就没有任何意义了。新增3.2亿元的库存在当季不处理留到下年再处理,难道会更好卖？显然是不可能的。不愿意在当季处理的原因很简单,就是害怕毛利率下降,这样做唯一的好处就是当期的损益表会比较好看。但这种错误的对待库存的方式肯定会让企业付出更大的代价,懂财务的张总裁应该知道这个浅显而又简单的道理。

销售负增长5.8%(实际不止),库存增长40.6%,这肯定是荒唐的经营结果,也是失败的经营结果。

根据我的经验,如果是当初投产计划做多了,或者是经销商不愿意执行期货达成率,这些在经营过程中都可以及时、灵活地调整,说严重点,这已不是专不专业的问题,而是(经营者的)工作态度问题了。

第二要看的是应收账款。2011年李宁公司期末应收账款余额为24.3亿元,同比增长27.2%,新增应收账款4.8亿元。如果把新增的应收账款数剥离,李宁公司2011年的实际销售为-10.8%。

假设把应收账款余额一次性全部计提完(假设都收不回来),李宁公司的实际销售规模远没有李宁主席及李宁公司的投资者们想象的高。之所以这么假设,是因为张总裁的继任者在后面几年累计的应收账款减值数高得惊人,也就是说,这些应收账款其实早就是呆账、坏账甚至死账了,但还妥妥地放在报表上,这不是自欺欺人吗？可惜的是,这些有问题的"假数据"在2011年被懂财务的张总裁疏忽了。

第三要看的是应付账款。2011年李宁公司期末应付账款余额为21.2亿元,同比增长15.8%,新增应付账款2.8亿元。考虑到2011年李宁公司的销售成本是48.1亿元,新增的应付账款仅占销售成本的5.8%,这些新增的应付账款对供应商的(生存)影响还不是太大。如果以应付账款余额对照销售成本的话(已占44%),那影响就不小了,这说明2011年李宁公司的供应商们的日子都不太好过。

经营能力指标中,库存指标与应收账款指标都反映了公司的产品竞争力。为守住销售指标与毛利率指标,任由库存和应收账款上升是最不负责任的经营行为。如果出于某种目的,导致库存和应收账款出现不可逆转的增长,唯一可以补救的做法是进行资产减值。当然,对库存和应收账款进行资产减值,对净利润肯定会有影响,但是,这种影响是积极的,会促使公司的管理层痛定思痛,下决心去做该做的事,遗憾的是,财务出身的张志勇总裁并没有这样做,而是一次又一次地错过了李宁主席给予的机会。

张志勇总裁万万没有想到的是,他的继任者要动的第一把斧子就是他最不愿意做的——对库存和应收账款进行资产减值。

链接:为什么说继任者要动的第一把斧子一定会是对库存和应收账款进行资产减值呢?理由很简单,每位继任者一上任肯定会先评估自己手上可用的有价值资产,势必会对不良资产进行减值,使自己轻松上阵,而这种做法一般会得到股东及实际控制人的认可。

2) 疯狂的费用

损益表中的费用项,一般有四项(不含税赋),除常规的销售费用、管理费用、财务费用等三项费用外,还有一项是资产减值损失(也是一种费用)。

前三项费用是企业实实在在付出去的钱,付的越多当然利润越少。资产减值损失,并不是真实地付出去多少钱,而是指在报表上把公司资产中没有价值的部分计提掉一些,使剩下的资产质量更高。当然,这样做会影响到利润,计提的越多利润就越少,导致很多决策者不愿意干。不同于前三项费用,付出去意味着没有了,因为花掉了,而资产减值损失不是。资产减值损失虽然把部分资产计提掉了,但实物还在公司的仓库里(指存货资产,或在合同协议中,如应收账款)。这些被减值掉的资产,无论是库存商品、投资性地产(含房产)、应收账款、商誉等,在未来如果能变现,会直接显示为"0成本"的销售收入,计入当期利润。所以,资产减值的实际"损失"远没有想象的那么大,除非被减值的资产质量太差,如彻底收不回来的坏账。

张总裁执政的最后一年,无论是费用总额还是费用结构,都极不正常,我们挑几项重点来细看。

首先是经营费用。

2011年销售费用高达29亿元,同比增长15.8%(港股上市公司损益表的格式比A股上市公司简易很多,费用只列了两个项目,一是经销成本,就是销售费用;二是行政开支,就是管理费用)。管理费用7.1亿元,同比增长16%。经营费用在大幅度增长但销售却在下降,这当然是不正常的现象,由此判断,李宁公司2011年的变革极有可能是失败的。

其次是关键费用。

第一项当然是广告及市场推广费用(简称广告费),这是最大的一笔单项费用,

2011年高达15.6亿元,同比增长9.8%。广告费增长了9.8%,实际销售收入却下降了近10%(剔除新增应收账款,下同),这正常吗?2011年李宁公司的广告费用率高达17.4%(竞争对手安踏公司2017年的广告费用率为10.6%,近五年基本都在11%上下),这简直是不可思议的。

第二项是运输与物流费用(简称物流费),这项费用为1.8亿元,同比增长20.8%。同样,销售出现近10%的下降,物流费用却上升了20.8%,更不可思议。通常,物流费用会随着销售的上升而上升,或随销售的下降而下降,出现销售下降而物流费用上升就太反常了。不过,李宁公司的物流费用率一直很高,从2011年的2%,直至近些年的3%左右,远远超过一般1.5%左右的行业标准。

第三项是差旅及业务招待费用(简称差旅招待费),这项费用为1.3亿元,同比微降4.1%,从1.38亿元下降到1.32亿元(下降绝对额为570万元。2011年李宁公司的员工总数为4 180人,同比减少35人)。还是同样,销售出现了近10%的下降,而差旅招待费仅下降了4.1%,这当然也是不正常的,当然,更不正常的还是差旅招待费依然高达1.3亿元。

第四项是管理咨询费,这项费用高达6 284万元,同比微降4.6%,估计这应该不是真实的下降,而是账务调整或计算比例等原因出现的下降。有关这项高昂费用在前文已有说明,这里不再赘述,总之,这项费用的发生完全可以用"莫名其妙"来形容。

第五项是产品研发费用,这项费用为2.3亿元,同比下降5.3%。在李宁公司口口声声说要加强产品创新的背景下,在李宁公司2011年实际销售出现近10%下降的前提下,在广告费疯狂上涨的前提下,产品研发费用居然出现了下降,不得不说是一个悲哀。

这五项小费用,每项都很离奇,一项也不清。只能说,当时的李宁公司已经处于失控状态。

链接:还有一项费用需要说明,就是员工成本费用。2011年李宁公司员工成本开支,包括董事薪酬为7.7亿元,同比增长8.7%。也是在出现销售同比下降近10%的情况下,人工开支反而上升了8.7%。

不过,细分数据更有意思,其中员工工资及薪酬为3.9亿元,同比增长1.5%,其他福利2.6亿元,同比增长34%。也就是说,在员工总数下降的情况下(减少35人),总的工资性支出还在上升,尤其是其他福利上升了34%。对此,我作为一家上市公司曾经的董事总经理,也无法给出合理的解释,唯一可说的是,事出反常必有妖。

最后，是资产减值项。

前面所说，资产减值并非真实的费用支付，而是对不良资产的计提，使得来年企业经营的财务包袱轻一点。当然，资产减值会影响到当期净利润，所以，很多企业决策者是"宁可烂在锅里"也不愿意搞什么减值。这只能说明这些企业的经营者是财务盲，他们根本不懂得这样做虽然损益表好看了，但资产负债表却很难看。

李宁公司的资产减值有三项具体内容，分别是无形资产减值、应收账款资产减值及存货资产减值。其中，无形资产减值为9 373万元，上年同期为2.3亿元（减少近1.3亿元，意味着将"减少"1.3亿元的亏损）；应收账款减值为1 140万元，上年同期为138万元（新增1 101万元计入当期亏损）；存货资产减值为1.87亿元，上年同期为1.15亿元（新增7 242万元计入当期亏损）。

李宁公司的无形资产原值为8.45亿元，包含商誉、商标、电脑软件、特许使用权、客户关系及非竞争协议五项，除商誉外，其他四项都按照相关会计准则进行摊销或计提。较难理解的是高达1.79亿元的商誉已经连续两年没有进行任何减值摊销。何谓商誉？通俗的理解，商誉是商业收购时的溢价资产，比如收购一家净资产1 000万元的公司，实际收购价格为5 000万元，多花的4 000万元将以商誉的形式记录在资产负债表中。如果被收购的项目能创造出好的业绩，这些商誉放在账上也无可厚非，毕竟高溢价买了一个能赚钱的好买卖，如果被收购的项目不能创造好的业绩，甚至还会亏损，那问题就相当复杂了。2011年李宁公司的销售收入中李宁品牌占比高达91.4%，其他所有品牌的销售收入加起来也不到8亿元人民币，可见这高达1.79亿元之巨的商誉并非什么好资产，不进行资产减值的唯一理由是管理层又一次把风险往后转移了。

应收账款原值21亿元（减值后20.9亿元），减值率仅仅0.4%。存货原值13.2亿元（减值后11.3亿），减值率为14.1%。这两项资产的减值幅度，存货减值符合李宁公司的历史规律，属于中性范畴，但应收账款几乎没减，高达21亿元之巨的应收账款，区区千万元级的减值幅度，纯粹是意思意思，和没减没什么两样，这样做的理由还是一样，把风险与损失往后移，真不知道张总裁到底是怎么想的。

金总裁的机会与"陷阱"

无论是市场还是李宁主席，都仁慈地给了年轻的张志勇总裁两年机会。早在2010年，李宁已是危机四伏，然而张总裁看到的依旧是一片灿烂。高歌猛进下的2011年，李宁终于不堪重负，二十年精心打造的李宁商业帝国终于走到了必然的历史拐点处，此时，无论是李宁主席还是张志勇总裁都黯然失色，但更艰难的未来还在等待着李宁。

其实，纵观整个过程，如果能稍微理性一点，如果能稍微了解市场一点，如果能掌握数据背后的一些经营逻辑，相信结果不会是这样。但是，这只是如果，商业竞争，永远没有如果，一切只有顺应趋势。

2012年是又一个奥运年，李宁公司的销售业绩却一泻千里，包括销售和净利润在内的各项财务指标，都在全线下滑。

其中，销售业绩67.3亿元，同比大幅下降24.5%；净利润则不可思议地出现巨亏19.7亿元（2011年多少还有3.8亿元的报表净利润）。

其中，张志勇总裁一直想要保住的毛利率也大幅下降了16.3%，仅为37.8%，成了李宁历史上最低的毛利率年。

销售业绩的下滑是实实在在的，净利润出现高达19.7亿元的巨亏肯定是不正常的，但这并不意味着就见底了。事实上，2013年李宁公司的销售业绩继续下降12.7%，至58.2亿元，净利润持续亏损3.9亿元，可见李宁公司的问题有多严重。

2012年继续糟糕的销售形势，导致李宁公司出现了严重的现金流短缺。年初时，李宁主席就在运作外部资本的进入，他必须确保公司的现金流不能断，否则就不是严不严重、麻不麻烦的事了。

2012年1月，李宁与私募股权基金TPG及新加坡政府投资有限公司GIC签署了投资协议（简称TPG和GIC），TPG和GIC同意以购买李宁公司发行可换股债券的形式投资李宁公司，TPG和GIC一共购买了7.5亿元的可换股债券，暂时缓解了李宁的燃眉之急。

当时谈判的条件是，债券期限为5年，保底年利率为4厘，5年后可以7.74港元/股的价格兑换李宁公司的股票。客观地讲，这个条件谈得非常好，最低4厘的年利率，对李宁而言无异于白菜价的资金成本，但TPG和GIC看中的是未来可以以7.74港元/股的价格兑换李宁公司的股票，他们看中的是李宁的未来。

这项投资协议签署的具体日期为2012年1月19日，李宁股票停牌前价格为6.17港元/股，相当于溢价了25%。TPG和GIC之所以愿意冒如此大的风险做这笔买卖，因为他们手里有一张王牌，他们相信只要打出这张王牌，这将是一笔大赚特赚的好买卖，因为过去5年李宁公司的股价最高时曾达到32港元/股，5年后不要说32港元/股，只要有一半即16港元/股也能赚到一倍的收益，这当然是一笔看起来很好的投资。

遗憾的是，5年后的2017年1月20日李宁公司的股票收盘价仅为4.91港元/股，如果严格按协议执行，TPG和GIC将耗费5年的时间以亏损近一半的价格去兑换李宁公司的股票，这将是一笔彻头彻尾的失败投资。

链接：TPG 和 GIC 在 2012 年初的共同投资对当时的李宁无异于雪中送炭，因李宁公司的股价长期低迷，2013 年 1 月 TPG 和 GIC 启动与李宁重新谈判兑换股票的价格，实在的李宁主席同意把价格从 7.74 港元/股调整为 4.5 港元/股，并最终于 2015 年 2 月将兑换价格进一步调整为 4.092 港元/股。

最后，GIC 于 2016 年 8 月 18 日以 4.092 港元/股兑换了李宁公司新发行的股票 5 681 万股（当初投入资金为 1.89 亿元），占李宁公司总股本 3.01%。TPG 于 2017 年 2 月 3 日以 4.092 港元/股兑换了李宁公司新发行的股票 16 862 万股（当初投入资金为 5.61 亿元），占公司总股本 8.41%。

如果它们能持有至 2018 年 4 月（当时股价在 9.5 港元/股上下，为李宁公司近 8 年来的最高点），这两家投资公司盈利都在一倍以上，只是时间有点长。

TPG 和 GIC 之所以愿意以如此高成本、高风险购买李宁公司的可换股债券，当然源自他们过往的成功历史，TPG 是一家擅长零售领域投资的私募股权基金，其合伙人金珍君有着辉煌的个人履历，其最成功的一次商业操盘案例就是拯救台湾品牌达芙妮，当时 TPG 以 PE 形式投进快做不下去的批发品牌达芙妮后，金珍君先生以执行董事的身份帮助达芙妮转型成中国早期最成功的女性时尚鞋履品牌，并成功地在香港市场完成上市，达芙妮一役，TPG 赚得盆满钵满。所以，自信的 TPG 和 GIC 是因为手里有金珍君这张王牌，才敢以这般条件与李宁进行合作。

金珍君于 2012 年 4 月正式进入李宁公司（董事会董事），7 月成为独立非执行董事，进入实质性操盘阶段，此时，张志勇总裁正式下课（还是挂名的执行董事。张志勇于 2014 年 10 月正式离开李宁公司）。

从 2012 年 4 月进入李宁公司，到 7 月正式提出"拯救"计划，再到 2013 年全面执掌李宁公司成为执行副主席，再到 2014 年 3 月成为李宁公司代理行政总裁（当年底又卸任），直至 2015 年 7 月离任，金珍君在李宁公司实际工作了 3 年时间，真正操盘的时间约 2 年半。

当时，李宁主席对这位曾经担任全球智库麦肯锡项目经理的哈佛高材生寄予了厚望，金珍君凭借扎实的理论功底及傲人的过往经历，给李宁主席及李宁公司递交了一份堪称完美的"拯救"计划。遗憾的是，金珍君的"拯救"计划并没有起到真正拯救李宁的作用，如果不是李宁主席反应快及时制止了金珍君的"西式疗法"（李宁于 2015 年 3 月正式兼任李宁公司的行政总裁,开始走到一线亲自拯救李宁公司。何为"西式疗法"见后文),李宁公司差点陷入更深的深渊。

自信满满的拯救者金珍君的"拯救"计划为什么没有起到拯救李宁公司的作用呢？当然,此事说来话长,不过纵观整个过程,我觉得金珍君并没有做错什么,他只是没有做完整而已。2012 年李宁公司的问题已经很严重,真正的解决之道是要标本兼治,就像一位病入膏肓的重症患者,一方面要解决他的实际病症,同时还要让他快速恢复自身的康复、免疫及造血功能,否则哪怕把他的"病"治好了,也是废人一个。李宁公司当时需要的绝不是简单的纠错,而是需要快速地再造一个有竞争力的系统,否则,问题只会越陷越深。

1. 正确的"拯救"计划

看起来,李宁公司 2012 年的财报是经过精心设计的,主要的变化有两点,一是精心选择的两张李宁主席的照片都非常好,照片传递的积极效果超过了历届任何一期财报；二是金珍君的出场形式很特别,金珍君以自问自答的方式(即执行副主席访谈),把他的"拯救"计划呈现出来。

零售的本质是品牌商家能提供消费者真正需要的产品。

回到 2010、2011 年的李宁公司,最主要的问题概括起来有三点：一是终端渠道的质量越来越差；二是库存与应收账款越来越多；三是费用越来越高。这三个问题分别对应李宁公司的渠道问题、产品问题及市场运营问题。对这些问题,李宁主席是清楚的,他在 2012 的财报中是这样说的(摘自财报)："经过多年的快速扩张,国内体育用品行业未来发展的制约因素在近年开始显现。2012 年,从整个体育用品行业来看,竞争激烈、库存滞压、单店利润下降等问题显得尤为严重。"

李宁说的没错,经过近二十年的野蛮生长,中国体育用品行业的确在经历洗牌。回过头来总结,2012 年是中国体育用品行业的分水岭年,从之前的群雄争霸、各自封王,分裂成之后的独尊安踏,其他品牌只占较少份额,李宁毫无悬念地沦落为其他品牌。遗憾的是,站在那个时点,又有谁能真正看清楚？包括李宁主席。如果李宁主席能再往深看"一点点",我相信 2012 年上任的应该不是金珍君而是他自己,或许中国体育用品市场的竞争格局不会是今天这样。

当时,看到具体问题的李宁主席,把希望寄托在外部力量上,李宁主席说(摘自财报)："管理层认为,中国体育服装和用品市场的格局将随之发生显著变化,因此,行业本身的调整,以及竞争模式的转换不可避免。综合考虑日趋严峻的经营瓶颈,李宁公司决议引入战略投资者,以拓宽视野,让李宁公司突破困局,领跑行业的第二轮发展。"

　　坦率地说,李宁主席看到了外部环境的本质却没有看清自己企业的内部。更遗憾的是,李宁主席采取的方法及策略极为保守,也很有问题。

　　中国体育用品行业的竞争模式,一直都是典型的批发模式,从 20 世纪 80 年代开始,经过二十余年的发展,几乎没有一家企业真正建立起属于自己的护城河,所有品牌的竞争套路高度一致——都是"高额广告＋明星代言＋疯狂扩张＋期货制＋同质化的低端产品"的批发模式,以致走进任何一家中国本土体育用品品牌的专卖店里,感受到的购物体验几乎完全一样——同风格的装修、同质化的产品、竞相打折的价格和劣质的服务。

　　批发模式最大的瓶颈是不能做大,因为根本就做不大。

　　终于,李宁主席意识到改变竞争模式的意义,李宁要开始真正做品牌了,要从当前的批发模式转换成零售品牌模式。做了二十余年的生意,李宁公司居然不知道何谓零售模式?说起来有点匪夷所思,但事实就是如此。李宁主席清晰地认识到,突破困局依靠原有的团队根本没有希望,他下狠心在引入战略投资者的同时,同步引入了以金珍君为首的高层经营团队,期待能有真正的突破,希望李宁公司还能继续领跑行业的下一轮发展。李宁能做到吗?

　　李宁主席给新的变革提供了明确方向(摘自财报):"由批发模式转为以零售为导向、以体育营销为引领的发展策略。关注消费者需求,研发具有科技创新价值和时代特色的商品,并将产品有效地推行上市和渠道复兴计划。"李宁主席讲得很全面,这段内容总结起来就是要做好四项工作,即建立以零售为导向的销售体系、做好体育营销、研发有科技创新价值和时代特色的商品及渠道复兴计划。

　　总体来讲,这四项工作如果能做好、做到位,的确能解决李宁公司存在的问题。甚至,李宁还希望(摘自财报):"整体变革计划将重塑和振兴李宁品牌,建立更好的供应链和零售业务能力,从而优化业务平台及促进未来业务发展。"只是,老板说得再正确,也是大方向,真正的改变来自具体执行、高效执行和有效执行。

1）金副主席的八项计划

　　金珍君以李宁公司执行副主席身份开启的变革大幕分为两个阶段,第一个阶段从 2012 年年中提出"八项计划"开始。

　　前面说过,金珍君是 2012 年 4 月到任(代表投资方出任李宁公司董事会董事),7 月正式出任李宁公司独立非执行董事的(同时被选拔为李宁公司执行副主席)。他自问自答以执行副主席访谈的方式把自己的"八项计划"凝练成八个问题呈现给李宁主席、李宁公司及投资人,具体内容如下(摘自财报):

　　问一：体育用品企业近年来面对全行业的问题，为何李宁公司决定大规模的变革是必要的，而不是像其他企业一样继续公司以往一贯的经营方式？

　　问二：管理层推出变革蓝图的考量是什么？

　　问三：变革计划具体包括哪些方面？

　　问四：为什么在变革计划的基础上需要推出渠道复兴计划？渠道复兴计划将怎样帮助经销商和公司恢复盈利能力？

　　问五：在商业模式转型方面，公司目前采取了哪些措施？

　　问六：公司在现金紧张的情况下，在 2012 年赞助商方面，如赞助 CBA 和韦德，仍旧投入了非常大的资源。公司整体营销开支的战略考量是怎样的？

　　问七：2013 年推行的计划及时间表是什么？

　　问八：你曾经参与过数次企业转型，李宁公司有何不同？你在推动李宁公司转型中的动力是什么？

　　八项计划（问题）中，涉及的内容很多，我觉得重点问题在第三项，即变革计划具体包括哪些方面。金珍君副主席给出的回复非常明确（摘自财报）："我们将变革计划分为短期首要任务以及长期战略目标，双管齐下。第一步就是加强管理及执行能力，我们迅速为董事会注入了新血，开始建立一个世界一流的管理平台。在评估公司的经营状况后，下一步就是改善渠道问题，因此出台了渠道复兴计划。该计划在销售渠道方面已经取得了可观进展。同时，我们也正在为公司可持续业务发展制定长期计划。我们将眼光投向李宁公司之外的整体的零售网络系统及平台。这些长期举措包括改善集团供应链、产品组合及市场营销管理，合理化销售渠道，以及打造一个以零售为导向的商业模式，以改善终端消费者体验。这将能够实现更高的零售生产力和盈利能力以及投资回报。"

　　金珍君副主席踌躇满志的回复，彰显着自信与骄傲。

　　不过，反过来说，李宁公司当时能做到近百亿的销售规模，如果说李宁人不行是有失公允的。

　　早在张志勇总裁上任之初，张总裁就非常有魄力地招募了一大批有外资企业背景的中高层管理人员，以他的高标准（增长速度）和严要求（绩效考核）很快就把这支多国部队打造成一支虎狼之师，并成功地把李宁公司发展成那个时代中国本土最大的体育用品公司，且很有希望能成为挑战耐克、阿迪等世界级品牌的中国公司。如果要说这其中最大的硬伤，那就是张总裁的职业经理人身份，他身份的局限性导致他严重忽略了对产品战略及供应链战略的认识与投入，在企业逐步做大的过程中，企业的风险也在不断地累加，直至不能承受。

李宁公司的问题是发展带来的,也就是说,在企业规模较小时,这些问题根本就不会存在。

金珍君副主席过去"拯救"过的达芙妮就是一个最好的例子,达芙妮当时面临的最大问题是如何发展的问题(并非发展不下去,这点和李宁有着本质区别)。在早期的中国市场,一家企业规模尚小但又发展不下去,最主要的原因一定是创始人的格局问题,具体体现是创始人对品牌建设的基础性投入不够,如广告投入、产品投入、招商投入、人才投入等方面。这时只要在这些投入上舍得花钱,一定能打开市场做大企业。

金珍君副主席当时给达芙妮的改革方案就是让创始人解决好这几个问题。在20世纪90年代早期,一家企业只要愿意做广告、多生产产品、加大招商力度及增加人手,品牌是闭着眼睛也能做起来的。但是,通过这些方法做起来的企业是大而不强,因为这个过程中,企业过于强调利润与规模,势必会忽略对产品战略及供应链战略的关注与投入,在企业不断地做大过程中,经营风险也在不断地积累,直至有一天轰然坍塌。事实也是如此,当达芙妮只顾着把规模做大而并没有建立起自己的核心竞争力时,坍塌也是必然,今天的达芙妮早已沦落成一个三流品牌(截至2018年年底,达芙妮在港股市值早已不足5亿港元,股价长期低于1块港币/股,成了毫无投资价值的仙股)。

今天达芙妮面临的问题,和当初李宁面临的问题完全一样。金珍君副主席在用他过去"拯救"小公司(达芙妮)的套路来拯救李宁这头虚胖的大象,注定这件事还没有开始就已经失败。从另一个层面讲,代表资方利益的金珍君副主席考虑一切问题的出发点,首先一定是资本的回报,然后才是其他,这在金珍君副主席主政的两年时间里彻底地暴露并显现出来(后文有分析)。

除方法本身有问题之外,还有一点也决定了金珍君副主席的变革会失败,就是一上来就动人。成功的企业变革,最好的方案都是润物细无声的,这需要决策层高超的经营智慧、胆识与谋略。那些大刀阔斧式的变革方法,几乎都是"三把斧子",最终的结果是"三把斧子"甩完了也就结束了,一切还会回到原点,但企业元气大伤。在甩斧子的过程中如果造成公司的原有团队(尤其是中高层管理团队)大面积离开,大概率是会以失败而告终的,能成功的极少。

企业发展不可能完全抛弃掉历史,过去形成的一切都是一家公司的文化或基因,而当公司的原有中高层队伍大面积流失时,这家公司的文化或基因也就断了,再造文化(或基因)谈何容易。

链接:2012年7月李宁开启的所谓变革中,金珍君副主席对李宁公司的原有高管团队进行了清洗式调整，除原总裁张志勇下课外，一大批分管采购、供应链、销售的高管被调任或辞退，新进入李宁公司的高层人员除代表资本方的两位非执行董事外（还有一位是陈悦先生，他是 TPG 的董事总经理），还有三位高管，即分管采购的副总裁 Edwin Alexander Jonkers 先生（有行业背景，于 2012 年 9 月加入李宁）、分管供应链的副总裁邓红兵先生（在戴尔公司服务过，于 2012 年 8 月加入李宁）、分管市场的副总裁邓晓华女士（在宝洁及强生公司服务过，于 2012 年 10 月加入李宁）。

2012 年时李宁需要的变革，我觉得一方面需要收缩战线、压缩费用，同时，还需要加大产品投入，需要进行供应链体系的建设，二者缺一不可。

踌躇满志的金珍君副主席很快就碰壁了，因为他的"西式疗法"一方面在剔除李宁公司的"脓疱"（不良包袱），一方面又在疯狂"放血"（广告），重症缠身的李宁在金珍君副主席的老套路下到底行不行呢？

链接："西式疗法"是指采用类似西医外科手术式的治疗方式对待一位年老体衰的重症患者，在手术还没有结束时，病人可能就一命呜呼了。李宁公司的变革根本不是靠换人、关店、做广告就能解决的，而是要重头开始，从理清品牌定位，到调整与重构产品战略、供应链战略，再到建立高效的执行力体系等一整套体系。滴水穿石非一日之功，冰冻三尺非一日之寒，李宁的重塑计划将是漫长而又考验耐心的。

2）2013 年的残酷现实

金珍君副主席变革的第二个阶段主要发生在 2013 年，虽然 2014 年的主要工作也是由金珍君副主席主导，但到 2014 年底时，金珍君副主席出局的结果也基本定型了。

不同于 2012 年自信满满的自问自答，在 2013 年财报中，虽然李宁主席继续对金珍君副主席及其团队寄予了厚望，但残酷的经营结果似乎在诉说着金珍君副主席的无奈（请注意，2013 年的财报是在 2014 年 3 月底发布，这时距离金珍君先生上任已经过去了近 2 年）。

2013 年的财报中，李宁主席提及的内容并不多，涉及企业变革及进度方面的内容，以金珍君副主席讲述为主。2013 年，金珍君副主席的权力进一步巩固，然而，工作的进展并不在他的掌控中，不过，他说的很好（摘自财报）："中国体育用品行业的处境远比外界想象的更为复杂和艰难。大多数中国体育用品公司都没有零售或品牌运营经验，往往是以批发商起步，与同样经验不足的小店零售商合作，这与美国成功的零售巨头形成鲜明对比。中国以批发销售为主的零售商注重以开店带动增长，而不是真正了解消费者的需求而建立高效的营销平台和零售经营模式以及独特而富有内涵的品牌。这些后来者以迅速扩张见长，在品牌标识、店面装潢、市场推广，以及产品各方面都对行业领导者进行盲目模仿，这让一批追随者搭上经济顺风车，依靠宽松的资本市场得以迅速发展。当然，那时的中国存在大片市场空白，让他们可以开辟新店。而由于当时消费者对昂贵的高端品牌产品购买力有限，同时低价产品也缺乏足够的选择，因而缺乏创新功能及独特设计的廉价产品仍旧能够获得良好的销售。但是，随着消费者品味提高，对运动功能方面也有了特定需求，旧的商业模式因而已无法有效运转。消费者不仅购买力提高，选择也越来越多样化，这些多样化的选择不仅来自饱和的体育用品，还来自极具竞争力的休闲服装。"

金珍君副主席的这段总结很正确，但只停留在对过去的总结上，金珍君副主席所说的这些问题就是当时李宁公司的问题。18 个月的时间已过（从上任到 2013 年底），但金珍君副主席对李宁的改革还停留在总结及思想层面，这远远没有达到李宁及资本市场对他的认可与期许。

金珍君副主席还说（摘自财报）："我们在 2012 年 7 月率先开展了大胆的变革计划，当时大多数业界同行仍然否认自身增长模式的成长缺陷；而不到一年后，许多同行纷纷效仿实现变革，更有同行宣称已在极短时间内取得成果。对此我百思不得其解""我们前进的道路必须创新，包括从品牌价值定位、产品创新到零售商业模式，同时要在资源和基础设施方面增加投资，致力于为中国的体育爱好者打造一个伟大的品牌。我们坚信在不就的将来，投资者会看到我们的工作成果，会看到我们给李宁带来的真正价值，而这些成果最终也将体现在我们的财务业绩上""尽管变革还在进程中，但我们已经取得显著的进展。变革过程中我们步步为营，恢复盈利能力与现金流，以加强零售业务的优势与生产力。接下来的任务便是改善渠道合作伙伴的库存问题。虽然下一阶段打造品牌的任务更加艰巨，但我们开展的变革计划的确行之有效""我认为，伟大的消费品牌一定是有所为有所不为的。由于与李宁核心品牌价值定位不符，我们决定逐渐摒弃与休闲服装重叠的业务，尽管这些业务仍然可以带来合理的利润。经过仔细透彻的分析研究，我们将主营业务聚焦在五大核心运动品类上，以便更好地满足中国消费者的需求"。

显然，金珍君副主席对自己的"要求"太高了。无论在宏观层面，还是在微观层面,金珍君副主席的看法与做法都有瑕疵。

在宏观层面,金副主席不相信面对如此艰难的市场环境,有谁在一二年内就能完成变革与转型。但是,2012年前后开启的中国体育用品行业的调整,安踏就是用了2年时间实现了质的飞跃,在经历2012、2013连续两年销售业绩轻微下滑后,从2014年开始,安踏已经连续4年高速增长,实现了当初李宁主席期望的引领行业的下一轮发展,只是这个引领者是安踏而不是李宁。

在微观层面,金珍君副主席曾经咨询公司的职业背景严重地制约了他,作为全球顶级咨询公司麦肯锡曾经的项目经理,金珍君副主席有着超越常人的看问题的能力、总结归纳问题的能力及表达问题的能力。但是,很多高明的咨询师拥有的也只是听的能力、写的能力和说的能力,却没有做的能力(指操盘一家企业)。金珍君副主席说的就很好,不仅老板喜欢听,股民喜欢听,不明事理的员工也喜欢听,因为讲得既全面又切中重点。但是,真正懂得经营逻辑的人都知道,这些事情在当时的环境下,以金珍君副主席所实施的办法,根本就做不到,那句"恢复盈利能力与现金流"纯粹是一句正确的废话。

无论如何,金珍君副主席在2013年财报中的致辞,透露的是无奈,是被残酷现实敲打的无奈。

2. 错误的行动与荒谬的结果

2012年注定是一个悲剧,李宁公司在这一年遭遇了天文数字般的亏损,当然,这中间有很多的亏损是在还上届班子的旧债。按理,经过了2012年断臂求生式的"西式疗法"后,2013年的经营情况理应会有所好转,然而,2013年李宁公司的经营形势进一步恶化,销售萎缩至2008年以来的新低,亏损虽有收窄,但并不意味着有任何好转。到2014年,李宁公司在销售微增的前提下,亏损却在进一步加剧,终于,到了金珍君副主席的下课时刻,金副主席是被自己的激进与大胆、保守与失策、重报表轻实质的行为赶下了台。

金珍君执掌李宁的三年,大致可以概括成"西式疗法的2012""大势已去的2013""黯然离场的2014"三个时间段。

1)西式疗法的2012

面对糟糕的经营形势,李宁把变革的重点放在了对过去的否定与纠偏上,实际经营变相成以优化报表数据和建新班子为主。这当然有问题,而且还是大问题。前面说过,李宁公司的问题,并不是什么品牌问题,而是产品和渠道问题。

中国体育用品行业经过二十年的高速增长,市场两极分化非常明显,一线市场牢牢地掌控在耐克、阿迪达斯的手中,非一线市场被中国本土品牌瓜分。中国本土品牌也早已不是李宁一家独大,以安踏为首的晋江系品牌每家都有数十亿的销售规模,且都在2010年前后完成了在香港的上市,借助资本市场的力量及当地政府的支持,安踏、特步、361、鸿星尔克、贵人鸟等品牌的发展势头非常迅猛。实际上李宁的产品无论是风格、外观还是品质,都和它们相差无几,但售价却比这些晋江系品牌们要贵。李宁因长期忽略构建有竞争力的产品体系(及供应链体系),在渠道资源完全重叠的情况下,以张志勇总裁为首的经营层居然以为李宁的产品要比安踏等晋江品牌强,和耐克、阿迪达斯相当,以致做出了一系列的错误决策,像进军高端市场在北上广深开大型旗舰店、放弃所谓的低端市场、进行产品提价、投放针对90后的广告(此时90后最大年龄仅20岁,是没有收入的年龄)、产品线面面俱到等,这样,毫无疑问动摇了李宁的根基。

一直以来,李宁的主要市场都在二三线市场,以城镇青年和学生群体为主,在李宁逐步放弃这类市场时,李宁公司并没有真正准备好,产品还是原来的风格,只是价格要比原来的贵,做出来的广告更针对90后,以为这样就完成了品牌的转型。当新市场还没有完全建立起来时(只开了几家大型店铺),老市场几乎在一瞬间被丢掉,导致的结果可以想象得到——整批的库存卖不掉(那几年李宁公司的库存在激增,经销商的库存也在激增)。

这些错误的决策结果最终反映在数据上,就是高库存、高应收账款和高费用。按常理,金珍君副主席应该能通过现象看到本质,如果能做到有的放矢地去解决,相信几年后情况自然会好转起来,毕竟,2012年时李宁的问题还不是真正的大问题。有趣的是,金珍君副主席似乎并不这么认为,他真正在做的就(只)是对数据动刀子(和说的并不一样)。

我曾开玩笑地说,这位被李宁主席寄予厚望的哈佛高材生是在对报表进行了2年的变革,结果害了李宁,也害了自己的一世英名。

2012年,李宁公司销售67.3亿元,同比下降24.5%;净利润亏损19.7亿元,相当于把李宁历史上净利润最高的2009、2010两年之和一次性亏完。毛利率也只有37.8%,同比下降了16.5%。荒唐的是,对这个结果,大家都能接受,包括李宁主席。

通常,这种状况在中国民营企业中并不多见,即使公司有问题,聘请一位职业经理人到公司进行所谓变革,如果上岗第一年就出现了巨额亏损(哪怕和他没什么关系),估计这位职业经理人也是待不下去的。

但是,金珍君副主席不仅没有受影响,反而在经过了2012年后,他在李宁公司的位置坐得更牢了,这到底是李宁主席大度还是被蒙蔽住了,暂时还无法定论,得用其他数据来佐证。

主要从四个层面来佐证。

首先，看李宁公司的市场情况。截至 2012 年底，李宁公司共有 6 434 家店铺，其中经销商 5 803 家、直营 631 家，同比分别减少 1 821 家、1 692 家、129 家（总店数从 2011 年的 8 255 家，下降到 2012 年的 6 434 家、2013 年的 5 915 家、2014 年的 5 626 家，直至 2015 年又恢复增长，至 6 133 家）。

老实说，这种关店速度非常吓人，不过，我觉得那些被关掉的店铺，多数是早已名存实亡的僵尸店，这也进一步反映了 2010 年前后李宁为保业绩而盲目开店留下的后遗症。

其次，看三项运营效率指标。三项运营效率指标中，平均存货周转天数由 72 天上升到 90 天，平均应收账款周转天数由 76 天上升到 97 天，平均应付账款周转天数由 93 天上升到 112 天。三项运营效率指标的上升说明李宁公司的运行效率确实在下降。不过，要从专业角度说，前两项指标出现如此变化，只能说明金珍君副主席的掌控力与敏感度还远远不够。

金珍君副主席于 2012 年 4 月进入李宁公司董事会，当时正值（2012 秋冬）定货会期间，以拯救为使命的金珍君不可能不知道李宁公司的经营问题（金珍君背后的 TPG 早在 2011 年时，就已经与李宁洽谈投融资的事，并于 2012 年 1 月份正式达成签约），可以说在明知市场要出现大幅度调整的背景下，却对当时的定货结果不予以干预，这既是不负责任的表现，也是不专业的体现。

面对高达 22% 的关店数量，秋冬货品投产量无论如何也要同步压缩与减少，哪怕是撕毁生产加工合同，也是无可厚非的，这是一位高层经营者在关键时期的使命与担当，显然，金珍君副主席没有做到。

再次，看二项关键费用指标。其中，广告费为 13.2 亿元，虽然同比下降了 15.9%，但是占销售比却从 17.6% 上升到 19.7%；产品研发费为 1.88 亿元，同比下降 15.6%，占销售比从 2.6% 微升到 2.8%。

在市场规模大幅萎缩、库存激增的背景下，在内部管理及团队建设出现重大更迭的情况下，在没有建立起真正的竞争系统的情况下，如此巨额的广告费支出，可以说很愚蠢。高昂的广告费不仅没有起到任何作用，而且给不堪重负的李宁重重一击。产品研发费用貌似伴随着销售规模的下降而下降，但占销售比例的微增，更说明当时李宁的业绩在遭遇断崖式下降，产品研发支出从 2.3 亿元下降到 1.88 亿元，充分验证了金珍君副主席根本没有找到问题的根源。产品研发投入属于长期投入，代表资本利益的金珍君不可能在产品研发这种吃力不讨好的事上下功夫，做出重广告轻研发的举动太正常不过了。

最后，再看其他几项主要费用，这些费用分为两块，一块是非支出性减值，一块是实际支出。

先看非支出性减值。历史上李宁公司对待资产减值的态度一直比较审慎，到了 2012 年突然转向，开始大幅甚至疯狂地进行资产减值。资产减值主要包括三部分，第一部分是针对无形资产的减值，除商誉外（商誉的账面价值 1.79 亿元），其他几项都按会计准则进行了摊销和减值，不知道这部分商誉资产要留待何时解决（李宁公司已经连续三年在财报中披露要聚焦李宁品牌，意味着未来不会再出现大额商誉）。第二部分是针对存货资产的减值，2012 年期末存货资产原值 15 亿元，同比增加 14%，净增 1.86 亿元，减值 5.8 亿元（减值率 38.6%），同比增加 213%，净减的 3.99 亿元将成为当期的新增亏损；第三部分是针对应收账款资产的减值，2012 年期末应收款项原值 24.2 亿元，同比增加 15.1%，净增 3.1 亿元，减值 9.3 亿元（减值率 38.4%），同比增加 8418%，净减的 9.2 亿元将成为当期的新增亏损。

这样算来，李宁 2012 年的实际经营性亏损应为 6.5 亿元（损益表亏损 19.79 亿元－存货减值亏损 3.99 亿元－应收账款减值亏损 9.25 亿元）。不过对应的是，如果剔除掉新增的应收账款 3.1 亿元，李宁的实际销售只有 64.2 亿元，如果把应收账款全部剔除，李宁在 2012 年的实际销售规模则仅有 43.18 亿元。

对这些数据进行推算复盘其实是一件非常可怕的事，在那个阶段，以牺牲规模为代价，针对报表进行疯狂减值，看似积极的变革其实是在摧毁李宁。对李宁公司当时的经营团队，我只能感慨——真是无知者无畏呀。

再看实际支出部分。除前面已经单列出的广告费和产品研发费外，要特别说明的还有运输及物流开支 1.84 亿元，同比增加 2.2%；管理咨询费 8 610 万元，同比增加 37%；差旅及业务招待费 8 406 万元，同比减少 36.4%。

关于企业的细节管理，一直有一个笑谈，说判断一家公司的细节管理水平，只要看这家公司的厕所干不干净即可，因为厕所是人人都要去的地方。比喻虽然有点粗，但不无道理。套用这个"比喻"，可以说，判断一家公司的真实管理水平，主要看两项费用，一项是物流运输费，一项是差旅招待费，因为运费和物有关，而差旅招待费和人有关。

物流运输费是典型的不可控制的刚性销售费用。物流运输费和销售额的高低呈正相关关系，但和管理能力呈一定的负相关关系。和销售呈正相关关系容易理解，和管理能力呈一定的负相关关系就有点复杂。据我了解，很多企业对如何管理及控制物流运输费毫无概念，多数是控制得很死，以牺牲时间、牺牲速度为代价去控制有限的物流运输费，失去的却是整个市场。但是，像 ZARA 这样伟大的企业，通过对 IT 的巨大投入及效率优先的经营理念，它们的物流运输费反而也是不高的。李宁当时的做法，当然不像 ZARA，但也不像其他企业那样控制得很死，而是很无厘头。2012 年李宁公司的实际销售成本下降了 14.2%（销售下降了 24.5%），而物流运输费却上升了 2.2%，哪怕金珍君副主席对经销商的部分货品进行回购而产生了一部分逆向物流费，也无法解释这 2.2% 的物流运输费的增长，极大的可能就是混乱，内部管理的混乱。

李宁公司的管理咨询费一直是业界笑话。每年高达数千万元的管理咨询费，却起不到任何作用，具体原因前文已有说明，不再重复。

差旅及业务招待费大降 36.4%，净减 4 829 万元，看起来是一件好事。实践中，很多格局较小的企业，对待差旅费是很谨慎的，因无法对差旅费的效果进行评估，除必须要出的差外（如异地安装调试），一般带有服务性质的差都是尽量不出的，当然，这类企业多数是做不大的。那些管理比较到位的公司，对差旅费的发生都有一套预算标准，只要是相对合理且可控的，一般都会鼓励出差。对比之下，李宁的差旅招待费就高得离谱了（当然也是管理失控的表现），这个问题我们前面已有剖析，不再重复。不过，金珍君副主席的这一刀（砍了近五千万），不知道有没有考虑过可能的后遗症，原有团队的习惯不知道能不能改得掉？

2012 年金珍君副主席治下的李宁公司，市场规模几乎萎缩了一半，但实际经营却并没有得到根本性改善，更要命的是，李宁在继续失血。2012 年，李宁公司经营活动产生的现金流净流出为 9.3 亿元（同期净流入 1 557 万元）、净资本性支出为 2.1 亿元、其他现金支出为 1.5 亿元，累计净流出 12.99 亿元。不仅把可换股债券募集的 7.45 亿元（扣除费用后的净额）花得干干净净，还新增了 6 亿元的银行贷款。

2012 年，被李宁主席充分信任的金珍君副主席把自己放在了一个相当尴尬的位置上。

2）大势已去的 2013

这里所说的大势，并不是权力上的大势，而是指趋势。

摧枯拉朽式的西式疗法让李宁进一步元气大伤（现金流巨额净流出，靠卖股及借款度日），这样做李宁公司还能好得起来吗？这个问题只要看关键经营数据，就会真相大白。

还是先从三项运营效率指标看起，2013 年，李宁公司的平均存货周转天数从 89 天上升到 104 天，平均应收账款周转天数从 98 天下降到 89 天，平均应付账款周转天数从 112 天下降到 104 天。

三组数据有升有降，不过，仔细琢磨这三组数据会发现很有意思（上述所有周转天数的计算，都是报表中具体项目减值后的现值）。像平均存货周转天数，计算时的期初基数是上年高达 38.6% 存货资产减值率减值后的净值,第二年(即 2013 年)又出现存货周转效率的下降,说明产品问题并没有解决,导致又产生了大量的新增库存,这样才会出现存货周转天数的上升(变差的意思)。

从主观上讲,我赞成企业在经营形势好时,根据产品的不同变现能力进行 10%～15% 的存货资产减值,大众化(品牌的)产品多减一点,中高端(品牌的)产品少减一点,提前对冲掉部分风险,这样企业未来的经营包袱会轻一点。但如果进行大幅度的存货资产减值,肯定是打脸自残行为,是要不得的。如果不进行或只进行极少幅度的存货资产减值,当然是要流氓行为,把早已失去价值的烂货还以原值记在报表上虚增资产和利润,一点都不可取。无论哪种形式的资产减值,关键是要提升公司的产品研发能力,资产减值只是手段,否则,一定是老的减掉,新的又来。

平均应收账款周转天数出现了 9 天的下降,如果只看数据,当然是销售质量在上升,因为收款能力增强了。事实真的是这样吗?当然不是。2012 年李宁公司的应收账款减值率高达 38.8%,2013 年平均应收账款周转天数出现下降很正常(数据计算导致的差异)。这两项结果对实际经营到底有何影响呢?关键还要看具体绝对数值,我们放在后面再讲。

至于平均应付账款周转天数出现了 8 天的提升,主要是市场规模缩小、生产成本下降导致的。

看完三项运营效率指标,我们再看主要经营指标。2013 年,李宁公司销售58.2 亿元,同比下降 12.8%,净利润亏损 3.9 亿元,同比减少 80.2%(主要是 2012 年亏的太多基数大所致,并非经营出现改善)。也就是说,李宁在 2013 年继续亏损,最终经营结果完全符合三项效率指标所折射的信息。

另外,在 2013 年的财报中,有这样一段表述很有意思(摘自财报):"2013 年,透过实施渠道复兴计划,本公司的库存、销售网络、盈利和运营现金流都出现了显著提高。我们的目标是减少向经销商渠道发售新品和减少非核心同质化类产品,果断退出无利润的市场、产品和渠道。透过这些举措,本公司重新定位为运动服装公司,拥有健康的销售渠道和核心产品设计。第一阶段变革已近尾声,为我们日后业务增长奠定良好基础。"很难理解财报中"我们的目标是减少向经销商渠道发售新品"这句话,以我说,这哪是什么渠道复兴计划,这分明是渠道绞杀计划,因为你在减少向经销商渠道发售新品!

接下来再看具体数字。

2013 年期末,李宁公司的存货原值为 13.2 亿元(同比下降 10.9%),存货资产减值为 3.8 亿元(去年同期减值 5.8 亿元),减值后现值为 9.4 亿元(同比增长 4.4%),这里特别要关注的是存货期初值为 9 亿元,期末原值为 13.2 亿元,相当于一年又净增了 4.2 亿元；应收款项原值为 19.6 亿元（同比下降 18.9%），应收账款减值为 5.9 亿元（去年同期减值 9.3 亿元），减值后现值 13.7 亿元（同比下降 7.3%），同样要关注的是应收账款期初值为 14.7 亿元，期末原值为 19.4 亿元，一年又是净增了 4.7 亿元。

毫无疑问，这些经营性的关键数字都充分说明李宁公司的基本面没有发生任何实质性的改变。

最后，再看支出性费用。

像广告费开支 14 亿元，同比增长 7.6%，净增 1 个亿。产品研发费用 1.7 亿元，同比下降 9.4%，净减 1 840 万。差旅及招待费 5 671 万元，同比下降 31.5%。管理咨询费 9 459 万元，同比增长 10%。

这四项费用中，广告费依旧在增长，说明金副主席的做法仍然停留在原地。研发费的下降，说明对产品研发体系的建设并没有新的思路与举措。差旅及招待费继续大幅度下降，或许能说明之前的泡沫有多严重。管理咨询费的增长是继续无厘头。

毫无疑问，这些数据都在说明李宁的经营形势在进一步变差。

事实当然如此，2013 年李宁公司的现金流进一步恶化，其中经营活动产生的现金流继续为负数，净流出为 1 353 万；资本性净流出为 2.2 亿元；其他现金净流出为 1.1 亿元；归还银行贷款为 10.4 亿元，累计净流出为 14 亿。

为维持正常的生产经营，李宁公司进一步发行可换股证券 14.4 亿元。

> 链接：李宁公司已连续两次发行可换股债（证）券，高达 21.9 亿元，试想一下，如果李宁公司不能通过资本市场募集到这 21.9 亿元，银行一抽贷，后果将不堪设想。当然，每一次发行可换股债券，李宁主席（及原有股东）的股权占比都会被稀释。

3）黯然离场的 2014

按数学加减计算，剔除掉资产减值的因素，2012 年李宁公司实际经营性亏损为 6.5 亿元（不含减值。含减值为亏损 19 亿元），2013 年报表亏损 3.9 亿元（含减值），如果 2013 年的资产减值幅度和 2012 年一致，则 2013 年的亏损数字比 2012 年还要大。

终于，轰轰烈烈为期两年的变革拉上了帷幕。

有关变革的资讯在 2015 年 3 月发布的 2014 年财报中几乎只字未提。金珍君副主席兼行政总裁不仅没有再发声,还被迫辞去了行政总裁一职(金珍君于 2014 年 3 月至 2014 年 11 月出任李宁公司的行政总裁)。

经过两年多的折腾,李宁公司 2014 年毫无意外地继续亏损。2014 年,李宁公司销售 67.2 亿元,同比增长 15.5%,净利润亏损 7.8 亿元(上年亏损 3.6 亿元)。销售增长但净利润下降,说明经营形势继续很差,其中经营活动产生的现金流继续净流出 3.9 亿元、资本性净流出 3.3 亿元、其他现金净流出 1.1 亿元,新增银行贷款 6 亿元。

运营能力方面,李宁公司 2014 年期末库存原值 15.5 亿元,比期初数增加 64.8%,减值后现值 12.8 亿元,同比增长 36.8%。应收账款原值 18.5 亿元,比期初数增加 35.3%,减值后现值 12.6 亿元,同比下降 8%。费用发生与管理方面,李宁公司 2014 年广告费开支 12.9 亿元,同比下降 7.8%。产品研发费 1.7 亿元,基本持平。差旅及业务招待费 5 922 万元,同比增长 4.4%。管理咨询费 9 363 万元,同比微降 1%。

显然,凭这些数字金珍君总裁是交不了差的。到了 2014 年底,年初才上任的金珍君辞去了李宁公司行政总裁的职位。

2014 年的最后一个交易日,李宁公司在港股的收盘价为 3.79 港元/股,远低于 2012 年 TPG 第一次所设想的换股价(即 7.74 港元/股),TPG 的王牌掉链子了,只是李宁承担的代价太大了。

从张志勇总裁的最后一搏,到金珍君总裁拯救计划,李宁主席与他想要的李宁公司渐行渐远。

同时渐行渐远的还有与市场、与同行之间的距离,在李宁公司疯狂"折腾"的这 5 年(2010—2014),李宁公司给安踏和耐克、阿迪腾出了极为难得的战略空间,到 2015 年,安踏以 111 亿元的年度销售、20 亿元的净利润傲视群雄,稳稳地坐上了中国本土体育用品第一的位置,耐克(包括阿迪达斯)进一步巩固了其在中国高端一线市场的江湖地位。

从市场营销的理论角度,李宁是彻底地输在了市场营销上。市场营销的底层逻辑是 4P 之间的匹配与平衡。早前,李宁擅长渠道打法,在中国经济高速增长的十年间(2000—2010)建立起庞大的市场渠道体系。然而,过于注重发展速度的李宁严重地忽略了对产品竞争力的构建,在市场做大的过程中彻底地迷失了自己。到 2010 年时,李宁人以为中国市场消费升级的时代来临,以为只要把产品价格往上提就是在迎合消费升级,在产品本身没有质变的前提下,一方面盲目而又粗暴地进行产品提价,一方面负重前行进军北上广深,妄想以"低端的产品＋较高的价格＋从一到七级的混杂渠道体系"去挑战市场营销理论,加上多年养成的傲慢、散漫、

"堕落"的管理体系，李宁商业大厦的轰塌就成了必然。

我认为，最不应该的是在引入外部资金时，带进来有麦肯锡背景的金珍君，金珍君的套路、章法与策略在没有务实、靠谱、懂市场的团队的执行下，采用"清洗原有团队＋对着报表动手术"的方式，再一次把李宁推向了深渊。

终于，到了真正变革的时点，这时，李宁需要李宁。

主席归来——从虚幻到现实

从最近一期财报看，李宁公司终于彻底摆脱了所谓的变革魔咒，回归到现实。

2017 财年，李宁公司实现销售 88.7 亿元，同比增长 10.7％，净利润 5.1 亿元，同比下降 26.5％（主要是 2016 年出售"红双喜"品牌获得股权净收益 3.13 亿元），扣非净利润增长 56％，销售与扣非净利润已连续三年增长。

其中，平均存货增长天数由 2015 年的 100 天（2014 年为 109 天）下降到 80 天；平均应收账款周转天数由 2015 年的 69 天（2014 年为 79 天）下降到 52 天；平均应付账款周转天数由 2015 年的 93 天（2014 年为 86 天）下降到 83 天，总体而言，三项运营效率指标都在好转，尤其是存货周转天数，出现了实质性下降。

经营活动产生的现金流净额为 11.5 亿元（2016 年净流入为 9.9 亿元、2015 年净流入为 6.8 亿元），也实现了连续三年的现金净流入。这时，实在不敢想象当初在经历近两年变革后的 2014 年，李宁公司的销售收入虽然能做到六十几亿，但经营活动产生的现金流居然是净流出 3.9 亿元。

似乎，一切都在好转。

从 2015 年李宁主席亲自执掌李宁公司以来，社会各界都对李宁主席及李宁公司抱以极大的关注，大家都在关注李宁，李宁还是原来那个号称要做世界级品牌的李宁吗？

残酷的现实告诉李宁，无论未来如何，哪怕还有梦想，未来只会更加艰难。这些年，在中国市场，安踏的光环远远地超越了李宁，这些年，耐克、阿迪进一步拉大了与李宁的距离，改变一直在发生，一切也皆有可能。

2015 年是李宁主席亲自负责公司运营的第一年，当年，李宁公司就实现了 1 430 万净利润，但这并不意味着李宁当时已经走出了困境。因为 2015 年李宁公司的广告费同比净减 2.1 亿元，产品研发费同比净减 3 300 万元，管理咨询费同比净减 3 698 万元，差旅及业务招待费同比净减 1 626 万元（当年差旅及招待费仅为 3 954 万元，相对 2010 年整整减掉 1 个亿），仅这四项费用累计同比就减少 2.95 亿元。也就是说,这四项费用中只要有一项费用控制不住,这 1 430 万元的净利润就会被抹掉。最不可思议的是产品研发费用,在销售增长 17.2% 的前提下,居然下降了 20%,这可能是李宁主席亲自操盘一年唯一的瑕疵。

2016 年,李宁公司的经营形势进一步好转,当年实现销售 80.1 亿元,同比增长 13.1%;净利润 6.4 亿元,同比狂增 4 395%。

当年,广告费开支继续下降 3.1%,产品研发费下降 5.3%,管理咨询费下降 7.2%,差旅及业务招待费微增 1.4%。

到 2017 财年,李宁公司的各项指标趋向正常,当年实现销售增长 10%,达到 88.7 亿元,净利润 5.1 亿元,公司经营开始走向稳定。李宁这艘"巨舰"终于从惊涛骇浪中驶向了广袤的市场。如果说还有隐患的话,就是李宁公司在产品研发及供应链体系的建设上,仍然没有找到清晰的方向。

链接:经过 2015 年一年的休养生息,随着金珍君执政时期空降到李宁公司的诸位高管陆续离任,李宁公司一大批忠实的老员工也陆续走向前台,被李宁主席委以重任,他们在 2016 年被任命为高管,负责起李宁公司的重要管理岗位。

杨海威被任命为集团副总裁,负责区域销售、渠道、零售、产品运营和物流工作,杨海威于 2000 年加入李宁公司。

洪玉儒被任命为集团副总裁,负责产品设计、规划、上市及市场营销工作,洪玉儒于 1990 年加入李宁公司。

张向都被任命为集团品牌项目管理中心总经理,负责集团公关等事务,张向都于 1991 年加入李宁公司。

冯晔被任命为电商事业部总经理,负责电商业务,冯晔于 2008 年加入李宁公司。

何杰玉被任命为集团服装研开发生产总经理,负责服装类产品研开发、生产、采购等业务,何杰玉于 2002 年加入李宁公司。

徐剑光被任命为集团鞋研开发生产总经理,负责鞋产品研开发、生产、采购等业务,徐剑光于 1998 年加入李宁公司。

另外,随着 2017 年 12 月李麒麟(李麒麟为李宁主席的侄子)加入李宁公司董事会,李宁公司未来是否会变成一家由家族成员控制并负责经营的公司暂时无法定论,不过,相信未来的李宁一定会有变化。

今天的李宁,越来越稳定了。

在 2018 年半年报发布后，虽然股价略有下跌，但在整体资本市场的表现并不太好的前提下，投资机构们仍给出了积极购买的建议，这对李宁公司而言，当然是好事。

2018 年上半年李宁公司的销售增长了 17.9%，净利润增长了 42.3%，毛利率创了新高，达到了 48.7%。三项效率指标也都不错，其中平均存货周转天数为 85 天，同比持平，平均应收账款周转天数为 42 天，同比大幅减少 14 天，平均应付账款周转天数为 82 天，同比减少 3 天。核心费用支出部分，广告费被牢牢地控制住了，控制在销售的 10.5%（上年同期为 11.3%），但是，在产品研发费上的投入仍然不够，仅占销售收入的 1.3%（上年同期为 1.4%）。

今天的李宁，越来越重视营销。

重视时尚营销的李宁，虽然取得了一定的社会效益，似乎离专业体育渐行渐远。

如文章开头所说，2018 年 2 月，在美国纽约时装周上，一组以"蝴蝶 2018"为主题的产品，用方正的中国汉字，配上传统的红黄相间色，再印上李宁年轻时参赛的照片，把李宁品牌 90 年代的经典款式重新整合设计后，呈现给大家，的确有惊艳的感觉，这种 T 台上的美感传到了中国消费市场、传到了香港资本市场。据媒体报道，不久前，李宁又和红旗轿车推出了一组联名款，很难理解李宁为什么会找红旗，不过，李宁在时尚营销领域的玩法越来越娴熟，这些颇具中国元素的特色产品符合李宁主席 2012 年提出的要做"时代特色的商品"的要求，但是，这远不是真正做大做强企业的良方。这些取得一定社会效益的玩法，并没有得到当今主流社会的认同，社会上的负面声音依旧不少，这或许是文章开始时说起李宁主席感到"委屈"的原因。

从 1990 年李宁品牌创建，到今天，李宁公司经历了四个阶段。第一个发展阶段是 2004 年上市之前，这个阶段的李宁走得并不是太快，到 2003 年时，李宁的销售不过 12.7 亿元，净利润 0.97 亿元。第二个阶段开始于 2004 年，在香港上市后，李宁一路高歌猛进至 2010 年，发展至距百亿规模仅一步之遥，这个阶段，虽然李宁的销售规模得到了极大的提升，但并没有构建起自己的核心竞争力。第三个阶段为变革与调整的 2011—2014 年，其中 2012—2014 三年间连续亏损累计高达 30 亿元，差点将李宁拖入万劫不复的境地。第四个阶段从 2015 年李宁主席亲自执掌公司至今。

一直以来，我都有一个观点，就是大公司从来都不是由小公司慢慢成长、进化而来的。我研究过国内外很多大公司的成长经历，这些大公司无一例外的，要么是借助社会转型，要么是借助新技术诞生而一气呵成做大的，不分行业、不限地域，古今中外都是如此。

大小公司的生存之道截然不同，小公司的竞争力主要体现在产品价格与市场营销上，而大公司则胜在技术与供应链上。小公司无论做得多好，都担心大公司对其发动"侵略战争"，且大公司的"侵略战争"都是屡试不爽，著名学者、知名投资人吴军先生在他的《浪潮之巅》一书中讲述的美国硅谷的那些超级科技巨头公司也无一例外（都是靠收购、兼并及打压等"侵略"手法做大做强的），只是对中国公司而言，这一天何时来临暂时还不知道，不过相信不会太久。

我并不相信宿命论，但是企业一定和人类一样具备某些天然的基因，例如在运动领域，中国人（包括政府）这些年在类似田径等竞技体育项目上花了不少的功夫，但总体成效甚微，不是我们的运动员不努力，而是种种复杂的原因导致我们在这些项目上的运动"天赋"很难在短时间内赶上同样在进步的西方国家的运动员。企业成长又何尝不是如此？虽然说，一个企业的成功要素很多，但最核心的一定是从"小"养成的习惯，长"大"后这个习惯就成了这家企业的基因。试想一下，今天的李宁要想达到今天的耐克的成就，需要在产品技术层面投入多少资金、投入多少时间才行？更何况，就算李宁愿意做也能做得到，问题是耐克本身也在进步（还有阿迪也在进步，身边的安踏同样也在进步），如果保持同样的增长率，耐克一年就能增长出一个李宁来，到时，李宁靠什么去抗争……

今天的李宁仅仅有时尚营销还远远不够，虽然 T 台上身穿李宁产品的模特在缓缓向我们走来，但我想我们更愿意李宁向我们走来。

李宁已经归来，李宁还能归来吗?!

我们衷心地祝愿李宁越来越好。

　　链接：2018 年李宁公司整体销售上升 18％至 105.1 亿元，净利润上升 39％至 7.1 亿元。经营现金流上升 44％至 16.7 亿元。存货增长 12.4％至 12.3 亿元，应收款项下降 18.4％至 9.2 亿元，应付款项基本持平为 11.3 亿元。

神奇商业的缔造与不可思议的坠落

——时尚之王 ESPRIT 的"坠落"之谜

案例导读

思捷环球（ESPRIT 品牌母公司）是本书唯一从失败的视角撰写的案例。

客观地讲，要写好思捷环球这个案例并不容易，毕竟它现在还是一家在香港上市并开展全球业务的公司，虽然它已经开始了长达十年之久的自我救赎之路。真正让我决定不仅要写，还要尽量把它写好的触发点，是我觉得思捷环球像一面镜子，能折射中国服装行业的前世、今生及未来。作为一家市值曾经高达一千多亿港元、年营收近 400 亿港元、净利润高达 64 亿港元之巨的超级公司，今天思捷环球所经历的一切"苦难"，将是中国服装行业所有企业都将面对和将要经历的。

冷静才能说出真相，所有的真相都是建立在惨痛代价的基础之上。

ESPRIT（下文缩写为 ESP）是一个神话般的品牌，这个诞生于美国、发迹于中国香港、成功于德国的"不知出自哪里的"品牌，在 20 世纪八九十年代是中国内地和香港年轻人心目中最时尚的品牌，是最潮流的象征（特别说明，这里没有之一，是唯一）。

巅峰时刻发生在 2008 年，当年思捷环球的销售高达 372 亿港元，同比增长25.5%，净利润 64.5 亿港元，同比增长 24.5%，净利率高达 17.3%，称得上是当时世界服装界的印钞机式的公司。2007 年底思捷环球的股价（最）高达 133 港元/股，公司市值更是超过 1 500 亿港元，哪怕搁到今天，这个数字也将超过中国的任何一家鞋服类上市公司，思捷环球旗下的 ESP 品牌是那个时代当之无愧的时尚之王。截至 2019 年 10 月中旬，安踏体育在港股的市值刚刚突破了 2000 亿港元。不过，无论是销售市场，还是资本市场，早已时过境迁。

然而到今天，根据最新财报披露的数据（2017 年 7 月 1 日—2018 年 6 月 30日，简称 2018 财年），哪怕思捷环球的账上有 45.2 亿港币现金，没有一分钱负债，其公司市值也仅有区区 30 亿港币不到（截至 2018 年 12 月 24 日圣诞前夜），令人唏嘘。

链接：思捷环球在香港上市，所以货币单位为港元。2008 年前后港元与人民币之间的汇率接近于 1。

2018 年迎来成立 50 周年及在香港上市 25 周年的思捷环球,有着辉煌的过去。

ESP1968 年创建于美国,批发贸易商邢李㷧先生(华人女星林青霞的先生)1972 年开始代理 ESP 在香港的加工和批发业务,1974 年入股 ESP 香港公司后收购了其全部亚洲资产,并于 1993 年在香港上市。然后,再于 1996 年买下 ESP 的全球业务(主要是欧洲业务),并将自己的公司更名为思捷环球控股有限公司。其后,在邢李㷧先生的领导下,思捷环球开启了快速发展通道,直至登上 2008 年的巅峰。

不可思议的是,从 2009 年开始,思捷环球的业绩开始了历时十年的下滑(麻烦可能还将持续下去,起码到目前为止还看不到出现根本性好转的希望),截至 2018 财年,思捷环球累计亏损已经高达百亿港元(2018 财年亏损高达 22.5 亿港元)。

其间一直都在积极面对问题并主动寻求解决问题的思捷环球,好像市场并没有给它任何翻转的机会。整个过程完全不合常理,这到底是为什么? 思捷环球到底出了什么问题? 要知道思捷环球的董事会几乎想遍了能想到的一切方法,找到了能找到的最好的人,但公司的业绩仍然毫无起色。

既然问题如此严重,要想了解问题的真实面貌,那就要追根溯源。

我第一次查阅思捷环球 2008 年财报时,得出的结论和很多人的感觉一样——这是一家非常优异的、几乎挑不出毛病的好公司。在思捷环球 2008 年的财报中,能看到这样的信息和数据披露:"ESP 是国际化青春生活方式品牌,提供华而不贵的奢侈,带给顾客生活中的新鲜感及引领潮流时尚。思捷环球经营着 13 条成熟的产品线,在全球有超过 690 间直接管理的零售店铺及超过 14 500 个批发销售网点销售女装、男装、童装、edc 青年装及鞋类与饰物。同时 Esprit Salon 为顾客提供发型设计以及修甲、化妆及美容服务。思捷环球公司为恒生指数、MSCI 香港指数、香港富士环球指数、标准普尔/香港交易所大型股指数及标准普尔亚洲 50 指数成份股。"

作为公司,为股东带来丰厚的利润回报;作为品牌,是引领潮流的标杆;作为成分股指,乃宏观经济发展的风向标,思捷环球集所有利好于一身,真是风光无限。不过,这仅仅是基于报表的视角,如果我也是从这个视角去思考,那就根本没有必要写这份案例了,大家看看财经媒体写的报道就行了。可这并不能解决问题,很多事情只看数据、只看财务报表并不能得出真相。也许你会好奇,财务数据不就是真相吗? 依我说,还真"未必"。我要告诉你的是,财务数据有时候并不能代表全部真相,哪怕财务数据本身的确是真实的,但这种真实和问题的真相却是两回事。站在财务数据之外(因为它根本就不能说明问题,思捷环球公司的董事会就是根据它的财务数据做决策一步一步走到今天的),要理解或搞明白思捷环球的真正问题,还有两个重要的视角不容忽视,甚至我认为这两个视角比财务数字更重要,因为它们可能是问题的本质。

我第一次接触 ESP 品牌是在 1996 年，当时我刚刚踏入服装行业不久，和很多同龄人一样，被 ESP 所宣扬的"美式生活方式"所深深折服（那时并不懂什么是生活方式），遗憾的是我当时并没有能力去购买它的产品。2006 年到我出任浙江报喜鸟服饰股份有限公司董事总经理时，ESP 已经被我剔除出我的购物车了，虽然这十年是 ESP 全球扩张的黄金十年。

2010 年因参与并指导国内某大型上市公司的一个新品牌项目，我对当时国内主要一线城市包括上海、北京、深圳、广州及香港等市场做过一次有关时尚休闲类品牌的深度市场调研，至今还记得当时我对思捷环球在北上广深及香港市场的评价——思捷环球终将失去中国内地及香港市场，并会波及其根基市场欧洲的业务。

几乎一语中的，两年后的 2013 年，思捷环球毫无悬念地爆出巨亏 43.8 亿港元。这并不是说我会"算"，而是大家很容易被假象所迷惑，我们都喜欢依据过去的成绩（比如财务数据）去预测未来，这固然没错，但如果外部环境发生了变化，原先的财务数据就不能作为对未来进行判断及预测的（唯一）维度了，否则会酿成大祸。虽然这看起来有点违背常识，但却很真实，就像 2018 年网络上流传甚久但很扎心的那句——"时代抛弃你时，连一声招呼都不会和你打"所说的那样，思捷环球不就是一家被时代所抛弃的企业吗？

表面看，思捷环球并没有做错什么，甚至还很优秀，但最终思捷环球输了。本质上讲，思捷环球是没有做到与时俱进，是输给了时代，思捷环球失败的原因有很多，但最关键或者最重要的就是前面所说的两个重要视角，即无法逃脱的批发模式之咒及产品的伪品质化思维。

下面，我们重点来剖析让思捷环球陷入困境而不能自拔的这两个重要视角。

把思捷环球作为收官案例，是因为我觉得思捷环球的启示意义很大，它就像一面镜子，透过这面镜子能看到中国乃至世界服装行业的前世今生及未来。

但凡成功的企业，成功的路径各不相同，就像本书其他 8 个案例品牌那样，都是各有所长、各有特色。但凡失败的企业，背后的逻辑基本一样，无非是看错了方向或押错了宝，但真正的底层原因，还是缺乏对客观事物的认识、缺乏对企业大与强的认识、缺乏对产业规律与社会变迁的认识。思捷环球就是这样的一家公司，作为一家曾经辉煌、号称时尚之王的公司，从巅峰到坠落其实是一瞬间的事，只是人为地把它拉长了，以为靠人力、决心与梦想就可以抗拒不可扭转的规律，为此，思捷环球付出了惨痛的代价。

思捷环球的故事要从 2008 年开始讲起。

神奇的商业缔造

思捷环球的辉煌定格在 2008 年。

2008 财年,思捷环球实现销售 372.2 亿港元,同比增长 25.5%,净利润 64.5 亿港元,同比增长 24.5%。从 2004 年到 2008 年的五年间,思捷环球的业绩整整翻了一倍多,从 163.5 亿港元增长到 372.2 亿港元;净利润翻了两倍多,从 19.6 亿港元增长到 64.5 亿港元,思捷环球是那个时代最成功的时装品牌(那时大众化定位的快时尚品牌们都处在快速的扩张期,ESP 的定位要比它们高出很多)。

今天,国内最大的三家鞋服企业分别是安踏、海澜之家及申洲国际,它们 2017 年的销售业绩与净利润分别是 166.9 亿元/31.5 亿元、182 亿元/33.2 亿元、180 亿元/37.6 亿元,任何一家的销售规模与净利润都在思捷环球十年前的一半左右,可见那时思捷环球的江湖地位有多强。

不过不要误会,思捷环球既不是一家中国公司,其主力市场也不在中国。思捷环球是一家全球性经营的公司,之所以拿中国公司和它做对比,除更直观外,很重要的原因是思捷环球是唯一一家(当时唯一,到目前为止也是唯一)由华人老板做大并推广至全球的世界级时装品牌(思捷环球公司的创始人及大股东邢李㷧于 2006 年辞去公司董事会主席及 CEO 职务,随后开始减持思捷环球的股票,直至 2010 年全部抛光。后来,思捷环球的股价低迷,邢李㷧又买入了部分,截至 2018 年末邢李㷧及其家族大约持有思捷环球近 10% 的股份)。

如此优异的经营业绩,思捷环球收获了无数光环,在香港乃至亚太资本市场,思捷环球是重要的成份股指。在市场终端,合作商户能给思捷环球最好的合作待遇,据传,像奢侈品之王 LV 那样,ESP 要进驻哪家商场,都是指定位置指定最低扣点的,典型的"无思捷不商场"。"无某品牌不商场"的说法就是从 ESP 开始的,后来演变成"无百丽不商场""无凌志不商场"等。不过,有趣的是,前面提到的这几个品牌今天似乎都碰到了这样那样的问题,真让人感慨"三十年河东三十年河西"。在消费者心目中,ESP 是时尚的代名词,是生活方式的倡导者,是潮流的引领者。

思捷环球的管理层有理由自豪,在 2008 年财报的致股东函中,时任董事会主席兼集团行政总裁 Heinz Krogner 的第一句话就是:"让我们举杯庆祝!"举杯庆祝的方式当然很优雅,但也掩饰了问题,短短不到一页篇幅的主席致辞中,共有三个主标题,除"让我们举杯庆祝"之外,剩下的两句分别是"全方位增长"和"业绩增长仍将继续"，由此可见，当时的思捷环球沉浸在梦幻般的成就中，丝毫没有觉察到它的寒冬即将来临。

　　似乎在思捷环球董事会的眼里，未来只有增长，唯有增长才能代表一切。下面我们来了解一下其核心品牌 ESP 的主要信息及经营数据，看看思捷环球到底还能不能增长。

　　　　链接：截至 2008 财年，思捷环球在全球共有 690 家直营店和 14 500 家批发销售点，其中超过 300 家直营店和 12 400 家批发销售点在欧洲，中国市场是与央企华润合作的合资公司经营，在中国市场共有超过 900 家店铺，经营面积超 11 万平方米。

到底是服装品牌还是生活方式品牌

　　在思捷环球 2008 年的财报中，关于公司及 ESP 的定位是这样描述的（摘自年报）："Esprit 乃国际化青春生活方式品牌，提供华而不贵的奢侈，带给顾客生活中的新鲜感及引领潮流时尚。思捷环球经营着 13 条成熟的产品线，在全球有超过 690 间直接管理的零售店铺及超过 14 500 个批发销售点销售女装、男装、童装、edc 青年装及鞋类与饰物。此外，Esprit 旗下 Red Earth 品牌销售化妆品、护肤及身体护理产品。Esprit 授权第三方经营者以其商标供应具有 Esprit 一贯品质及品牌精髓的非服装产品。Esprit Salon 为顾客提供发型设计以及修甲、化妆及美容服务。"

　　根据这段内容判断，ESP 并非一家纯粹意义上的服装品牌，而是一家生活方式品牌，这种定位是好是坏还真不好说，起码站在那个时点很难说得清这种定位有没有问题。也许，如果外部的竞争环境不变（当然这是不可能的），思捷环球的好日子还会一直过下去。然而，商业生态不可能是单一企业的沙盘推演，也许早在思捷环球选择这条路时就已经注定了要失败，因为从最终结果看，今天那些成功的超级品牌（我把单品牌销售规模接近或超过 1 000 亿人民币的品牌，称为超级品牌，像 UNIQLO、ZARA、LV、NIKE 等）没有一家不是专注于本领域的，我想主要原因或许是定位为生活方式的品牌没有能做出超级品牌的爆发力（受制于产品）。

　　说起生活方式品牌，大家很容易想起日本的"无印良品"，不了解实际情况的人会拿它和优衣库（迅销集团）做对比。"无印良品"确实是一家以售卖生活用品而非服装为主的生活方式品牌，但它的规模和优衣库相差甚远（这两个品牌的母公司根本就不在一个量级上，以 2018 年数据看，迅销集团的规模起码要比"无印良品"公司大 5 倍以上，且迅销集团的爆发力会越来越强）。

当时,思捷环球的决策层认为:ESP 是一个全球著名的生活方式品牌,ESP 的成功源自一个贯彻始终的理念及一群杰出的设计师,包括开发 6 个字母由不同色彩组成并被号称为"Esprit"标准的"设计师甲"、将孟菲斯设计(一种设计手法,主要指在色彩上打破固有的配色规律,用一些明快、风趣及彩度高的明亮色调,像粉红、粉绿等艳俗色彩表现在产品上)潮流带进 ESP 零售店的"设计师乙"和许多协助"Esprit"变得更出色的设计师。

也就是说,思捷环球的高层一直认为 ESP 品牌的成功是建立在对产品外观设计的基础上。果不其然,他们(指思捷环球高层)还认为:Esprit 一直以来都是款式设计、品牌传播及零售店设计的先驱,其独特的创新理念每每令人眼前一亮。不过当时 ESP 在零售终端的装修与设计上,的确是最炫的,ESP 在香港、北京及上海的大型直营旗舰店都装修得非常时尚、新颖,店铺陈列也做得非常好看,很吸引眼球,是当时国内服装设计师们的首选打卡圣地。我在 2000 年前后每年都会到香港和杜塞尔多夫(思捷环球欧洲总部所在地)出差,对 ESP 品牌的感觉并不是它的产品有多好,而是它的店铺面积真大(指杜塞尔多夫的总部旗舰店)以及店铺的设计装修非常超前。

思捷环球的管理层刻意要把 ESP 打造成一家具有美国加州基因但属于欧洲生活方式的品牌,看起来并无不妥,ESP 就是这么做起来的。

产品的第一竞争要素是什么

思捷环球认为,ESP 的产品具备(摘自年报)"裁剪完美、手工精巧、布料优质、品味细腻、锐意求新"的特征,仅 2007 年,思捷环球就在全球市场销售了 13 个系列共 1.83 亿件 ESP 的产品,每个系列都能细分到 12 个供货季节,这些产品是"华而不贵的奢侈",是"高品质的",是"具有最完美价格"的。客观地讲,2008 年之前,ESP 的产品质量是不错的,但绝对称不上"裁剪完美、手工精巧"。根据我的观察,说句公道话,ESP 的产品品质只能算还不错,应该和 GAP(同阶段)的产品质量不相上下,但 ESP 的产品价格要比 GAP 贵出很多。

我认为,价格贵是 ESP 做不好美国市场的主要原因(ESP 一直在美国市场做得不好),也是今天做不好亚洲及欧洲市场的根本原因。GAP 集团是当时全美乃至世界最大的服装公司,实施多品牌发展,除了主品牌 GAP 外,还有更高端一点的香蕉共和国(Banana Republic)和廉价的老海军(Old Navy)两个品牌,GAP 产品的性价比非常高。美国市场的市场化程度很高,任何产品都有成功的机会,但如果同类品牌的产品价格比你便宜,你就基本歇菜了。思捷环球退出美国市场后,因在欧洲市场做得不错,并没有从根本上思考、检讨在美国市场做得不好的原因,由此还养成了一个非常不好的习惯，就是一旦某个市场做不好，干脆就一撤了之。

　　　　链接：产品层面的具体内容后文会有详解。这里需要说明的是，思捷环球做不好中国市场几乎是没有道理的。从 2008 年至今，中国市场诞生了一批年营收过 50 亿元的男装品牌，它们的产品风格与当时的 ESP 非常接近，像 GXG 系列品牌、太平鸟男装、杰克琼斯、晋江系男装、海澜之家等。说句不好听的话，只要 ESP 稍加调整，以当时 ESP 在中国市场的江湖地位，秒杀这些小弟根本不在话下。遗憾的是，在邢李㷧退出思捷环球的日常经营后，思捷环球（的产品）与中国市场渐行渐远，远在欧洲的核心决策层对中国市场越来越不熟悉，退出中国市场成了必然，我觉得这是思捷环球最大的错误决策，具体内容后文详解。

方向和模式哪个更重要

　　2008 财年，思捷环球的业务 87% 在欧洲市场（其中 46.7% 在德国）、11% 在亚太区市场、2% 在北美洲及其他地区。

　　其中，批发渠道主要细分数据如下：

　　——德国市场，专营店 380 家、零售专柜 3 611 家、专营柜位 3 708 家。

　　——法国市场，专营店 243 家、零售专柜 3 84 家、专营柜位 452 家。

　　——中国市场，专营店 108 家、零售专柜 7 家、专营柜位 861 家。

　　零售渠道主要细分数据如下：

　　——德国市场，140 家。

　　——澳大利亚及新西兰，145 家。

　　2008 年的市场细分数据说明了两个现象，一是说 ESP 是一家典型的德国品牌，一是说 ESP 是一家以批发经销为主的品牌（可以理解成中国市场的特许加盟）。

　　思捷环球在德国市场的运作方式和今天中国绝大多数服装品牌的运作方式如出一辙，即"一线城市直营"与"非一线城市批发经销"相结合的方式。这种方式在品牌创建的早期及成长期看不出有什么问题，所有弊端都会被快速扩张所带来的繁荣景象所掩饰。但是，如果一旦停止了渠道扩张，经营本身的问题就会立即显现出来，问题是，搁在当时谁能想得到呢。本质上讲，这种模式下，品牌总部永远不知道终端消费者到底需要什么，在市场环境出现革命性转变时，企业犹如温水炖青蛙般地失去了所有的竞争力。

　　链接：可能会有读者朋友问，它们不是也有很多的直营店吗？直营店不就是自己在做零售吗？为什么说它们不了解市场呢？对这个问题，我很有发言权，关于品牌不同经营模式的差别，我曾经服务过的美特斯·邦威和报喜鸟两家企业就很有代表性。美邦公司从一开始是以加盟经销为主，后逐步过渡到现在直营经营和加盟经营约各占一半的比例，报喜鸟公司则是一直以加盟经销为主。我的体会是，品牌企业要么全部以直营经营为主，要么全部以加盟经销为主。前者市场化程度非常高，企业要想做好市场，必须想方设法提高自身的运营效率，并要能做出有竞争力的产品，像 ZARA、UNIQLO 都是这种类型的企业；后者是通过做出好产品首先吸引经销商，再通过他们去吸引最终的产品用户，像耐克、阿迪达斯属于这种类型。介于中间状态的 ESP，看似两边都有优势，事实上极易导致两边都抓不着的窘境，在短期利益上，会受到直营经营的影响，在长期利益上，又受制于批发经销这种短平快的赚钱方式，最终既做不好产品，也做不好企业的市场经营。

　　在 ESP 最辉煌的时代(20 世纪 90 年代末到 21 世纪前十年)，一场即将席卷世界服装圈的"革命"正在悄然进行着，这次"革命"由号称快时尚品牌的 ZARA、H&M 和 UNIQLO 们主导。ESP 身边，欧洲的 ZARA(西班牙)和 H&M(瑞典)看问题的方式要比思捷环球深远得多，包括远在日本的 UNIQLO 亦是如此，ZARA、H&M、UNIQLO 从一开始就杜绝了加盟经销模式(放弃来钱最快的批发经销模式，需要的不仅仅是勇气，还有眼光)，而是选择了以全直营经营为主的销售模式，这三家公司的决策层把早期赚到的利润几乎全部投向了对世界市场的直营开拓和核心竞争力的构建上。可能在早期，ZARA 们的发展速度并没有 ESP 快，但 ZARA 们大量的直营店经营使得它们的决策层能一手掌握世界不同市场消费者的真实需求，并以此建立起自己独有的竞争力体系，从而打造出千亿级规模的超级品牌。从这个意义上讲，我觉得方向比模式更重要。

辉煌的大数据

以 2008 财年为例，看看思捷环球辉煌的大数据。

——存货 31.7 亿港元，同比增长 44.7%。存货周转天数 54 天。

——应收账款及预付账款 53.3 亿港元，同比增长 33.6%。

——应付账款 45.7 亿港元，同比增长 25.6%。

——销售 372.2 亿港元，同比增长 25.5%。

——销售成本 172.5 亿港元，同比增长 25.4%。

——净利润 64.5 亿港元，同比增长 24.5%。

——银行贷款为 0。公司拥有现金 65.2 亿港元。

最后，加一个小数字，即思捷环球董事会主席兼行政总裁 Heinz Krogner 2008 年的薪酬为 7 265 万港元。

这组数据很有意思，如果你深读过前面几个品牌的内容，一定会对三大运营效率指标还有印象（具体内容不再赘述）。上面的主要财务数据，只看销售和净利润数据增长（包括没有一分钱银行贷款及拥有 65.2 亿港元的现金），2008 年的思捷环球的确很优秀，主席拿高薪当然是理所当然的。但事实远非如此，思捷环球的问题掩藏得很深。

2008 年，思捷环球的存货周转天数只有 54 天，如果静态地看这个数据，当然很好，54 天的存货周转天数相当于一季不到就能完成一次存货周转（全年 6.6 次的周转次数）。可是如果结合到思捷环球的经营模式，它能取得如此"佳绩"也就不奇怪了。前面说过，思捷环球的经营模式是以批发经销为主，就是说只要思捷环球的经销商完成提货，公司即"完成了销售"，但实际只是完成了产品的移库而已，产品从公司的仓库转移到了经销商的仓库，并没有真正卖给最终消费者。这种"销售"下的数据当然会很好看，但"好日子"会在经销商不愿意提货时截止。所以说，单一看存货周转率指标并不能说明什么问题，甚至还会被误导，这时看另外两项指标就很重要了。

到 2008 年期末，思捷环球的应收账款余额高达 53.3 亿港元，同比增长33.6%。这个数据说明什么问题呢？应收账款，就是给经销商的欠款授信，应收账款的增长率高于销售的增长率，说明 ESP 的产品在市场上的销售能力在下降，经销商的提货积极性在下降（下降的原因当然是生意不好，生意不好必然导致货款回笼变慢，经销商的资金回款压力较大），公司只有加大对经销商们的授信欠款才能完成"销售"，这当然会造成应收账款的高企，也间接说明思捷环球的市场销售出现了问题。

同时，应付账款也高达 45.7 亿港元，就更不正常了。真正的好公司，不太可能大额拖欠供应商的货款，且优质的供应商也不可能接受品牌商长期、大额拖欠自己的货款。无论如何，相对一年 172.5 亿港元的销售成本，45.7 亿港元的应付账款显然是太高了。

从企业内部的财务角度考量，如果应收账款和应付账款能平衡，公司的资金压力就不会太大，账虽然可以这么算，但这两个数字所反映的经营问题却截然不同。

应收款多,不仅会有资金收不回来的风险,背后的含义是公司的经营出了问题——产品的竞争力下降了。应付款(主要)是指拖欠供应商的货款(从理性经营的角度,财务分析时不能也不应把这两个含义截然不同的科目进行"对冲"平衡),拖欠的越多,说明公司的现金流越有问题(现金流有问题,未必是主营业务有问题)。更重要的是,供应商是公司供应链体系建设中最重要的一环,拖欠供应商的货款会严重制约公司供应链体系的建设。

由此可见,每一个数据的背后都掩藏着很多秘密。

思捷环球是什么

今天回看思捷环球的窘境,完全可以说见怪不怪,因为刚刚过去的十年,遭遇全球化发展受挫的远非思捷环球一家,像 NEXT、C&A、BENETTON、TOPSHOP 等都是,这些品牌最终没有脱颖而出最重要的原因,是把做品牌和做企业彻底地割裂了。

做品牌,关注的焦点是产品、渠道和广告,而企业是靠供应链、物流和算法等核心技术驱动。从市场竞争的角度,产品、渠道和广告,无论如何做,品牌之间的门槛并不高,像 ESP 也好,包括 NEXT、C&A、BENETTON、TOPSHOP 等品牌,难道就比 ZARA、H&M 和 UNIQLO 差?其实未必。但要说在供应链、物流、算法等核心技术方面,ZARA 等这三个品牌的母公司就要比 ESP 们强的不是一点点了。

今天,中国很多年销售过百亿的公司,仍然停留在做品牌的阶段,如果对做品牌和做企业的认知不能及时地深度迭代,未来的路将更为艰辛,ESP 就是最生动的前车之鉴。

毫无疑问,思捷环球是一家深陷于做品牌的公司,自恋于自己的产品,渴望渠道为王,擅长批发交易,重视终端形象等表象系统的设计与专研,忽略了作为一家企业对核心竞争力的投入与塑造。我曾经说过,像思捷环球这样的公司真的并不多见,从邢李㷧时代开始,就非常重视对主要负责人的激励,宁愿花大价钱去激励人,也不愿意在产品、销售之外的企业竞争力体系上作多大的投入。

一直以来,思捷环球都没有在年报中披露有关产品研发及供应链方面的内容(无论是投入资金量还是理念思想都没有)。如果去研究今天那些在全球有影响力的超级公司,会发现它们基本上都是在 2000—2010 年的这十年间投入巨资完成了研发体系的升级及供应链体系的构建,从而形成了绝对的竞争力,"轻松地"做到千亿级规模。

过去,思捷环球的确是一家"好"公司,但逐步被老板们掏空了。

链接：在香港上市，或许是思捷环球最大的战略失误，因为港交所强制分红的制度设计，思捷环球每年都会大量的分红，甚至在企业经营极为艰难的时刻都是如此，以致最终被彻底地掏空。

思捷环球是一家最典型的轻资产公司，根据 2018 财报的披露，其公司相关固定（运营类）资产少得可怜，仅不到 14 亿元。对比 ZARA、UNIQLO 等公司的"重"，思捷环球太"轻"了。ZARA 们正因为"重"，才跑出了更快的速度。

当然，仅从损益表的角度看，当时思捷环球的确业绩优秀，（到 2008 年时）5 年业绩翻一倍、净利润翻两倍，存货周转天数只有 54 天，毛利率高达 53.6%。如果再把时间拉长，从 20 世纪 80 年代开始，思捷环球就是一家快速扩张的"印钞机"型的公司，即高销售＋高增长＋高毛利＋低库存型的公司，实实在在地给思捷环球的股东们带来了丰厚的回报。

2008 年取得如此佳绩，搞个举杯庆祝太正常不过了，就算普通人也会这么干，何况思捷环球的董事会主席。然而，在思捷环球董事们灯红酒绿的背后，整个社会及市场早已悄然改变。

20 世纪七八十年代，西方国家开启了市场大消费扩容，那个阶段，西方很多国家都诞生了一两个有代表性的品牌，像美国的 GAP、意大利的 Benetton、英国的 NEXT 和 Topshop、荷兰的 C&A、德国的 ESPRIT、西班牙的 ZARA、瑞典的 H&M、日本的 UNIQLO 等，还有很多后起之秀如 A&F、Forever21 等，其中，大部分品牌的规模化、国际化发展都如昙花一现般一闪而过，有的彻底萎缩了，有的则退回了本国市场（中国市场的消费扩容整整晚了十年，从 20 世纪 90 年代到 21 世纪前十年，产生了杉杉、雅戈尔、美尔雅、李宁、美邦、森马、海澜之家、安踏、太平鸟、欧时力、江南布衣等无数有一定影响力的品牌）。

这些品牌在当时都发展得不错，有的生意甚至很好，像十多年前 Topshop 在伦敦牛津街一家旗舰店一年就能做到 1 亿英镑的销售，一个品牌一家店一年能做到近 10 亿人民币的生意，这可是不得了的单店业绩，哪怕到今天也很难被超越。令人唏嘘的是，今天的 Topshop 日子并不太好过，有财经媒体披露其母公司搞不好还要破产。

这些曾经生意很好、发展很快的品牌，都忽略了作为企业对核心竞争力的构建，过于强调轻资产运营，强调产品和渠道为王，最终失去了难得的机会。

不可思议的坠落

就像本书开头所说的那样，"时代抛弃你时，连一声招呼都不会和你打"，表面看，思捷环球并没有直接做错什么，思捷环球只是输给了时代。思捷环球是怎么输给时代的呢？

无法逃脱的批发模式之咒

思捷环球的成功，既依托于全球性大消费扩容的浪潮，更得益于邢李㷇的全球化扩张策略。

20 世纪七八十年代，西方国家的经济迎来高速发展的黄金二十年，从而带动了消费经济的快速发展，欧美国家普通老百姓的消费能力随着收入水平的提升而大幅度提高，ESP 就是在这个背景下发展起来的。

1. 青年才俊邢李㷇

20 世纪 70 年代，香港经济受惠于世界经济的崛起而蓬勃发展，当时的青年才俊邢李㷇是一位商业奇才，他性格不太张扬，对商业极度敏感，对市场有着远超常人的洞察。早年因偶然机会认识了 ESP 品牌的美国创始人夫妇，从此成为朋友。随后双方共同出资成立了香港公司并委任邢李㷇拓展 ESP 品牌在亚洲市场的业务。当时的业务形式还是以代理批发为主，如果仅止步于此，就既不会成就世界级富豪邢李㷇，也不会诞生时装之王 ESP 了。

合资公司成立没几年，邢李㷇就意识到再以批发出货或者开小店的方式做生意，是做不成大事业的。成就事业就需要做品牌。由此，他于 1981 年在香港铜锣湾开设了 ESP 品牌第一家零售专卖店，从此开启了 ESP 品牌的扩张步伐（当时还在亚洲市场）。邢李㷇很能干，他于 1993 年成功地把自己做经销代理生意的公司思捷环球运作在香港上市了。

因 ESP 创始人夫妇离婚，邢李㷇成功地买入了 ESP 美国公司 63% 的股权（在 1996 年），直至 2002 年把另外 37% 的股份买下，从此，邢李㷇的思捷环球公司 100% 拥有了 ESP 的商标权。其间，邢李㷇开启了全球范围内对 ESP 原业务的收购（之前被美国公司授权代理出去的），思捷环球的业务越做越大。

为更好地进行全球化扩张，邢李㷇搭建了一支国际化团队，这中间最典型的代表人物就是公司 CEO 克罗纳（Heinz Krogner）。克罗纳原来是 ESP 欧洲业务的总裁，在他的领导下，思捷环球的欧洲业务数年时间就增长了 4 倍，直至今天欧洲业务都是思捷环球的重心，尤其是德国市场（克罗纳就是一位捷克裔德国人）。到2002年时，邢李㷧干脆让出了 CEO 的位置，让克罗纳出任思捷环球控股公司的 CEO，从此开启了 ESP 的全球高速发展。邢李㷧用人很有魄力，早在 2002 年，公司 CEO 克罗纳的年薪就高达 1.6 亿港币（包括股权激励，那时港币要比人民币贵20%左右），这个数字是当时香港职业经理人之最，远超李嘉诚先生旗下和记黄埔的 CEO，直至 2008 年克罗纳的直接薪水还是高达 7 265 万港币。

2. 经销模式

早在邢李㷧亲自管理的时代，ESP 就非常注重品牌形象的建设，在品牌的包装、策划与广告推广上有很多创举，开启了那个时代中产阶层对服装消费的全新认知。无论是在亚洲市场（以中国香港、中国台湾、新加坡等发达市场为主），还是欧洲市场，ESP 的专卖店都装修得非常时尚，质地优良的产品在巨幅明星海报的衬托下，配上轻松欢快的背景音乐，使 ESP 成了当时潮流的风向标、时尚的代名词。

因 ESP 的价格要比一线奢侈品便宜很多（当时的奢侈品品牌无论是产品风格还是品牌宣传，都显得比较老气，并不怎么受年轻人待见），比 ZARA、GAP、H&M 等大众时尚品牌又要高一点（当时 UNIQLO 还未开启国际化征程），使得 ESP 快速地捕获了一大群青春时尚、有购买能力的年轻消费者，在中国市场上，更是娱乐明星、体育明星们的挚爱（都是当时的高收入人群）。

作为一名成功的大商人，如果要说邢李㷧有什么不足的话，可能就是当初他选择以批发模式为主来发展 ESP 品牌。

经销模式来钱快，经销商与公司钱货两讫把货提走，按照公司要求到当地选址开店、装修及宣传推广，并自负盈亏。对比之下，直营扩张就要慢得多了，包括主力市场德国在内，欧洲的大部分市场都是以经销模式发展起来的，中国市场是和央企华润集团旗下的公司合作成立合资公司共同发展的。

经销模式不同于直营模式（有说成 SPA 模式），直营经营是完整的市场经济，每个市场都需要进行公司化运作，是完整的经营管理。而经销模式完全不同，经销模式其实就是批发贸易，只要产品一出仓库就意味着销售完成，公司并无市场经营的直接压力。站在经销商的角度，他要承担的风险其实非常大，导致经销商的底层诉求只能是利润，而不可能和公司站在一个角度看问题，不过，这也很容易理解，毕竟不赚钱的买卖谁也不愿意做。

思捷环球早期的经销商都是幸运儿，虽然那时思捷环球的招商门槛非常高，不仅要买断提货，像地级城市每三年还要缴纳以百万元计的特许经营费，但大家都能赚到钱，那是 ESP 的黄金时代。

　　链接：记得在 1997 年前后，美特斯·邦威针对地级城市收取的特许经营费高达 15 万元/三年，省会城市更是高达 25～30 万元/三年，可见当时的品牌是多么稀缺。

　　好日子几乎随风而逝，在思捷环球高速发展的二十年间（1985—2005），世界零售市场的竞争格局在悄然发生变化。

　　消费者的消费诉求不再热衷于表象的品牌广告、店铺形象与明星代言，而是开始注重消费体验，注重产品性价比，注重自我感觉，传统的方式已经不能满足品牌扩张的需要，这时考验的是企业"做重"的能力，例如在供应链、物流及算法上的能力。

　　然而，一直埋在批发赚钱"温柔乡"里的思捷环球（包括其经销商）早已退化，它根本就不知道自己的问题出在哪里，从其 2010 年后一系列的自我救赎动作看，之前赚到大钱的思捷环球（包括经销商）几乎没有做任何准备，其所有的拯救计划都是"头痛医头脚痛医脚"而毫无效果，最终酿成连年巨亏的惨剧。

　　批发经销模式还有一点也非常可怕，就是曾经给公司带来巨大利润的庞大的经销商群体。

　　前面我说过（从入行至今，我和经销商群体打了 25 年的交道，我也有很多经销商朋友，有此一说纯粹是"在商言商"，别无他意），经销商的底层诉求非常简单，就是要赚钱。这个要求并不高，作为投资者，投资代理一个品牌如果不赚钱，那就根本没有做的必要。问题出在经销商赚到钱后的"态度"上。

　　根据我的观察，绝大多数经销商在赚到钱后，都会禁不住诱惑去搞他业多元化投资，真正用心构建专属于自己竞争力的并不多（经销商也需要构建自己的竞争力体系，像核心经营团队的搭建、物流配送系统、小型算法系统等）。这样，在经销商个体规模不断做大的同时，风险也在不断地扩大。当市场经营出现危机，经销商是不太可能和品牌企业共患难的（也确实没有实力承担）。作为品牌商要想保住这些经销市场，唯一的做法就是加大补贴、加大授信来帮助经销商暂渡难关，甚至会做出对积压库存回购等看似精明着实愚蠢至极的事（一旦停止了补贴，经销商会对库存进行清仓式甩卖以求自保，所谓的品牌形象会在一夜之间坍塌，ESP 的中国市场就是这么做砸的）。

　　为什么说补贴经销商是看似精明着实愚蠢至极的决策呢？道理很简单，首先，市场是守不住的，更是补贴不住的。市场经营靠的是能力，需要经销商有能力去参与市场竞争。没有能力做生意（市场）的经销商是不值得补贴的，有能力做生意（市场)的经销商是根本不需要补贴的(他们只需要品牌企业做好自己分内的事,如产品开发、供应链、品牌推广等)。其次,品牌公司不是央行,没有印钞的能力,品牌公司给予经销商多少支持与优惠(看似精明),就会从供应商处"拿"回来(着实愚蠢至极),否则根本做不好自己内部的资金平衡。

在财务报表上,对外支持记录为应收账款,拿回来的记录为应付账款,这一出一进看似精明的财务平衡法术,破坏的却是整个游戏规则,将彻底打击品牌商供应链体系的建设。

所以,很多人总以为经销商是品牌商的利益共同体,宁可牺牲自己、牺牲供应商(的利益)也要保住经销商。担心如果不这样做市场就没了,其实这是对商业规则的狭隘理解,是极其错误的。正确的逻辑是经销商、供应商都是品牌商的利益共同体,它们三者之间形成了一个完整的利益链。甚至,供应商比经销商更重要,市场永远都存在,不存在的只是好产品、对的产品,只有做出好的、对的产品才能获得属于自己的市场。

我认为,有竞争力的供应商体系需要时间与耐心慢慢地积累、磨合,好的供应商才是供应链战略的核心,才是产品竞争力的根本保障。只要产品好根本不用担心有没有经销商。截至2018财年的数据,思捷环球的应付账款高达29.1亿港元(相对应收账款倒不是很高,只有14.1亿港元,这是因为退出了很多经销市场,总规模已萎缩了一半以上),这种重市场、轻供应的做法彻底地击毁了思捷环球再翻身的可能。

批发经销模式最大的弊端,是公司总部感知不到最终市场的变化。

3. 核心竞争力

过去,讨论核心竞争力是一个伪命题,甚至很多企业老板以为只要自己能赚到钱,自己就是核心竞争力。这些年,随着一群超级公司的崛起,大家对核心竞争力的理解与认知有了新的变化。尤其在基础理论知识的普及下,今天我们都知道所谓核心竞争力是指企业的内在实力,但问题是到底何谓内在实力并无明确的、可量化的清晰标准。

以供应链举例,相信大部分服装品牌都和思捷环球很像,自己负责产品设计,然后,把产品外发给合作供应商加工生产,生产好的货品再通过第三方物流运输至自己的配送中心,然后,自己再根据订单把产品配送出去。其实这个过程,无论是供应商,还是物流运输,基本都不在品牌公司的掌控中,大家很难形成紧密的合作关系,虽然大家都很渴望。这是因为这个过程牵涉的因素与环节太多,导致每一道环节的合作关系都非常脆弱,根本经不起市场波动带来的风险。所以,这个所谓的供应链过程,根本不能称之为竞争力。

真正把供应链做成核心竞争力,并不是简单地拥有这个商务过程,而是通过把品牌定位下的产品策略融入到供应链的整个环节,从原材料到优质生产商再到渠道,配合 IT、算法和计划管理,再通过现代建筑、科技、机械等物理手段,把这个价值链给串起来,从而实现超越过去、超越对手的能力。根据我的观察,当今世界,在服装时尚领域,真正建立起供应链竞争力的企业也有不少,像 LV、ZARA 和UNQLO 都是。

除供应链之外,我觉得还有物流竞争力、IT 竞争力、算法竞争力、组织竞争力、管理体系竞争力等都可以做成企业的核心竞争力,我不认为产品、渠道可以做成所谓的核心竞争力,它们只是核心竞争力的体现而已。只有明白了这个逻辑,从企业的层面才能做出所谓的规划,并长期值守,数年终磨一剑,直至成为自己的竞争力。

企业存在的本质是要盈利,这当然没错,但更重要的是企业的盈利能力要有可持续性,可持续性一定是建立在企业的核心竞争力的基础上,这更是当下及未来企业获胜的基本法则。

思捷环球其实是一个异类,我并不了解邢李㷝当初为什么要在思捷环球发展的巅峰时刻做出"退位"并抛空股票的决定(或许,邢李㷝早已发现了问题)。如果邢李㷝就是以"养猪"的心态,把思捷环球养大,然后再卖掉,那他的确是一位非常厉害的人。能把企业做到那个时代细分领域的世界级老大,然后在最高位精准地出手卖掉,神仙也不过如此。但愿这是虚构的"剧情"而非实情,我总觉得如果邢李㷝能在卖掉之前帮助思捷环球建立起独有的核心竞争力体系,岂不更加完美。

按此逻辑判断,今天的思捷环球几乎没有任何可能翻身的机会,思捷环球早已变成一家由机构控制的公司,已经没有一位所谓的真正实际控制人。依靠粗放增长赚钱的时代早已结束,没有自己独有的核心竞争力而能做成超大规模并能持续盈利的超级公司,今天不会有,未来更不会有,因为竞争者会比你做得更好。

思捷环球在高速增长的时代没有关注到市场的变化,随着市场竞争的不断加剧,产品的同质化程度越来越高,面对思捷环球的高利润回报,进入同类型产品定位的品牌越来越多,消费者也不再热衷于表象层面的选择,而是开始关注消费体验,追求性价比了。市场层面出现的变化犹如巨浪般推动着企业做出改变,企业要想适应消费者的需求,让消费者有更多、更好的消费体验,必须做出更多、更好的产品来满足市场,这就要求企业能以更快的速度来满足市场竞争的需要。然而,思捷环球并不具备这样的条件,从 2013 年陷入巨额亏损(巨亏 43.88 亿港元)后的"手忙脚乱"般的变革与调整来看,思捷环球根本就不知道问题出在哪里!

批发经销模式最大的诱惑是来钱快,在渠道为王的扩张时代,分布在全球不同市场上的经销商群体，快速地帮助思捷环球把市场体系给建立起来，给公司带来了巨大的经济利益。

如果选择超级品牌们热衷的 SPA 模式发展市场（Specialty retailer of Private label Apparel 的简称，也可以称之为垂直全直营模式），不仅时间成本高，管理难度、资金需求及经营压力都很大，这可能是早期邢李㷧不愿意做的主要原因。前面说过，批发经销模式最大的弊端是渠道并不掌控在自己手里，思捷环球不知道自己的消费者到底是谁，他们喜欢什么，他们来自哪里。在市场行情好时，这三个问题似乎都不是问题，消费者是谁，他们喜欢什么，他们来自哪里，这些根本就不重要。当市场行情"变坏"时，思捷环球以为的那群"忠诚"的消费者早已抛弃 ESP 而去。对比 ZARA 和 UNIQLO 的创始人研究消费者、重视消费者和迎合消费者的态度与能力，思捷环球（的董事会）显然不在一个档次。

消费者抛弃 ESP 就是从抛弃 ESP 的产品开始的，具体产品问题，我们留到下一节再讲。

我觉得，ESP 对中国服装同行最大的借鉴意义，是思考如何在错过了最佳的历史窗口期后（2005—2015 年是做成超级品牌的历史最佳窗口期，这十年，营商环境发生了很大的变化，也产生了许多革命性的技术发明，像经济全球化、大数据应用、供应链体系、IT 技术等，推动了超级品牌的成长）寻求突破。显然，今天面对的问题要复杂得多，当下，绝大多数中国鞋服品牌还停留在以经销为主的批发分销模式上，参与市场竞争的手段还是以营销炒作为主，企业了解市场、理解消费者、洞察行业趋势的能力越来越退化，这实在是一件非常棘手的事。极少部分采取直营经营的品牌，因规模不够、管理能力弱、执行效率低，无法建立起自己独有的核心竞争力，参与市场竞争的能力也越来越弱。作为一个拥有十四亿人口的消费大国，面对今天的经济全球化竞争，出现这种状况不得不说是一大憾事，所以，我说思捷环球的启示意义重大。

产品的伪品质化思维

"产品的伪品质化思维"是我创造的一个词，意思是说，品牌商家对产品品质的理解，过于从自身纵向垂直的角度去对比，忽略了与社会横向的对比。

2010 年之前的财报里，思捷环球对 ESP 产品的定义是："裁剪完美、手工精巧、布料优质、品味细腻、锐意求新。"

如果要吹毛求疵地看，这段话在逻辑上是有问题的。一直以来，ESP 都把自己定位为一个具有美式基因的南加州品牌，品牌的基本调性是崇尚美式阳光、海滩，追求积极生活。在产品诉求上，ESP 要做一个生活方式品牌，要给中产阶层提供纯正的美式美好生活。如果确实如此，那对具体产品就不能用"裁剪完美、手工精巧"等关键词进行定义，起码，这些关键词不适宜用在一个大众化品牌的产品定位上。有意思的是，这段内容于 2011 年被来自 ZARA 母公司的行政总裁摒弃掉了。

我倒觉得，ESP 更像 20 世纪八九十年代欧洲市场、亚洲市场的"潮牌"。

原创于美国加州的 ESP，有着浓郁的美式休闲基因，被邢李㷧收购后，产品风格被改造成以都市休闲为主，美式休闲为辅的新时尚品牌（相对那个年代），在品牌推广上，更侧重对美好、浪漫生活方式的塑造，尤其在 LOGO 的设计上极为大胆、夸张，辅助鲜艳的色彩，ESP 几乎成了那个时代时尚的代名词。对比 GAP 等纯休闲生活类产品，ESP 的产品更具时尚性，不仅适合下班后着装，上班、度假包括年轻人恋爱时都可以穿，完全踏进了一个巨大的蓝海市场。

随着信息技术的变革及全球贸易化的发展，传统跨国企业的发展进入了一个全新阶段，以 ZARA、H&M 为代表的"新一代"企业（UNIQLO 稍晚几年，但发力更快），颠覆了过去唯一以产品质量取胜的竞争思维。更具象地说，就是企业或品牌之间的竞争，不再是单一地依靠产品质量取胜，而是体现在"快与多"上（款式供应的快和款式品类的多），体现在综合性价比及消费者的购买体验和使用体验上。

本质上讲，产品层面的竞争，就是企业系统的竞争。

过去，没有一个品牌具有所谓的绝对优势，那个阶段大家的核心竞争力都没有建立起来，市场规模都相差不大，没有谁拥有绝对的成本优势。如果想让产品的质量更好，唯一的做法就是采购品质更好的原材料，但这样一来，产品的售价就会水涨船高，从而失去竞争力。虽说产品设计很重要，但产品设计的壁垒并不高，只要某个品牌的某种风格、某个款好卖，能赚到钱，模仿者就会一拥而上，会出现严重的同质化现象。夸张的是，这些后来者的售价反而会更低（当然，所采用的面料也会更差），使先人者的优势不复存在，这时，有思想的决策者们就会思考，如何使自己的企业做得更快、更稳也更有价格优势。

所以，在大众消费品领域，仅靠产品设计与产品品质取胜注定是做不大的，畅销书作家克莱顿·克里斯坦森在他的《创新者的窘境》中明确地提出：当某个产品好得过头时，意味着这个产品的市场已经出现问题。

当历史跨越到 21 世纪后，大众化品牌间的竞争由表象层面的产品（品质与设计）竞争，跨越到"快与多"的竞争上。"快与多"的核心含义是指企业通过建立自己的竞争系统，能给消费者带来综合性价比更高的产品。我认为对这个问题看得最清楚的企业有两类代表，一类是以 ZARA、H&M 为代表的快时尚品牌，一类是以 UNIQLO、NIKE 为代表的科技时尚品牌，具体这方面的内容请看 ZARA 篇和 UNIQLO 篇，这里不再赘述。

　　显然，思捷环球还停留在过去的框框里，以为继续提供高价位的、"经久耐用"的大众化服装产品仍能取胜，最终走向滑落成了必然的结果。

　　到 2008 年巅峰时，思捷环球的毛利率一直都在 50% 以上（52% 左右），同时期的 ZARA 和 UNIQLO 的毛利率都低于 50%（约 48%）。它们之间的毛利率看上去仅差几个点，但如果你仔细看过前面几篇文章，会知道，其间差距甚大。原因很简单，思捷环球的市场是以批发经销为主，52% 的毛利率是公司给到经销商的毛利率（和部分直营销售毛利率的加权数），而 ZARA 和 UNIQLO 是全直营经营，它们的 48% 的毛利率是直接市场终端到消费者的毛利率。这样对比下来，ESP 的产品其实毫无价格优势。除在产品价格上的劣势外，在供应链上，以及在面料的科技创新上，ESP 也远不如 ZARA 和 UNIQLO，这种背景下的市场竞争，不客气地说，无异于古时战场上骑兵对步兵的"屠杀"。

　　2008 年之后，思捷环球开展了一系列的调整与自救，但根本没有触及问题的关键，依然把目标聚焦在要坚守品质定位、坚守毛利率上，甚至极为荒唐地想把 ZARA 的做法嫁接到自己的身上。先不说两个品牌定位的差异，思捷环球要想做到 ZARA 那样，该到哪去构建自己的基础竞争要素呢？

　　我认为，ESP 的成功，首先得益于那个伟大的时代，而非简单地依靠产品。20 世纪八九十年代，世界主要发达国家的经济高速增长，邢李㷧大胆地采取批发走出去的策略，快速地把德国、欧洲及中国、东南亚的市场做起来了，依靠第一代新型消费者对时尚潮流的理解，快速地把自己的事业版图做大了。其实，同时代与 ESP 产品定位类似的品牌还有很多，像 TOPSHOP、Emporio Armani（及 Collezioni）、Benetton、AE，甚至稍稍高端一点的 HUGO BOSS 等，不同于邢李㷧做贸易出身的背景，很多品牌的创始人是产品设计师出身（或生产管理出身），他们更担心市场做大后的失控，而宁可采取较为"保守"的做法，去寻求比渠道扩张更为稳健的方法。像 ZARA 品牌的创始人、H&M 品牌的第三代家族团队、NIKE 品牌的创始人、UNIQLO 品牌的创始人等，他们寻找到的更好方法同时也是更难的方法，即同步全力打造企业自身的核心竞争力，构建专属于自己的竞争壁垒，最终他们都做成了世界级的超级品牌。

　　因邢李㷧的商业禀赋再加上时代大背景，ESP 做到了同类品牌不能企及的高度，实属难能可贵，又因没有构建起企业发展真正所需的竞争壁垒，ESP 又将回到历史起点，令人可惜。时事造化、物非人非，不知道邢李㷧在看到今天思捷环球的表现时会有何种感想，不过，历史永远是"数风流人物，还看今朝"。

　　也许，多年后当大家回想起那段辉煌历史时，会很惊诧曾经还有这么一个响当当的时装之王的江湖故事。

网传,2017 年底,邢李㷧把手上剩余的价值过亿的思捷环球股票"赠送"给了两位爱女。如果按市值计算,今天这笔财富起码损失了一半以上(2017 年思捷环球的股价全年都在 4 港元/股左右,到 2018 年末时已跌到 2 港元/股以下),显然,这次邢李㷧看走了眼,思捷环球早已不是那个曾经能给股东疯狂赚钱的机器了。

匪夷所思的下滑之路

思捷环球的下滑是从 2009 年开始的,直到今天时过十年仍没有止跌的迹象。

2009 年至 2018 年的十年间,思捷环球的销售从 344.8 亿港元,一路下滑至 337.3 亿港元、337.6 亿港元、301.6 亿港元、259 亿港元、242.2 亿港元、194.2 亿港元、177.8 亿港元、159.4 亿港元,直至 2018 财年的 154.5 亿港元,同期对比则分别下滑 7.3%、2.1%、0%、10.6%、14.1%、6.4%、19.8%、8.4%、10.3%、3%。净利润分别是 47.4 亿港元(2009 财年)、42.2 亿港元、7 900 万港元、8.7 亿港元、-43.8 亿港元、2.1 亿港元、-36.9 亿港元、2 100 万港元、6 700万港元、-25.5 亿港元。

相对销售数据一路向下,净利润数据的变化则有趣得多,中间几年可以用上蹿下跳来形容。不过,这上蹿下跳的背后,隐藏着太多的秘密与故事。

单纯看数据,变化主要发生在 2010 年到 2013 年的这四年间,这四年又分为两个阶段,前一个阶段为 2010、2011 两年,后一个阶段为 2012、2103 两年。有意思的是,前一个阶段中,净利润延续了两年都在 40 亿港元之上后(2009、2010 财年),突出断崖式的下跌,至 7 900 万港元(2011 年财年),这是任何管理理论也推导不出来的结论,关键是这一年还做了 337.6 亿港元的"高"销售。后一个阶段也很有趣,在连续两年的低利润后(2011、2012 财年),又一次出现更大幅度的断崖式下降,2013 财年爆出巨亏 43.8 亿港元,超乎想象。

这四年到底发生了什么故事?蕴藏着哪些秘密?下面,我们来了解一下。

1. 第一任新总裁

2010 年,Heinz Krogner 在担任思捷环球公司董事会执行主席兼 CEO8 年后,退出了执行董事的位置,第一次以非执行主席的身份写了致股东函。

我觉得,这最后一次致股东函中最大的亮点除了他辞任执行董事外(这一年思捷环球还实现了 42.2 亿港元的净利润),就是披露对中国合资公司的收购(中国合资公司是思捷环球和央企华润合作投资的。此次收购花了 38.8 亿港元,给思捷环球带来巨大的商誉),其他内容中除了说要关闭 33 家亏损的直营店外,别无新意。

新任行政总裁 Ronald Van Der Vis 在总裁寄语中披露的经营数据或许更能说明问题(新任总裁并无服装行业的经验,过去十年在国际眼镜公司 Pearle

Europe B.V 任行政总裁）。

第一，公司零售营业额上升了 9.3%（至 179 亿港元），总营业面积同比增长了 2.1%，且毛利率也上升了 2.6%（至 54.7%），毛利率上升的原因是零售及批发毛利率改善所致。看似很好的经营数据，对应的却是公司总体销售的下降（下降了 2.1%），下降的重点在批发营业额，整整下降了 12.7%。

第二，虽然部分批发客户未能度过 2008—2009 年的金融危机，导致濒临破产，但对思捷环球的整体业务影响并不是很大，除中国市场外的特许市场还上升了 6.3%（看来主要问题出在中国市场。中国市场的销售分为两部分，一部分为原合资公司 7.9 亿港元的销售，这部分数据不具备可比性；另一部分是纯批发销售，这部分数据记录在澳门公司名下，为 12.9 亿港元，同比下降了 27.3%）。

其他方面的内容，都是非常具象的销售管理层面的内容，例如更换店铺模特模型及橱窗、提供产品手册、开设零售旗舰店（在德国和中国香港各开设一家大型旗舰店）、缩减供应商数量、增加全球零售管理总裁职位等，似乎有道理，似乎又没有找到该找的点。

无论是非执行主席还是行政总裁，都没有提及问题的核心点，是有意避开还是根本就没有想到，不得而知。

事实上，2010 年思捷环球的主力市场销售同比都在下滑，这其实是非常麻烦的事。以销售规模最大的三个市场计，德国市场下降 6%（至 147.7 亿港元。以报表货币港币计，下同）、法国市场下降 10.5%（至 28.4 亿港元）、奥地利市场下降 3.7%（至 14.7 亿港元），虽有部分市场出现了增长，但因规模太小而无实质性意义。

如果按零售/批发业务区分，更能说明问题。2010 财年，思捷环球的零售业务销售同比还有增长，增长了 6.4%（至 178.7 亿港元），但批发业务销售同比则出现了较大幅度的下降，下降 14.3%（至 156.3 亿港元。前面所说的批发业务同比下降 12.7% 出自行政总裁致辞部分，这里下降 14.3% 出自财报正文部分，两个数据并无不妥，可能是统计口径差异所致，不影响最终结论）。

为什么会出现零售业务增长而批发业务下降呢？逻辑很简单，批发业务是经销商在做，经销商的零售生意不好，到公司的提货自然就会减少。而公司的零售业绩之所以没有下降，是因为如果直营市场生意不好，可以通过打折促销来提升销售。不过，这两个看似必然的逻辑和前面提到的思捷环球在 2010 年整体毛利率出现上升有点矛盾（2010 年公司毛利率上升了 2.6%，至 54.7%），因为直营市场如果打折促销肯定会导致毛利率下降，这和新任总裁所说的零售改善有点矛盾。而且，就算直营零售市场真的出现了大幅度的打折促销（来提升销售），再想保住公司的整体毛利率，只能是提升批发业务的毛利率，这符合新任总裁的批发业务有改善的说法,只是要想改善出现 14.3% 的同比下滑的批发业务,不知道要批发经销市场提升多少毛利率才行,这也就不奇怪为什么批发业务出现同比大幅下降了(当时,思捷环球的经销商已处在一个内忧外患的情境中,内忧是指公司要提升它们的毛利率,加大它们的成本负担,外患是指市场生意不好,销售上不去)。

其实,还有一个类似"挥刀自宫"的逻辑可能,就是通过提升产品的定价倍率来提升公司的毛利率。

通过价格提升倍率有两种方法,一种是变相提升,即降低产品的成本(会导致品质下降),保持售价不变;另一种是直接提升,即(保持成本不变)直接提高售价。无论是哪种方法,最终吃亏的都是消费者,他们要么花同样的价钱买到的产品品质更差,要么花更多的钱买到和原来一样品质的产品。或者,还有一个不能说的秘密,就是数据本身有问题,大公司出现数据问题本身也很"正常",这里,我们暂且认为思捷环球的数据没有问题。

2010 财年,无论是出自何种原因、目的与企图的改变,我认为提升毛利率都是最大的败笔。

补充几项 2010 财年的经营数据:

(1)2010 年销售额下降 2.1%,销售成本下降 7.4%;

(2)应收账款同比下降 20.5%,应付账款同比上升 7.7%;

(3)无形资产同比上升 256%(期末余额为 73.4 亿港元,主要是收购中国公司产生的商誉所致),减值或摊销几乎为零;

(4)Heinz Krogner 总薪酬 1.24 亿港元,同比上升 82%;

(5)存货资产减值为零,应收账款新增 2.9 亿港元,减值率 16.2%。

2. 艰难岁月

2011 年思捷环球的日子开始"不好过了"(为什么打双引号后文有解释)。当年虽然实现了 337.6 亿港元的销售,但净利润仅有 7 900 万港元,同比断崖式下降了 98.1%。上一年还有 42.2 亿港元的巨额净利润,董事会主席和公司行政总裁都纷纷看好的来年,为什么会出现如此糟糕的净利润呢?答案还得从系统数据中去找。

2011 年思捷环球的巨额亏损是经营者刻意做出来的,是因为剥离了大量的不良资产所致(上面打双引号的原因),从审慎经营的角度,这无可厚非,虽然可能并无实质性意义。

系统数据要看三张财务报表,先看第一张报表——损益表。

2011 年思捷环球的销售同比微增 0.09%,毛利额同比微降 1.2%。也就是说,如果不考虑增长，思捷环球在 2011 年的市场经营并没有出现多大的问题，因为销售规模和销售成本都没有发生多大的变化，事实真的是这样的吗？当然不是。

我们继续往下看。根据损益表的结构，如果销售、成本、毛利都没有出现大的异动，只能是经营费用出了问题而导致出现巨亏。

2011 年是新总裁上任的第一年，Ronald Van Der Vis 总裁使出的"三把斧子"主要是剥离思捷环球的不良资产。这次，剥离不良资产主要是关闭那些扭亏无望或早已"名存实亡"的劣质店，这其实是好事。关店拨备一次性造成了 16.5 亿港元的损失，同比大增 275%，这充分说明渠道资源的两面性，好时渠道为王、衰时渠道为魔。

同时，2011 年思捷环球的其他经营费用也出现了一定程度的不合理上升，这里特别要说明的是广告费开支高达 9.8 亿港元，同比上升了 36.6%。作为一个全球性品牌，一年 9.8 亿港元的广告费并不算离谱，折算下来广告费用率为 2.9%，完全在正常范围内。问题是，在广告费用同比上升 36.6% 的背景下，销售反而在下降，这就不正常了。虽然有关店的因素存在，但从思捷环球的全球市场看，以国家为单位计，几乎都在下降（仅少量的几个小规模市场出现了上升），这才是问题的真正所在。

难道，新经营班子的经营策略有问题？对这个疑问，暂时还不能做出明确的结论，原因是损益表并不能反映公司经营的全貌，这就是仅看损益表数据的局限性。

下面，就要看第二张报表——资产负债表。

资产负债表中最能反映经营问题的数据通常有三项。

第一项是存货数据，2011 年期末思捷环球的存货余额为 42.1 亿港元，同比大增 71.8%，在销售持平且大幅度进行关店优化市场的前提下，出现存货同比的大增，只能说明思捷环球的管理出了大问题，我觉得除战术层面（如计划算法）的原因外，更主要的原因可能是公司高层对 2011 年的市场出现了战略误判所致。

第二项是应收账款，2011 年期末思捷环球的应收账款余额为 35.8 亿港元，同比增长 17.8%，这个数字说明如果剥除掉应收账款的绝对增加额，思捷环球的实际销售其实是下降的。

第三项是应付账款，2011 年期末思捷环球的应付账款余额为 47.2 亿港元，同比增长 27.2%，相当于又从供应商处取得了 10 亿港元的无息负债。

这三项数据说明了一个问题——思捷环球的经营状况在恶化，新总裁上任后起码的止损作用没有发挥出来。

除这三项数据外，还有一个爆雷性质的数据要特别说明一下，即资产负债表中的无形资产。2011 年期末思捷环球的无形资产高达 76.7 亿港元（同比上升

4.4%)，这笔巨额的无形资产主要包含 51 亿港元的商誉、20.3 亿港元的商标价值及 5.3 亿港元的客户关系价值(我觉得，这些无形资产存在巨大的灰色空间)。

当然，我们不能以马后炮的视角站在今天看过去，假设存在就是合理的，那思捷环球的董事会不对这笔巨额的无形资产进行资产减值，就怎么也说不过去了。滑稽的是，假如思捷环球的董事会要对这项巨额的无形资产进行资产减值，哪怕是只减总量的 1%，思捷环球也将陷入亏损(因思捷环球 2011 年的净利润刚好是7 900 万港元，如果对无形资产减值 1%，正好将这笔仅有的净利润全部抹去)。

关店拨备损失是藏不住的，无形资产减值却可以往后挪，挪到正好损益表还能出现一点点利润，也算是对股东们有个交代，只是这种数字游戏的玩法毫无意义。如果 2011 年思捷环球的董事会狠狠心，一次性对无形资产进行大幅度的减值，把风险前置，或许事物会向另一个方向发展。遗憾的是，当时思捷环球的决策层并没有这样做，他们选择将这颗随时会被引爆的炸弹继续留在自己的身后(或许另有企图)。

现在，我们看到的是这样一番场景：2011 年的思捷环球库存高企，应收账款增加，应付账款也在增加，同时身后还绑着一颗爆雷(巨额但已无多少实际价值的无形资产)，你说思捷环球还能好得起来吗？

不过，到这里，这个问题仍没有确切的结论，还得继续往下看数据。

最后，来看第三张报表——现金流量表。

现金流量表中的现金流量由三部分组成，即经营活动的现金流入流出、投资活动的现金流入流出和筹资活动的现金流入流出。2011 年期末思捷环球现金净减少 24.1 亿港元，其中经营活动产生的现金净流入 18.3 亿港元，同比减少 66%；投资活动产生的现金净流出 16.3 亿港元，同比减少 63%；融资活动产生的现金净流出 26.1 亿港元(去年同期净流入 12.9 亿港元)。

经营活动出现现金净流入减少，说明生意的质量在下降，因为回收的现金变少了。简单地换算一下，实际经营活动产生的现金净流入整整减少了 33.1 亿港元(上年净流入 67 亿港元)。投资活动的现金净流出虽然有"好转"，那是因为 2010 年发生了一笔 31.7 亿港元的大支出(收购中国公司)，这件事做得正确与否暂且不谈(放在后文讲)，毕竟投资行为是公司战略，是出于对未来的规划。融资活动的现金净流出高达 26.1 亿港元，是因为派发了高达 20.7 亿港元的股息(2010 年派发股息 14.8 亿港元)，可以理解成在实际经营已经出现重大问题的情况下，思捷环球仍然没有忘记它的那些"贪婪的"股东们。

到这里，一切问题终于露出水面。

把 2010、2011 这两年称为思捷环球的崩溃前夜是一点也不过分的，在实际经营出现重大问题的情况下，思捷环球的董事会并没有用心改善经营，而是在掩藏问题、粉饰报表，最终的目的是（两年）大手笔给股东们分了 35.5 亿港元的股息，其中在困难最多、问题最大的 2011 年就分了 20.7 亿港元，实在可恶、可恨、可叹！这就是为什么不能对无形资产"这颗爆雷"进行哪怕仅 1% 的资产减值的原因，因为只要减值 1% 以上，损益表就会出现亏损，派发股息分红的目的就会化为泡影。

公司为股东创造价值，本是天经地义的事。但是，思捷环球的股东们却把上市公司当成了提款机，而且是一个早已被榨干了的提款机，这成了思捷环球注定的宿命。在邢李㷧辞任思捷环球公司主席并卖掉绝大部分股票后，思捷环球成了一家由不同基金控制的公司，基金股东们考虑问题既没有远见，对行业趋势的研究也不深入，它们要的只是眼前回报，哪怕公司已经出现了危机。由基金股东们选择的经营层，都受制于自己的算盘和格局，导致思捷环球距离重振往日辉煌的目标越来越远。

3. 错误策略

如果说 2010 年思捷环球的董事会对市场形式存在重大误判，那 2011 年新班子行动的方向正确吗？这就要看新总裁的具体经营策略了，新总裁 2011 年的施政纲领主要内容如下：

——重新确定品牌规划。新的规划是将 ESP 打造成出色的女装品牌，即围绕所谓的"ESP 女士"而展开。计划将在未来四年每年投入 17 亿港元的预算开支用于新品牌的全球推广，重新将 ESP 打造成一个领导性的及活力时尚的品牌。同时，计划将 edc 品牌剥离独立发展。

——提升产品。在巴黎成立服装潮流趋势研究中心，并在中国成立设计中心，以迎合当地的时尚口味。剥离原来隶属于产品部门的采购中心，让产品部门更专注于产品设计。

——加速中国市场的扩张，剥离北美市场，修整和扩张核心市场。第一步计划在 2014、2015 年度使中国市场的销售达到 60 亿港元（2011 财年中国市场的销售为 26.7 亿港元）。剥离北美市场，撤出瑞典（H&M 品牌大本营）、西班牙（ZARA 品牌大本营）及丹麦（凌志集团大本营）的零售业务。

同时，未来 4 年中计划投入 30 亿港元对全球 300 家零售店进行重新装修。

——进行供应链改革，加快落实执行采购策略。2010 年开始在孟加拉国及中国香港、上海成立采购中心，尝试集中采购策略，给公司带来了最少 10 亿港元的成本节约，2011 年将继续推行。

　　链接：撤出瑞典、西班牙及丹麦三个市场所透露的信号强大，可惜的是思捷环球的决策层依然把眼光放在局部调整上。

　　根据 Ronald Van Der Vis 总裁的大胆规划，为实现新的"ESP 女士"计划，需要在品牌推广及经营调整上各投入 70 亿港元及 115 亿港元，这对销售下滑、陷入亏损的思捷环球来讲，不可谓不是大手笔，甚至有孤注一掷的味道。

　　客观地讲，新总裁还是天真地从市场维度，从非常微观的渠道角度、精细化管理的角度在"拯救"思捷环球，根本没有触及问题的核心。甚至在产品策略上仍然期待"运用更优质的纺织品，注重设计细节，为产品增值，从而提升售价/价值比例"（摘自财报）来改变思捷环球。

　　2010 年和 2011 年就在一边失血、一边不着边际的改变中悄然流逝，当思捷环球的经营者们在憧憬新的未来时，未来已成定论。

　　后一个阶段是从 2012 年开始的。

　　2012 年注定是思捷环球史上最悲催的一年，也许思捷环球的董事们并不这么认为。毫无悬念，2012 年思捷环球的业绩进一步下滑，总销售业绩同比下降10.5%至 301.6 亿港元，排名前三的主力市场中，德国市场同比下降 7.4%，中国市场同比下降 7.5%，法国市场同比下降 21.8%。如果按分销渠道划分更能说明问题，零售渠道同比下降 6.1%，批发渠道同比下降 16.5%（更进一步说明批发经销模式所存在的问题）。

　　虽然损益表中净利润同比"狂增"1005%，达到 8.7 亿港元（唯一被思捷环球董事会在 2012 财报中大书特书的"亮点"），但毫无意义。因为 2012 年思捷环球的毛利率出现了 6.4%的下降（从 53.9%下降至 50.4%，这里出现的毛利率下降，并不是思捷环球主动让利调价的结果，而是经营形式进一步恶化导致的市场打折力度加大所致）。更不可理喻的是，为配合所谓转型，2012 年思捷环球公司的广告费大增60%（从上一年的 9.8 亿港元，增长到 2012 年的 15.7 亿港元），高额的广告费用并没有带来实质性的经营改善。最后，因关店拨备损失的减少，在没有对那颗即将爆炸的爆雷性资产（无形资产）进行减值的前提下，最终"创造"了 8.7 亿港元的净利润。

　　前面说 2012 年注定是思捷环球史上最悲催的一年，因为从这一年开始思捷环球陷入了新一轮疯狂而又盲目的救赎之路。

4. 新主席 & 又一任新总裁

　　2012 年思捷环球的董事会主席及行政总裁都出现了更替，新主席是服务公司多年的非执行董事柯清辉先生，新总裁 Jose Manuel Martínez Gutiérrez 是原 Inditex 集团（ZARA 母公司）的分销及运营总监（加盟 Inditex 集团前，在麦肯锡工作过 8 年）。

新团队于 2012 年年中上任，完整地经营了 2013 年财年。中肯地讲，以新总裁 Jose Manuel martínez Gutiérrez 为首的经营团队的工作思路及实操能力都是可圈可点的。遗憾的是，在 Jose Manuel Martínez Gutiérrez 总裁清晰的调整策略下，思捷环球这头怪兽依然没有停止下滑。

2013 财年，思捷环球销售同比下降 14.1%，至 259 亿港元，这是自 2008 年以来业绩首次低于 300 亿港元大关，并出现了 43.88 亿港元的巨额亏损，这更是思捷环球自 1993 年上市以来出现的首次巨额亏损。导致亏损的原因除了经营不善、费用过高外，还包括对商誉进行了高达 19.9 亿港元的减值（终于减了）。

2013 年思捷环球的经营基调非常正常，如果用一个词来概括，就是"减负"。我觉得这是新总裁对思捷环球最大的贡献，也是他在思捷环球最大的成就（请允许我用这个词）。因为如果继续推进上届经营班子的策略，继续加大投入（以全球广告及店铺装修为主），估计思捷环球早就被折腾没了。

因管理体制原因，思捷环球的董事会主席一直都是非执行董事，因不参与具体日程经营，这个重要角色很像一位"政工干部"，始终给大家鼓鼓气、加加油，带来的多是比较积极的信息。这次，新主席柯清辉也不例外，他在 2013 年财报中继续给大家传递积极信号（摘自年报）："我深信我们沿着正确轨道以全面恢复 ESPRIT 的潜能。"不过，他并没有告诉大家，思捷环球已经被港交所剔除出恒生指数等一系列曾经被引以为豪的荣誉。柯主席还婉转地告诉（思捷环球那群贪婪的）股东们，业绩不好，现金流紧张，今年就不派股息了。同时，为缓解现金流紧张的状况，公司通过再融资获得了 51 亿港元的现金（以 8 港元/股，发行 6.46 亿股新股，发行后相当于原有股东的股份被稀释至 66.7%，当时思捷环球的股价约为 10 港元/股。其中，邢李㷧也参与了这次股票定增，把自己持有的股份从 8.99% 提升至 10.34%）。

我认为，新主席这两件事干得都不错，一方面停止非经营性的大额现金支出，一方面找到了足够的现金，给公司的未来变革与发展留下了足够的子弹。

新总裁的确给思捷环球带来很多耳目一新的经营策略，看来，希望的苗头在崛起。新总裁的经营策略主要有以下内容：

——及时停止 2011 年 9 月推出的转型计划，并重新制定了短、中、长期财务计划及经营计划。客观地讲，这项策略是我们今天还能看到 ESP 的主要原因，否则按照原来那个烧钱计划，ESP 也许早就烧没了。

——短期内要稳定业务，并通过大力削减开支、实现正常化库存及重振经营以稳定公司的业务并恢复盈利。我认为这是最重要的,这句话的直接意思就是要尽快地控制住成本、费用与库存。

新总裁还发现,过往五年思捷环球的销售一直在下降但经营开支却在大幅上升,这是导致公司亏损的直接原因,所以,首要任务是把总费用支出控制住。因此,新总裁提出了三个具体的策略/计划,分别是:2013/2014 财年将经营开支占销售比例降至 50% 以下(2013 财年为 65.6%);开设特卖渠道销售库存商品;通过加强物流管理及信息化投入,整顿核心业务。客观地讲,这三项具体策略是思路清晰、方向正确、切中要害的。

——中期目标的重点是改善产品。在新总裁的调整下,思捷环球第一次提出产品才是公司扭亏为盈的基本因素(过去,一直强调所谓的品牌影响力),并第一次"破天荒"地提出既要快速适应客户不断变化的需求,还要提供物廉价美的商品。这对思捷环球这家极具"老派绅士"感觉的公司无疑是颠覆性的,虽然很有 ZARA 的味道,但非常正确。

——长期目标是要建立一个稳固的平台。这是一个看似口号式的目标,但也非常正确。

5. 无法改变的经销模式

就像茫茫大海中升起的那颗启明星,Jose Manuel Martínez Gutiérrez 总裁似乎给思捷环球带来了无尽的希望。遗憾的是,思捷环球的业绩一如既往地下滑,毫无停止的征兆。

从 2013 财年,到 2016 财年的四年间,思捷环球一直都在执行 Jose Manuel Martínez Gutiérrez 总裁提出的"短期、中期及长期"策略。

在推进过程中,创造性地凝练成所谓的"垂直模式",所谓垂直模式即成立项目组,从产品开发开始,到营销、供应链、分销、店铺/销售点、存货管理,系统地解决产品经营的问题,彻底打破了过去条块分离、各自为政的现象。客观地讲,这种做法是非常正确的,真正切中了思捷环球的要害(2008 年之前的思捷环球太赚钱了,公司内部从上至下都滋生了各自为政、唯我独尊的傲慢氛围,这其实是思捷环球变革的最大痛点,因为所有人都在维护自己的"小"利益,没有人去考虑公司的"大"利益)。

为做好这次变革,以柯清辉主席为首的董事会是一路开绿灯支持 Jose Manuel Martínez Gutiérrez 总裁,配套制定了全新的绩效考核及薪酬、期权激励策略。可惜的是,这种正确的战术打法,并不能从根本上改变什么,思捷环球缺这些正确的战术方法,但更缺战略。思捷环球的销售规模从 2013 财年的 259 亿港元,继续下降至 2016 财年的 177.8 亿港元，四年间损益表并没有得到任何根本性的改变。

很多人可能会很好奇，为什么会是这样？

是呀，Jose Manuel Martínez Gutiérrez 总裁所考虑的及采用的方法，的确是很到位的，也是切实可行的，那为什么没有起到作用呢？其实，说简单也很简单，只要看一个数据就能一窥全貌——思捷环球 2016 财年 177.8 亿港元的销售中，零售渠道销售（含电子商务）119.7 亿港元，占 67.3%；批发渠道销售 56.5 亿港元，占 31.7%，要知道这两个不同渠道的销售占比早在 2008 年是约各占 50%，也就是说，8 年间思捷环球从一家绝对以批发销售为主的公司，转变成一家以批发销售为主的公司，但终究还是一家以批发销售为主的公司。

可能你会说，批发销售的占比不是已经出现大幅度的下降了吗？这不正好趁这个机会，把公司的直营零售市场做起来，这是建立 SPA 模式的最好机会呀。从逻辑上讲，有这种认知很正常，因为单纯看数据（做研究），就会得出这种结论，问题是，这并不是问题的本质，问题的本质是思捷环球到底还有没有能力做得起来（零售市场）。我的看法是，思捷环球早已丧失了零售管理的能力。这当然不是危言耸听，而是实情。面对今天的市场竞争，思捷环球凭什么和 ZARA 们竞争？前几年，ESP 退出瑞典、西班牙及丹麦市场就能佐证这一点（因为这三个市场是 H&M、ZARA 及凌志公司的大本营，ESP 的经销商是不可能在这三个市场干得过 H&M、ZARA 和凌志公司的），包括一直做不好并最终退出美国市场也能佐证这一点（美国市场的市场化程度更高，竞争更激烈，毫无性价比优势的 ESP 在美国市场根本没有竞争力），甚至包括把中国市场全资收购后直营经营业绩的快速下滑更能佐证这一点（中国市场的竞争更为激励，销售从 2011 年的 26.7 亿港元，下降至 2016 年的 11.8 亿港元，短短 4 年下降了一半多）。

最后复盘一下思捷环球当时的状况。

2008 年，思捷环球的批发销售占比近 50%，还原成零售口径，批发市场的生意贡献占思捷环球总生意的七成以上（也就是说，批发部门的出货量是直营零售部门的一倍以上）。可想而知当时批发销售部门的权力及影响力有多大（谁最赚钱谁的权力就大，拥有的资源就多，话语权自然也就更大，这是任何公司都存在的"政治生态"），决策层必然会加大对这些部门的关注与资源倾斜（不要指望领导有一双慧眼，尤其像思捷环球这样由基金控制的公司，会更关注能带来快速回报的批发业务）。

批发业务不需要公司提供多少专业服务，所有的经营责任与压力都在经销商处，无论他具备与否。生意好时，经销商是公司的防火墙，生意不好时，经销商就成了压倒公司的最后一根稻草。到 2016 年，虽然数据上批发业务的销售占比已经下降到31.7%,但还原成零售口径,按出货量计正好(与直营零售)是一半对一半,可见批发业务在思捷环球的影响力及根基有多深,因此,无论这位来自ZARA的新总裁怎么"折腾",都不可能从根本上改变思捷环球(下面的注解会有进一步说明)。

其实,还有一个细节也能说明这一点,在Jose Manuel Martínez Gutiérrez总裁执行公司新策略的几年里,他几乎每年都在强调公司正在搭建一支优秀的国际化高水平团队,他为什么这样说?原因很简单,思捷环球这家曾经的国际大公司根本就没有多少真正懂得零售管理的人才!

> 链接:Jose Manuel Martínez Gutiérrez总裁提出的"既要快速适应客户不断变化的需求,还要提供物廉价美的商品"的设想非常正确,但在思捷环球不可能实现。ESP赖以生存且数量庞大的经销商网络,让思捷环球根本快不起来。物廉价美是对ESP产品定位的彻底颠覆。

6. 未来已来

到2016年,思捷环球的销售已经持续下滑了8年,虽然这一年损益表中出现了2 100万的微利,但这不仅不是思捷环球董事会认为出现的好征兆,我觉得反而是迈向了更深的深渊。

先看数据,2016财年思捷环球经营性亏损为5.9亿港元(扣非损益),看似出现大幅度的下降(改善的意思),有形势好转的意思,但事实真的这样吗?当然不是。对比同期的数据更能说明问题(2015年出现36.9亿港元亏损),因2016年没有对商誉进行减值(并不意味着商誉这颗爆雷的风险解除了,而是依旧存在),且2016年出售物业给公司带来7.3亿港元的收益,如果考虑这两个因素(假设2016年也有同等规模的商誉减值,以及没有出售物业带来的收益),2016年报表亏损将会达到38.39亿港元(比2015年还要多亏4.2%)。换一种算法,假设把两年的商誉减值及出售资产收益的因素都剥离,2016年的实际经营状况也比2015年差。

> 链接:2016年思捷环球董事会认为公司经营得到改善的原因是最终出现了2 100万盈利,但真实的状况是,除了上面所说的因素外,还有一个因素是香港特区政府给了思捷环球高达6亿港元的税收补贴。

前面我说这可能是思捷环球迈向更深的深渊,当然是指出售香港总部的物业。2015年12月21日,思捷环球董事会发布了一则公告,称将香港总部所在地的物业，即香港九龙湾宏照道 39 号企业广场 3 期 41 楼、43 楼、45 楼、47 楼、49 楼及 16 个停车位以 7.25 亿港元出售了（出售后返租 43、45、47、49 楼及 13 个车位作办公室用，合计租金 2 916 万港元/年）。如果单纯从经营的角度而言，这种做法无可厚非，自邢李㷧退出公司经营层后，思捷环球的重心几乎全部放在了德国，在亚洲市场（主要是中国市场）的表现越来越差时，香港总部早已名存实亡。

但是，出售香港总部物业，意味着一个时代的结束。ESP 虽然创建于美国、发迹于德国，但管理中枢一直在香港，直到德国人（即 Heinz Krogner）掌控思捷环球后，公司的决策中心开始转到了德国，才对亚洲尤其是中国市场的关注度大幅降低。虽然 2011 年那届经营班子有重振中国市场的雄心，但远在欧洲的高层无论如何也做不出对中国这个大市场的精准、及时的决策，失去中国市场成了逻辑上的必然。

随着亚洲市场的生意越做越差，淡化甚至退出亚洲市场生意的气氛一直在思捷环球的董事会蔓延，直至最终做出出售香港总部物业的决定。前面说过，单纯从经济的角度计算，这里面并没有多少内容值得讲，但从企业全球化发展的角度而言，这件事就不简单了。ESP 虽然在德国卖得不错，但在德国市场乃至欧洲市场的地位，远不如曾经在中国（指 20 世纪八九十年代）市场的地位高。中国市场做不好的原因除了 ESP 本身的定位外，当然也离不开思捷环球决策层的不思进取。

无论是今天，还是未来，中国市场都比德国乃至欧洲市场大，像 UNIQLO、ZARA、H&M 等品牌都极为重视中国市场，不仅投入巨资在中国开店，甚至这些公司的高层每年都有固定的时间到中国公司进行现场办公、考察市场，在他们眼里，中国市场才是真正的未来。

还是那句话，无论 Jose Manuel Martínez Gutiérrez 总裁如何努力，都无法叫醒"一头沉睡的恐龙"。从 2012 年年中上任，历时 6 年的变革，思捷环球这头沉睡的"恐龙"没有一丁点起色，销售业绩依然一路向下。

2017 年依旧平淡。当所有人的耐心都耗尽时，等来的却是 2018 财年继续亏损 25.5 亿港元。终于，又一个时代结束了（模仿 ZARA 的时代）。随着 Jose Manuel Martínez Gutiérrez 总裁的离任（2018 年 6 月 30 日离任），一个新班子又在思捷环球诞生，它能肩负起思捷环球的未来吗？

7. 结局

新班子最大的变化是原董事会主席柯清辉先生从非执行董事（不参与日常经营）成为执行董事，成了名副其实的当家人，行政总裁是来自原 New Look 的 Anders Christian Kristiansen（New Look 是一家英国的快时尚品牌）。

让人耳目一新的是执行董事柯清辉的发言,他(终于)说:"作为集团的股东之一,本人对于集团经历长于预期的扭亏转盈过程感到失望。""我们承认,迄今为止,相关的进展尚未重燃销售势头,或转化为正面财务表现。有鉴于此,本集团目前正在进行全面评估,并制定纠正措施,确保成功扭转业务表现。""董事会完全赞同在未来数年要改善营业收入表现的方向。""我们看到 ESPRIT 品牌复兴之路既漫长又充满挑战,然而相信最终会带来回报。"

柯主席的这番话整整晚了十年,从 2008 年开始,思捷环球的决策层都有着盲目的自信,在市场环境一轮轮的变革与调整中,彻底地迷失了自己。

　　链接:2018 财年是思捷环球董事会最期待的一年,但最终在销售下降 3.1%(至 154.5 亿港元)、净利润亏损 25.5 亿港元中落下帷幕(实际经营性亏损 9 亿港元,同比大增 388%)。
　　出现巨亏的主要原因是对中国业务相关的商誉进行了清零式减值 7.9 亿港元,关闭澳新业务一次性减值 1.2 亿港元,库存拨备 7 600 万港元(其实远远不够),SAP 系统拨备 2 600 万港元(其实远远不够)和亏损店铺的资产减值 1 400 万港元(其实远远不够)。

诚如柯主席所言,思捷环球的董事会开始关注业绩表现了,虽然为时已晚。

从 2008 财年 372 亿港元的销售,下降到 2018 财年的 154 亿港元,整整下降了近六成(十年间下降了 58.6%),意味着思捷环球(ESP)可能再也没有机会成为一家世界一流的品牌。今天,世界服装零售市场的竞争格局早已巨变,新的头部品牌也已形成,不同于 ESP 为王的那个时代,以 ZARA、UNIQLO、NIKE、H&M、ADIDAS 为代表的领军品牌们,都构建起专属于自己的护城河,几乎牢不可破,入侵者要想获取一席之地,必将付出更大的代价。

思捷环球的这十年,毫无疑问是被时代所抛弃。从 2008 年登顶的那一刻起,思捷环球就集聚了无尽的风险,遗憾的是,思捷环球的历届决策者并没有真正觉察到。面对持续十年的业绩下滑,思捷环球一直在寻求改变,不可谓不努力。但思捷环球的改变,始终停留在延续性创新上,一直没有触及问题的本质。现代商业竞争,看得见的是产品和渠道的竞争,看不见的才是真功夫,当产品好得不能再好,渠道多得不能再多时,企业需要借助于技术创新和商业模式的颠覆式革新,像 ZARA 的快时尚、UNIQLO 的科技时尚都是典型代表,而思捷环球依然把希望寄托在产品设计的变革上,其高高在上的产品价格,早已被消费者抛弃了。

最后,我们还是由衷地期待 Esprit 能王者归来。

链接:本文开始时所说的失败视角,是基于思捷环球已经经历了近十年的业绩下滑和长期的巨额亏损得出的,这种结论在思捷环球的财报中也有类似的描述。需要特别说明的是,这个说法不代表未来,我不会也无法对未来做出预测,虽然未来已来。

链接:根据2019年3月公布的2019财年半年报(2018年7月1日—2018年12月31日),2019财年上半年思捷环球销售67.6亿港元,同比下降15.8%,其中零售市场销售27.4亿港元,同比下降17.5%,批发市场销售21.1亿港元,同比下降17.3%。净利润亏损17.7亿港元,去年同期为亏损9.5亿港元,经营性亏损3.3亿港元,去年同期为亏损1.3亿港元。结果完全符合全文逻辑。

参考文献

(1) 柳井正.一胜九败[M].北京:中信出版社.

(2) 刘潇潇.ZARA 一穿就上瘾[M].台北:好优文化出版社.

(3) [西]哈维尔·R.布兰科,[西]赫苏斯·萨尔加多.从 0 到 ZARA——阿曼西奥的时尚王国[M].北京:国际文化出版公司.

(4) 柳井正.经营者养成笔记[M].北京:机械工业出版社.

(5) [日]川岛幸太郎.图解优衣库[M].海口:南方出版社.

(6) 迅销集团 2010—2017 年财报及官网公告.

(7) Inditex 集团 2010—2017 年财报及官网公告.

(8) LVMH 集团 2015—2017 年财报及官网公告.

(9) 韩都电商公司 2014—2016 年财报、2017 年半年报及官网公告.

(10) 安踏体育集团 2010—2017 年财报及官网公告.

(11) 海澜之家公司 2014—2017 年财报及官网公告.

(12) 李宁公司 2010—2017 年财报及官网公告.

(13) 思捷环球公司 2010—2017 年财报及官网公告.